企业知识产权
战略与工作实务

企业知识产权战略与工作实务编委会　编著

经济科学出版社

图书在版编目（CIP）数据

企业知识产权战略与工作实务／企业知识产权战略与工作实务编委会编著. —北京：经济科学出版社，2007.5
ISBN 978-7-5058-6297-5

Ⅰ. 企⋯ Ⅱ. 企⋯ Ⅲ. 企业-知识产权-研究-中国
Ⅳ. D923.404

中国版本图书馆 CIP 数据核字（2007）第 056002 号

《企业知识产权战略与工作实务》
编委会名单

主　编：黄淑和

副主编：张德霖　王晓齐　周渝波

编　委：(以姓氏笔画为序排列)

于　吉　于腾群　马　燕　王　兵　王嘉杰
王黎晓　白　英　孙才森　孙国瑞　毕　颖
衣学东　刘烈东　吕梦江　李申田　李默芳
杨　源　肖福泉　张建斌　陈丽洁　周巧凌
周　昊　郑　虎　郑胜利　郑晓沙　郭进平
曹湘洪　熊柏青

序

大力加强企业知识产权工作
全面提升我国企业自主创新能力

国务院国资委主任　李荣融

进入 21 世纪，世界新科技革命发展的势头更加迅猛，人类社会步入了一个科技创新不断涌现的重要时期。知识在经济社会发展中的作用日益突出，国民财富的增长和人类生活的改善越来越有赖于知识的积累和创新。科技竞争成为国际综合国力竞争的焦点，世界各国尤其是发达国家纷纷把推动科技进步和创新上升到国家战略的高度。胡锦涛总书记指出："一个国家只有拥有强大的自主创新能力，才能在激烈的国际竞争中把握先机、赢得主动。"这是基于当今国际科技和经济发展态势而作出的科学论断。

改革开放以来，我国国民经济发展取得了举世瞩目的成就，但应当清醒地看到，我国的经济增长主要是通过大量的资金投入和资源消耗来实现的，科技创新对经济增长的贡献率与发达国家相比还有较大差距。随着劳动力以及资源环境成本的逐步提高，过去依靠拼资源、拼劳力的粗放型增长方式很难保持经济持续平稳较快发展。因此，通过自主创新掌握核心技术，赢得竞争优势，是我国在新的历史发展阶段加快实现结构调整、转变经济增长方式的必由之路。

企业是我国社会主义市场经济的微观基础，企业自主创新能力决定着企业的核心竞争力，同时也在很大程度上决定着国家的综合竞争力。目前我国企业技术创新的总体水平同世界先进水平相比仍有较大差距，科研投入不足，自主知识产权少，关键技术自给率低等问题，制约着企业发展和竞争力的提高。我国企业必须把自主创新置于优先发展的战略地位，真正成为研究开发投入的主体、技术创新活动的主体和创新成果应用的主体，全面提高企业的自主创新能力，努力掌握支柱行业和关键领域的核心技术，才能充分把握和发挥我们的后发优势，在新一轮激烈的国际竞争中赢得发展的主动权。

创新是灵魂，知识产权是保障。当今世界的竞争既是科学技术的竞争、自主创新能力的竞争，更进一步体现为自主知识产权的竞争。温家宝总理指出："世界未来的竞争就是知识产权的竞争。"通过实施国家知识产权战略，促进创新型国家建设，提升国家竞争力，是我国"十一五"时期的重要发展目标。企业是技术创新的主体，同时也是综合运用专利权、商标权、著作权、商业秘密等各类知识产权的主体。当前，我国不少企业的一个突出弱点在于缺少核心技术和知名品牌等"软实力"，知识产权工作方面普遍存在创造少、应用差、管理散、保护弱等现象。立足于加强企业知识产权创造、应用、管理与保护，着力培育一批具有核心自主知识产权和知名品牌的优势企业，是顺利实施我国知识产权战略的基础工程。

《企业知识产权战略与工作实务》一书在企业知识产权战略规划、自主创新、成果应用、管理与保护、操作技巧等方面均进行了系统的研究和总结，对促进我国企业知识产权工作具有较强的实践指导意义。希望本书的出版能够帮助广大企业研究制定企业知识产权战略，切实推动企业科技创新和技术进步，努力实现通过技术创新获取知识产权、再通过知识产权促进技术创新的良性互动。

李荣融

二〇〇七年四月

目 录

导 论 企业自主创新与知识产权重要论述

加强知识产权保护 实施知识产权战略 努力增强国有重点企业核心竞争力
　　——在第三届中国保护知识产权高层论坛上的演讲 ………… 黄淑和（3）
中央企业和地方国有重点企业要做自主创新的排头兵
　　——在全国"企业家活动日"大会上的讲话 ……………………… 黄淑和（7）
黄淑和在企业知识产权战略和管理指南研究专题领导小组
　　历次全体会议上的讲话摘要 …………………………………………（14）

上 篇 企业知识产权战略与管理

第一章　国内外企业知识产权形势分析 ……………………………………（23）
第二章　企业知识产权战略的制定与实施 …………………………………（37）
第三章　企业自主创新和知识产权创造 ……………………………………（43）
第四章　企业知识产权成果应用 ……………………………………………（50）
第五章　企业知识产权管理与保护 …………………………………………（60）

附一　美、日、韩、法等国的国家知识产权战略中
　　　有关企业知识产权的内容 …………………………………（82）
附二　国内外企业知识产权战略与管理案例 …………………………（93）

中　篇　企业知识产权基础、操作技巧与典型案例

第六章　企业知识产权基础 …………………………………………（121）
第七章　企业知识产权操作技巧 ……………………………………（162）
第八章　国内外企业知识产权典型案例分析 ………………………（202）

下　篇　企业知识产权管理制度与合同参考文本

第九章　企业知识产权管理制度参考文本 …………………………（229）
第十章　企业知识产权合同参考文本 ………………………………（273）
附录 ……………………………………………………………………（416）
　　中华人民共和国专利法 ……………………………………（416）
　　中华人民共和国专利法实施细则 …………………………（427）
　　中华人民共和国商标法 ……………………………………（453）
　　中华人民共和国商标法实施条例 …………………………（464）
　　中华人民共和国著作权法 …………………………………（474）
　　中华人民共和国著作权法实施条例 ………………………（487）

后记 ……………………………………………………………………（492）

导论

企业自主创新与知识产权重要论述

加强知识产权保护　实施知识产权战略
努力增强国有重点企业核心竞争力
——在第三届中国保护知识产权高层论坛上的演讲

国务院国资委副主任　**黄淑和**

（2007年4月24日）

各位来宾，女士们、先生们：

　　上午好！

　　此次中国保护知识产权高层论坛以"保护知识产权与企业核心竞争力"为主题，顺应了现代企业创新则兴的发展潮流和规律，体现了知识产权对企业发展日益重要的作用。国务院国资委肩负着指导和推进中国国有企业改革发展的历史使命，在新的形势下，有责任推动中国国有重点企业特别是中央企业重视和加强知识产权保护，增强企业核心竞争力。

　　21世纪是一个知识经济蓬勃兴起、全球竞争日益加剧的时代。知识产权不仅是国家经济实力的重要基础，同时也是企业核心竞争力的重要体现。目前，发达国家的技术创新和科技进步对本国经济的贡献率已超过70%，知识产权已经成为许多国家参与全球竞争的国家战略的重要组成部分，也已成为现代企业最重要的经营资源和战略资源。成功企业的经验证明，谁拥有核心技术的自主知识产权，谁就可以掌握市场竞争的主动权。知识产权从未像今天这样直接影响着企业的核心竞争力，决定着企业的命运与未来。

　　新世纪的中国经济结构调整和产业优化升级，要以信息化带动工业化，以创新积累代替传统的生产要素积累，迫切需要知识产权制度的引领和支撑。中国企业要彻底改变拼资源拼消耗、轻环保轻安全的落后发展模式，尽快摆脱能源、资源和环境的瓶颈制约，坚持走新型工业化道路和建设创新型国家的发展道路，就必须高度重视知识产权，加快实现自主创新。面对经济全球化和激烈的国际竞争，中国企业要实施"走出去"战略，广泛开展国际经济交流与合作，就必须把尊重他人的知识产权和保护自身的知识产权有机结合起来。这既是企业的权利义务和社会责任，也是企业自身发展的迫切需要。总之，加强知识产权保护，增强企业的核心竞争力,是 21 世纪中国经济发展对中国企业提出的必然要求。

改革开放 20 多年来,中国企业知识产权工作经历了萌芽、成长和提高的不同发展阶段,取得了较大进展和明显成效。

一是企业知识产权保护意识明显增强。随着中国市场经济体制改革的不断深入和对外开放的不断扩大,中国企业的竞争意识、法律意识和知识产权保护意识不断增强,普遍认识到自主知识产权和知名品牌能为企业带来巨大的竞争优势和经济效益。主动制定和实施知识产权战略,正在成为越来越多中国企业的自觉行动。2006 年 2 月,在企业知识产权保护与自主创新大会上,80 多家中央企业签署了《企业保护知识产权倡议》和《企业使用正版软件倡议》,充分展现了中国企业尊重和保护知识产权的强烈愿望和积极姿态。

二是企业知识产权创造能力不断提升。中国企业正在逐步加大对科技研发的投入。国务院国资委对 2716 户不同所有制企业的问卷调查表明,2001~2005 年企业研发投入年均增长 24.5%。企业大型装备和系统的设计与制造能力逐步提高,对外技术依存度逐步减弱,科技创新取得了一大批重要成果。2006 年,中央企业获得国家科技进步奖惟一特等奖;获得一等奖 5 项,占该奖项总数的 46%;获得二等奖 52 项,占该奖项总数的 30%。神六载人航天飞行的圆满成功、三峡工程的成功建设和青藏铁路的顺利通车,充分证明中国企业完全有能力进行自主创新,有能力在关键领域取得突破。目前,中国企业拥有的自主知识产权正在实现"由少到多"、"由量到质"的转变和突破。2000 年至 2006 年,中国企业发明专利申请和授权持续 7 年快速增长;2003 年至 2006 年,159 户中央企业申请和授权专利量年均增长超过 35%。以研究开发促进技术创新,以技术创新获取知识产权,以知识产权提高竞争能力的良性循环机制,正在中国许多大企业加快形成。

三是企业知识产权管理制度和机制逐步完善。在中国知识产权法律制度不断健全,知识产权司法、行政保护不断加强的宏观背景下,中国企业重视学习、引进国外企业先进经验,加大对知识产权管理和保护的工作力度。许多企业建立了合同管理、保密管理、竞业禁止等一系列知识产权管理制度;成立了专门的知识产权管理机构,落实了知识产权管理职责,将知识产权管理与企业科研、生产、经营等各个环节有机结合;加强知识产权人才队伍建设,提高知识产权管理人员素质;一些先进企业还对本企业专利、商标等实施评级管理,建立健全知识产权侵权预警机制。企业知识产权管理能力的增强,为企业自主创新提供了良好环境和制度保障。

导论 企业自主创新与知识产权重要论述

但是，目前中国企业知识产权工作总体水平与国外先进企业相比仍然存在较大差距。**首先，体现企业核心竞争力的自主知识产权较少**。国家统计局2006年底调查结果显示，50.9%的工业企业主营业务收入中，自有品牌产品的收入所占比重不足50%，其中33.6%的企业产品无品牌。**其次，大多数企业知识产权应用能力较弱**。企业知识产权商品化、产业化进展缓慢，品牌创建和保护意识淡薄，许可证贸易开展少，知识产权资本化运作多数处于空白。据国务院国资委的问卷调查，超过一半以上的企业专利实施率低于30%。**此外，企业知识产权管理和保护的整体水平不高**。企业知识产权激励机制尚不健全，知识产权管理队伍数量不足、素质不高，知识产权流失现象仍普遍存在。国务院国资委问卷调查显示，34.9%的企业未建立对职务专利发明人的奖励制度，72.7%的企业未建立对人才流动造成知识产权流失的管理制度。

对上述存在问题，我们要保持清醒的认识，勇于正视自己的差距，进一步增强紧迫感和责任感，下决心迎头赶上。今后一个时期，我们将重点抓好以下工作：

第一，坚持"四个结合"，提升"四种能力"。要重视将企业的知识产权工作，与企业改革、机制创新相结合，与结构调整、产业升级相结合，与企业开拓市场、经营发展相结合，与技术创新、提升竞争能力相结合。要加快提升企业原始创新、集成创新和引进消化吸收再创新的自主创新能力，提升企业知识产权成果产业化的转化应用能力，提升企业运用知识产权提高产品和服务占有率的市场竞争能力，提升企业依据法律法规和国际规则尊重和保护知识产权的战略管理能力。

第二，有重点地构筑不同行业的知识产权优势。要集中力量，重点攻关，加速开发并形成一批具有自主知识产权的核心技术、产品和服务，分层次、分阶段、有重点地构筑具有中国企业特色的知识产权资源优势。传统产业和制造业，要增强企业具有自主知识产权的重大技术装备的制造能力，促进企业由国际产业链的低端向中高端的重大转变；高新技术产业，要在若干关键领域形成以自主知识产权为主导的技术标准体系，大力提高成果产业化率；服务业，要形成具有较强市场竞争力的知名品牌，以自主知识产权带动全行业质量和水平的提升。中央企业要通过掌握核心技术，拓展、优化知识产权资源，创建企业知名品牌，不断做强做大，率先成为行业的排头兵。国务院国资委将采取有关政策措施，指导和推进中央企业实施知识产权战略，在关系国家安全和国民经济命脉的重要行业和关键领域，努力培育一批掌握自主知识产权并有效运用知识产权、具有较强国际竞争力的优势企业。

第三，建立企业知识产权创造、应用、管理和保护的工作体系。知识产权创造、应用、管理和保护是一个完整的工作体系。创造是基础，应用是关键，管理和保护是保障。要进一步推动企业成为自主创新和知识产权创造的重要主体，加快建立以企业为主体、市场为导向、产学研相结合的技术创新体系；要积极拓宽企业知识产权应用领域和渠道，将知识产权商品化和产业化作为企业知识产权应用的核心；要着力抓好企业知识产权管理和保护，加强企业知识产权管理制度、机构和队伍建设，努力在企业内部形成研发、生产、法律、市场等职能部门共同参与的知识产权工作联动机制。要加强重点领域和重点环节的知识产权法律审核把关，切实尊重他人的知识产权，坚决制止恶意侵权，同时依法保护自己的知识产权，注意防范知识产权领域的法律风险。今年，国务院国资委将研究制定《关于中央企业加强知识产权工作的指导意见》，以管理和保护为重点，建立健全中央企业知识产权工作体系。

第四，进一步加强企业知识产权保护的国际交流与合作。要采取"走出去、请进来"等多种形式，积极开展国际交流与合作，认真学习、借鉴发达国家跨国公司知识产权保护的先进做法和经验，进一步拓宽中国企业知识产权工作的国际视野。国有重点企业在实施"走出去"战略过程中，要自觉按照所在国法律和国际规则加强知识产权管理和保护，下大力气抓好企业经营管理人员的知识产权专业培训，使企业知识产权管理和保护工作与实施"走出去"战略工作相适应。

各位来宾，女士们、先生们：

实施知识产权战略，提升企业核心竞争力，加快创新型国家建设，是中国"十一五"规划确定的一个重要发展目标。国务院国资委和国有重点企业将进一步把加强知识产权保护与提升企业核心竞争力有机结合起来，着力培育一批拥有自主知识产权和知名品牌、国际竞争力较强的优势企业，为实现中国经济又好又快的发展做出积极贡献！

谢谢大家！

中央企业和地方国有重点企业要做自主创新的排头兵

——在全国"企业家活动日"大会上的讲话

国务院国资委副主任　**黄淑和**

(2006年4月14日)

一、从战略高度深刻认识企业自主创新工作的极端重要性和紧迫性

增强企业自主创新能力，是党中央、国务院在综合分析国际发展经验和我国目前发展状况的基础上做出的一项重大战略决策。深刻领会和全面落实这一重大决策，努力在自主创新上取得突破，对于提升我国企业核心竞争力，进而提高我国国际竞争力，促进经济增长方式转变，支撑我国经济长期平稳较快发展，都具有十分重要的意义。

（一）增强自主创新能力是提高国际竞争力的必然选择

进入21世纪，世界经济快速向知识化、全球化方向转变，企业竞争的焦点已经由生产经营前移到研究开发，技术创新成为国际竞争的前沿，成为提高综合国力的有效途径。西方发达国家为保持和提高国际竞争优势，一改过去不干预科技的政策，积极支持企业技术创新，目前财政研发经费占GDP的比重都在2%以上，其中美国、日本、韩国接近3%，欧盟2010年将提高到3%，而我国目前还不到1%。目前90%的跨国公司已把技术创新作为企业战略的主要内容，研发投入占销售额的比重都在5%以上。在全球研发投入总量中，美国、欧盟、日本等发达国家占了86%，并几乎垄断了国际技术转让许可市场。在国际技术贸易收支方面，高收入国家获得了全球技术转让和许可收入的98%，对外技术依存度

在30%以下。发达国家不但以强劲的技术创新能力控制了绝大多数行业领域的科技制高点，而且利用知识产权和技术标准等手段，加大了对其技术创新和竞争优势的保护力度。在这种背景下，我国利用国外先进技术的难度将进一步加大，"以市场换技术"的策略将越走越窄，我国产业处于国际产业链中低端甚至末端的问题将更加突出，企业发展面临的国际压力和冲击将日益加大。要扭转核心技术、关键技术长期依赖于人、受制于人的局面，突破发达国家及其跨国公司的技术垄断和知识产权屏障，根本的出路是提高自主创新能力，尽快掌握一批核心技术和自主知识产权。

（二）增强自主创新能力是支撑我国经济长期平稳较快发展的重要保证

技术创新是经济增长的根本动力，是转变经济增长方式的重要途径。经济增长无论是量的扩大，还是质的改善，从长远来讲，归根结底都有赖于技术创新。改革开放以来，尽管我国GDP年均增速高达9.6%，但这种高速增长主要不是靠技术创新驱动的，而是靠大量的资金投入和资源消耗等驱动的。特别是近年来城市基础设施和房地产投资高速增长，以及由此带动的钢铁、水泥等建材工业投资大幅度增长，在很大程度上支撑着GDP的高速增长。由于这些行业大多属于高耗能、高污染、高投入的行业，结果加剧了资源浪费和资源约束，使生态环境不堪重负。20多年的实践表明，这种粗放型、外延型的增长方式是难以为继的。目前我们正站在新的历史起点上，未来15年左右要继续保持7%以上的增长速度，要改变资源瓶颈约束和生态环境恶化的局面，只有加强技术创新，才能实现经济增长由要素驱动向创新驱动转变，由粗放型向集约型转变，由外延型向内涵型转变。

（三）增强自主创新能力是企业生存发展的根本出路

创新则兴，不创新则亡。这是市场经济条件下企业生存与发展的一条铁律，在经济全球化的背景下更是如此。企业要在市场竞争中生存发展，就必须利用研发优势改善产品性能质量，或者利用先进工艺设备优势创造同质低价产品，或者利用品牌优势支配流通领域，但无论哪一种方式都离不开技术创新。只有通过持续不断的技术创新，企业才能在竞争中站稳脚跟，才能寻求到新的发展机会。目前我国正处于入世的"后过渡期"，市场开放进一步提速，国内市场正趋向于国际化，我国企业生存发展面临更加严峻的挑战。跨国公司不断加快在华战略的调整，一方面，运用知识产权手段，进一步强化在我国的技术强势地位，提高专利商标使用费和索赔的标准，加大技术转让的制约和限制；另一方面，不断加快实施本土化战略，直接在我国设立研发机构，充分利用我国的科技资源，进一步加强研发投入，强化核心竞争力。我国企业如果不从战略高度重视技术创新，增强自主创新能力，核心技术和关键技术仍然受制于人，产品仍然处于国际产业链的末端，就会面临被淘汰出局的危险。

二、采取有力措施加快提升企业自主创新能力

企业是市场竞争的主体。建设创新型国家，关键是要强化企业在自主创新中的主体地位，不断提升企业的自主创新能力。

(一) 进一步增强企业自主创新的信心

要充分看到，我国企业实现自主创新已具备一定的基础和条件。我国的国内生产总值 2005 年已居世界第四位，财政收入已经突破 3 万亿元，全社会固定资产投资达到 8 万多亿元，我们已经具备加大研发投入的经济实力。我们已经建立了完整的工业体系，而且经过 20 多年的技术引进和吸收消化，我们已经大大缩小了同国际先进水平的差距，目前每个行业都有一些企业的技术装备处于国际领先水平。更为重要的是，多年来我们培养了大批优秀人才，目前仅国有企事业单位的专业技术人员就达 2770 万人，科学家和工程师有 225 万人，从国际上看这也是一支不小的科技队伍。而且，一大批具有创新能力的中青年企业家和技术骨干已经脱颖而出。目前我们已经涌现出一批依靠技术创新迅速发展起来的大公司大集团，特别是神六载人航天飞行的圆满成功，证明我们完全有能力进行自主创新，在关键领域取得突破。

(二) 建立以企业为主体、市场为导向、产学研相结合的技术创新体系

技术创新是一种经济行为，是科技成果商品化和产业化的过程，必须让企业

中央企业和地方国有重点企业要做自主创新的排头兵

成为技术创新的主体、成果应用的主体和研发投入的主体。同时，政府科技资源要以企业为主体合理配置，扩大财政科技经费直接向企业投入的比重，加大国家重大科技攻关项目和重大产业化项目向重点大中型企业倾斜的力度，加快应用型科研设计机构进入国有大中型企业的步伐。这是增强企业技术创新能力的重要措施，有利于从体制上彻底解决科技与经济"两张皮"的矛盾，缩短科技成果转化和产业化的周期。

（三）深化企业改革，完善市场机制，增强企业自主创新的内在动力

目前影响我国企业技术创新积极性的最大障碍还在经济体制本身。要使企业真正成为技术创新的主体，必须实现技术创新与制度创新相结合，进一步深化企业改革，加快企业制度创新的步伐，使企业真正成为独立的市场主体和法人实体。同时，必须进一步完善市场竞争机制，维护市场竞争秩序，加大假冒伪劣产品和知识产权侵权行为的打击力度，使市场竞争由"竞次"转向"竞优"，形成由市场机制拉动企业技术创新的环境。

（四）加大政策扶持力度，进一步完善企业技术创新的激励机制

现阶段我国现代企业制度正在建立，市场机制有待完善，面临的国际挑战日趋严峻，企业技术创新工作仍需要继续通过相关政策措施予以大力推动。目前影响和制约企业开展技术创新活动的突出问题是研发资金缺乏和人才短缺。必须进一步完善支持企业自主创新和研发投入的财税、金融和政府采购等政策，以强劲的企业技术创新激励引导机制，促使企业增加技术投入，设立研发中心，吸引创新人才，增强企业原始创新、集成创新和引进消化吸收再创新的自主创新能力。同时，加快成果转化和产业结构优化升级，实现从国际产业链低端向高中端的转变。

（五）加强企业知识产权工作，加大知识产权保护力度

引导企业制定知识产权战略，提高企业对专利、商标、商业秘密、著作权的综合运用和战略管理能力，发挥知识产权在保护企业技术创新、促进成果转化、提高核心竞争力中的作用。推动企业有重点、有步骤地构筑知识产权优势，对关

键技术和重要产品形成一批自主知识产权和知名品牌，逐步使企业知识产权竞争由劣势向均势和优势转变，打破发达国家及跨国公司技术和品牌垄断。引导企业处理好利用和保护国外知识产权的关系，加大知识产权保护力度，营造保护知识产权的法治环境。

三、中央企业和地方国有重点企业要做自主创新的排头兵

国有企业是国民经济的支柱，中央企业和地方国有重点企业是国民经济的主导力量。在增强自主创新能力、建设创新型国家的实施过程中，国有经济必须充分发挥主导作用。

（一）国有大中型企业有责任、有能力在自主创新中发挥表率作用

黄菊副总理在去年底召开的中央企业负责人会议上明确要求，中央企业要在创新活动中起表率作用。一方面，国有大中型企业主要集中在关系国家安全和国民经济命脉的重要行业和关键领域，是综合国力的集中体现，是参与国际竞争的主力军。另一方面，国有大中型企业积累了较强的技术实力，承担了大量的科技攻关项目和国家重大建设任务，在技术创新方面已经取得了显著成效。目前中央企业拥有各种类型的技术创新机构476家，拥有技术创新活动人员27.6万人，绝大多数企业建立了国家级研发机构，或者成立了企业研究院和博士后科研工作站。技术创新投入近年来显著增加，2004年，中央企业技术创新投入额达768亿元，占当年销售收入的1.5%，其中工业企业占2%；获得各类国家和省部级科技成果奖2357项，其中获得国家科技进步一、二等奖83项，获得其他国家级科技成果一、二等奖44项；申请专利总数为6579项（其中申请发明专利2853项）、授权专利3886项（其中发明专利1265项），授权专利和授权发明专利均高于全国平均水平。一些企业具备了大型装备和系统的设计与制造能力，对外部技术的依赖程度逐步减弱，目前有40%以上企业的自主创新技术占技术来源比重超过50%，除少数企业外，大部分企业引进技术比重在20%以下。因此，国有大中型企业要从国家长远发展的战略高度和自身生存发展出发，把增强自主创新能力放到突出的战略位置抓紧抓好。

（二）国有大中型企业要成为自主创新的领军企业

事实证明，在关系国计民生、国家安全的战略领域和市场竞争激烈领域，国外的核心技术是不会转让的。对此，国有大中型企业必须保持清醒的头脑，始终坚持以我为主的自主创新方针，带头在原始创新、集成创新和引进消化吸收再创新中争取新的突破，带头开发和掌握主导产品核心技术，争取接近和达到国际先进水平。

一是要找准定位，正确选择企业技术创新战略和知识产权战略。要围绕企业战略定位和发展规划确定主业，聚焦核心业务，从战略上把握和谋划企业技术创新路径，形成具有自主知识产权的核心技术，提高技术集成能力。国有大中型企业负责人要充分认识自主创新在企业发展战略中的关键作用，把增强企业自主创新能力放到十分重要的战略地位，实施企业技术创新"一把手工程"，通过采取切实有效的措施，整合企业科技资源，掌握关键核心技术。

二是要建立研发投入的有效机制，为提高企业自主创新能力提供资金保证。目前国有大中型工业企业研发经费支出占销售收入的比例总体不到1%，而主要发达国家的大中型企业这一比例已经达到了5%左右。因此，国有大中型企业要加紧建立研发投入的有效机制，进一步加大研发投入。

三是要加强企业技术研发机构建设。国家科技政策对符合条件的企业技术中心制定了一系列税收、投入等优惠政策，支持企业加强自主创新能力建设。要利用好这方面的政策，尽快形成企业内部的研究开发体系。要充分利用社会现有科技资源，通过建立技术创新战略联盟等形式，加强横向的合作交流，不断拓宽企业技术创新的途径。有条件的企业要通过产学研结合，建立产业共性技术或者前沿技术国家实验室，并探索在海外设立研发机构，充分利用全球科技资源。

四是要实施"人才强企"战略，加强创新人才和高技能人才队伍建设。要高度重视技术专业队伍建设，特别要重视技术带头人和领军人才的稳定、培养和引进。要从分配制度上采取技术入股、期权、利润分成、奖励股份、一次性奖励、提高薪酬等政策措施，鼓励各类优秀人才投身于技术创新。

五是要强化知识产权意识，制定实施知识产权战略。拥有自主创新成果不等于拥有自主知识产权。因此，发明创造要及时申请专利，商标品牌要加快注册登记，商业秘密要严格采取保护措施，这样才能有效获得法律保护的知识产权，才能带来竞争优势。必须强化知识产权工作，健全企业知识产权管理机构和制度，加强企业自主创新成果的知识产权保护，实现技术创新创造知识产权、知识产权促进技术创新的良性互动，加快企业知识产权成果应用和产业化。

（三）各级国资委要积极推进国有大中型企业增强自主创新能力

推进国有企业技术创新，是各级国资委的一项重要职责。国务院国资委高度重视企业技术创新工作，不久将专门召开中央企业科技工作会议，研究部署中央企业的技术创新工作。各级国资委要结合所监管企业的实际，采取积极有效的措施，推动国有大中型企业增强自主创新能力。

要强化战略与规划管理，加强对国有企业技术创新工作的指导，将企业技术创新纳入企业发展战略和规划中，从总体上把握企业技术创新的目标和重点。国务院国资委正在研究编制《中央企业"十一五"发展规划纲要》，通过合理规划并采取有效措施，整合现有科技资源。对已形成较大规模、优势明显、国内外市场占有率较高的企业，通过有效整合现有科技资源，加强集成自主创新，创立一批知名品牌；对差距较大、需要进一步引进技术的企业，通过技术引进，加大消化吸收和再创新的力度，改变企业大而不强、缺乏核心技术和自主知识产权的状况，坚定不移地把立足点转到主要依靠自主创新上来。

要积极研究建立企业自主创新的长效机制。黄菊副总理在中央企业负责人会上明确提出，要将技术创新纳入企业经营业绩考核之中。要完善企业业绩考核体系，把技术创新能力和技术开发投入作为考核国有企业负责人业绩的一项重要内容。要研究建立企业技术创新的指标评价体系和分配激励机制，激励技术人才在企业自主创新中建功立业。要通过建立企业技术创新信息平台、促进国内外科研机构合作交流、对企业技术创新重大成果进行评比和奖励等多种手段，推进建立企业自主创新的长效机制。

黄淑和在企业知识产权战略和管理指南研究专题领导小组历次全体会议上的讲话摘要

(2005年9月~2006年9月)

一、开展企业知识产权战略和管理指南专题研究的重要意义

(一)开展企业知识产权战略研究,是国家知识产权战略的重要组成部分

国家知识产权战略是与我国科教兴国战略、可持续发展战略、人才强国战略并列的国家总体战略之一。当前启动国家知识产权战略制定工作,具有十分重大的意义。从国外经验来看,美国是最早实施知识产权战略的国家,自20世纪80年代起,美国围绕知识产权实施了一系列战略,形成以知识创新为核心的教育体制,建立了知识产权的管理和司法制度,并通过拓展保护领域,力促关贸总协定达成《与贸易有关的知识产权协定》,确立了国际知识产权保护制度,使美国经济由当时的衰退,走上"新经济"发展之路。日本从2002年起实施知识产权战略,并将其置于"立国之本"的重要地位,从教育体制改革、相关制度建设、法律保障、社会氛围营造等诸多方面加以落实,力图在信息化、知识化、全球化的世界竞争中抢占先机。国外的做法为我们提供了很好的借鉴和启示。抓紧制定我国最高层次的国家知识产权战略,并使之与国家其他几项总体战略相得益彰,是在21世纪我国全面建设小康社会、实现中华民族伟大复兴的宏伟目标的迫切需要。

国家知识产权战略目标的最终实现,需要市场经济主体这个主力军。而企业

则是市场经济主体中的主体,企业知识产权创造、应用、管理与保护的能力和水平,将直接影响到国家知识产权战略的实施。随着我国知识产权立法的不断完善,我国专利申请量已由1985年的1.4万件升至2004年的35.4万件,年平均增长速度为18.4%。但是,在我国全部发明专利职务申请中,有66%是外国人申请的,国内与国外的比例为1:2。在授予的发明专利中,国内与国外的比例为1:1.8。再从商标领域来看,根据2003年有关机构对国内27个行业的调查显示,有11个行业洋品牌居于领先地位。因此,开展国家知识产权战略的制定,必须深入解决市场经济主体与创新主体的结合问题,必须解决我国企业核心技术的知识产权拥有量与国外企业相比差距较大的问题。这是制定国家知识产权战略不可或缺的重要内容。

(二) 开展企业知识产权战略研究,是指导企业提高核心竞争力的重要手段

知识产权既是企业重要的经营资源,更是关乎企业长远发展的战略资源,在企业生存与发展中的作用日益突出。改革开放20多年来,我国企业的知识产权工作取得了长足的发展,特别是在努力创造自主知识产权,运用知识产权法律武器,不断提高核心竞争能力等方面取得了明显成绩。据统计,2002~2004年,中央企业共获得各类国家和省部级科技成果奖5646项,投产的新产品22943个,采用新工艺17204项,实现重大工艺改进7427项。2004年中央企业共申请专利6579项(其中发明专利2853项),获得授权的专利3886项(其中发明专利1265项)。我国载人飞船、卫星发射等航天科技,以及冶金吨钢综合能耗、水耗和主要污染物排放控制指标等已接近或达到国际先进水平。

但是,与国外许多企业相比,我国企业还存在着相当大的差距。不少企业科研开发与知识产权管理、技术创新与依法保护明显脱节,一方面知识产权被侵权的现象大量存在,另一方面又不懂得如何运用法律武器维护自主知识产权。国外跨国公司和大企业集团都十分重视运用知识产权战略谋划自身发展,抢占市场竞争的机遇。据有关部门统计,在对外贸易方面,近年来我国有60%的出口企业受到国外技术壁垒的限制,对我国出口的影响每年超过450亿美元。面对全球日趋激烈的市场竞争,我国企业如果没有更高的自主创新能力,没有更新的知识产权战略,就很难形成核心竞争能力,也就难以在国际竞争中赢得一席之地。因此,开展企业知识产权战略研究,就是要总结出一套切实有效的企业知识产权管

理模式、战略规划、规章制度和操作技巧等,用以指导企业建立起创造、应用、管理与保护相结合的知识产权综合管理机制,提高企业的核心竞争能力。

(三) 开展企业知识产权战略研究,是进一步推进国有资产管理体制和国有企业改革的重要举措

国务院国资委履行出资人职责的169家中央企业,共拥有技术研究院、技术中心、研究开发中心等技术创新机构476家,它们在推进科技创新、加快技术进步方面发挥着重要的作用。最近,温家宝总理明确要求,国资委要把提高国有企业自主创新能力作为一项重要任务来抓。实践证明,推动国有企业科技创新和技术进步,既是国有企业自身发展的需要,也是发挥国有经济主导作用,促进国民经济持续快速健康发展的客观要求。

当前,加快国有经济布局和结构的战略性调整,必须要推动国有资本向具有较强国际竞争力的大公司、大企业集团集中。做强做大国有企业,关键是要做强。自主创新能力关系到企业的兴衰,没有竞争力的大企业,不可能在市场上有长久的立足之地。而为了做强企业,必须开展企业知识产权战略研究,这是一项明确方向、突出核心、夯实基础、着眼未来的重要工作。

二、开展企业知识产权战略和管理指南专题研究的指导思想和原则

按照制定国家知识产权战略总的指导思想,企业知识产权战略和管理指南研究的指导思想是:以切实落实科学发展观,着力提高我国企业具有自主知识产权的核心竞争力为目标,以国家知识产权战略纲要为指导,适应经济全球化和知识产权规则国际化的发展趋势,立足国情,着眼长远,务实求新,深入分析企业知识产权现状和存在的突出问题,紧紧围绕知识产权创造、应用、管理与保护三个关键环节,研究提出一系列配套的政策建议和管理指南,努力使国家知识产权战略总目标在企业落到实处。

根据上述指导思想,结合本专题涉及的具体领域和内容,提出以下原则:

（一） 坚持创新为本

创新是企业保持长久生命力的灵魂。只有不断创新，企业才能保持自身的活力，才可能抢占市场先机，也才能跟上时代发展的步伐。创新更是知识产权的原动力，也是我们开展企业知识产权战略和管理指南专题研究要解决的首要问题。作为一整套科学的法律制度，知识产权制度本身就是通过法律手段保护人们的智力成果，调动人们发明创造的积极性，从而达到促进全社会科学技术进步的目的。所以，企业知识产权战略研究，从一开始就要重视在如何提高企业自主创新能力上下功夫。要通过开展企业知识产权工作，促进企业自主创新的机制、制度和队伍建设，努力摸清并解决企业创新能力不强所暴露的突出问题，指导企业培育知识产权的创新意识，大力提高以发明创造为重点的技术创新能力。

（二） 立足实际应用

加快将科技创新成果转化为现实生产力，并使之产业化，必须以创新为本，立足应用。再好的科技创新成果，即使获得了发明专利，如果束之高阁，也不过是纸上谈兵，没有多少实际作用。所以，要重视将企业知识产权成果，也就是说，将法律保护之下的企业创新成果推广开来，尽可能地应用到企业生产、经营、管理的有关业务活动中去，这样才能使企业真正形成具有自主知识产权的核心竞争能力。

（三） 夯实管理基础

创新和应用都离不开管理。企业创新和应用能力的高低，在很大程度上取决于企业的管理水平。开展企业知识产权战略和管理指南专题研究，一方面，应当为国家制定知识产权战略提供支持和保障，另一方面，一定要为我国企业加强知识产权管理提供操作指南。我们既要重视企业知识产权战略的理论分析，更要注重企业知识产权战略的管理研究。要努力解决我国企业知识产权管理工作中存在的实际问题，以此提高我国企业管理和保护知识产权的能力和水平。

黄淑和在企业知识产权战略和管理指南研究专题领导小组历次全体会议上的讲话摘要

三、企业知识产权战略和管理指南专题研究工作的方向是"提高企业核心竞争能力"

提高我国企业具有自主知识产权的核心竞争能力，是我国转变经济增长方式的需要，也是我国企业参与国际竞争的需要。世界上较大的跨国公司在我国都拥有大量专利，科技实力强的企业拥有专利申请量也很多。许多发达国家和跨国公司通过在国内外获取知识产权，保护和拓展其科技竞争的优势，对我国企业在技术上和市场上构成了严重制约。以专利申请量为例，2005年在中国的发明专利申请中，来自国外的申请占82%，且技术含量较高，主要集中在无线电传输、移动通讯、半导体、西药、计算机等高科技领域；来自国内的专利申请占18%，且技术含量较低。"82∶18"的比例，凸显了目前我国企业在自主知识产权方面所面临的严峻形势。所以，专题研究一定要集中在引导企业重视培育具有自主知识产权的核心竞争能力上，要重视改变国内许多企业"有制造没创造，有知识没产权"的状况。

四、企业知识产权战略和管理指南专题研究工作要突出"加强企业自主创新"这一重点

党中央、国务院把增强自主创新能力作为国家的一项重大战略任务，我们的专题研究工作必须突出"企业自主创新"这一重点。企业是市场经济的主体，更应是自主创新的主体。世界发达国家的经验已经证明，企业成为自主创新的主力军是国家竞争力得以提高的重要基础。韩国成功崛起的原因之一，就是顺利完成了自主创新由政府主导向企业主导的转变。韩国政府与企业在科研投入方面的比重，1970年为77∶23，1980年为52∶48，2003年则为25∶75。韩国企业设立研究所的数量1983年才100家，1991年为1000家，2004年猛增到10000家。在科研投入的经费方面，韩国前30家上市公司，平均研发投入占销售收入的3.15%，而我国的中央企业平均还不到1%。所以，我国《中长期科技规划纲要》的目标之一是使企业成为自主创新的主体。黄菊副总理明确要求，中央企业要做增强自主创新能力的表率。要加大技术和产品研发投入，加快建立鼓励自

主创新的激励机制，大力提高原始创新能力、集成创新能力和引进消化吸收再创新能力。要加快科技成果向现实生产力的转化，坚持用高新技术和先进适用技术改造提升传统产业。

上篇

企业知识产权战略与管理

第一章 国内外企业知识产权形势分析

知识产权是人们对于智力活动中的创造性成果和经营管理活动中的标记、信誉依法享有的专有权利，是有别于传统财产所有权的一种新型权利。具体说来，知识产权包括专利权、商标权、著作权、商业秘密权、地理标记权、植物新品种权和集成电路布图设计权等权利。随着经济全球化和知识经济发展进程的加快，知识和智力资源的创造、应用、管理与保护已经成为各国经济发展和社会进步极其重要的推动力量。发达国家纷纷通过制定知识产权战略建立并维护自身在国际竞争中的优势地位。我国在《国民经济和社会发展第十一个五年规划纲要》中也明确提出了要将增强自主创新能力作为调整产业结构和转变经济增长方式的中心环节，并于2005年正式启动国家知识产权战略的制定工作。

企业是国家知识产权战略实施的重要主体和基础力量。以专利、商标、著作权、商业秘密等为主要内容的企业知识产权已经成为企业重要的经营资源和战略资源。企业自主创新和运用知识产权的能力和水平决定着一个企业的核心竞争力，也在很大程度上决定着国家的综合竞争力。胡锦涛总书记在全国科技大会上明确提出，要使企业真正成为研究开发投入的主体、技术创新活动的主体和创新成果应用的主体，全面提升企业的自主创新能力，大力推行以企业为主体的知识产权战略，是党中央、国务院面对国际国内新形势所做出的重大战略决策，也是企业最现实、最重要的战略抉择。

第一节 企业知识产权工作面临的国际形势

一、现代科技的蓬勃发展确立了企业知识产权的战略地位

人类文明的不断进步带来了全球范围内资源配置方式的改变,通过战争和武力掠夺资源的方式在第二次世界大战以后渐渐为现代文明所摈弃,世界各国转而主要通过市场竞争的手段争夺全球资源。为在激烈的市场竞争中取胜,许多国家大幅度提高科技投入,加快科技事业发展,推动了20世纪中叶新科技革命的到来。核技术、航空航天技术、计算机技术、基因技术、生物工程技术和新材料技术等一大批新兴技术蓬勃发展,使科学技术对国民经济总产值增长的贡献越来越大。据测算,在20世纪初其贡献值只占5%~20%,到20世纪中叶升至50%,之后更快速上升到60%~80%。[①] 在新科技革命的推动下,世界经济的发展越来越依赖于科学技术的进步,科技创新不仅成为一个企业取得竞争优势的关键因素,而且也越来越成为国家间综合国力竞争的核心。当全球市场竞争逐渐聚焦于科技竞争时,技术及知识产品的特性决定了国家和企业必须建立健全知识产权制度,并通过这种制度来维护其竞争优势。正是有赖于知识产权制度的建立和完善,创新技术和产品才能在全球范围内正常流转。从这个意义上讲,科学技术的竞争归根结底表现为知识产权的竞争,企业知识产权战略逐渐成为大型跨国公司占领市场和获取巨额利润的重要法宝。

二、经济全球化趋势为企业知识产权战略的实施提供了重大机遇和挑战

经济全球化加快了生产要素在世界范围内的大规模流动,各国企业为在全球范围内寻求原材料、信息、资金、人力资源等生产要素的最佳配置和组合,开始将企业生产的内部分工扩展为全球性分工。特别是发达国家跨国公司不断调整资源配置方式和公司经营战略,纷纷将加工、制造和组装等生产环节转移到拥有廉

---

① 孙小礼:《"科学、技术与社会"研究的现实意义》,载《北京大学学报》(哲学社会科学版)1996年第6期。

价劳动力的发展中国家。由于跨国公司在转移生产环节的同时，不可避免地要将自身的先进技术向制造国企业公开，为保证自己对先进技术的专有权利，跨国公司重视通过专利等知识产权来确保其技术垄断地位和竞争优势，客观上加快了企业知识产权战略的研究制定和实施。而如何适应这种新形势发展的要求，制定并实施符合本企业实际的知识产权战略，成为经济全球化背景下各国企业的共同机遇。目前，跨国公司纷纷在全球范围内实施企业知识产权战略，试图通过知识产权优势构筑企业的技术优势和品牌优势，进一步巩固其在市场上的垄断地位，企业对知识产权和品牌战略的重视达到了前所未有的程度。如日本前首相中曾根康弘曾说："在国际交往中，索尼是我的左脸，松下是我的右脸。"在全球品牌实验室评选的 2006 年全球品牌 500 强中，美国品牌占据 245 席，占 49%。① 发达国家正是通过知识产权战略和品牌战略，进一步增强本国跨国公司的核心竞争力，以应对新一轮国际竞争对各国提出的严峻挑战。

三、全面提升本国产业竞争力是各国知识产权战略追求的核心目标

随着全球竞争的加剧，发达国家纷纷围绕提升本国产业竞争力制定和实施知识产权战略。美国自 20 世纪 80 年代起，为恢复其在世界经济中的强势地位，通过制定《拜杜法案》、《技术创新法》、《联邦技术转移法》等法律，促进技术创新和技术转移，提高产业竞争力；通过在《综合贸易竞争法》中追加"特殊301条款"，强化对国外侵犯美国知识产权行为的制裁，以保护美国的海外市场。② 日本于 2002 年发表了知识产权战略大纲，通过了知识产权基本法，提出把无形资产的创造置于产业发展的基础地位，并从知识产权的创造、保护、应用以及人才基础四个方面制定行动计划，从而实现了国家战略从"技术立国"向"知识产权立国"的转变。德国通过立法、司法和行政等手段加强对本国优势产业的知识产权保护，通过打造奔驰、宝马、西门子、拜耳、巴斯夫等一大批世界顶级跨国公司，极大地增强了本国优势产业的竞争力。③ 韩国为更有效地支持中小企业的发展，于 2006 年 9 月成立了"中小企业专利管理支持小组"，向缺乏足够资金和人力资源进行专利管理的中小企业提供"上门专利咨询服务"，从而有效

---

① 全球品牌实验室 2006 年世界品牌 500 强评选公报。
② 关欣：《世界主要国家高新技术产业知识产权保护制度研究》，载《经贸参考》2006 年第 4 期。
③ 中国现代国际关系研究院课题组：《发达国家提升自主创新能力的政策法律保障措施》，载《求是》2006 年第 9 期。

提高中小企业的竞争力。其他一些发达国家也纷纷通过知识产权战略，激励技术创新与进步，加快产业结构的优化升级，大力增强本国产业竞争力，从而在激烈的国际竞争中取得优势地位。

第二节 国外企业知识产权的发展状况

一、国外企业知识产权的现状

（一）发达国家企业知识产权数量和质量优势明显

自主创新的能力和水平是反映企业竞争力的重要指标。自主创新的成果通过一定的法律程序形成具有独占和支配作用的知识产权，对巩固和提升企业核心竞争力具有不可替代的作用。由于发达国家的企业在自主创新上占有先导地位，因此相应的知识产权的数量和质量都具有了明显的优势。以最具代表性的美国专利授权情况为例，在美国专利和商标局（USPTO）每年公布的全球企业在美国专利授权量统计表中，美国、日本、韩国企业长期居于前列，IBM公司在排名中连续13年名列第一位，佳能公司连续多年位于排名的前三位，韩国三星电子在近5年里（2002年除外）都进入了USPTO排名的前10位，成为依靠专利技术获取高额利润并进行再创新的成功范例。[①] 品牌是企业知识产权的外在表现和价值凝结。在2006年世界品牌500强中，谷歌、沃尔玛、微软、可口可乐、麦当劳、通用电气、诺基亚、英特尔、奔驰等企业的品牌高居前列，显示了发达国家企业在品牌方面的霸主地位。[②]

（二）企业知识产权竞争策略呈现多样化

随着知识产权保护水平的逐步提高，企业知识产权战略已由过去的被动防御阶段转入主动进攻阶段，出现了各式各样的知识产权运作策略。比如，"跑马圈地"策略。一些公司为占领未来市场，纷纷在贸易目的国抢注专利，获得相应

---

① 数据来源：美国专利商标统计年报。
② 全球品牌实验室2006年世界品牌500强评选公报。

的知识产权保护。但在相当长的时间内，它们并不实施这些专利，而是靠已取得的专利权来谋取未来更大的利益。如通过收集贸易目的国的经济信息，特别是侵犯知识产权的事实，采取政府和企业相结合的方式在贸易目的国进行知识产权诉讼，获取高额的知识产权利润。据统计，在印度1995~2005年间8926项药品及农化产品发明专利申请中，外国企业达到了7520件，占有绝大部分，其中辉瑞公司、强生公司和宝洁公司位居前三位。又如"知识产权联盟"策略。由于市场竞争日益激烈，知识产权侵权方式也日益多样化，仅靠单个权利人的力量维权已难以奏效。因此，联合相关权利人组成行业知识产权保护协会或联盟，以团体的力量来维护自己的合法权益，已是一些发达国家先进企业的通行做法。如日本6C联盟就是日立、松下、东芝、JVC、三菱电机、时代华纳六大技术开发商结成的专利保护联盟，它们曾利用其所拥有的 DVD 核心技术，联合向我国国内的 DVD 整机生产厂家征收技术专利使用费。再如"知识产权与标准相结合"策略。近些年来，发达国家跨国公司开始将技术标准与知识产权相结合，借助于技术标准的特殊地位实现其垄断市场的目的。这充分表明跨国公司已经不满足于各项专利技术给它们带来的利益，而是寻求一种更加集权和集中的方法来实现其垄断市场的目的，而技术标准恰好适应了这种需求。过去在传统的大规模工业化生产中，是先有产品后有标准；但发展到知识经济时代，则往往是标准先行，这在高技术产业领域表现尤为明显。"三流企业卖力气，二流企业卖产品，一流企业卖技术，超一流企业卖标准"即是对现实状况的形象描述。IBM、汤姆逊、三菱、日立、松下、富士通、东芝、佳能、飞利浦等著名跨国公司都采用了将知识产权与标准相结合的策略，"技术专利化—专利标准化"成为一种新的趋势。

（三）知识产权成为跨国公司参与全球竞争的重要工具

跨国公司的经营和知识产权制度之间有着密切的关系。跨国公司与中小企业相比不仅有企业规模、销售网络、全球资源整合等巨大优势，而且还通过其知识产权制度来强化自身的优势。据联合国有关机构统计，国际间的技术贸易总额1985年为500亿美元，到20世纪90年代则超过了1000亿美元。以IBM公司为例，2000年该公司申请专利2886项，年度总利润81亿美元，其中专利许可转让费一项就达17亿美元。[①] 除了技术贸易以外，以商标许可、商号许可、商业秘密许可、著作权许可等形式为主要内容的知识产权贸易也有了飞速发展。同

---

① 李顺德：《跨国公司知识产权战略的启示》，载新华网 www.xinhuanet.com，2005年2月17日。

时，跨国公司通过多方面的手段对知识产权制度施加影响，使知识产权制度有利于跨国公司的经营，尤其是以技术领先型经营方式为主的跨国公司为了巩固其在世界范围内的竞争优势，自然就强化知识产权制度向其有利的方向发展，跨国公司成为知识产权制度发展的重要推动者。另外，由于发展中国家急需引进直接投资和先进技术，使其在与跨国公司谈判的过程中居于劣势，因此，它们往往在知识产权保护方面屈从于代表跨国公司利益的发达国家政府的要求，在这个过程中，跨国公司对于投资政策的修改往往左右了发展中国家的政策走向。跨国公司对知识产权制度产生了广泛而深刻的影响。

（四）国外先进企业的知识产权管理体系日渐成熟

在跨国公司的企业管理中，知识产权管理占据了非常重要的位置。德国西门子公司在全球设有12个知识产权管理部，400名知识产权管理人员管理着该公司各类知识产权约15万项。荷兰飞利浦公司在全球设有10个知识产权办公室，有约150名知识产权专业人员，管理该公司的6.5万项专利和2.1万个商标。[①] 国外先进企业在知识产权管理方面已经形成了一套比较成熟的管理模式。例如，先正达公司的集中管理制，即设立知识产权管理总部，集中管理所有与先正达公司业务有关的知识产权事务；日本东芝公司的分散管理制，即在知识产权本部统一管理（权利的利用、纠纷处理、对外谈判等）下充分授权知识产权各分部开展具体的知识产权管理业务；日本佳能公司的行业管理制，即依据产品类别和技术类别分项设置知识产权管理职能。[②] 不论以上哪一种模式，国外先进企业的知识产权管理部门都处于企业总部管理层的重要位置，全都实现了对知识产权创造、运用、经营等相关活动的全程参与。

二、国外企业知识产权发展趋势

（一）知识产权作为企业无形资产将更加重要

知识产权已经成为企业生存和发展最重要的无形资产。一个企业的资产构成往往可以直接反映出该企业的市场活力和生命力。在发达国家，以知识产权为核

---

① 中国知识产权司法保护网，2006年1月3日。
② 于涛：《国外企业知识产权管理模式分析》，载《电子知识产权》，2005年10月26日。

心的无形资产在整个企业资产中所占的比重越大,说明该企业的市场活力和生命力越强。以知识产权为核心的无形资产大大超过其有形资产的企业在发达国家屡见不鲜,以知识产权为核心的无形资产甚至可以是其有形资产的数倍或数十倍。如美国的 Amgen 生物技术公司资产评估总值为 150 亿美元,而其有形资产仅为 25 亿美元,这是由于该公司拥有人红细胞生成素(EPO)和人粒细胞集落刺激因子(G-CSF)两项专利,基本上垄断了这两个畅销生物药品的全球市场。[①] 1982 年,在美国具有代表性的 500 家上市公司的市值中,有形资产与无形资产的比例为 62%:38%;到了 1992 年变为 38%:62%;而到 2002 年又变为 87%:13%。[②] 我们甚至可以这样认为,如果没有知识产权法律保护,就没有今天的微软,比尔·盖茨也不可能成为世界的首富,因为微软和比尔·盖茨的财产主要来源于知识产权保护形成的无形资产。同时,知识产权这种无形资产的存在也是许多公司以跨国经营方式取代以正常出口贸易方式进入国外市场的主要原因之一,因为专利技术、商标以及技术秘密等无形资产可以转化为清晰的知识产权所有权关系。知识产权作为投资的大量增加,一方面促进了发展中国家的经济发展和社会进步,但另一方面也增加了发展中国家对于发达国家的"知识产权依赖"。可以断定,伴随着知识经济的不断发展和经济全球化的日益深入,知识产权作为无形资产将会更加重要。

(二)企业知识产权竞争将更加激烈

知识在经济发展中作用的不断提高使得知识产权成为国际竞争战略的核心内容。传统的关税壁垒随着 WTO 的成立及多边贸易协定的制定已逐渐淡化,但以美国为首的发达国家却掀起了一场以非关税壁垒为特征的新贸易保护浪潮,并愈演愈烈。其中,以知识产权壁垒为手段的贸易保护尤为突出。[③] 知识产权壁垒的内容主要包括技术法规与技术标准、包装和标签要求、商品检疫和检验规定、环境标准以及信息技术壁垒等。知识产权壁垒因其合理性和复杂性而更具有隐蔽性,不容易遭到其他国家的报复,国际贸易之战愈来愈多地表现为企业知识产权之战。2003 年的温州打火机事件、2004 年的吉利汽车商标案等就是企业知识产权竞争日趋激烈的典型案例。据统计,进入新世纪后,世界贸易壁垒的 80% 来源

---

① 李顺德:《跨国公司知识产权战略的启示》,载新华网 www.xinhuanet.com,2005 年 2 月 17 日。
② 参见张玉瑞、周燕等:《外国大企业如何在中国实现专利价值?挥舞许可和诉讼两大利器》,载《中国知识产权报》,2004 年 6 月 22 日。
③ 田芙蓉:《论知识产权有关的技术壁垒》,载《标准与知识产权》,2003 年第 9 期,第 53~56 页。

于知识产权壁垒。据商务部的调查数据显示，近年来我国对外贸易中有60%的企业，约400亿美元的贸易额不同程度地遭遇到了国外知识产权壁垒的制约。① 在知识产权成为技术壁垒的主要手段后，企业知识产权的竞争将呈现愈演愈烈之势。

(三) 跨国公司对我国企业的知识产权攻势将更加猛烈

由于我国广阔的市场和良好的发展前景，跨国公司正以知识产权为重要手段对我国企业和产业形成包围封堵态势，极力压制中国企业的自主创新，维持和加强其技术的市场垄断地位。据统计，外国企业在华专利申请量2001～2005年平均每年增加25.2%，② 其主攻目标是高新技术产业。外国公司在我国获得的通信、半导体类授权专利数量约占我国同类授权专利的90%以上，生物行业约占92%，医药行业和计算机行业占70%左右。③ 跨国公司在我国运用各种手段部署知识产权保护网的同时，还不断向我国政府施压促使我国提高国内立法水平、加大执法力度，并通过形成行业联盟发动针对我国企业的知识产权诉讼、限制我国企业的技术类产品进入外国市场、争夺我国企业的优秀人才。其目的是压制和扼杀中国企业的自主创新，维持和加强其在高新技术领域的知识产权优势；千方百计地利用其知识产权优势，削弱中国企业的低成本优势，降低中国企业的市场竞争力；利用知识产权在中国市场排挤中国企业，获取竞争优势，实现利益的最大化；利用知识产权设置非关税壁垒，限制和阻止中国产品进入发达国家市场。总之，外国跨国公司运用知识产权战略占领我国市场和挤压我国企业的形势将会更加严峻。

第三节　我国企业知识产权的发展状况

一、我国企业知识产权发展历程及现状

(一) 发展历程

企业知识产权的发展与国家法律制度及经济环境息息相关。1949年以来，

---

① 葛秋萍：《经济全球化进程中我国知识产权秩序缺失及应对战略》，2005年3月18日。
② 数据来源：国家知识产权局统计年报。
③ 吕薇：《知识产权制度：挑战与对策》，知识产权出版社2004年版。

我国企业知识产权发展历程,可以划分为四个阶段:**第一阶段为企业知识产权贫乏期**。改革开放前,我国长期实行计划经济体制,调整和保护知识产权的法律制度几乎空白,知识产权保护工作长期废弛。企业作为政府的附属,缺乏应有的竞争意识,其技术创新成果被纳入公共领域,基本没有私法意义上的知识产权。**第二阶段为企业知识产权萌芽期**。改革开放后到 1985 年专利法实施之前,我国实行有计划的商品经济,企业开始直面市场竞争,以商标、专利为代表的知识产权法律制度开始起步,企业知识产权意识觉醒,一些先进企业在技术研发的同时开始学习和运用知识产权制度。**第三阶段为企业知识产权成长期**。从 1985 年到我国加入 WTO 前,我国逐步确定了建立有中国特色的社会主义市场经济体制的目标,企业成为市场主体。在借鉴和吸收国外知识产权立法经验的基础上,我国知识产权法律体系逐步建立和完善,并成为一些主要的知识产权保护国际公约的成员国。国家司法、行政对知识产权的全方位保护体系逐步加强。企业知识产权拥有量持续增加,知识产权管理逐步得到加强。**第四阶段为企业知识产权提高期**。我国加入 WTO 以后,随着竞争的日益加剧,企业面临着两种资源、两个市场,拥有自主知识产权越来越成为提高企业核心竞争力的关键,知识产权战略思维开始被广大企业重视和接受。

(二)工作进展

经过 20 多年的改革开放,我国企业知识产权工作取得极大进展,主要表现在:**一是企业知识产权意识有所提高**。随着中国加入 WTO 和对外开放的深入推进,我国企业逐步认识到知识产权的意义和价值,知识产权的法律意识、权利意识不断增强。2006 年 2 月,在企业知识产权保护与自主创新大会上,有 80 家中央企业参会并签署了《企业使用正版软件倡议》和《企业保护知识产权倡议》,展现了我国企业尊重和保护知识产权的积极姿态。[①] **二是知识产权推动企业技术创新的作用日趋明显**。知识产权的应用产生的巨大经济效益激发了企业科技创新的热情。以研究开发促进技术创新、以技术创新获取知识产权、以知识产权提高竞争能力的良性循环机制正在逐步形成。目前,我国企业研发投入占全国研发投入的 70% 左右,和美国的研发投入分布态势基本相同,[②] 越来越多的企业把增加研发投入、提高核心技术竞争力作为企业的发展战略。国务院国资委对全国拥有

[①][②] 李荣融:《大力推进中央企业自主创新 为建设创新型国家做出积极贡献》,在中央企业科技工作会议上的讲话,2006 年 4 月 22 日。

848万名职工、158万名技术人员的2716户企业的知识产权战略和管理指南专题问卷调查（以下简称国资委问卷调查）表明，52.3%的企业建立了研发中心，2001~2005年企业研发投入年均增长24.5%，其中企业自有资金投入平均比例为74.4%。同时，近年来我国企业也越来越重视研发人才的培养和使用。目前，在国务院国资委监管的161户中央企业中，拥有各类研发机构470多家，拥有各类技术人员160多万名，占中央企业职工总数的15%。**三是企业拥有的知识产权数量有所增长、质量有所提高**。我国企业拥有的知识产权正在实现"由少到多"、"由量到质"的双重飞跃。从1995年到2005年，企业一直是国内职务专利的主要申请人。2005年国家知识产权局受理的158882件国内职务专利申请中，企业申请专利的比例高达80.2%。2001~2005年，国内企业发明专利申请量和授权量逐年提高，年均增长分别达到54.2%和38.1%。[①] 同时，企业申请和拥有的注册商标数量也在逐年上升。国家工商行政管理总局统计表明，1983年《商标法》实施之初，我国商标注册年申请量仅为2万余件。加入WTO后，企业商标申请量从2002年到2005年，每年以10万件的速度递增，到2005年我国商标注册申请量已达66.4万件，创历史新高。[②] 我国企业利用商标开拓市场、参与竞争的能力显著提高，"同仁堂"、"全聚德"等一批历史悠久的商标不断发扬光大，"海尔"、"联想"等新的驰名商标也不断扩大在世界范围的影响力。**四是企业知识产权管理和保护工作逐步加强**。在我国知识产权立法不断完善，广泛加入知识产权保护国际公约，强化国内司法、行政知识产权保护的宏观背景下，企业不断增强知识产权管理和保护能力。国资委问卷调查表明，一些先进企业已经建立了相应的知识产权管理和保护制度，包括专利、商标、著作权、商业秘密等各个方面，涉及激励措施、合同管理、保密制度、竞业禁止等多个环节。此外，企业知识产权管理人员逐年增加。国资委问卷调查显示，2000年2716户企业知识产权管理人员总共有5370人，平均每户企业2人；到2004年迅速增加到13893人，平均每户企业达到5.1人。在知识产权保护方面，所调查企业大都开展了商业秘密、专利和商标保护工作，其中采用商业秘密方式保护本企业知识产权的比例最高，为73.7%，其次是专利和商标，分别为62.6%和62.5%。主动开展知识产权管理与保护工作已成为我国企业的共识。

[①] 数据来源：国家知识产权局统计年报。
[②] 数据来源：《中国知识产权年鉴》（2004）。

二、我国企业知识产权存在的问题及原因分析

从总体上看，我国企业知识产权水平仍明显低于国际先进企业，企业知识产权工作仍存在一些问题。其表现为：

一是企业自主创新少。 企业普遍重生产轻研发，重引进轻消化，重模仿轻创新，创新层次低，高端发明少。2004年经济普查结果显示，只有1.7万户规模以上工业企业开展了自主创新活动，企业自主创新活动的覆盖面仅为6.1%，自主创新并未成为企业的普遍行为；相反，2004年我国工业企业用于引进国外先进技术的支出却高达397.4亿元，比"十五"期初增长了30.3%，年均增幅为6.8%。[①] 2005年我国仅有万分之三左右的企业拥有自主知识产权核心技术，对外技术依存度达50%，高技术含量产品的80%以上依靠进口。我国经济总量占世界的4%，而发明专利仅占世界的1.8%。[②] 此外，国资委问卷调查显示，在企业自主创新具体模式的选择上，以引进消化吸收再创新为主要创新形式的企业占41.6%，而以原始创新和集成创新为主要创新形式的企业分别占37.5%和20.9%，相对比较薄弱。国资委问卷调查还显示，截止到2005年12月，54.8%的企业没有申请过国内外专利，44.3%的企业三种主要产品及其工艺未包含专利技术，43.8%的企业主要产品没有注册商标。中小企业还普遍存在"动力不足、不想创新，风险太大、不敢创新，能力有限、不会创新，融资太难、不能创新"的现象。

二是企业知识产权应用差。 应用是知识产权价值的主要实现方式，是提升企业市场竞争力的关键，也是知识产权转化为现实生产力的惟一途径。当前，我国企业科研开发与市场开拓相脱节，科研成果应用渠道不畅，专利技术成果转化率低，产业化水平不高。国资委问卷调查显示，2000年以来所调查企业授权专利实施率小于30%的占52.4%；拥有自主知识产权产品销售占总销售额30%以下的企业有36%。82%的企业没有开展过专利许可贸易，79.2%的企业没有开展过专有技术的许可贸易，88.5%的企业没有开展过商标许可贸易，89%的企业没有开展过著作权贸易。

三是企业知识产权管理散。 知识产权管理尚未成为企业管理的重要内容。国

---

① 国家统计局：《从经济普查结果看我国工业企业自主创新能力》，载黑龙江信息网，http://www.hljic.gov.cn，2006年2月9日。
② 商务部：《加快增长方式转变，促进外贸可持续发展》，载《人民日报》，2006年8月8日。

资委问卷调查显示，有 80.2% 的企业没有设置专门的知识产权管理职能部门。企业在知识产权管理上缺乏有效的交流机制。在研发新技术、新产品、新工艺方面，所调查企业的知识产权管理部门与研究开发部门没有交流的占 12.3%，不定期交流的占 36.1%，随时交流的占 44.9%，定期交流的只占 6.7%。在开展涉及知识产权事务方面，这些企业的知识产权管理部门与销售、市场部门没有交流的占 19.5%，不定期交流的占 41.8%，随时交流的占 32.7%，定期交流的只占 6%。此外，我国企业在知识产权管理方面还普遍存在对本企业专利缺乏评级管理，对本企业拥有的商标等品牌资源未进行及时科学评估的问题。国资委问卷调查显示，92% 的企业没有对所拥有的专利进行评级管理，91.2% 的企业没有对所拥有的品牌进行价值评估。

四是企业知识产权保护弱。一些企业缺乏足够的知识产权保护意识，不熟悉知识产权相关法律，不善于运用知识产权保护自主创新成果，不善于运用知识产权制度争取、保持和扩大市场竞争优势，普遍存在"有制造无创新，有创新无产权，有产权无应用，有应用无保护"的现象，知识产权流失严重。据统计，目前国内 80% 假冒等侵权案件的受害者是国内企业。[①] 面对侵权行为，相当一部分企业未能采取及时正确的维权措施，不仅使企业受损，而且还影响到消费者的利益。个别企业甚至认为知识产权保护成本高，企业依法维权困难。国资委问卷调查显示，所调查企业中有 21.6% 发生过知识产权流失，其中 79.4% 是因"员工携带商业秘密跳槽"造成的。

存在上述问题的原因比较复杂，大致可以归纳为以下三点：

一是企业动力不足。企业是技术创新的主体，也应当是知识产权的创造者和受益者。企业内在动力决定着技术创新的能力。当前，企业技术创新动力不足已经成为我国企业知识产权面临的一个重要问题。一方面由于发展中国家企业与发达国家企业相比在竞争力上尚有较大差距，通过开展技术创新获取知识产权还不是每个企业都可以做到的，部分企业更希望通过技术受让和引进获取知识产权，以满足本企业发展的需要，缺乏技术创新的原始动力。另一方面我国企业长期处于计划经济体制下，体制惯性导致企业创新动力机制缺失。企业产权制度不完善，管理制度和利益分配机制不健全，考核评价机制不客观，企业管理人员开拓精神不足等现实因素都严重影响了企业自主创新的积极性和主动性。由此导致企业生产经营中存在大量的短期行为，企业知识产权战略意识淡

---

① 王梦奎主编：《中国中长期发展的重要问题 2006~2020》，中国发展出版社 2005 年版，第 284 页。

薄，缺乏通过自主创新和实施知识产权战略做强企业并实现可持续发展的内在动力。

二是政府推力不强。在推进企业知识产权方面，政府既是有关政策法规的制定者和执行者，又是科研开发投入的供给者。只有通过上述两方面的引导与扶持，才能既为企业知识产权的创造、应用、管理与保护提供良好的环境，又通过研发投入直接协助企业实现技术进步。目前，我国市场竞争机制还不完善，知识产权立法仍然存在不足；政府有关部门之间缺乏有效协调，行政管理成本高；相关扶持政策不配套，投资、土地、税收、政府采购、招投标等方面政策的滞后效应明显。从研发投入保障角度看，政府对于企业创新的投入明显不足。据全国科技经费投入统计公报显示，2003~2006年我国的研发投入是：2003年1539.6亿元，2004年1966.3亿元，2005年2450亿元，2006年3000亿元，年均增长24.9%。在研发投入比重R&D/GDP（研发投入与国内生产总值之比）方面，2003年为1.31%，2004年为1.13%，2005年为1.34%，2006年为1.4%。其中，2006年的研发投入强度虽然比1996年（0.7%）的提高了两倍，但仍低于"九五"计划确定的1.5%，远低于世界平均水平2.5%，以及发达国家的2%~4%。与此相对应的是，目前发达国家科技投入的30%用于扶持企业，2006年美国政府的研发预算为1300亿美元，其中直接支持企业的预算超过1/3，而我国科技投入的90%以上用于科研单位和大专院校，真正用于企业的费用所占比例很少。[①] 有关科研院所改制后，企业化的科研机构如何继续获得国家资金支持，目前相关政策也缺乏衔接。

三是市场拉力不够。知识产权既是一种可以独立流动的特殊资源和商品，又是通过生产环节提高产品和服务附加值的生产要素。市场是直接或者间接反映知识产权价值的有效载体，也是拉动企业创造知识产权的杠杆。目前，我国市场机制不健全，技术市场不完善，缺少信息畅通的交易平台，评估、居间等专业中介服务无法适应知识产权流动的需求。仿冒、模仿等不正当竞争和扰乱市场秩序、侵犯知识产权的行为还比较严重，对侵犯知识产权的行为打击不力，在知识产权领域守法成本高、违法成本低的状况尚未得到根本扭转。国资委问卷调查显示，有72.7%的企业对本企业自主创新的外部环境不够满意。同时，受成本构成和市场消费结构的影响，许多包含知识产权成果的产品在价格定位上缺少竞争优势，企

---

① 李荣融：《大力推进中央企业自主创新 为建设创新型国家做出积极贡献》，在中央企业科技工作会议上的讲话，2006年4月22日。

业自主创新难以取得预期回报。所调查企业中有 24.6% 放弃过专利权，其主要原因归纳为"专利技术产品市场前景不好，无经济效益"的占到 41.8%。以上这些因素都加大了企业知识产权的投入风险，导致市场对于企业知识产权的激励机制未充分发挥作用，市场在资源配置中的基础性作用受阻，影响了企业创新的积极性。

第二章　企业知识产权战略的制定与实施

知识产权是企业重要的无形资产，企业对知识产权的市场运营能力和战略管理能力，将直接影响企业的核心竞争力，因此，企业要认真研究和总结国内外的经验和做法，制定和实施好知识产权战略，抓住知识产权创造、应用、管理与保护的关键环节，不断提升知识产权工作能力。

第一节　正确把握企业知识产权战略定位

一、企业知识产权战略的概念

企业知识产权战略是企业根据其外部环境及企业内部资源和能力状况，特别是知识产权的外部环境和企业内部知识产权资源及能力的状况，为求得企业生存和长期稳定的发展，不断获得新的竞争优势，对企业知识产权的发展目标、实现目标的途径和措施的总体谋划。企业知识产权战略与其他战略相比更具有法律特性。知识产权具有依法确认的特点。确权后的知识产权的应用、管理与保护等环节都受到法律制度的规范和保护。以法律保护为基础、市场运作为特色的企业知识产权战略的有效实施，将直接作用于企业市场竞争力和经济利益的提升，也能够使企业知识产权得到更加有效的保护。

二、企业知识产权战略是企业的综合性战略

企业知识产权本身包含专利权、商标权、商业秘密、著作权等多种权利。而

知识产权工作又涉及企业的科研开发、生产经营、市场营销、资本运作、人力资源、法律事务、发展规划、企业文化等多个环节，与企业的市场地位、竞争实力、公众认知、生存发展密切相关。企业知识产权战略的制定必须贯穿企业科研、生产、经营、管理的全过程，不能单一地纳入企业的科技规划之中。企业知识产权战略只有与经营战略等其他战略有机结合，才能为企业提升核心竞争力提供重要支撑。

三、企业知识产权战略是企业总体发展战略的重要组成部分

企业总体发展战略的目的是实现企业长期稳定的发展，具有整体性和指导性。企业采取什么样的知识产权战略，侧重于哪种类型的知识产权战略都是根据企业总体发展战略的要求来决定的。同时，企业知识产权战略是企业总体发展战略的功能性子战略，其与企业的经营战略、研发战略、市场竞争战略、人才战略等紧密结合，为企业总体发展战略服务。制定任何一个企业子战略的目的，是为了更好地落实企业总体发展战略。知识产权战略的着眼点是用知识产权战略作为工具来实现企业的总体发展战略。知识产权战略既可以是企业各类知识产权的整体谋划，也可以是某一业务板块、某一技术领域、某一主要产品、某一核心技术等的知识产权战略，如专利战略、商标战略、著作权战略、许可战略等。

四、企业知识产权战略要立足企业，着眼国家和行业知识产权战略环境

制定企业知识产权战略首先要立足企业自身，与企业所处的行业、企业类型和规模、经济实力、科研开发实力、产品特点和企业经营风格等相适应。要对企业的资源，特别是对企业知识资源和人才资源进行分析，充分评估企业的科研开发能力、生产管理能力、市场营销和竞争能力，合理配置企业资源。企业知识产权战略的制定还应当深入研究与知识产权相关的企业外部环境，包括国家知识产权战略实施情况，国家对知识产权保护的态度、国家现行的知识产权法律法规、行业竞争中知识产权发展动态、竞争对手的知识产权情况、保护程度和市场竞争态势等外部因素，扬长避短，趋利避害，选择企业最佳、最有利的知识产权战略，同时制定出灵活的战术、切实可行的目标和实现目标的措施和策略，并在实施战略中跟踪并研究市场、对手、环境的变化，实施动态调整。

例如，中兴通讯公司，将知识产权战略纳入公司总体发展战略中，并与研

发、市场开拓等有机结合，它们根据本行业核心技术和配套技术的发展方向和目标，熟悉行业技术标准，以多年积累的知识产权工作成果为基础，逐渐形成"战略—战术—基础业务"三个层面完整配套的企业知识产权战略，成为支撑公司长期发展的核心动力之一。

第二节 搞好企业知识产权战略与品牌战略的结合

一、企业知识产权与品牌既有不同又有交叉

企业品牌是一个包括企业名称、企业标志、产品商标和企业商誉等在内的综合集成体，品牌的内涵涉及企业的技术、管理、营销推广乃至企业文化等。品牌战略的对象，即品牌是抽象的，能持久不衰，属于市场概念，是强调企业与用户之间关系的建立、维持与发展。知识产权的对象是具体的，属于法律范畴，是强调企业的智力成果的法律保护，有一定期限的，不依法维持就不能持久不衰。知识产权战略侧重于为企业日常经营提供知识产权保护策略和方法，保持技术创新活力和竞争力；而品牌战略则为企业日常经营提供品牌营销策略，始终保持企业声誉和知名度。企业知识产权战略含有品牌战略的部分内容，如企业商标战略等，对企业都具有指导作用，都是企业总体发展战略的组成部分。企业知识产权战略和品牌战略都是为企业营造独特的市场竞争能力，都要服务于企业的总体发展战略。

二、企业知识产权战略是品牌战略的重要支撑

一个知名品牌的形成需要十几年甚至上百年的培育，但其核心是企业知识产权。知识产权直接体现并维护着企业品牌的价值，而一个知名品牌最有力的保障就是知识产权的保护。没有知识产权战略，就没有企业的品牌战略，两者是紧密联系、综合发挥作用的。品牌战略的实施有赖于企业核心技术和自主知识产权的创造和应用。因此，企业知识产权战略要提出企业品牌创造和保护的策略与方法，围绕企业品牌法律地位的确立，及时、规范地进行商标、商号的注册，运用法律武器保护品牌成果，防止侵权，以此营造、使用和维护品牌声誉，从而通过

知识产权战略推动企业实现由产品经营到资产运营、到资本经营，再到品牌经营的飞跃。

例如，通过加强知识产权工作促进品牌战略的实施，"中国移动"品牌在由世界品牌实验室评估的 2006 年度"亚洲品牌 500 强"排行榜中，居日本丰田、韩国三星之后名列第三；海尔通过创造自主知识产权大幅度提升了企业的品牌价值；中国粮油食品（集团）公司通过加强企业知识产权保护来维护企业的品牌效应，在市场竞争中获得优势。

第三节　合理选择和有效实施企业知识产权战略

企业可以根据自身现状、发展战略及外部环境等选择和制定不同的知识产权战略，并纳入企业研究开发、生产销售、资产运作、发展规划等环节，以得到有效实施。

一、进攻型战略

即企业主动地将创新成果知识产权化，通过知识产权手段抢占和垄断市场。这种战略主要包括企业知识产权的基本战略、竞争战略、外围战略、许可战略、诉讼战略等，一般适用于研究开发能力和经济实力较强、知识产权资源丰富且市场份额较大、知识产权市场运作能力较强，拥有较为完善的知识产权情报信息网络的优势企业。企业可以将核心技术或基础研究作为基本专利来保护，并控制该技术领域发展；将企业的基本专利与外围专利结合起来，最大限度地保护自身，获得竞争优势。例如，美国的施乐公司在预计复印机将成为重要的办公用品时，即将自己研究开发的复印机抢先申请了其核心技术的基本专利，又在此基础上取得了大量的外围专利。我国深圳的朗科公司先后发明了世界第一款无驱型闪存盘、第一款智能闪存盘等领先技术产品，在中国、美国获得闪存盘的全球基础性发明专利，已累计在全球数十个国家申请了 200 多项专利，其中大部分为发明专利。企业实施进攻型战略应结合自身情况，积极主动地申请专利、商标注册等，构建知识产权的保护屏障。同时，要全方位、及时地跟踪和分析竞争对手的技术状况和知识产权动向，对侵犯本企业知识产权的竞争对手及时采取维权行动。

二、防御性战略

即企业在市场竞争中受到其他企业的知识产权战略进攻或者竞争对手的知识产权对企业经营活动构成妨碍时,运用知识产权手段打破市场垄断格局、改善竞争被动地位。[1] 防御性战略主要包括申请防御性专利、取消对手知识产权、利用公知技术抗辩、文献公开、迂回和交叉许可、利用失效知识产权以及诉讼应对等战略。实施防御性战略的企业可以利用竞争对手专利上的缺陷,启动专利权无效宣告程序,部分或全部取消对方的专利权;以公开发明方式,阻止对手申请专利、获得自由运作权;从竞争对手失效专利中,选择相关技术进行再研发和生产;围绕主营业务、主导产品及核心技术,保密管理商业秘密、申请防御性专利、注册防御性商标,商标所有人可以将与注册商标近似的商标注册于相同、类似或者相关商品上。例如,海尔为防止他人商标侵权,除注册"海尔"主商标外,还注册了如海儿、海耳、河尔等外围商标。企业选择防御性战略要注重提高知识产权意识,逐步建立企业内部的知识产权管理制度,筑起知识产权的防御阵地。一方面要通过不断提高研发能力,培育自主知识产权;另一方面要合理利用知识产权法律制度,提高运用知识产权的水平和效益。

三、攻防兼备的混合型战略

即企业在充分发挥自身优势主动出击的同时,注意根据竞争对手和市场信息的变化灵活地选择战略手段,弥补自身弱势,有效抵御竞争对手的进攻,一般适用于拥有一定的知识产权资源、具备知识产权制度运用能力,并处于知识产权竞争均势地位的企业。一个企业并不是每一种战略都要利用,也不能永久地只运用一种战略,关键要根据自身发展和市场变化正确选择。例如,日本丰田公司在分析和研究竞争对手的专利保护动向、了解技术现状和发展趋势的情况下,推行进攻型战略,积极开发基本专利,占据市场优势;同时,也积极实施防御型战略、交叉许可等战略,保障该公司已有的知识产权。[2] 中国石油化工集团公司一方面加大了核心技术领域的创新力度,实施基础发明与选择发明相结合,产品发明与

---

[1] 冯晓青:《企业知识产权战略》,知识产权出版社 2005 年第 2 版。
[2] 同上。

方法或用途发明相结合的知识产权网络保护，一些核心技术形成了几百件保护防御相结合的专利保护网络，并配套技术秘密的保护，如拥有 200 多项国内外授权发明专利的催化裂化新技术，拥有 500 多项专利的清洁燃料技术和加氢技术。其中拥有自主知识产权的聚丙烯催化剂生产技术、甲苯歧化烷基转移生产技术、利用重质油最大量生产低碳烯烃的催化裂解（DCC）技术、热塑性弹性体 SBS 生产技术等实现了向国外的技术许可和工业装置建设，一批炼油化工催化剂已出口国外；另一方面，中国石油化工集团公司注重尊重他人知识产权，在研发时跟踪分析竞争对手，及时发现影响自身发展的专利，并相应调整研发方向；新技术、新产品产业化前和出口前，进行必要的知识产权分析，避免侵犯他人知识产权或按照国际惯例获取他人的知识产权许可。

第三章 企业自主创新和知识产权创造

温家宝总理指出:"只有自主研发和技术创新,企业才有生命力;只有掌握核心技术和自主知识产权,企业才有竞争力。"我国《国民经济和社会发展第十一个五年规划纲要》也明确指出:"要把增强自主创新能力作为调整产业结构、转变增长方式的中心环节,大力提高原始创新能力、集成创新能力和引进消化吸收再创新能力。"加快自主创新步伐,获取高质量知识产权,提高核心竞争力已成为新时期我国企业肩负的重要历史使命。

第一节 企业自主创新与知识产权的关系

创新是取得知识产权的源泉,创新成果的知识产权化是促进企业持续创新、提高其市场竞争力的法律保障,也是企业整个知识产权工作的关键环节。

一、自主创新是知识产权的源泉

自主创新成果是智力劳动者通过智力活动取得的创造性劳动成果,是知识产权创造的基础。企业知识产权创造就是通过对各种创新成果和经营活动中的信誉、标记等遴选加工后依法获得的专有权利,进而可以获取和掌握更多的核心技术秘密、专利技术和知名品牌。如果没有深入广泛的自主创新活动,企业知识产权创造将成为"无源之水、无本之木"。

二、知识产权是自主创新的有力保障

实践证明，市场竞争环境下，企业仅仅拥有创新成果并不能保证一定能够获取预期的收益。一项没有知识产权的自主创新成果，由于缺乏法律的保障，将失去其在市场上的竞争能力。"专利制度是为天才之火添加利益之油"。这句出自林肯的名言形象地展示了知识产权对自主创新的作用。只有将自主创新成果形成自主知识产权，才能将科技优势转化为产品优势，形成对市场的掌控权，增强企业参与市场竞争的生命力，促进企业科技经济持续发展。

第二节　发挥知识产权的引导作用

一、企业知识产权信息情报是企业自主创新的重要基础

据统计分析，世界80%以上的发明都集中于专利信息，通过知识产权信息查询可以缩短研发时间约60%，节约研发经费约40%。对技术、市场、法律等信息的检索，可以查明创新项目的技术领域与内容、专利主体、引证文献等技术状态，有利于企业掌握技术竞争前沿，找到技术上的突破口，提高研发起点与效率；比较准确地掌握创新项目的市场动态及发展趋势，从而预测出项目的市场前景，及时制定、调整企业创新方向和对策；了解创新项目相关技术和产品的专利、商标保护的区域、时间、范围等法律状态，从而防范技术开发、市场需求变动和法律诉讼方面的风险，确保创新项目的市场先机。如海尔坚持以技术创新为手段的品牌经营模式，按产品门类、技术领域建立了有针对性的专利文献库，跟踪借鉴世界最先进科技成果，从国际范围内的专利信息库中挖掘技术创新点，为引进技术、产品开发、海外建厂等项目提供创新方向，从而带动企业整体技术升级，保证海尔国际化战略的实施和竞争力的提高。

二、企业自主创新的市场导向与知识产权引导应当有机结合起来

企业在对创新项目的市场需求作出判断的同时，在创新项目选择、立项之

初，要通过专利文献等知识产权情报信息网络，为企业的研究开发、产业化、市场开拓提前进行知识产权调查分析，注意评估法律上的可行性，既充分借鉴，又避免侵权，力戒项目选择的盲目性。一些中小企业由于缺乏知识产权的专业人才，资金实力往往也不雄厚，因此可以通过中介机构帮助完成这方面的工作。所有具备一定条件的企业都要安排专人定期通过相关知识产权文献对创新项目进行全程跟踪查询，并结合创新项目需要，不定期地了解国内外同一类项目研发的发展状况，把握创新项目研发方向，提高创新项目研发成功率。国内一些知识产权优势企业，按产品门类、技术领域建立了有针对性的专利文献库，跟踪借鉴世界最先进科技成果，从国际范围内的专利信息库中挖掘技术创新点，为引进技术、产品开发、海外建厂等项目提供创新方向，从而有效地带动企业整体技术能力的升级。

第三节　坚持企业自主创新与知识产权创造的同步

创新是企业知识产权的源泉，企业创新成果通过相应的程序和方式转化为专利等权利形态，企业也就获取了知识产权，这一过程视为企业知识产权的创造。因此，企业自主创新成果要成为企业自身的无形财产资源，就必须使自主创新与知识产权创造保持同步。也就是说，技术研发进行到哪个环节，知识产权确权工作就跟踪到哪个环节，要确保企业技术研发成果及时获得法律保护。许多成功企业的经验表明，企业的技术创新不是为了技术而创新，而是为了具有全球竞争力需求的产品而创新。一个企业没有技术创新，就没有竞争力；然而仅仅有新技术，还不足以拥有市场竞争优势，只有将创新所取得的成果通过专利或商业秘密加以保护，将推向市场的新产品通过商标加以保护，企业才能立足于市场，保持其竞争力。所以，要通过加强企业知识产权信息工作，密切跟踪企业科研项目、技术创新和商标设计的总体进度，合理选择创新成果和设计的确权方式。如是采取专利保护还是采取商业秘密保护，是申请核心专利还是外围专利，是注册企业总商标还是注册产品分商标等，同时选择申请知识产权保护的最佳时期。

例如海尔公司强调，企业创新成果除少数作为商业秘密保护外，应当明确没有申请专利，其创新研发工作就没有结束。企业专利申请与技术研发要形成"一对一"或"多对一"的关系，即每项技术创新方案都要申请至少一项专利，要争取实现100%的专利申请率。通过每一项专利申请的积累，构成对新产品技术创新的全方位法律保护。如华为公司围绕主业，注重自主创新和取得自主知识产权的同步，在各项产品上均拥有自主知识产权，形成知识产权网，连续多年成为国内申请专利最多的企业，截止到 2005 年底累计国内专利申请 9600 件，PCT 国际专利申请 1571 件，其中 90% 以上属于发明专利，华为的商标、标志在 170 多个巴黎公约成员国和 140 多个 WTO 成员国内享受特别保护。

第四节　合理选择企业知识产权创造的具体方式

从获得知识产权的角度来看，企业创新可分为以下几种方式：

一、自主方式

自主方式是指以本企业为主体进行的自主创新，主要包括原始创新、集成创新和引进消化吸收再创新。

（一）原始创新

原始创新是企业通过自主研发而获得核心技术并取得知识产权的一种创新途径，具有自主研究、自己设计、自行开拓、自成体系的特点。它有利于开拓新兴产业及其市场，在某些领域有所作为、后来居上，通过自主创新实现重点跨越，改变企业在关键技术、核心技术等方面长期受制于人的不利局面。但研发成本最高、风险最大、周期最长。

企业要树立敢为人先的开拓精神，另辟蹊径、大胆超越，及时推出具有自主知识产权的产品。在市场前景好、技术含量高、产业链条长和涉及国家经济社会安全具有战略性的领域，要加大原始创新，加快成果知识产权化。高新技术企业作为站在科技发展最前沿的企业，应更多地承担起原始创新的重任，推出更多具有自主知识产权的技术和产品。

（二）集成创新

集成创新是在相关技术上进行系统集成，再创一个或多个新技术、产品及产业的一种创新途径，是企业普遍采用的创新方式。它注重选择具有较强技术关联性和产业带动性的重大战略产品，在已经被掌握的科技资源基础上，把包括自创技术或他创技术集成起来，促进各种相关技术的有机融合，通过兼容并蓄，融会贯通，放大效应，实现关键技术的突破，再创一个或多个新的技术、产品及产业。企业要从系统的、综合的、宏观创新的视角，统筹安排，充分利用已有的科研成果，做好产业链上下游的集成、单项技术系统的集成、国外先进技术与国内技术系统的集成、相关学科系统的集成，衍生出新的、更高水平的技术和产品。传统制造业应注重将集成创新作为主要形式，实现技术和产品的跨越式发展。

（三）引进、消化、吸收再创新

它是企业通过技术引进，在研究、消化、吸收基础上再创造出新技术和新产品的一种创新途径，是知识产权弱势企业实现新跨越的可能途径。它具有创新成本低、市场适应性好、见效快的特点。对在短期内无法拥有核心专利的技术，可通过引进、消化、吸收再创新，尽快开发出一批围绕原核心专利的应用技术专利，形成对原核心专利的包围网，再通过交叉许可，取得发展空间。企业在技术引进上，要着眼于引进具有一定发展潜力的关键的核心设计技术，其中要特别重视引进中的知识产权问题。企业签订的技术引进协议，要避免出现限制企业进行技术改进和妨碍改进技术进行专利申请等不合理的限制性条款，要求技术提供方提供专利项目清单，并进行相应的专利文献检索和法律状态调查。技术引进后要组织好对专利文献的翻译、整理和消化、吸收再创新工作。

以上三种创新途径虽然各有特点，但其创新主体都是企业本身。在自主创新模式下，企业必须对自主创新的每一项成果及时履行包括专利申请、商标注册在内的法律手续，有的还可以进行著作权登记，落实商业秘密保护措施，从而及时形成自主知识产权，使创新成果真正转化成受法律保护的企业知识产权。通过自主创新获得知识产权是国外大企业争取市场地位的重要途径。如在原材料领域居世界前列的日本新日铁、欧洲阿塞勒、德国巴斯夫等企业，正是在自主创新基础上拥有了一大批核心技术，并通过专利保护在同一技术领域筑起高墙。

企业在开展创新活动中要注意把握自主创新的特性，选择适合自身特点的创新途径。一般情况下，从企业发展阶段看，处于诞生阶段的企业，经济和技术实力较弱，拟以引进消化、吸收再创新为主，辅以必要的集成创新；企业发展到成长阶段，积累了一定的经济和技术实力，可以集成创新为主，辅以必要的原始创新和引进消化、吸收再创新；企业进入成熟发展阶段，经济技术和资金实力雄厚，则可在大力推行集成创新的同时加强原始创新。从企业所处行业领域看，高新技术企业和企业化转制的科研机构要发挥自主创新的骨干作用，推出具有独创性的技术和产品，产生更多的原始创新成果并使其知识产权化；传统产业和制造业拟以产业结构优化升级为目标，增强企业具有自主知识产权的重大技术装备的制造能力，提高自主知名品牌商品的出口比重，稳步实现从国际产业链低端向中高端的转变；服务业要发挥传统优势、地域优势、市场优势，形成具有较强竞争力的知名品牌和商业运作模式。从企业规模看，大型企业及企业集团要带头多进行集成创新，以发展自主创新关键技术为主，广泛与其他企业特别是相关配套企业合作，针对主导产品，开发系统性的集成式自主创新技术；多数企业要善于在现场生产活动中发现和改进实际问题，重视上下工序间的互动和小改小革，尤其注重在零部件、小商品生产中不断创造出新的技术和知识产权。企业要坚持引进项目、合作项目中的消化、吸收再创新的嫁接式发展途径，充分利用已有的基础实现接力式的再提高，加强对知识产权的保护和积累，增强持续自主创新能力。

二、合作方式

合作方式是指企业与合作方签订合作合同或共同设立研发机构进行技术开发的一种创新方式。它是一种风险共担、利益共享的创新联盟，易形成以我为主的知识产权，既降低了企业创新风险，又有利于促进技术交流合作和技术转移。采取这种方式的可以是大企业，也可以是中小企业。对于后者而言，由于自身规模小、力量有限，而创新动机和愿望往往又十分强烈，因此，合作方式不失为其比较可行的创新选择。但需要指出的是，由于合作创新方式的创新主体是合作双方或者多方，合作创新各方应通过合作合同明确研发成果的知识产权归属。同时企业还要十分注重对合作过程中创新成果的知识产权掌控，注意做好产业链的上游研发—中游中试—下游产业化之间、单项技术系统之间、国外技术与国内技术系统之间、相关学科系统之间的衔接和合作开发，提高持续创新能力。例如，奇瑞汽车公司与奥地利 AVL 公司合作开发 ACTECO 新一代轿车用发动机，在合作创新过程中，合作双方重视成果的知识产权化，特别明确了合作中的知识产权归属及使用问题。华为公司坚持在自主研发为主、掌握核心技术基础上建立广泛的技术联盟，吸取、借鉴、购买已有先进技术为己所用，降低开发成本，缩短开发周期，实现资源共享，使有限的技术资源发挥最大效用。

三、委托方式

委托方式也称许可模式，是指企业委托他人承担部分或全部项目研发，并获得以本企业为权利主体的知识产权的一种创新方式。在委托创新方式下，创新主体是受托方，委托方想要取得因创新成果形成的知识产权，就必须与受托方之间通过委托合同明确委托开发成果的知识产权归委托方所有。企业在委托他人进行项目研发时，还应订立相关的保密协议。委托方式是一种见效快并能获得以我为主的知识产权的创新模式，在跨国公司内部也经常使用。例如，IBM公司与其子公司签署"综合技术契约"规定，由母公司为子公司提供研发费用，其研发成果的知识产权由母公司享有，母公司集中管理来自全球子公司的知识产权。

四、外部获取方式

外部获取方式是指企业通过知识产权转让，从外部获取知识产权，或者通过资产运作、收购、兼并而获取其他企业的知识产权。从外部获得知识产权是企业在较短时间内建立知识产权优势的一种快捷方式，也是企业开拓市场的常用手段之一。例如，上海汽车集团公司收购韩国双龙汽车公司，在双龙汽车的平台上自主开发重型载货车。[①] 在这一方式下，企业自身并非新技术的原始创造者和发明者，但通过从外部获取新技术的知识产权，可以对企业自身原有的知识产权资源进行整合，使企业外部的知识产权转化为企业自己的知识产权。中小企业由于自身力量有限，应该重视运用这种方式获取知识产权。

---

① 中国一汽：《我国汽车工业企业自主创新研究》。

第四章 企业知识产权成果应用

企业知识产权成果应用直接体现知识产权价值，它包含多方面的含义，根据企业应用知识产权的目的不同，可以将企业知识产权成果划分为核心知识产权和外围知识产权。外围知识产权的存在一般只是为了保护核心知识产权，并不需要在生产经营过程中实施，其存在本身即是一种应用。核心知识产权则是包含企业核心技术的创新成果，这类成果的应用就是要实现其商品化和产业化，即企业根据市场需求，将拥有知识产权的创新成果转化成有市场需求的商品，形成一条稳定的产业链，并形成企业占据相应市场竞争优势的重要途径。所以，企业知识产权成果应用的核心，就是实现其商品化和产业化。

第一节 我国企业知识产权成果应用的现状和问题

一、我国企业知识产权成果应用的现状

（一）国家高度重视企业知识产权成果应用工作

我国的知识产权工作虽然开展不过 20 多年，但是国家对知识产权成果应用工作高度重视，先后出台了《中华人民共和国促进科技成果转化法》、《关于促进科技成果转化的若干规定》、《关于加强技术创新发展、发展高科技、实现产业化的决定》、《关于建立风险投资机制的若干意见》等一系列的法规、政策，启动了全国专利技术产业化示范工程、国家专利产业化工程试点、科技型中小企业技术创新基金等具体措施，营造了有利于技术创新和实现知识产权成果产业化的政策环境。在大环境的改善下，科技成果转化及产业化方面取得可喜的进步。

在 1999~2001 年登记的应用类成果中,已应用的成果占应用技术类成果的比例分别为 81.11%、86.26% 和 86.54%。

(二) 企业知识产权成果应用的基础资源不断扩大

从 1985 年 4 月到 2005 年底,国家知识产权局共受理专利申请 2761196 件,其中国内申请 2257284 件、国外申请 503912 件,分别占总申请量的 81.8% 和 18.2%。发明、实用新型和外观设计申请量分别为 879031 件、1128502 件和 753663 件,分别占申请总量的 32%、41% 和 27%。在 1985~2005 年全部职务发明中,工厂、企业申请专利总量占 77%,特别是在 1996~2005 年期间,工厂、企业申请的专利总量高达 82%。截至 2004 年底,我国注册商标累计总量已达 224 万件,商标申请量累积 356 万件。国家知识产权局登记公告集成电路布图设计并发出证书 568 件。

(三) 企业知识产权成果应用的力度不断加大

根据国资委问卷调查,企业专利的实施率超过 80% 的 211 家、占 10.02%,50%~80% 的 548 家、占 26.02%,30%~50% 的 243 家、占 11.54%。在企业专利实施率超过 80% 的企业中,高新技术产业和制造业占据了最大的比重,分别为 46.6% 和 40.9%。企业三种主要产品或工艺中包含专利技术的占 55.66%,并且有 5.15% 的企业在国外申请了专利。企业用于品牌推广的费用自 2000 年以来逐步得到提高,年度品牌推广费用在 50 万元至 500 万元的企业从 2000 年 17.78% 上升到 2005 年 33.32%,年度品牌推广费用 500 万元以上的企业从 2000 年 6.06% 上升到 2005 年 12.06%。

(四) 企业知识产权成果应用初见成效

在国家政策的引导下,通过采取有效的措施,企业知识产权成果应用取得了初步成效。国资委问卷调查显示,我国拥有具有自主知识产权产品的企业占 62.84%,2000 年以来拥有具有自主知识产权产品的销售收入占企业总销售收入 50% 以上的企业占 36%。其中高新技术企业和制造业比重较大,分别为 56% 和 32.9%。企业主要产品已经取得注册商标的企业占 56.2%,涌现了以华为公司为代表,知识产权成果应用水平接近或达到世界先进水平的一批典型企业,形成了以四川长虹(品牌价值 399 亿元人民币)、五粮液(品牌价值 338 亿元人民币)为代表的驰名品牌。

二、我国企业知识产权成果应用存在的问题

虽然近年来我国企业拥有的知识产权数量有了大幅增长，但是知识产权成果的应用仍不尽人意，主要问题表现在：

（一）企业对知识产权成果应用的意义和内容尚缺乏全面认识

大多数企业存在重创造、轻应用的现象，在应用方面也只是片面强调知识产权成果的实施，对于知识产权法律权利的运用和自身的经营很少涉及。许多企业对知识产权成果应用的意义和内容认识不全，理解不深，简单地把知识产权作为科研成果的一种保护措施，没有认识到知识产权可以直接提升企业竞争能力，更没有意识到对知识产权的经营也可以成为企业效益的重要来源。根据国资委调查问卷结果显示，专利实施率小于30%的占52.4%，80%以上的企业没有开展过知识产权许可贸易。

（二）多数企业没有制定知识产权成果应用规划

制定企业知识产权成果应用规划，统筹考虑企业知识产权成果的应用问题，对于做好企业知识产权工作意义重大，但是目前大多数企业还没有开展这方面的工作。在国资委调查的2716家企业中，只有347家企业制定了知识产权战略或规划，所占比例不到13%。其中专门制定应用规划的就更少，从而导致企业对知识产权成果应用带有很大的盲目性。而且即使在已经制定知识产权成果应用规划的企业中，大多数也没有把专利战略、品牌战略等知识产权成果应用战略与企业的发展战略结合起来，造成各环节不能很好衔接，不能充分发挥企业知识产权成果应有的价值。

（三）具有应用价值的知识产权成果较少

虽然近年来我国知识产权成果在数量上增长很快，但是具有较高价值特别是应用价值的知识产权成果并不多，这给企业知识产权成果的应用带来了困难。据统计，2005年我国发明专利申请量创历史新高，达到17万余件，但全国几十万家本土国有、私营企业的发明专利总申请量仅为1.5万件，而美国同期国内本土企业年度发明专利申请量约18万件。

（四）对知识产权成果转化的资金投入不足

一项创新成果要从实验室走向真正的产业化，需要经过初试、中试、规模化生产等多个环节，需要投入比创造智力成果高得多的资金。研究表明，科研项目的研发、科研成果应用及产业化的投入比例一般是 1∶10∶100，对重大技术成果更是如此。在成果应用和产业化方面，中国企业特别是中小企业资金不足是一个普遍的问题。国资委调查表明，企业在基础研究、应用研究和研究成果商品化方面的投入，应用研究占据最高比重，研究成果商品化方面的投入居第二位。企业资金投入不足，使得知识产权成果应用资金存在较大缺口，制约了知识产权成果商品化、产业化的进程。

（五）缺乏推动知识产权应用的激励机制

尽管我国进行市场化的改革已经有 20 多年，但是企业内部特别是国有企业内部，还没有完全建立符合市场经济要求的内部管理和激励机制。许多企业内部研发和生产、销售环节脱钩，条块分割严重，研发部门更多地是关心如何创造更多的科技成果，对科技成果能不能给企业带来实际收益、能不能实现商品化与产业化却不太关心。科研成果与企业生产、销售环节没有紧密结合，导致没有人关心企业知识产权成果的应用。国资委问卷调查显示，我国企业的知识产权成果的平均实施率为 43%，52% 的企业实施率低于 30%，而且有些知识产权成果忽视市场需求，就创新而创新，完成之后其生命周期也已结束，根本无产业化的前景。

（六）企业知识产权成果交易水平低

企业知识产权成果不仅可以通过应用于生产经营实践，转化为现实生产力，而且也可以作为商品，通过许可和转让进行交易，直接为企业带来效益。目前知识产权贸易已经成为与货物贸易、服务贸易并列的三大贸易形式之一。在许多著名的跨国公司中，知识产权交易收入已经占据较大比重。但我国在这方面的工作则处于起步阶段。根据国资委问卷调查，我国 80% 以上的企业从未在专利方面和版权方面做过许可或转让等活动，90% 的企业从未在商标方面做过许可或转让等活动。

第二节　企业知识产权成果应用的主要内容

一、选择和确定企业知识产权成果的产业化模式

企业知识产权成果应用产业化，首先要对其产业化模式做出正确评估，确定成果应用产业化的主体和对象。

（一）在成果应用产业化主体的选择上，主要有三种模式

1. 自主模式。即企业依靠自己的力量将所拥有的自主知识产权成果应用于企业的生产经营活动，实现知识产权成果的商品化、产业化。这一模式可以确保知识产权完全掌握在本企业手中，有利于企业把握提升市场竞争力的主动权。许多大企业自主知识产权成果应用往往采取这种模式，而一些中小企业可能由于资金、设备或者市场营销的条件限制，即使拥有自主知识产权也不能完全采用这一模式。

2. 合作模式。即企业利用自身拥有的知识产权成果，与拥有相应资源的其他企业合作，共同实现企业知识产权成果的商品化、产业化。这一模式的优势在于可以迅速实现知识产权成果的商品化、产业化，但持有成果的企业不能独享知识产权成果应用后所带来的市场收益。当前为了加快知识产权成果应用的步伐，我国企业和大专院校、科研机构都要强化合作意识，运用知识产权法律手段合理界定各方权益，采用合作模式，积极扩大合作领域。

3. 许可模式。即企业将自己拥有的知识产权成果有偿许可或转让给其他企业，通过知识产权贸易实现企业知识产权成果的商品化、产业化。采用这一模式的企业能够迅速回收研发投入和适当盈利，有利于企业加快开展新一轮创新研发。我国企业要加强知识产权贸易，就应该重视许可模式。国外许多先进企业已经把知识产权贸易作为企业收益的重要、有的甚至是主要来源，它们的做法和经验值得借鉴。

（二）在成果应用产业化对象的确定上，也主要有三种模式

1. 独立模式。即成果应用项目的知识产权是完整的，企业能够独立进行商

品化或者产业化。如长安 CV9 混合动力汽车是在"陆风风尚"MPV 车基础上全新开发的，具备车身、发动机、混合动力技术平台"三位一体"优势，拥有 156 项专利。

2. 交易模式。即成果应用项目的知识产权一部分属于企业，一部分属于他人。项目实施时需要与他人的知识产权进行成果许可或转让交易，甚至还需要依赖相关的成熟技术、设备等条件。例如，前几年国内 DVD 机生产就需要向国外 6C 和 3C 专利联盟支付交易费用。[①]

3. 捆绑模式。即成果应用项目虽然达到实施的条件，但在商品化、产业化时还需要参照其产品（技术）标准或使用其商标（品牌）。例如，电信行业一套完整的 3G 标准实现方案，仅涉及的基本专利就达到数百项，被跨国公司交叉持有。国内制造商在 3G 应用之前，必须与有关专利或者标准拥有者逐一谈判。[②]

总之，企业知识产权成果的商品化和产业化可以依法采取多种模式。对于拥有自主知识产权的核心技术和知名品牌且资金充足的企业，应该坚持以我为主，不断提高自主知识产权的数量和质量，并迅速将其商品化、产业化，最大限度地获得收益。如果企业虽然掌握核心技术和品牌的知识产权，但难以适应市场发展对其产品或者服务的需要，则可以依法开展有偿转让或许可，以借助受让企业的优势，推动相关产业形成，通过所拥有的知识产权占据产业主导地位，并从中提取丰厚利润。如果企业拥有的专利与其他企业的专利形成互补，则要善于利用合作手段与其他企业交叉许可，共同推动产业链的形成，为合作各方实现共赢创造条件。

二、加快培育企业创新、应用、再创新的闭环系统

企业工艺、技术、产品、服务的发展是一个不断累积、逐步完善的过程，实际上是企业创新、应用、再创新、再应用的循环过程。例如，企业核心技术的创新突破并非当然具备实际应用的条件，它往往需要企业相关项目的配套创新。所以，创新、应用、再创新是一个闭环系统。企业要将创新活动延伸到成果应用环节，应当努力培育好这个闭环系统。

---

① 企业知识产权战略和管理指南研究第 1 分专题，附件高新技术企业篇的参考文献（大唐电信），第 18 页。
② 同上，第 38 页。

(一) 通过工业设计为企业创新成果应用搭建桥梁

在企业创新成果走向应用的过程中,工业设计是创新与应用、技术与生产、企业与市场、生产与消费之间的重要桥梁。工业设计最基本的目的就是通过设计表达企业技术优势,包括创新项目的价值,它不仅可以给企业带来全新的产品,而且在企业扩大自主知识产权和品牌影响方面都发挥着关键作用。国外著名企业在创新成果应用时高度重视设计环节,在人们印象中,日本的产品以设计新颖别致取胜,具有小型化、标准化、多功能和节约资源的特点。德国产品则以高贵的艺术气质、严谨的做工见长。美国苹果公司1999年推出的"IMAC"的新款电脑,最初前景并不被看好,但由于其设计一改传统电脑外观,机身透明靓丽、外形简洁流畅,进入市场仅139天,就销售80万台,平均5秒钟就销售一台。国内企业在工业设计领域明显落后于发达国家企业,但也有一些企业通过工业设计为企业创新产品带来了生机与活力。实践表明,把我国古老的东方文化融入到工业设计的理念之中,通过独特的具有东方元素的设计支持自主创新成果的应用会在知识产权成果应用方面收到事半功倍的效果。例如,联想集团凭借OPTI台式电脑设计,不仅延长了产品的生命周期,而且为企业带来了高附加值和高额利润,夺得素有"设计奥斯卡"之称的美国IDEA奖、德国红点奖及IF大奖在内的工业设计顶尖奖项,使创新设计成为联想产品的核心竞争力之一。[1]

(二) 做好上下游配套技术的衔接,形成与创新成果应用相匹配的产业链条

企业单个环节、单项工艺技术创新成果的应用,必须依靠上下游多项工艺技术,以及涉及的许多技术环节问题的配套解决,必须形成上下游匹配的产业链条。如我国自行研制的一项具有高科技水平的弧焊机器人技术,拿到一家生产汽车坐椅的企业进行应用,结果是机器人没有任何问题,但由于机器人焊接对上道工序的要求严格,而这家企业上道工序生产出的产品完全不能符合要求,因而导致了该项新技术应用的失败。所以,企业在应用知识产权成果时,必须解决应用这一成果所需要的其他技术及相关配套的一系列问题。美国某汽车公司实施创新项目的"2毫米工程"要求所有汽车部件组装完成后,误差不许超过2毫米。实现这个目标涉及多项技术攻关,在整个汽车生产线上,哪一环节影响"2毫米"

---

[1] 陈燕:《设计为联想带来了什么》,载《经济日报》,2006年8月24日。

就解决哪一环节的问题，所有活动都围绕这个目标进行，取得了很好的效果。①

企业实现知识产权成果应用上下游的技术配套，还可以通过组建技术联盟解决这一问题。企业可以其研究开发的项目为龙头，以商品化、产业化应用为目的，与相关产业领域的企业建立产业、技术或专利联盟，从而打造出一个从核心技术到系统集成、产品制造、组装、工艺等完整的产业链条。如中关村手机联盟，就是将涵盖了手机方案设计、显示屏的生产与加工、系统软件、应用软件、电池材料研制、手机生产制造等各个环节上的 16 个企业联合体，有效地形成了一个从芯片研发到系统集成再到生产制造的手机产业链。②

（三）重视在创新成果应用阶段的跟踪服务，完善产业孵化制度

企业创新成果应用需要科研人员的跟进，同时需要他们按照市场需求进一步对具有自主知识产权的产品进行完善和维护。目前，许多企业的科研人员，特别是科研院所的研究人员在研发成果完成后往往难以继续提供技术服务，而生产人员又不能迅速掌握相关技术，严重影响了企业生产环节对创新成果应用的积极性，也阻碍了创新成果的商品化、产业化。为此，企业要重视和完善产业孵化制度，积极为参与创新项目的科研人员直接进入产业孵化基地创造条件，要使广大科研人员面向产品生产，直接为生产提供技术咨询和创新成果应用的跟踪服务，从而缩短其商品化、产业化进程，提高创新成果的应用率。

三、大力发展企业知识产权贸易

知识产权贸易包括专利权、商标权、著作权、商业秘密等的转让和许可。当前，知识产权贸易不仅渗透到发达国家企业的货物贸易和服务贸易之中，而且正在发展成为一种独立的贸易形式。研究表明，传统的研发营利模式正在发生变迁。传统模式往往表现为从基础研究、应用研究、专利获取、生产商品、销售商品到赚取利润的过程。但新的模式却省略了生产、销售商品的环节，表现为从基础研究、应用研究、专利获取、专利经营到赚取利润。如美国高通公司就是直接通过专利许可等知识产权贸易方式来创造商业利润的。③ 而国资委问卷调查显

---

① 王天然：《立项机制不改变，成果转化率提高难》，载《经济参考报》，2006 年 8 月 10 日，第四版。
② 《国产手机技术联盟助力产业链建设》，载《人民邮电报》，2003 年 8 月 15 日。
③ 张志成、刘晓慧：《跨国公司知识产权战略研究及评析》，载《北大知识产权评论》第 2 卷，法律出版社 2004 年版。

示，我国80%以上的企业从未在专利和著作权方面开展过许可、交叉许可等活动，90%的企业从未在商标方面进行过许可、交叉许可等活动。因此，在我国大力发展知识产权贸易，是促进企业知识产权成果应用的重要手段。

（一）合理进行企业知识产权的价值评估

知识产权的价值评估是技术转让、许可等知识产权贸易活动的前提和依据。企业进行知识产权成果的转让或许可贸易时，必须首先对知识产权价值进行评估，以确定转让或许可的价格，同时分析知识产权购买后的预期增值和经济效益。对企业知识产权进行价值评估需要透彻了解所评估知识产权的技术创新点、技术寿命、技术比较优势，了解技术产业化成本、市场应用、需求规模、收益等多方面问题。需要收集大量的技术情报和产业情报，并根据这些情报进行复杂细致的商业分析。因此，做好这项工作，往往需要借助专门的知识产权资产评估机构来进行。

（二）合理运用企业知识产权的转让或许可方式

知识产权转让是企业将自己拥有的知识产权的全部权利转让给其他企业或个人的知识产权贸易形式。知识产权所有权转让以后，出让企业就完全失去了知识产权。知识产权许可是企业允许技术需求方在一定条件下使用其技术，进行产品生产和销售的知识产权贸易形式。知识产权许可包括普通许可、独占许可、排他许可、交叉许可等形式。企业究竟采取哪种知识产权贸易形式，应视技术的先进性、产品的销量、市场前景以及贸易双方的经济实力等多方面因素而定。对于那些本企业暂时不用，而过期后又失去用途的技术，可以采取一次性转让的方式，实现用技术换取资金，获得利润。如果企业在技术开发后，发现已有或者很快将会有替代产品出现，甚至竞争对手已经占领了相当一部分市场，此时企业也可以及时转让该技术专利。如果企业希望通过专利技术扩大其产品和商标的影响，则应实施专利许可和商标许可相结合的战略，提高专利产品和技术的市场占有率。

（三）搭建企业知识产权交易平台

在大型企业集团内部搭建集专利、商标、著作权等于一体的知识产权交易平台，可以使其所属企业及时了解集团内部知识产权的最新成果，同时介绍自己的创新成果，有利于在企业内部实现知识产权资源共享、优势互补，有利于对企业知识产权的统一管理和调配，从而达到知识产权成果广泛有效应用的目的。搭建企业知识产权交易平台要注意"五个结合",即对外交易与自主实施相结合,网上交流与网下交易相结合,日常展示与专题推介相结合,项目介绍与市场需求相结合,企业内部平台与社会中介平台相结合。

四、加强企业知识产权资本化运作

企业知识产权资本化运作是指利用知识产权投资,这也是企业知识产权成果应用的一种重要途径。知识产权资本化运作与其他投资形式相比,具有货币投入少、投资风险小等优点,应当成为企业的一种重要投资手段。根据我国新《公司法》,公司设立时,以知识产权为主的无形资产出资比例最高可达70%,这为企业知识产权资本化运作开辟了法律通道。当前企业开展这方面工作要特别注意知识产权的合法有效性及获利能力,同时应注意知识产权法律风险防范。例如,企业利用商标权投资后,有可能被控股方打入冷宫而逐渐失去其价值,或者因使用不当出现产品质量低劣等问题,造成商标贬值甚至被撤销;再如,企业利用专利权投资后,可能面对有关利益方申请,其专利权有被宣告无效的风险;其商业秘密投资后,一旦保密措施不力,则很可能导致商业秘密的泄露等。

五、注重知识产权与技术标准相结合

标准作为一种重要的隐蔽性规则,是知识产权获得长期效益的重要载体,在市场中具有强劲的竞争优势。将专利成果纳入技术标准已经成为一种新的发展趋势。跨国公司将知识产权和标准体系糅合在一起,通过实施标准战略占据相关产业的制高点。我国企业要注重将重大的专利成果纳入技术标准的工作,通过建立企业之间技术研发与标准的合作联盟,制定具有一定自主知识产权的国际标准,突破国际垄断,谋求更大发展空间。要及时了解、分析、掌握行业标准发展动态和需求,加强国际交流与合作,主动参与国内外行业标准的制订,努力将我国优势领域拥有自主知识产权的核心技术和关键技术上升为国家标准和国际标准,推进产业结构优化升级,支撑我国产业发展。

第五章　企业知识产权管理与保护

加强企业知识产权管理与保护，是促进企业知识产权创造和应用的重要环节。构筑企业知识产权资源优势，必须树立正确的管理理念，建立健全企业知识产权管理机构、制度、机制，大力加强企业知识产权人才队伍建设。

第一节　正确树立企业知识产权管理与保护理念

一、树立知识产权竞争的理念

加强企业知识产权管理与保护的出发点和落脚点都应当放在加快提升企业核心竞争能力上。因此，首先应树立知识产权竞争是企业在知识经济时代参与市场竞争的集中体现的理念。"知识产权"作为一项法律制度，其对提高现代企业竞争力的作用已经达到了前所未有的程度。诚如在人类社会经济发展历程中，"所有权"作为一项法律制度，商品和商品经济离开了它就无从谈起；"法人"作为一项法律制度，市场经济离开了它也无从谈起一样，在现代知识经济时代，企业要确立其在市场竞争中的技术优势和垄断地位，必须掌握和灵活运用知识产权制度。

随着全球经济一体化的发展及美国、日本在一些传统制造领域的优势渐失，传统的关税壁垒正逐步淡化，以知识产权为主要内容的技术壁垒的力量日益凸显，并逐步取代关税壁垒。知识产权已成为跨国公司收复市场及参与国际贸易竞争的一种主要的非贸易手段。美国企业把知识产权时代的生存法则浓缩为一句话，即"或有专利，或被淘汰"。

2002年初，欧盟《产品安全条例》规定："凡是进口价格在2欧元以下的打火机，必须要配置安全装置，否则不得在欧盟内销售。"这一规定把价格要求、专利要求和安全技术要求复合在一起。而占有欧洲较大市场的中国打火机价格在2欧元以下，也没有设置安全锁，正是此法规受阻的对象之一，形成针对中国打火机生产厂家的技术性贸易壁垒。由于安全锁的设置专利几乎被国外公司垄断，中国企业要想在打火机上安装此装置就必须支付高额专利使用费，从而失去产品原有的价格优势，最后被排挤出欧洲市场。①

美国为了阻止外国侵权产品进入其市场，根据关税法第337条款，授权美国国际贸易委员会（ITC）调查处理国外公司违反美国专利法、商标法、著作权法的案件。2003年4月28日，美国劲量控股集团和EVEREADY电池公司指控中国内地、日本等生产无汞碱锰电池和零件的企业侵害其"无汞碱锰电池"的知识产权而展开"337调查"，试图封杀美国市场的外国电池。中国电池企业及电池工业协会积极应诉。2004年10月4日，ITC就该专利的"337电池调查案"作出结论：中国企业没有违反美国"337条款"，可以继续出口美国电池。这是中国企业应对国外知识产权和贸易纠纷中惟一获全胜的一场官司。②

尽管跨国公司利用知识产权进行技术或联盟垄断，限制我国企业的发展，但我国企业仍积极应对，并不断拓宽发展空间。如烟台万华公司生产的MDI是一种高分子新材料，具有橡胶、塑料的双重优点，在航空、军工、汽车、家电、人工制革、纺织、建材等领域有着广泛的应用。其技术门槛非常高，自20世纪60年代以来，一直为德、美、日等国的四大巨头公司所控制，占据了全球85%的产能。万华公司希望从日本公司购买生产MDI技术，没有成功，欧美跨国公司也无意出售该技术，甚至连到工厂参观考察的机会都不给，使得万华企业一度身陷绝境。但万华公司没有被日本、欧美公司的技术垄断所吓倒，而是联合国内科研力量，自主创新，成功开发了具有自主知识产权的MDI生产技术。年产16万吨MDI装置的成功投产，一举改变了中国MDI长期依赖进口的局面，③ 打破了发达国家对此项技术的垄断。

通过这些案例，我们清楚地看到，知识产权已经成为继关税壁垒之后，企业争夺国际市场份额的一项重要手段和措施。因此，我们必须树立知识产权竞争的理念。

---

① 陈际红：《从技术到知识产权，再到标准》。
② 《中国电池冲破海外专利阻击》，载《中国知识产权报》，2005年4月1日特刊19版。
③ 《靠创新打破国外垄断，烟台万华MDI产品行俏国际》，载《上海证券报》，2006年4月7日。

二、树立知识产权全方位保护的理念

知识产权的保护涉及企业研发、生产、经营、管理等方方面面，因而必须覆盖企业经营管理活动的全过程。这是企业知识产权管理的重点。企业知识产权全过程管理涉及知识产权创造源头、应用、产业化及销售等多个环节。每个环节的管理要有所侧重，如源头管理主要对信息、科研人员及机构的自主创新以及知识产权归属加以管理。应用管理主要对自主创新成果做好验收保密，及时依法确权，严格保护；同时对有效成果进行发布，推进知识产权实施力度；做好知识产权成果的科学维护，做到有取有舍，有的放矢。产业化管理主要跟踪分析产业知识产权动态，及时反馈信息；参与企业、行业、国家及国际标准制定，实施产业联盟，构筑企业知识产权资源优势，为企业争夺竞争市场赢得资本；同时注重知识产权策略的运用，提高综合竞争力。销售管理主要加强监测，避免侵权或被侵权；关注竞争动向，制定应对措施；做好市场分析，反馈需求信息。

从企业经营的地域范围上看，企业既要重视自主知识产权的国内保护，也要重视其国际化保护。知识产权是一种法律赋予的在一定地域内对智力成果的垄断权，因此，在一个地域内受到知识产权保护的智力成果并不当然的在另一个地域取得知识产权。有条件的企业要及时做好专利权、商标权等的国外申请工作，为企业开展国际市场和海外投资发展，实现"走出去"战略奠定基础。我国企业在这方面有不少教训，以商标国际注册为例，五粮液在韩国、康佳在美国、海信在德国、科龙在新加坡等相继遭遇商标被抢注，给企业开拓海外市场造成被动。在知识产权的国际保护上，我国企业必须学会充分利用相关的国际公约来保护自身权利。在建立和逐步完善国内知识产权立法体系的同时，我国也积极参加知识产权领域的国际组织，开展了广泛的知识产权国际合作与交流。截至2005年底，我国已加入15个国际公约，如《成立世界知识产权组织公约》（1980年加入）、《保护工业产权巴黎公约》（1985年加入）、《伯尔尼保护文学和艺术作品公约》（1992年加入）、《专利合作条约》（1993年加入）以及世界贸易组织协定中《与贸易有关的知识产权协议》（2001年加入）等，使我国企业充分享受应有的权利，如国民待遇、优先权待遇等。

三、树立无形资产经营的理念

企业仅仅从保护的角度对待知识产权是片面的，而且也很容易陷入被动。企业要重视知识产权作为无形财产的经济价值，要将传统的知识产权保护的观念进一步充实升华为知识产权经营的理念。注意将知识产权作为企业经营资源，乃至战略资源的重要组成部分，自觉培育、提高自己的知识产权运作能力和水平。

实践这一理念，就要规范知识产权评估统计、财务核算制度，强化企业各种合同中有关知识产权审查标准，加大知识产权成果转化及产业化力度。知识产权不仅可以应用，还可以按照法律规定作为公司出资的一种形式，将知识产权转化为企业持有的股权。

国外公司非常重视将知识产权作为无形资产进行经营。在市场竞争日趋激烈的信息时代，像厂房、设备等实物资产在某种程度上已并不重要，任何实体都会折旧，甚至过时而成为包袱。制胜的关键是其技术、设计、品牌等无形资产。例如：

耐克品牌的无工厂管理。耐克公司从1972年创建至今，曾一度超过了雄踞市场的领导品牌阿迪达斯、彪马、锐步，被誉为"近20年世界新创建的最成功的消费品公司"。在生产上，耐克公司从不购进原材料，不需要庞大的运输车队，没有厂房、生产线和工人，而是根据自己的设计和要求，选择市场上最好的制鞋厂家作为供应商生产耐克运动鞋。并根据市场环境和公司的商业战略需要转换生产基地。[①]

可口可乐的连锁经营。可口可乐公司在全球180多个国家和地区销售其碳酸饮料系列产品，其品牌价值已达700多亿美元。其自20世纪早期尝试性地向一些地方性企业授予销售经营权，逐渐建立一个全国性的生产销售网络；第二次世界大战后通过向全球各地区扩大生产和销售，建立操作规范和内涵丰富的特许经营网络，使可口可乐系列品牌在当地茁壮成长，取得品牌的飞速发展和扩张。自1979年进入中国市场以来，可口可乐覆盖了中国绝大部分的省市。通过实行连锁经营，使一个庞大而复杂的分销体系井然有序，良好的品牌形象在消费者心目中根深蒂固，同时满足了世界各地的消费者需求，提升了品牌的价值。[②]

[①] 参见谷晨：《耐克的虚拟经营》，载《中国体育报》，2004年8月12日。
[②] 参见谭长春：《从特许装瓶看可口可乐的"全球策略"》。

麦当劳的特许经营。特许经营是指特许经营者将自己所拥有的商标、商号、产品、专利和专有技术、经营模式等以合同形式授予被特许者使用,被特许者按合同规定,在特许者统一的专业模式下从事经营活动,并向特许者支付相应的费用。麦当劳目前在全球126个国家拥有3万多家餐厅。在中国有460家,其中北京有84家,目前均采取特许经营的形式。

四、树立对知识产权进行经济性评估的理念

企业要协调好知识产权保护的效益与成本之间的关系。知识产权的保护,需要相当的成本,如专利年费、商标权维持费用、采取保密措施的费用等。特别是知识产权国际保护的范围越广,其成本就越高。因此,企业在知识产权保护中,既不能一味节省成本,舍不得在知识产权保护方面的投入,又不能不计成本,脱离企业发展需要而盲目申请或者维持保护,要十分注意知识产权保护的经济性,在企业保护知识产权的投入和产出上找到平衡点。

确保企业知识产权经费投入。这是企业知识产权管理的保障。企业各项知识产权工作的开展需要经费支持,才能落实到实处,见到成效。企业要逐步建立多元化、多渠道的知识产权经费投入体系,使知识产权经费投入水平同实施企业知识产权战略的要求相适应,保证企业知识产权工作按照相应策略受到保护。经费使用要坚持"五要",即经费要专款专用、渠道要畅通、程序要简化、措施要得力、审计要及时。

与此同时,对知识产权进行科学的价值评估则是企业知识产权战略实施的重要一环。科学、合理、公正的知识产权价值评估,能够繁荣知识产权贸易市场,加快知识产权转化为生产力的步伐,促进经济的发展,能使知识产权真正成为促进企业形成核心竞争力的重要元素,而不仅仅是一种摆设。通过对企业知识产权的科学、合理、公正的价值评估,能够使人们直观地认识知识产权的价值及其重要性。从而增强企业开发、运用、维护知识产权的意识。同时,在知识产权司法保护中,侵权损害赔偿额往往难以界定,资产评估机构对知识产权的价值评估,就能为司法机关提供一个客观的参考标准,有利于圆满解决知识产权纠纷。

五、树立防止权利滥用的理念

经济全球化迅猛发展的现代社会,既要充分尊重和有效保护知识产权,又不

能将知识产权保护片面化、绝对化，需要有一个科学、合理、适度的界限。也就是说，知识产权不仅存在保护的问题，而且也存在权利合法享用的问题。即使知识产权的获得本身是合理合法的，其实际的行使行为也存在一个是否正当的问题。保护合法的知识产权的同时必须防止知识产权的滥用。在合法的界限内行使权利时，个人利益与社会利益是协调一致的，超过了这一界限，就侵害了社会利益，也违背了知识产权法本身的基本宗旨。知识产权是一种合法的垄断权，但如果权利人逾越垄断的合法界限，滥用其垄断优势或者实施限制竞争的行为，以获取更大的利润，其垄断的合法性将转化为非法。其垄断行为具有违法性、隐蔽性，而且识别难、判定难、纠正难。为了促进公平竞争，一些国家利用竞争政策或反垄断法规制滥用知识产权行为，防止企业滥用其优势地位。

从国际上来看，一些跨国公司利用其掌握的专利，非法限制竞争的行为方式主要有拒绝许可、搭售行为、价格歧视、掠夺性定价（低价倾销）、过高定价。如 Windows 98 在中国内地市场零售价为 1980 元，在美国合 800 多元人民币，在日本合 600~1200 元人民币；Office2000 测试版在中国标价 200 元左右，在国外为免费赠送。① 在思科诉华为案中，思科对其拥有的专利权或商业秘密的"私有协议"不授权给其他企业，人为阻止了不同企业设备的互联互通，形成技术、市场壁垒，实质上已违反了 TRIPS 协议，属于知识产权垄断行为。除上述非法限制竞争外，跨国公司在华还滥发警告函和滥用诉讼权，无正当理由指控我国企业侵犯其知识产权。近年来，一些涉外争议中，跨国公司借口知识产权争议，不断向我国企业发出侵权警告函，在媒体上进行炒作，给我国企业的商业信誉和正常的经营活动造成了很大影响，对企业正常的市场竞争也会造成扭曲和妨碍。

世界各国为防止跨国公司和国内企业滥用知识产权进行市场垄断，相继制定了法律法规等对策，并依法对其垄断行为进行阻止或制裁。如 1999 年美国微软公司将其 WINDOWS 操作系统与媒体播放器捆绑销售，滥用其在操作系统软件领域的垄断地位，妨碍了正常的市场竞争。欧盟根据其制定的《欧共体条约》中的竞争法进行制裁，罚款微软 20 亿美元。② 美国也制定了《知识产权许可的反托拉斯指南》，日本制定了《国际许可协议的反垄断指导方针》、《关于管制专利和技术秘密许可协议中的不公正交易方法的指导方针》和《专利和技术许可协

---

① 参见王先林：《跨国公司在华知识产权滥用》，安徽大学、上海交通大学教授。
② 参见：《中国技术标准发展战略研究报告（1—5 技术标准与科技研发协调发展策略研究）》，中国标准化研究院，2004 年 8 月。

议中的反垄断指导方针》。①

有关资料显示，近年来不少跨国公司通过拒绝许可、搭售行为、价格歧视和掠夺性定价等手段滥用知识产权；部分企业将公知、公用技术申请专利，形成"专利垃圾"，攫取非法利益；也有部分企业将失效专利、非专有技术等进行转让，收取专利许可费。所以，我国企业必须树立防止知识产权滥用的理念，以避免在这方面吃亏上当。

第二节 建立健全企业知识产权管理与保护制度

企业知识产权管理与保护的内容特殊而又广泛，通过有关制度使其规范化，是企业知识产权管理与保护工作的基础。企业知识产权管理制度要明确企业知识产权管理目的和任务、机构及职能、宣传教育、经费投入、维护管理、文献利用、纠纷处理、奖惩措施等企业知识产权管理的基本内容。同时针对知识产权的不同客体，对涉及企业专利、商标、著作权（含计算机软件）、商业秘密等管理工作进行细化。在建立知识产权基本管理制度之后，企业还可以根据实际需要，进一步完善企业科研、生产、经营等环节涉及知识产权工作的管理制度。

一、企业科技全流程管理制度

企业受过去成果管理体制的惯性影响，对知识产权管理缺乏了解和认识。一些科技成果符合申请专利的条件，但企业认为经过验收、鉴定、申报奖励或者发表论文，其科技成果的产权就自然应该归企业所有。事后申请专利时，发现该成果已公开了技术方案，丧失了申请专利的"新颖性"条件，不能得到法律保护。有些企业长期受计划经济的观念影响，认为企业经营的业务或服务是国内惟一的，没有竞争对手，认为商标可有可无，或者对其使用的商标不及时进行注册，更谈不上运用商标战略去开拓市场。

建立健全企业科技全流程管理制度，一是要在企业发展规划中，将科技开发工作、市场开拓工作和知识产权管理与保护统筹考虑，纳入统一规划，充分发挥知识产权工作对科技开发和市场开拓的保障作用；二是要理顺管理流程，使知识

---

① 参见史霄音：《试论知识产权的反垄断》，载 http://www.star.sxu.edu.cn。

产权管理部门能够及时把握重点科研项目的研发进程和重点市场的开拓进度，并据此进行知识产权管理与保护的相关工作；三是要加强对科研人员和市场工作人员的知识产权培训，使之掌握基本的知识产权法律常识，在日常工作中注意知识产权的保护。

二、企业知识产权信息利用管理制度

重点是企业如何建立、利用、维护与企业技术相关的知识产权文献数据库等。目前，我国在知识产权信息利用管理制度上存在的主要问题包括：

一是查新制度不落实。科研项目立项、验收或鉴定以及新产品开发前都应按管理制度规定进行科技查新检索。实际工作中，一些企业在科研项目立项前根本不进行此项工作，造成研发方向不明确、研究起点低、重复立项等现象。

二是对取得的专利不能严格依法及时有效维护，造成专利失效而流失。如"863"计划实施至1997年，鉴定成果总数为1500余项，其中获国内外专利340余项，仅占成果总数的22%。而到1996年底，共有33项专利在授权后因费用问题而终止，占授权专利总数的33%，其中信息、能源和生物领域专利授权后因费用而终止的比例均超过了40%。[①] 据统计，截至2005年底，我国国内发明专利有效维持率为58.9%，而国外在华专利为78.8%。国内发明专利平均维持6年，而国外在华专利为8.5年。

三是企业注册商标期满未能按照法定要求及时续展而失效。这意味着该商标的规费、设计费、代理费以及宣传费等直接成本损失，而且商标所代表的商品质量、服务质量及企业的商誉等也在一定程度上随之丧失。据中国商标信息中心网记载，我国在1992年首批应当办理续展注册的商标共有8万多件，有3万多件未办理续展手续而被撤销，占应办理续展手续的37.5%，其中包括著名商标；武汉市仅在1997年就有1200多件注册商标因未续展而失效。

国外的大型跨国公司非常重视知识产权信息利用管理制度。如美国IBM公司非常重视对专利信息情报的利用，主要途径包括：一是定期发表的技术公报，譬如：收集掌握下属各公司有关的专利情报、技术情报以及各专业部门的活动情况；二是依据情报决定是否申请专利、建议申请国的范围、提供有关业务咨询；三是根据总部每年预计的专利申请计划调整申请的件数；四是收集IBM及其他

[①] 参见：《企业已是我国专利申请主力军》，载《人民日报》，2006年1月27日，第六版。

公司有关专利情报、技术动态信息,有针对性地进行知识产权方面的谈判。

完善企业知识产权信息利用管理制度,需要政府有关部门和企业的共同努力。一方面,政府要建立规范、完整的专利、商标等数据库,尽量方便企业进行相关检索;另一方面,企业必须建立对自身拥有知识产权的台账,明确自身拥有知识产权的保护期限、保护范围,按照法律的要求及时进行相关的登记工作等。同时,有条件的企业还要争取建立与本行业相关的专利文献库,及时掌握本领域的重大发明。

三、企业知识产权合同管理制度

企业知识产权合同管理制度是最重要的知识产权专项管理制度。要对企业知识产权合同及其他涉及知识产权条款的合同制定管理办法,包括企业与员工的劳动合同、企业与合作方的保密合同、知识产权归属合同、知识产权许可合同、知识产权转让合同等,以及投资、购销、进出口、展览展销等合同中涉及的知识产权条款进行规范、统一的管理。企业要根据知识产权合同管理制度,在有关合同起草、合同谈判和签约中严格进行知识产权法律审查。合同履行过程中要密切监测知识产权动态,对可能发生的知识产权风险及早做出防范。一旦发生违约现象,要严格按照合同的约定,进行调解、仲裁或诉讼,维护企业合法权益。

四、企业知识产权能力提升管理制度

重点是企业技术创新能力及企业知识产权工作的全面考核评价等。要根据企业知识产权成果、人才队伍建设、管理运行机制等方面,对企业的技术创新能力进行自身综合评价或者由主管部门考核评价,建立企业知识产权考核评价体系,其结果作为企业或者主管部门技术创新能力考核的重要指标;促进企业提高知识产权管理水平和创新能力,特别是促进企业领导者的知识产权意识;把知识产权要素参与分配作为企业改革的重要内容。

国务院国资委制定的《中央企业负责人经营业绩考核暂行办法》规定,对在自主创新(包括自主知识产权)、资源节约、扭亏增效、管理创新等方面取得突出成绩,做出重大贡献的企业负责人,国资委设立单项特别奖。这对推动国有企业建立健全知识产权能力、提升管理制度有着重要意义。

五、知识产权纠纷应对制度

当企业将知识产权作为一种重要的竞争资源时,就很有可能围绕知识产权的归属和应用发生一系列法律纠纷。建立完善的知识产权纠纷应对制度就成为企业知识产权管理和保护制度的重要内容。

(一) 跨国公司的知识产权纠纷应对制度

跨国公司大多建立了严密的知识产权纠纷应对体系,注重知识产权纠纷的预防,在开发、销售产品时避免侵犯他人有效的知识产权,并通过协商收取权利金、交互授权、仲裁、诉讼等手段来解决知识产权纠纷。

1. 事前预防。跨国公司无论是新产品开发、技术研发,还是技术应用,都做好风险分析,充分利用专利文献制定可能与已有技术或专利发生冲突的预案,寻求法律支持。如美国 IBM 公司在新产品发表前,必先彻底调查知识产权情况。由于产品通常在许多国家销售,IBM 在产品制造国、销售国都详细调查他人有关商标及专利权等。如调查结果得出新产品有专利、商标上的问题,则采取变更设计或取得授权等方式加以解决。

2. 过程控制。为了适应美国专利法实行的发明在先原则,日本东芝公司在海外企业为确保公司专利权,在工作日志上记述研究人员所做出的发明技术特征和实施案例,并记载和先前技术的差异,附上照片、分析资料等相关研究资料,最后签上研究人员姓名,携此资料到美国法院公证发明日期,以备解决将来纷争之用。对于软件部分,则将研究人员策划、概念图及电脑程序携至公证处封印,确定日期后,若有仿冒品出现则以此证明东芝公司为先行创作。

富士通公司的政策就是"防患于未然"。除了及时取得专利外,公司为避免侵犯他人专利,在推出新产品之前要事先调查有无侵害其他公司的专利。出现专利纠纷后,通常采取协商、仲裁、诉讼等方式予以解决。

3. 事后处理。跨国公司发现被侵犯专利权时,会积极派人前去协商,协商不成时会考虑其他途径,如交互授权、仲裁直至诉讼。三菱公司在发现某公司有侵犯其专利权的可能性时,即派员工前去鉴定。如确认为侵权即向企业专利部报告,由专利部派员工到该公司协商,直至其支付权利金为止。该公司大多数知识产权纠纷(约占98%)是通过协调,侵权者支付相当于权利金的赔偿额的方式来解决,协商不成时才通过诉讼途径解决。

商标的侵权行为,三菱公司采取严格诉讼的策略。一旦发现侵权,立即提出警告并展开诉讼行动。公司认为商标代表企业的生命与荣誉,绝对不容侵犯。

(二) 我国企业建立健全知识产权纠纷应对制度的重点

一方面要充分尊重他人的知识产权,避免不必要的知识产权纠纷。在我国,社会群体性、大规模侵权现象时有发生。2004 年全国受理专利纠纷 1455 件,受理冒充专利行为案件 1983 件,受理假冒他人专利案件 345 件;共查处各类商标违法案件 51851 件,比 2003 年增加 38.31%;共受理版权案件 9691 件,收缴各类盗版品 8505 万余件;全国文化市场稽查管理部门查缴各类违法音像制品 1.54 亿张(盘);海关共查获进出口侵权货物案件 1051 起,案值 8418 万元人民币,与 2003 年相比,分别增长了 39% 和 23.8%。[①] 这种明显的对他人知识产权的侵犯会为企业的长期持续发展留下极大的隐患。

另一方面要制定完善的知识产权保护策略。企业知识产权保护策略应当是企业知识产权战略的有机组成部分,要服从和服务于企业的知识产权战略。一是要综合运用专利权、商标权、商业秘密和著作权等多种手段,对本企业的智力成果选择合适的保护形式,对核心智力成果要综合运用多种手段进行保护;二是灵活运用行政程序、仲裁、民事诉讼、行政诉讼和刑事诉讼等多种方式,选择最为适宜的程序对企业知识产权进行保护;三是主动保护与被动保护相结合,既要对侵犯企业知识产权的行为主动采取法律措施,也要积极应对竞争对手发起的针对本企业的知识产权诉讼;四是根据本企业的发展规划,做到企业知识产权的保护要同步甚至领先于企业国际市场的拓展;五是针对不同的知识产权形态,要制定更为具体、细致的知识产权保护策略。

第三节 加强企业知识产权管理机构和队伍建设

一、管理机构

企业是否需要设置专门的知识产权管理机构及如何设置,要结合企业自身规

[①] 参见:《2004 年中国知识产权保护状况》。

模、发展战略及外部环境的变化等进行综合考虑。

国外企业知识产权管理体制比较完善，组织机构比较严密，尤其是大型跨国公司形成了一整套科学合理的管理机构模式。其突出的特点，一是企业知识产权战略及各类业务管理集中在公司总部，成立由"一把手"负责的知识产权委员会，对知识产权管理的重大事项做出决策、协调和部署；二是在总部的职能部门中专门设立知识产权管理部门，统一负责管理公司的各类知识产权业务，是公司的核心部门和重要的决策支持部门。三是各类分（子）公司、事业部也均设立相应的知识产权管理机构或岗位，执行总部的决策和部署。

（一）知识产权管理机构的设置模式

在知识产权管理机构的设置上，主要有以下几种模式：

1. 集中型机构。企业知识产权业务统一由总部决策，总部专设知识产权部门实施业务管理。全面负责处理所有与企业业务有关的知识产权事务，包括专利、商标、著作权、商业秘密等事务。

条件：企业知识产权业务多而且比较集中；具备一支专业知识产权管理队伍；企业全员知识产权意识强。

优点：该机构模式具有权责分明，命令统一，决策迅速，高效管理等优点，有利于企业对知识产权进行系统的管理，真正将知识产权制度有效地运用到企业生产经营等各个环节之中；有利于正确运用知识产权制度来维护企业的合法权益，提高企业在国内外市场竞争中的有利地位。

问题：企业知识产权管理同时涉及专利、商标、著作权及商业秘密等业务，对管理人员的业务素质要求高。

借鉴企业：高新技术产业、经营业务领域单一的基础产业或制造业、管理层级较少的大型企业或企业集团。

2. 适中型机构。企业内设置知识产权管理部门，各类知识产权业务分别由不同部门负责处理。设立知识产权领导小组全面组织协调知识产权工作。企业科技管理部门或者研发部门，负责处理所有与企业业务有关的知识产权事务，特别是科研开发的知识产权事务，如专利、专有技术等；企业法律部门负责企业商标、版权及知识产权诉讼事宜，综合办公室负责商业秘密管理相关事宜。

条件：企业研究开发力量强，专利事务较多。

优点：能真正将知识产权管理融入到研究开发过程中。

问题：企业各管理部门需要加强沟通合作，研发、销售、外事等环节的知识产权事务需要加强协调。

借鉴企业：高新技术产业、经营业务领域跨行业分布相对较广、管理层级较多的基础产业、制造业大型企业或企业集团。

3. 分散型机构。在企业科技管理部门设置专利管理岗，其他部门设置商标或版权管理岗等，在企业法律事务部设置知识产权管理岗，负责知识产权诉讼事宜。

条件：企业知识产权相对较少。

优点：该机构模式可根据企业不同的知识产权类别，在企业相应部门设置岗位，做到有的放矢、责任明确。

问题：有时会导致企业专利岗位、商标岗位、著作权岗位及商业秘密岗位之间的横向沟通协调困难。

借鉴企业：业务经营领域分布跨度大，管理层级较多的企业等。

4. 适时型机构。没有既定模式，而是根据企业实际需要，在企业相应部门设置知识产权管理岗，处理企业知识产权事务。

优点：随企业知识产权问题出现而设置岗位，重点突出。

问题：知识产权管理人员难以应对突然出现的企业不涉及的知识产权业务。

借鉴企业：各类中小型企业等。

（二）国外知名企业知识产权管理机构的设置

1. IBM 公司的集权管理组织机构。IBM 公司设有知识产权管理总部，其职责是负责处理所有与 IBM 公司业务有关的知识产权事务，如专利、商标、著作权、半导体芯片、布图设计保护、商业秘密、字型及其他有关知识产权的事务；知识产权管理总部内设两大部：法务部和专利部。法务部是负责相关法律的事务；专利部负责专利事务。专利部下设 5 个技术领域，每一个领域由一名专利律师担任专利经理。美国本土虽有 2 个基础研究所和 28 个开发研究所，但只在主要的研究所设有 IPL，共计 21 个 IPL。亚太地区中 5 个国家设有 IPL，其中日本设有 3 个，欧洲、中东、非洲地区 8 个国家有 IPL，美国本土以外的美洲地区则只有两国设有 IPL。至于没设 IPL 的国家，则由该地区的各国 IPL 代理人来一并管理。例如亚太地区未设 IPL 的国家，则由日本的 IPL 来管理。IBM 的 IPL 特色之一就是，有关专利的专利事务由专利律师及专利代理人来处理。因此，在美国就有 100 多位专利律师，其他地区则有将近 100 名专利代理人。

IBM 公司知识产权总部对全球各子公司知识产权部门要求严格，除向总部做业务报告外，世界各地子公司的知识产权分部要执行总部统一的知识产权政策，并接受总部极强的功能性管理。

2. 东芝公司的组织机构。东芝公司知识产权管理部门是由知识产权本部和 4 个研究所、11 个事业本部，以及在各研究所和各事业部下属分别设置专利部、科、组共同构成，其中知识产权本部配置 80 人，研究所及事业部配置 320 人。公司共有专利代理人 20 人左右。本部内设 7 个部门，分别是：

（1）策划部：负责推动全公司的中长期知识产权策略，管理知识产权行政事宜；

（2）技术法务部：负责处理知识产权诉讼事宜；

（3）软件保护部：负责软件著作权的登记、运用、补偿事宜；

（4）专利第一、二部：负责统筹管理技术契约工作；

（5）专利申请部：集中管理国内外专利申请事宜；

（6）设计商标部：负责设计和商标的申请、登记；

（7）专利信息中心：负责管理专利信息，建立电子申请系统。

各研究所和各事业部配置知识产权部，直接隶属于负责技术工作的副所长或总工程师，主要担负该研究所、事业本部的知识产权行政事务，并负责从产品研究开发初期的专利发掘、专利调查、制作专利关系图到国内外专利的申请等所有业务。

3. 佳能公司的组织机构。知识产权法务部按行业管理分为产品类及技术类，产品类设有 4 个部门：知识产权法务策划部、知识产权法务管理部、专利业务部、专利信息部；技术类设 7 个专利部门，以技术分类管理专利。

4. 拜耳公司的组织机构。拜耳公司是德国最大的化工企业之一，其专利管理机构设有专利委员会和专利处，二者是平行的组织机构。专利委员会由生产、科研、技术应用和专利处联合组成，其职责是：

（1）分析判断哪些发明项目可以向国外申请专利；

（2）去哪个国家申请；

（3）对已获权的专利进行管理；

（4）根据专利项目登记表，决定哪些项目的专利权需要维持，哪些可以放弃。

专利处受公司总部直接领导，下设两个科，一个是专利科，另一个是许可合同和技术协调科。专利科的主要职责：

（1）申请专利直至授权专利的管理；

（2）申请专利前和产品投放市场前的专利信息的调查，若发现相同技术，就设法买下他人的专利权；

（3）处理专利纠纷，一是协商解决；二是通过诉讼裁决；

（4）业务上与各级法院有联系。

许可合同和技术协调科共由8人组成，负责许可合同工作，包括专利许可、技术秘密及技术合作。日常管理工作主要有：

（1）接待技术许可询价，组织许可谈判、签订有关合同；

（2）技术合作，与需要使用拜耳公司技术的公司签订使用合同书。

各公司知识产权管理部门的职责大同小异，其基本职责可归类分为10项：

（1）专利情报管理工作；

（2）发明挖掘工作；

（3）申请专利工作；

（4）订立专利实施许可合同；

（5）管理专利权；

（6）处理专利纠纷；

（7）商标等其他知识产权的综合管理；

（8）发明奖励工作；

（9）专利教育工作；

（10）与专利事务所或律师进行联系。

总之，各跨国公司由于所在产业和行业不同，在知识产权管理机构的具体设置上有所不同，但共同的特点都是在总部采取集中式的管理，最大限度地保护公司整体利益。

借鉴国外企业知识产权管理经验，我国企业要尽快明确知识产权的管理部门，有条件的企业可以单独设立由法律、科研人员和具备专利、商标等代理资格的人员组成的知识产权部门；也可以先集中由现有的法律事务部门负责知识产权综合管理，科研部门负责专利专项管理。条件尚不具备的企业，可以区分管理对象分别由几个业务部门管理知识产权事务。如科研部门管专利，销售部门管商标，信息部门管计算机软件，法律部门管其他知识产权和有关诉讼业务等。但无论采取何种形式，企业都要明确知识产权管理职能，将科研、生产、经营与法律业务有机结合起来，要特别重视运用法律手段，实现对企业涉及的专利、商标、著作权、商业秘密、计算机软件等知识产权的全面管理。中小企业则要从实际出发，可以在专门机构中，也可以在专门岗位上来落实知识产权管理职能。

二、队伍建设

（一）企业知识产权意识的培养是知识产权队伍建设的基础

要大力提高企业员工，特别是企业领导的知识产权意识，开展有针对性的知识产权专项宣传教育活动，将全员知识产权的普及培训纳入企业日常工作，形成企业全员重视知识产权、尊重知识产权的氛围。逐渐形成鼓励创新、保护自己、尊重他人、维权光荣、侵权可耻的企业知识产权文化。

采取多种企业宣传培训的方式，提高培训效果：

1. 组建宣讲团。大中型企业集团可以组织知识产权宣讲团，不定期地深入到企业基层，结合企业集团的知识产权案例，侧重知识产权实务指导，针对知识产权的申请、保护、管理、利用和政策等方面进行宣传、讲座。

2. 发挥培训基地作用。企业利用自己的培训中心或培训基地，将知识产权宣传普及纳入"五五"普法之中，开设知识产权知识选修课程，对企业领导者、管理者及科技人员进行知识产权知识普及活动，从建立知识产权宣传示范基地做起，逐渐推广。

3. 发挥内部媒体的宣传作用。企业利用自己的电视台、报纸、局域网络等渠道，开辟知识产权专栏，定期或者不定期发布有关知识产权的文章、信息。开展企业知识产权宣传日、宣传周、宣传月等活动，大力宣传企业的知识产权工作。

4. 开展专题讲座、研讨会。根据企业实际，采取研讨会、交流会、专题讲座等形式，对企业领导、员工进行知识产权知识的专题培训。

（二）要切实加大对企业知识产权人才队伍培养的投入

这是企业知识产权管理的关键。企业知识产权队伍包括企业知识产权创造型人才、管理型人才、实务型人才。创造型人才既要有专业知识和技能、创新意识和能力，还要掌握相关知识产权知识；管理型人才是企业内的知识产权工作人员，需要较高的知识水平和专业知识；实务型人才是企业的知识产权法律实务人才和知识产权中介服务人才。

企业要通过"骨干人员重点培养、一般人员岗前培训、专业人员国际合作"等方式，加快培养一批懂专业、懂外语、懂法律、能进行知识产权分析且熟悉国际规则的知识产权复合型人才。主要包括以下几种方式：

1. 引进人才。企业可以利用高等院校的知识产权学院、知识产权研究中心的资源优势，招收大学毕业生到企业。

2. 内部培养。利用国家知识产权专利局每年组织的专利代理人考试机会，企业应积极组织相关人员进行系统培训。对企业新进员工采取前期的知识产权强化训练；对于从事企业知识产权管理的人员，进行岗前培训，鼓励持证上岗；选送企业知识产权骨干攻读知识产权专业或者进修深造。

3. 加强交流合作。企业与高等院校、国外机构加强合作，采取"走出去，请进来"的方式，加强企业专业人才培养，逐渐形成一支高素质企业知识产权队伍。

企业要逐步建立企业知识产权专家信息库，落实企业知识产权专业人员待遇问题，凝聚一批具备知识产权理论和企业实际工作经验的人才，密切跟踪国内外知识产权领域的最新发展动态，研究分析发达国家知识产权制度的发展变化以及企业竞争对手的态势，高起点地开展企业知识产权实务研究，为企业领导提供法律、决策咨询。

（三）完善有关企业员工的管理制度，重点要规范员工的保密措施、培训教育、激励奖惩等

1. 保密措施。企业保护商业秘密，首先要对商业秘密采取适当的保护措施。一是确定商业秘密的范围和密级；二是确定涉密人员，并与涉密人员签订保密协议和竞业禁止协议；三是采取一些具体的措施，包括内部监控设施、计算机和网络信息管理系统、匿名采购、训练及离职处理、在商业秘密授权中控制泄密风险并设置保密条款等。商业秘密保护的重点应当是防止内部流出型泄密。

2. 培训教育。针对具体培训对象，可以进行相关知识产权培训：

一是新员工入厂教育。企业对入厂新员工进行企业知识产权基础知识培训，使其了解知识产权对企业的作用，树立知识产权"警戒线"意识。如日本日立公司、富士通公司、东芝公司等针对全体新员工进行有关知识产权法律知识的课程教育，包括专利知识入门教育、专利说明书写作知识等。而三菱公司对所有的新进人员都要集中进行半天至一天的法律与知识产权课程培训。新员工分配到基层后还要接受基层有关的法律培训。[①]

---

① 参见张瑶：《浅谈国外企业的知识产权管理战略》，载《现代情报》2004年第6期。

二是业务人员教育。针对公司各部门的知识产权主管人员进行知识产权管理教育，以便了解专利的理念及重要性。在进行知识产权教育过程中，知识产权管理部门起着重要的作用。如日本日立公司、富士通公司针对业务人员进行教育，包括商标、著作权、技术契约、案例研究、专利情报、专利的写作及专利管理等。① 东芝公司对进入公司1~3年的业务人员进行有关整理专利调查和撰写专利说明书的培训，对进入公司4~6年的资深人员进行阅读专利关系图的教育。三菱公司对工作2、3年后的业务人员要进行撰写专利说明书的培训。

三是管理人员培训。东芝公司对于主任以上的管理人员提供专利策略的课程教育。对于高级主管还配合知识产权形势设置知识产权课程，进行知识产权的系统培训，以提高整个公司由上到下对知识产权的重视。

四是企业"一把手"工程。特别重视对企业"一把手"的宣传教育。企业主管部门将所属企业的"一把手"知识产权培训工作纳入其日常业务考核之中。

3. 激励奖惩。国际跨国公司根据本企业的特点制定了各具特色的奖励激励措施，激发员工的发明创造积极性，使得发明创造成为一种企业风尚。一般有积分制、等级奖励制和各种各样的表彰制度。

日本东芝公司对发明的奖励分为几个阶段，提出专利申请给予5000~6000日元的奖金，专利获准之后主要再视技术使用情况给予奖励，最高奖金1年可达60万~100万日元。

富士通公司给予员工发明创造的奖励也分为申请时及授权后两种情形，并实行登记奖励制，最低的奖金为一件发明4000日元。该公司每年花在奖励员工发明创造的资金达10亿多日元。

美国IBM公司为激励发明而创立了累积积分制。具体内容是，对申请专利的发明人实行记分制度，发明专利为3点，发表在技术公报上的发明为1点。发明人的发明如属首次被采纳用于申请专利，颁发1500美元奖金，第二次以后被采用时（在其基础上再创造），每次给予500美元的奖金。若点数累计到12点，则给予3600美元的发明业绩奖。

日本三菱公司实行对员工的终生多次奖励制度。三菱公司员工完成的职务发明依契约有义务转让给公司，此时可获得公司给予的"让度补偿"，每件发明可得日币4500元；在申请专利后到获准之前，只要是好的发明，不论获准与否，公司给予"优秀发明表彰"，颁发奖金和奖状；如果这项发明获得专利并在公司

---

① 《知识产权的教育及培训》，载中国洗染企业网 http://www.xrqy.com.cn。

内部实施，公司会给予发明人"实绩补偿"，每年最少3万日元，实施至何时即给到何时；如果这项发明被许可给其他公司实施，公司也会依所获得的权利拨出一定比例作为发明人的"实绩补偿"；如果一项发明同时在公司内外实施，则发明人的"实绩补偿"一年最高可以拿到日币100万元；发明人离职后仍能领取"实绩补偿"，甚至死亡后其继承人也可以续领，直到公司不再使用或不再许可他人使用这项专利为止。

此外，三菱公司还设有累计专利件数的"登记表彰"，员工所获的国内专利件数达到一定数量时，即给予一定数额的奖金。各厂、事业本部和三菱公司的社长也设有"工厂长表彰"、"本部长表彰"和"社长表彰"，奖励方式由厂长、本部长和社长自行决定。①

完善我国企业的激励奖惩工作，一是要做好对职务发明的激励，既要及时给予发明者一次性奖励，还可以根据实际情况考虑让发明者分享发明实施的效益；二是要进一步明确职务发明与职务作品的权利归属，企业可以与员工签订合同，规定员工在职期间和离职内一段时间内的发明和作品中，只要与企业业务相关的均属于职务发明和职务作品，权利人为企业。

第四节 抓好企业知识产权管理重点

对企业技术创新和知识产权创造、应用的管理，是企业知识产权管理的重点。

一、立项研发

主要是对创新项目立项、查新、研发记录及知识产权归属等进行管理。要充分发挥企业内部科研机构及其人员自主创新的积极性，努力开发核心技术专利，加强创新管理，做好研发记录。

一是要建立专利等知识产权信息平台。充分利用"有效专利"及"失效专利"中蕴含的科技、经济、法律信息为企业技术创新服务。既避免低水平重复研究，确保研发的高起点，降低了研发成本，又防止了可能的侵权风险。如河南

---

① 《国外企业的知识产权管理战略》，载 http://www.foodqs.com/news/jsz101。

安彩集团建立了公司专利数据库，收录了欧美国家自1995年以来在彩色玻壳制造领域在华申请的专利，通过幻灯、解说等方式，使相关管理人员、技术人员充分了解专利保护范围和关键技术，促进技术创新。

二是发挥企业内部科研机构、人员自主创新能力。将知识产权工作纳入企业科研机构领导任期和年度目标责任制的重要考核内容，发挥科研机构的自主创新能力，提高企业专利数量和质量。企业完成的科技成果，通过签订书面合同，明确知识产权归属及保密责任，鼓励科技人员的自主创新。

三是加强产学研合作创新管理，明确权属。针对企业所处领域、产业方向和产品市场定位，制定技术研究、产品开发和营销策略，发挥高校、科研实验室的技术、设备和人才优势，进行引进消化吸收再创新，明确知识产权归属，形成自主知识产权，提高市场占有份额。

四是做好研发记录，堵塞漏洞，避免流失。企业要对技术开发过程中的每个细节做好实验记录，明确相关责任人，签字、标明日期，做好痕迹记录，作为后期工作及知识产权诉讼的证据。

五是加大企业专利审查，提高专利质量。对企业技术开发、产品开发和管理革新过程中产生的创新成果进行认真审查，确定合理的专利申请类型及专利保护范围，提高专利质量。

二、结题验收

主要是对自主创新成果做好验收和保密，合理运用知识产权申请策略，及时依法确权，严格保护，防止知识产权流失；要将知识产权数量和质量作为企业知识产权考核评价的重要指标之一。

一是加强企业成果验收的保密工作。对企业准备验收或鉴定的科研成果要从资料、鉴定委员会的成员、鉴定会的形式等环节做好保密工作。二是对新的技术方案要及时依法确权，严格保护，避免丧失专利申请条件。三是对确权后的有效成果要进行发布，推进实施力度，尽可能地扩大成果应用实施的范围，实现经济效益最大化。四是做好知识产权的科学维护。科学分析企业已经取得的知识产权，有选择地进行维护。对于确有市场发展前景的技术，必须及时向国家有关部门缴纳维持费或续展费，加强知识产权成果的继续保护；而对于没有保护价值的知识产权，该放弃要放弃，为企业节省不必要的支出。

三、技术应用

主要是跟踪分析本产业知识产权动态，及时反馈技术发展信息，确定创新成果的技术升级和知识产权保护工作；充分利用知识产权交易平台，对创新成果进行发布，加快知识产权成果应用；参与行业、国家及国际标准制定，实施技术联盟、产业联盟，加大知识产权运营力度，提高综合竞争力。

建立专利市场是促进知识产权应用的重要途径。日本企业非常重视专利技术的转化，政府大力支持其专利技术转化力度，搭建专利技术可能转化的平台，通过获得专利技术许可证的方式进入新的市场。一是采取专利展览会，潜在的专利用户可利用展览会与专利持有人交流。二是专利电子市场，利用电子网络、计算机网络和其他电子技术建立专利电子市场。三是专利代理人，发挥专利代理人的作用，以便利专利交易，向感兴趣的公司提供技术。四是专利示意图，帮助人们找到开采的地点，可以让事情变得更容易。日本专利局自1997年以来制作了专利图并公之于众。这是一个好的开端。

具体来看，包括以下几项工作：

一是做好产业知识产权动态跟踪管理，及时掌握技术发展趋势，分析可能产生知识产权的情况。确定产业化阶段的技术升级、保护工作。一些工艺参数、生产技术等涉及企业秘密的，要按企业商业秘密要求界定内容和密级，完善保密措施。

二是注重与相关产业或企业组成产业联盟、技术联盟、专利联盟等，提高产业化规模。

三是注重知识产权策略运用，提高综合竞争力。产业化阶段，市场很可能出现新的技术及竞争对手，企业要注重运用知识产权策略，如申请策略、应用策略、保护策略等，随时应对市场出现的变化，提高企业综合竞争力。

四、市场监测

主要指建立企业重大知识产权事项预警机制。主要是对创新成果应用进行市场跟踪，防范知识产权风险，避免侵权或被侵权；关注市场竞争动向，及时反馈市场需求信息，促进企业不断自主创新和知识产权创造、应用工作的深入开展。这是企业知识产权风险的"避雷针"，既可有效预防跨国公司的"专利伏击"，也是企业熟练运用知识产权游戏规则的要求。这是一项促进企业健康、良性发展的基础性、前瞻性、预防性工作。企业要通过建立知识产权预警体制，规避全球经济一体化带来的知识产权风险，推动企业有效运用知识产权法律手段，增强处理知识产权纠纷的应对能力。

（一）有效利用知识产权信息资源，加强分析功能

企业知识产权管理部门要运用知识产权信息资源，在统计和分析的基础上，研究国内外竞争对手的基本情况和相似案例，准确把握知识产权国际规则和主要贸易伙伴国的法律政策，对知识产权发展趋势、法律状态、可能产生知识产权纠纷的重要领域和影响程度，提前做出预测，并向企业主管领导或者部门及时发出警示，便于采取应对措施。

（二）建立知识产权预警指标体系及专利分析数据库

根据专利分类规则，按照企业的实际需要将其与企业业务相关的专利信息进行基本的数据归纳整理，建立企业专利分析数据库，并结合知识产权分析队伍提出的相应方案，建立专利预警指标体系。在此基础上编制出企业知识产权预警报告，不定期地发布预警信息，提出应对措施。

（三）发挥企业知识产权专业人员作用

企业知识产权专业人员要采集、分析与本企业业务领域有关的重要专利等知识产权信息，对每一个信息的技术方案进行专利等知识产权方面的评价，然后按行业、领域进行规范的专业处理；按照分析结果给出具体的有可能的侵权信息，涉及侵权专利的具体权利要求的内容以及关键技术特征；根据本企业重要产品的市场对该产品的专利申请及技术标准的调整变化情况，以及企业产品有可能遭遇的专利侵权诉讼等风险进行整理，提出相应方案。

（四）正确使用知识产权预警成果，为企业做贡献

企业要正确使用知识产权预警成果，及时跟踪国内外同类产业主要竞争者的动态，指导企业充分利用国际、国内两种资源，两个市场，趋利避害，增强抗风险能力，分析比较其竞争优势与劣势，以便随时调整企业的研发方向，不断保持企业在国内外竞争市场的优势，提升其竞争能力。

附一

美、日、韩、法等国的国家知识产权战略中有关企业知识产权的内容

一、美国的国家知识产权战略中有关企业知识产权的内容

美国是知识产权战略的创始国。为了维护、巩固其在国际市场竞争中的优势地位,美国国家知识产权战略主要是以基本专利战略外加专利网战略为核心,同时辅以政治、经济、外交等手段,要求其他国家按照美国的知识产权保护要求保护其竞争优势和经济往来,以实现维护其技术优势和谋取经济利益的目的。因此,美国的知识产权战略呈现出进攻性特点,这一特点同样体现在其企业知识产权战略运作之中。

继1980年之后,美国经济遭到日、德的严峻挑战,为提高国家产业竞争力,美国全面施行科技引导战略,制定了一系列配套法规措施以促进科技进步,其中最有影响力的就是1980年12月12日通过的"96-517号公共法",全称为"专利和商标修正法令"(The Patent and Trademark Amendent Act),即通常所说的Bayh-Dole Act(拜杜法案)。拜杜法案的出台统一了美国联邦政府的专利政策,其核心是:规定经由政府经费支持而获得的发明专利,原则上归发明者所在的单位所有。这一新政策使美国高校和企业迅速发展成为专利技术的所有者,从而大大激发了其技术创新的积极性。

此外,美国政府还把其专利战略融于其贸易政策之中,如通过有名的"特别301条款"、"337条款"、"标准体系战略"等,达到保护国内市场,又控制他国市场的目的。

(一)"特别301条款"

即经《1988年综合贸易与竞争法》修改补充后,美国贸易法(1974)在原

"301条款"的基础上新增加的"1303节"，其标题为"确定拒绝为知识产权提供充分、有效保护的国家"。《1988年综合贸易与竞争法》系统地将知识产权保护问题纳入"301条款"体系之中，称为"特别301条款"。该条款将美国总统决定对外国"不公平贸易"采取报复的权力移交给了美国贸易代表，并增加了"强制性报复"的内容。美国贸易代表可自行对上述国家进行认定、调查和采取报复措施，并要求美国贸易代表办公室每年4月30日前向国会提交有关报告。在美国的压力下，印度尼西亚、新加坡、马来西亚、韩国及我国台湾地区修改了有关法律。美国还在中美知识产权谈判中利用"特别301条款"给中国政府制造压力，迫使中国政府采取更高的标准来保护美国的知识产权。近些年来，美国已宣布了20多个贸易伙伴之间有这方面的纠纷，其中大部分为发展中国家。我国在1992年也曾被美国以知识产权保护不充分为由，列入报复名单，后来经过艰苦谈判，最终达成了中美关于知识产权保护的谅解备忘录，避免了一场贸易大战。

（二）"337条款"

1994年，美国根据乌拉圭回合协议修正了《关税法》第337条"关于不公平竞争的规定"（简称"337条款"）。根据该条款，美国国际贸易委员会有权拒绝一切侵犯美国知识产权的产品进入美国。作为"准司法机构"，美国国际贸易委员会起保护美国公司免受外国公司的不公平竞争的作用。美国国际贸易委员会一旦认定某项进口货物存在不公平贸易，遭受不公平贸易的美国公司会向其提出美国国门应向该货物关闭的要求。

（三）"标准体系战略"

即通过国家标准战略、企业标准战略、国际标准组织和规则，将知识产权和标准体系糅合在一起，占据高科技各个产业的发言权，制定有利于自己的标准体系，维护有利于自己的标准秩序。如我国原计划强制实施的国家WAPI无线网络标准，在以INTEL公司为首的美国商业巨头的反对和布什政府"停止对华芯片销售"的威胁下，被迫无限期推迟实施。2004年4月22日，中美两国政府在华盛顿宣布，中方同意美方提出的要求，不在6月1日最后期限到来之时强制实施WAPI技术标准，并将无限期推迟实施WAPI技术标准的时间。

附一　美、日、韩、法等国的国家知识产权战略中有关企业知识产权的内容

二、日本的国家知识产权战略中有关企业知识产权的内容

日本非常重视知识产权在现代市场竞争中的价值。为实现"知识产权立国"的目标，日本制定了知识产权战略大纲。该战略大纲分为知识财产的"创造"、"保护"、"应用"以及构成其基础的"人才基础的充实"四个层面。大纲以上述四个层面的问题为基本方向，分别制定战略性对策，以期保证知识财产长期处于良性循环的状态，最终实现知识产权立国的目标。

（一）企业的战略性知识财产的创造、取得和管理

日本知识产权战略大纲指出：日本在世界上专利申请量首屈一指，但这些专利申请几乎都是日本企业所为。日本企业在知识产权方面的基本现状是：企业专利申请量在国际上首屈一指，和欧美企业以及日本国内其他机构比较，其实力都很强；但是日本企业也存在一些不足：如重视国内申请，在国外申请的比率很低，在生命科学等高技术领域专利申请的质和量都不够。

战略大纲指出：对于日本企业来说，当务之急是要提高在知识产权上的全球性竞争意识，要制定知识产权战略，要从战略的高度在全球范围内开展知识产权方面的竞争，日本企业在知识产权上竞争的主要对手是欧美企业。另外，日本政府要与企业紧密配合，即督促企业从战略的高度迅速采取对策，推动高质量发明的出现，使发明在全世界取得权利并被有效保护；完善日本版的拜杜法案，即将属于政府的知识产权下放给包括企业在内的基层单位，以加快科技成果的商业化。

战略大纲还指出：有关职务发明制度，要讨论怎样才能进一步鼓励企业内研究者的发明，从而早日稳定发明权属关系，以助于企业竞争力的提高，并要争取在 2003 年度内形成一致意见。[1]

日本企业知识产权战略的具体行动计划主要表现为：

第一，促进企业高质量的知识财产的创造。通过召开与企业经营者间的意见交换会等方式，促进企业改变专利战略，由量向质转变，激励发明人创造出高质量的基础专利。促使企业实施知识产权战略、发展战略、研究开发战略三位一体

---

[1]《日本知识产权战略大纲》，2002 年 7 月 3 日。

的综合经营战略，使其着眼于未来，开展有效的知识财产创造活力。① 积极促进企业和个人利用向大学捐款的税制优惠措施，促进企业向大学、研究所提供研究经费。②

与企业经营者的意见交换会能够使企业经营者与知识产权专家、政府相关部门形成互动。一方面，企业经营者通过听取专家意见，能够制定出更加有效的知识产权战略，通过与政府部门交流，能够了解国家政策导向，把握其企业自身的战略方向。另一方面，相关政府部门和专家也能够从企业经营者的意见中了解到企业研发与技术创新的新动态，企业实施知识产权战略的新问题、新要求，从而调整相关立法、司法、行政工作，为企业提供知识产权创造的有利外部环境。

企业与大学、研究机构的合作能够促进知识产权的创造，企业可以向大学、研究机构提供资金和设备支持，大学和研究机构中有一批学识深厚的专家学者和思想活跃的年轻人才。促进产学研之间的合作是日本要提高其知识产权质量的一项重要举措。

第二，重新探讨职务发明制度。在日本的大学、公立研究机构、企业等单位的研究开发现场，有许多研究人员参与研究，由此产生了确定发明人困难的问题。为解决这一问题，日本在2002年度对企业的实际状况、企业职工阶层的意识、各国制度及实际状况等进行了调查。根据这一调查结果和社会环境的变化，从确保给发明人的研究开发以激励、减轻企业专利管理成本和风险、加强本国产业竞争力的观点出发，对职务发明制度的修改进行了讨论，并在2003年度得出有关结论。

日本知识产权战略大纲中指出：加工组装性的制造，最重要的要素是协调一致的团队精神；发明、版权等信息的创造，则关键在于个人的自由创意。知识经济时代，除了需要团队精神，更需要尊重个人的独特创意，鼓励优秀人才活跃思维，推陈出新，不拘一格，脱颖而出。完善职务发明制度，切实可行地保护发明人的利益，有利于个人才智充分自由地发挥，有利于激励员工的创新积极性。日本的职务发明制度规定，职务发明专利的申请权和专利权归发明人，但雇主有无偿使用的权利，同时，雇主对职务发明者根据雇佣合同或有关雇佣规则支付一定的报酬。这些措施的根本目的是调动企业雇员个人进行发明创造的积极性，以进一步提高日本企业知识产权的数量和质量。

第三，加强日本版的拜杜制度及其利用。日本版的拜杜制度借鉴于美国的

---

①② 《日本知识财产推进计划2005》（概要）。

Bayh-Dole（拜杜法），美国的 Bayh-Dole 制度在促进产学研联合等方面发挥了很大的作用。《产业活力重创特别措施法》（即所谓的日本版拜杜制度）第 30 条规定：受国家和特殊法人之委托研究开发所得的成果——知识产权可归属于受委托人。2002 年度内要取消该条款中关于特殊情况的规定，该条款将适用于所有委托研究开发的预算项目。

日本的拜杜制度主要解决的是两个问题：其一，使大学、研究机构具备独立人格；其二，确定政府委托大学、研究机构、企业进行研究开发所得成果的知识产权归属，使知识产权归受托人。这样做是为了更好地激励大学和研究机构的创新积极性，使研究成果能更快的商业化。

第四，为知识产权信息检索搞好基础性建设。2002 年以后，日本特许厅将向民间专利信息服务从业人员逐渐以更容易利用的形式提供特许厅拥有的数据，一方面以回应国民对专利信息检索的多种多样的需求，另一方面也是为了专利信息服务具有更高的附加价值。另外，特许厅将就专利电子图书馆更新机器，以一般公众的标准性使用为基本来改善访问条件。

特许厅在 2002 年度中开始就包括科学技术基本计划中的四大重点领域在内的八个领域公开更为丰富的专利申请情况（公开量、授权量），其中还包括在美国、欧洲的授权量。①

知识产权信息实现数字化，网络化是知识经济时代的要求，许多发达国家在其国家知识产权战略中都强调知识产权信息数字化检索的重要性。知识产权信息检索的好处在于：第一，向公众提供最新最快的专利技术发展动向平台，方便企业选择投资方向；第二，方便企业了解前沿技术，有利于引导企业的研发创新方向，避免不必要的重复开发；第三，设置在公共场所的专利信息服务、专利图书馆，有利于提高公众的知识产权意识，是一种向公众宣传知识产权重要性的有效方式。

第五，支持创出优秀的设计和商标。为促进创造富有魅力的设计、创出商标，日本知识产权战略大纲提出要讨论促进有效利用特许厅所拥有的外观设计、商标信息的方针，并在 2003 年年底前拿出成熟的方案。② 日本的产品素以精致而富有美感的外观设计著称，产品的外观优势无疑使其市场竞争力大幅提高。日本在知识产权战略中提出促进创造富有魅力的设计、商标的方针，值得我国在这方面制定战略时借鉴参考。

---

①② 《日本知识产权战略大纲》，2002 年 7 月 3 日。

（二）加强对企业知识产权战略性保护

1. 加快专利审查速度，完善优先审查体制。日本在 2002 年度内要使优先审查制度的修改彻底广为人知，同时要完善体制，使之能应对优先审查（来自风险企业、中小企业、大学的优先审查请求和就与外国相关申请、与实施相关申请提出的优先审查请求）的增加。①

优先审查是原则上按照审查申请的先后顺序进行专利审查，但对满足专利厅规定条件的专利申请可优先审查的制度。优先审查制度有利于中小企业的可能的专利权尽快得到确认，有利于中小企业竞争力的提高。

2. 加强商业秘密的保护。日本在 2002 年度内要制定参考指南，使企业能够制定战略性纲领以加强商业秘密的管理。要修改《不正当竞争防止法》，在考虑到抑制人才流动等会随之而产生的问题的同时，从民事和刑事两方面来加强商业秘密的保护，在 2003 年的通常国会上要提出修改法案。另外，该修改法案也要考虑大学研究人员的自由（经济产业省）。②

日本从两个方面对商业秘密进行保护：第一，帮助和引导企业内部制定战略性纲领；第二，修改和完善外部的法律环境，为企业的商业秘密保护提供良好氛围。我国许多企业对于商业秘密保护的方法和策略更加陌生，政府制定一份具体可行的参考指南是非常必要的，有利于企业领导层提高保护商业秘密的意识，也有利于加强企业商业秘密的有效保护。

3. 加强新领域的知识产权保护。关于随着开发研究的进展而新产生的有用创造物，为了更加适当地保护专利权等知识产权，从 2002 年度起要建立大学、公立研究机构、产业界与特许厅间紧密联系的体制。③

企业、大学等研究机构是知识产权创造的主体，科学技术的飞速进步往往会产生新领域的有用创造物。这些新的创造物往往会产生新的需要保护的权利，如著作权中的信息网络传播权就是应时而生的新型权利，这些权利如果得不到及时保护，会减损新型智力成果可能带来的商业价值。知识产权局等政府机构是确认权利和保护权利的部门，应当加强企业等创新主体与相关政府机构的紧密联系，才能及时对新领域的知识产权提供切实保护。

---

①②③《日本知识产权战略大纲》，2002 年 7 月 3 日。

（三）企业战略性地利用知识财产

1. 提高管理者的意识、获得战略性专利并加以利用。日本企业应将知识产权作为本公司竞争力的源泉置于经营战略之中，并将知识产权融入工作活动之中，从而获得最大的收益、实现企业的最大价值。与此同时，制定战略性的计划以在世界范围内战略性地获得和管理知识产权；2002 年度内要根据企业的实际情况制定供企业参考的指南。

为了防止企业的技术诀窍等技术在"无意识中"向国外转让，日本在 2002 年度要就企业的技术管理和利用战略之应有状况公布供企业参考的指南，以使企业能制定出符合自身情况的战略性计划，包括完善各企业内的机构等。[1]

推行重视知识产权的经营战略，奖励企业参考《获得、管理知识财产指针》、《商业秘密管理指针》、《防止技术泄露指针制定经营战略》；确立知识财产评估方法，制定知识财产战略指标（2004 年度末）；利用信托制度促进知识财产管理和流通，实现利用知识财产筹集资金制度的多样化。[2]

日本在企业知识产权利用战略中强调要根据企业实际情况制定可供企业参考的指南的重要性，帮助企业制定战略性计划，方便企业在经营战略、技术管理和利用战略中将知识产权价值作为本公司竞争力的源泉置于其中，满足市场竞争的需要。

利用知识产权筹集资金也是日本中小企业谋生存、图发展的重要战略手段，加强知识产权的流通和管理也为企业知识产权利用战略的制定和实施提供了适合的环境。

2. 公布知识产权信息。在 2003 年度内制定有关知识产权信息公布的指南，使企业的知识产权相关活动能在市场得到正当评估，提高企业的收益和价值。另外，还要就采用知识产权报告书进行研究。[3]

研究在证券市场公开企业知识产权状况的方法，促进企业公开知识产权的信息。[4]

3. 战略性利用外观设计和商标。为建立利用富有魅力的外观设计和商标，提供更高价值的产品和服务的环境，要讨论具体的策略，包括外观设计制度、商标制度应有的状况，并在 2005 年度之前得出结论。

---

[1][3]《日本知识产权战略大纲》，2002 年 7 月 3 日。
[2][4]《日本知识财产推进计划》（概要）。

另外，根据信息社会的迅速发展，要尽快探讨在网络上使用的外观设计的保护，并在 2003 年度之前得出结论。①

日本特别强调富有魅力的外观设计和商标对提高产品和服务价值的重要意义。随着技术的发展、生产力的提高和消费者要求的多样化，外观设计和商标在争夺市场份额和提高商品价格中的作用越来越大，也是提高产品和服务价值的一项重要战略手段。无疑，日本企业要从战略上重视。

（四）日本其他有关企业知识产权战略的国家战略

1. 加强对中小企业、风险投资企业的支持。加强为中小企业、风险投资企业提供信息和咨询。建立中小企业、风险投资企业综合支持中心等窗口，为其提供律师信息、介绍和派遣律师；同时为其介绍顾问，提供知识产权战略咨询；向中小企业、风险投资企业派遣知识产权专家和顾问，并根据其经营情况、发展阶段提供咨询，支持其指定知识产权战略。

支持中小企业、风险投资企业的研究开发和权力获取。2005 年度，要就中小企业、风险投资企业更为便利的利用大型研究设施和设备进行讨论，并采取必要措施；为减轻中小企业、风险投资企业的负担，进一步增加专利申请相关费用的资助，简化申请手续，资助中小企业、风险投资企业向国外申请专利、获取权利；要求专利代理人协会考虑中小企业、风险投资企业的个别情况，在费用和服务上给以适当照顾；针对海外侵权加强支援制度，使其能迅速采取对策；根据必要改善制度，使中小企业、风险投资企业能更好地利用知识财产信托制度，更顺利地筹集资金。

在合理的情况下，官方采购要优先选择中小企业、风险投资企业的知识产权产品。

2. 培育多种可信赖的地方品牌。为培育地方品牌，应在开发产品、举办展览、市场调查、开拓销路、出口等方面提供支持；建立和公布地方品牌标准，并在政府和相关团体网站上发布信息；调查、收集各地创立品牌的成功案例，并予以公布，以唤起生产者的品牌意识。

政府帮助一些企业打造品牌有助于企业的迅速成长，但应当公开企业所应具备的条件，使企业可以自由竞争，有助于提高企业的品牌意识。对创立品牌的成功事例予以公布，有助于启发企业的品牌战略方案，更加注重培育自己的品牌意

---

① 《日本知识产权战略大纲》，2002 年 7 月 3 日。

识。并且，品牌意识也有利于激发企业技术创新和高质量的专利成果，因为高质量的产品和服务是打造企业品牌的重要基础。

日本重视地方品牌的培育，是因为其反映地方特色。在经济全球化的大环境下，商品和人员的流通大大加快，消费者更喜欢有地方特色的商品和服务。因此地方品牌是争夺市场份额和提高商品和服务价格的重要因素，受到企业重视应是理所当然。

三、韩国国家知识产权战略中有关企业知识产权的内容[①]

韩国知识产权战略的长期远景是成为21世纪的知识产权强国，知识产权强国意味着产业和经济有高生产力和高附加值。韩国的大型企业拥有几乎所有的专利，而中小企业则几乎没有专利。从这一基本国情出发，韩国特别强调调动中小企业运用知识产权战略的积极性。同日本一样，韩国也要通过知识产权的创造、保护和使用来实现其设定的知识产权的远景。

（一）扩大知识产权创造基础

强化职务发明报酬制度，以对发明人做适当补偿。制定政策，引导企业对雇员的职务发明做补偿。这些政策包括税收优惠和财政支持。

帮助中小企业获得知识产权以提高技术竞争力。继续逐步实施对中小企业的专利费用减免制度，从2005年起全国将实施该制度；通过提供专利技术分析信息和专利开发战略，帮助中小企业实施有效的研究和开发。

韩国也特别重视职务发明制度的完善，特别强调提高发明人的报酬来鼓励发明人的创造热情。我国在职务发明报酬制度上因缺乏具体的操作办法，在实施中，企事业单位往往强调职务发明归单位所有，缺乏对职务发明人应有的激励机制。特别是国有企事业单位分配制度存在平均主义，大部分职务发明人难以获得应有的报酬，员工的创新积极性不高。[②] 我国应当参照日、韩等国的职务发明制度，规范公共机构职务发明人的补偿和奖励制度，落实对发明人的激励机制。制定专门的补充性法规，细化国有和政府资助的研究机构的职务发明人补偿和收入分配办法。增强雇主对雇员的尊重，提高发明人创新的责任心。[③]

[①] 相关资料取材于《韩国知识产权管理的远景与目标》。
[②③] 吕薇：《重视职务发明人的作用》，载 http://www.gmw.cn/01gmrb/2004 - 07/09。

韩国与日本一样，也非常重视对中小企业的政府扶植和照顾，通过减免专利费来刺激中小企业的创新意识，增加创新研发成果的专利化、产业化。

（二）加强专利技术商业化的制度，加大支持力度

通过评估专利技术的市场价值，对商业化给予最大的支持，所涉及的范围包括技术转让、商业化资金投入以及销售渠道等；对那些获得较高商业评价的专利技术将给予一定的优惠政策。

在2004年度建立专利技术网上商场，帮助中小企业的专利产品走向市场，刺激专利技术的交流。

为私营企业提供资金，帮助它们对那些得自大学的专利进行商业化。

韩国重视实现专利产品市场化、产业化。专利技术网上商场为企业之间知识产权转让和流通提供了方便快捷的平台。韩国是将信息网络技术应用于知识产权管理的典范，专利技术网上商场有利于提高人们对无形财产价值的利用意识，有利于实现专利技术真正作为一种商品在网络环境中快速获取收益，有利于刺激专利技术的交流，使企业通过浏览专利技术网络商场了解新技术的前沿动向，在企业之间互相进行专利技术的许可和转让，有利于进一步技术创新等研发工作的开展。

（三）积极加强韩国企业在外国的知识产权保护

对韩国知识产权侵权行为和传播状况做定期调查，并提出法律建议；通过鼓励其他国家承认韩国专利审查结果，实现韩国专利权的国际保护；建立一套防止知识产权侵权以及解决争端的制度。

四、法国国家知识产权战略中有关企业知识产权的内容[①]

法国工业产权局将自己的定位由程序文化转向服务文化，将推动工业产权工作，支持企业创新与竞争作为其七个优先发展领域之一。推动中小企业、研究机构和大学的工业产权工作是鼓励创新的核心。是法国工业产权局的优先发展领域。其主要采取的政策包括，在中小企业和研究机构，尤其是主要科技园区开展活动，例如，为一些还不了解工业产权的企业开展"预分析"工作；继续实施

---

① 相关资料取材于《法国工业产权局与政府签署目标合同》。

培训计划；协助举行有关工业产权重要性的公开辩论会；通过各种媒体支持工业产权的促进工作。法国知识产权局还致力于成为知识经济的一个重要部门，在工业产权信息的获取方面为企业提供方便。

附二

国内外企业知识产权战略与管理案例

一、中国石油化工集团公司

（一）公司简介

中国石油化工集团公司（以下简称中国石化）自1983年成立以来，历经1998年石油石化行业改革重组和2000年重组改制上市的发展历程，已由单一的炼油化工公司发展成为勘探开发、石油炼制、石油化工、产品销售一体化的能源化工公司。公司坚持结合自身发展特点，逐步完善有效制衡、科学决策、协调运作的公司治理机制，经营规模不断扩大，销售收入和利润总额稳定上升。2003年、2004年、2005年销售收入分别达到4667亿元、6343亿元和8230亿元，三年增长了76.3%；净利润分别达到87亿元、105亿元和219亿元，三年增长了151.7%。2005年，全公司合并报表实现销售收入8230亿元，增长29.9%，成为我国首家销售额超过1000亿美元的企业；中国石化在《财富》2006年度全球500强企业排名第23位。

（二）企业知识产权战略

中国石化知识产权工作受到公司领导的高度重视，企业知识产权已成为提升企业市场竞争力的重要支撑。到2006年底，中国石化共申请中国专利10500多项，获得授权专利6687项，已向38个国家申请国外专利988项，获得授权专利超过400件，现拥有国内外授权专利6400多件，发明专利申请量占总申请量的70%、发明专利授权量占申请量的比率达80%，在国内企业中处于领先水平，近年来中国石化专利的申请和授权量稳步增长，年申请量达1000件，三个直属研究院的专利申请量连续几年居国内前10名。注册商标1186件，形成了"长城"驰名商标。世界知识产权组织和国家知识产权局联合颁发的 125 项中国专利金奖中中国石化获得了 10 项，截止到 2006 年底，中国石化共获得国家技术发明奖 39 项，国家科技进步奖 252 项，其中一、二等奖 129 项，我国化学领域仅评出的 2 项国家技术发明一等奖全部由中国石化获得。

技术创新是知识产权的源泉，是中国石化知识产权战略的重要基础。中国石化根据公司总体业务需求，把科技进步和知识产权的保护和应用工作作为一个整体，围绕油气勘探开发、石油炼制、石油化工，组织核心技术和特色技术开发，构筑支持主业发展的技术平台，构建知识产权保护网络，由总部统一计划、统一安排，组织研究、设计、生产单位开展"一条龙"式科技攻关，知识产权工作贯穿其中。

中国石化拥有 6 家直属研究院，5 个国家级工程研究中心，6 个企业技术中心构成了中国石化的主要技术创新的主力，加上 4 家直属工程设计单位，部分直属企业各具专业特色的科研院所，从科研开发、工程设计、机械制造、工程建设到生产管理、设备维修，形成了一支专业比较配套、水平比较高的技术创新和技术成果工业转化的万余人队伍。形成了企业技术创新—知识产权保护—知识产权应用的促进企业发展和形成企业核心竞争力的链条。近年来通过改革优化企业技术创新体制与机制，使科技开发的资金、项目、人力、物力、管理、知识产权的工作更加集中于企业的核心发展领域。

中国石化还积极利用社会科技力量，加强产学研合作。围绕公司主营业务领域，与国内清华大学、中国石油大学、浙江大学、地质大学等高校和研究院所建立了 12 家联合研究机构。与法国石油研究院、美国 A&M 大学、UOP 公司、菲利普公司、鲁姆斯公司等一批国外大公司、研究机构建立了科技合作关系。

经过多年的努力，中国石化逐步形成了一批拥有配套知识产权保护的核心技术、特色技术，有力地支持了中国石化主营业务的发展。

——油气勘探开发基础理论与应用技术的重大突破，支撑了勘探开发业务的发展。初步形成了陆相隐蔽油气藏勘探、高含水油田提高采收率两项核心技术，以及水平井钻井、欠平衡井钻井、滩浅海石油工程等一批特色技术。发现了国内最大的海相油田——新疆塔河油田和南方最大的海相气田——四川普光气田，探区面积和资源总量成倍增加，资源结构趋于合理，原油产量稳步增长，天然气产量大幅度提高。

——主要炼油技术达到当代世界先进水平，支撑了石油炼制业务发展。先后开发成功具有知识产权网络保护的用于清洁燃料生产、重油及高硫油加工、炼化一体化等方面的特色技术，形成了催化裂化家族技术和清洁燃料系列生产技术，可以依靠自主技术建设千万吨级炼厂。先后改造形成了我国6个千万吨级炼油基地；仅用6年时间，低成本完成了无铅汽油到满足欧Ⅱ排放标准的油品质量快速升级改造，全面满足了汽柴油质量新标准要求。

——石油化工重大工艺技术开发取得显著进展，降低了成本，提高了产品的竞争力。自主开发的乙烯裂解炉、聚丙烯、乙苯/苯乙烯、甲苯歧化、芳烃抽提等自主技术成功实现工业化应用。以较少的投入先后完成了4套80万吨级乙烯改造和3套中型乙烯改造，利用自主开发技术建成了两套20万吨级聚丙烯生产装置，降低了成本，提高了质量，增加了品种，取得了良好的效益。

——新产品的开发，满足市场发展需求。以市场需求的新产品为目标，注重自主品牌的管理和创新，加快了产品升级换代。在不到6年的时间里，实现了停止生产含铅汽油，全部汽油高标号化，生产符合欧Ⅱ排放标准的油品，向北京供应符合欧Ⅲ排放标准的油品。国内知名的"长城"牌高档润滑油产品市场占有率不断提高，所开发的特种润滑油脂已成功用于"神舟"飞船。开发生产的"东海"牌重交道路沥青和SBS改性沥青已成功用于上海F1国际赛车场和东海大桥，并中标上海虹桥机场。高等级道路沥青产量五年增长了2.2倍，高档润滑油产量五年增长了2.3倍。开发生产了上百个合成树脂新牌号，如双峰结构的聚乙烯管材专用料、聚乙烯高强度薄膜料、高速双向拉伸聚丙烯（BOPP）薄膜专用料、聚丙烯洗衣机专用料、细旦多孔涤纶等。合成树脂专用料比例五年提高15个百分点，合纤差别化率提高23个百分点。

——具有自主知识产权的创新技术和产品走向国际市场。中国石化的授权专利工业实施率达50%以上，石油炼制、石油化工催化剂国产化率达85%。一批具有自主知识产权的创新技术和产品走向国际市场，聚丙烯催化剂生产技术、甲苯歧化烷基转移生产技术、利用重质油最大量生产低碳烯烃的催化裂解（DCC）技术、热塑性弹性体SBS生产等成套专利技术已向国外许可，并在国外建厂，一批炼油化工催化剂出口国外。

（三）企业知识产权管理

为了给企业知识产权工作提供切实的制度保障，中国石化实行了产权集中，两级管理的知识产权管理体系，中国石化作为公司重大发明的权利人，总部一直由主管科技的领导主管公司知识产权工作，总部科技部设立知识产权处主管专利、技术秘密、计算机软件保护等知识产权，法律事务部主管商标和知识产权法律诉讼业务。公司主要直属研究院设有知识产权处，其他单位均在科技处设专职管理人员。

中国石化和所属单位均有系列配套的知识产权管理办法及管理流程。公司主要知识产权管理办法包括：知识产权保护规定、专利管理办法、专有技术管理办法、技术市场管理办法、违反知识产权保护规定的处罚办法、技术鉴定管理办法、试验记录册管理办法、对外技术交流保密提醒制度等。公司还在技术开发、技术许可证贸易、对外技术交流与合作中采用了相关的合同范本。

专利管理、对创新技术的专利保护，纳入了企业研究开发、新技术、新产品产业化和生产的全过程，包括开题前的专利文献检索、开发中跟踪和研究技术对手、创新时研究专利申请保护策略，国外专利申请前，进行市场与知识产权保护策略评估；新技术、新产品投产和出口前，进行专利法律分析，避免侵犯他人知识产权。发现影响中国石化发展的他人专利，及时研究采取对策；面对与他人发生的知识产权争议，公司的知识产权和法律部门密切合作，注重基于对事实的客观分析，敢于依法维护中国石化的合法权益，有理、有利、有节地解决争议；中国石化还围绕主要业务领域和优势核心技术进行专利战略研究。中国石化注重提高专利申请和市场占有质量，世界知识产权组织对我国通过 PCT 向国外申请的专利进行的两次评估，均给予中国石化国外专利申请质量和市场策略很出色的评价。

在公司技术秘密管理方面，中国石化重视对自有的和从第三方得到的商业秘密的保护，从企业员工、商业秘密载体和流通渠道的各个环节方面有具体的管理和监管办法。近年来中国石化组织与全公司 3 万多名科技人员签订了知识产权保护协议。对企业改制分流单位也要签署知识产权保护协议。

中国石化注重树立公司尊重知识、尊重人才、尊重知识产权的良好风气和企业文化，知识产权实行有偿使用，公司有规范的知识产权许可证贸易的管理程序和计费取费办法，近年来公司内部、外部知识产权许可贸易活跃，技术工业化转化顺畅。为了避免侵犯他人知识产权，中国石化在新产品、新技术投产和出口前，都要进行法律分析，发现冲突风险，提早提出防范措施，有效规避了法律风险，树立了良好的企业形象。

为了激励职工的发明创造和创新技术的工业转化，中国石化设立了科技进步奖、技术发明奖，此外在专利申请和授权时奖励发明人，在专利许可和实施取得实效时奖励发明人和对工业转化与推广有贡献的人员。

企业知识产权和许可贸易的有序管理，技术创新战略和知识产权战略的配套实施，有效避免和降低了企业市场运营中的法律风险，开拓了企业未来市场的发展空间，提升了公司的市场竞争能力，增加了公司的经济效益，支撑了公司的主营业务的发展。

二、华为技术有限公司

（一）公司简介

华为技术有限公司（以下简称华为公司）成立于1988年，是由员工持股的高科技民营企业，从事通信产品的研究、开发、生产与销售。华为公司在全球建立了8个地区部、55个代表处及技术服务中心，销售及服务网络遍及全球，产品已经进入德国、法国、西班牙、巴西、俄罗斯、英国、美国、日本、埃及、泰国、新加坡、韩国等90多个国家。

目前，华为公司全球员工总人数35000多人。2003年，华为公司的销售额为317亿元人民币。2004年，华为公司实现全球销售额462亿元人民币，比上年净增45.7%，其中国际销售额22.8亿美元，比上年翻了一番多，占总销售额的41%。2005年，华为公司的海外销售首次超过国内销售，成为真正意义上的跨国公司，2005年华为公司全球销售收入达到453亿元人民币，合同销售额为666亿元人民币。

（二）企业知识产权战略的特点

华为公司的知识产权战略目标是：持续投入积累并形成自身的知识产权能力，达到国际化公司的知识产权能力基线，充分保证公司经营的知识产权安全和取得参与国际市场竞争的资格；在积累一定知识产权能力的基础上，主导或者加入跨国公司的知识产权集合体"专利池（Patent Pool）"；形成与公司经营战略相配套的从公司层面到各业务领域层面的关于知识产权的创立、运用、保护和防御四个方面的战略。以此战略目标为引领，华为公司知识产权工作走在了中国企业的最前列。

2002年以来，华为公司的发明专利申请量一直处于中国企业第一位，连续四年年申请增长量超过500件，2006年国内专利申请量就突破了2000件，与业界跨国公司的年均申请量持平。据国家知识产权局统计数据，2005年上半年国内企业专利申请十强中，华为公司以专利申请总量1231件的优势稳居榜首。其申请总量比申请量为642件的第二名高出了近一倍。

2006 年 6 月底，华为公司累计申请中国专利 13000 多件，在美国、欧洲等 20 多个国家和地区申请 1500 余件次；华为公司国内累计获得专利数量达 2200 多件。2005 年，PCT 国际专利申请量在全球发展中国家位居第三，仅次于韩国三星和 LG 公司，在全球排名 37 位，排名比 CISCO 还要靠前，华为公司在美国的专利申请量在中国内地企业中位居第一，在巨额投入下，华为公司近几年每年的专利申请量都突破 3000 件，2006 年国内申请超过 5000 件，国外申请突破 500 件次。

支撑海外市场的发展，华为公司以美国、欧洲等发达国家和地区作为专利布局的重点，对于重要技术，都会在这些国家和地区进行专利申请，目前，在美国和欧洲的专利申请都已经超过了 300 件，今后每年还将有上百件的专利在这些国家和地区申请。

华为公司强调与全球同行在技术、制造和市场开发领域的合作，从全球视野来吸收先进技术，积极寻求与国际通信巨头市场合作，方式包括成立合资公司和共同研发等。截至目前，华为公司已经与 3Com、西门子、NEC、松下、TI、英特尔、摩托罗拉、朗讯、SUN、IBM 多家公司开展多方面的研发和市场合作。与 NEC、松下合资成立宇梦公司，与西门子成立了 TD‐SCDMA 合资企业。除了采取合作方式来保持技术的先进性外，华为公司还将研究所搬到了国外。美国达拉斯、印度班加罗尔、瑞典斯德哥尔摩、俄罗斯莫斯科均设有华为公司的海外研究所。

研究开发—技术专利化—专利标准化是华为公司知识产权战略的重点。标准实际上是一个聚集行业政策、电信资源分配、市场需求和技术体制于一体的综合性载体，是战略层面的游戏规则。行业内所有实体，包括政府、运营商、设备商、业务提供商等，都试图通过参与制定行业标准来实现和保护自身利益。华为公司如果不能积极参与到电信标准的制定中来，就必然在激烈的市场竞争中处于被动的地位。

华为公司认为标准是走向国际化，并能长期高效可持续发展的一项基础性工作。作为全球 3G、NGN、光网络的领先者，华为公司是 ITU‐T、ITU‐R、ITU‐D 的部门成员，并参加了 3GPP、3GPP2、CDG、OMA、TMF、OIF、RPRA、DSL Forum、IPV6、MPLS、NPF、MEF、Wi‐Fi、MSF 等 60 多个国际标准组织，先后多次在中国成功承办 ITU‐T、3GPP 和 3GPP2 会议。2003 年，华为公司向国际标准组织一共提交了 150 多篇提案，在 3G 领域获得 ITU‐R WP8F 技术组主席职位，在 NGN 领域获得 ITU‐T 一个课题报告人职位和一个工作组 Leader 职位,以及3个NGN领域新标准的起草权,成为在国际标准组织提交提案最多、获得职位级别最高、数量最多的中国企业。2005年1月,华为公司在海南三亚成功举办了IEEE 802.16标准工作组第35次会议,本次IEEE 802.16会议是历届规模最大的一次盛会,宽带无线接入是华为公司在无线领域新的投入重点,凭借其多年来在无线领域的持续大规模投入和技术积累,已在IEEE802.16工作组取得了多个会员资格,并积极参与IEEE802.16的多项标准工作。根据ETSI上各公司的WCDMA基本专利申明,华为公司以113篇WCDMA基本专利占到整个WCDMA基本专利的5%,跻身全球前五。

(三)企业知识产权管理

华为公司知识产权取得成绩的背后是一套行之有效的知识产权管理模式。

1. 面对全球市场竞争,树立国际化的知识产权经营意识。

华为公司在国际化进程中,知识产权管理方面的首要工作就是提高公司各级主管,尤其是从事研发的主管以及全体员工的知识产权意识。

华为公司意识到作为国际化公司,很重要的一个衡量标准是:它是否将知识产权管理作为公司经营的一项业务组成部分,是否从公司高度制定了行之有效的知识产权战略。根据对业界跨国公司知识产权动态的跟踪分析,可以看到这些公司对知识产权的基本观点:将知识产权作为公司整体战略的一部分,是公司业务的组成部分,是取得参与国际市场竞争资格的基本条件,而不仅仅是一项辅助性事务;把知识产权能力作为建立和保持国际市场地位的基本能力要素之一,保证持续的投入和积累;将知识产权看成为一项有效益的投入。对于知识产权的清醒认识和高度重视,为华为公司知识产权管理奠定了坚实基础。

2. 不断改革企业知识产权组织架构,更好地提供精湛专业的知识产权服务。

华为公司建立了十分健全的知识产权组织架构。公司知识产权部从原来单纯的一个部门结构发展到成立二级子部门,到现在已形成拥有三级子部门的梯队组织以及与公司其他业务部门的良好的协作关系的组织架构。华为公司知识产权部下设专利部、许可业务部、综合业务部三个二级子部门,其中专利部下又再设置了六个提供专业服务的三级子部门。每个团队能为公司各大业务部门提供整体的团队知识产权服务。华为公司知识产权部目前有170余人,加上各业务部的专利工程师,有200多人的专职专利人员队伍。

3. 注重知识产权团队建设,打造IT领域国际化知识产权专业队伍。

随着知识产权业务多样化及复杂化,高绩效与富有战斗力的知识产权团队建设显得尤为重要。华为公司在此点上也锐意进取、不断创新，从原来的个人独立工作模式转变为团队协同合作模式，并且发展一系列制度予以支撑保障。

华为公司的知识产权工作提出了"积累知识能力、创造产权价值"的广阔愿景，让每位团队成员都清晰明确这个认识一体的愿景，并使其遍布到组织全面的活动，为团队注入焦点与能量。"打造 IT 领域国际化知识产权专业队伍、强化专利质量、达到国际化公司的 IPR 能力基线、保障公司经营的知识产权安全"是华为公司知识产权团队成员的共同使命。

华为公司对员工的培训形式多样，有部门内部的工作技能培训、知识产权体系的系统培训、邀请外部专家学者律师的高级专题培训、派出参加国内外各种知识产权培训。在团队协作过程当中，还有各种丰富的经验沟通交流分享。在华为公司，所有的知识产权任职岗位都有资格认证，并且有一系列的任职级别。

三、武汉钢铁（集团）公司

（一）公司简介

武汉钢铁（集团）公司（以下简称武钢），是新中国成立后由国家投资兴建的第一个特大型钢铁联合企业，于 1958 年 9 月 13 日投产，是中国重要的板材生产基地。近 10 年来，武钢依靠自我积累和自筹资金 300 亿元用于技术进步和扩建改造，极大地改变了技术装备水平和工艺结构，明显增强了新产品的研究开发能力，有效地提高了核心竞争力，使老企业焕发出时代的青春与活力。10 年来，武钢累计上交利税 205.61 亿元，占投产 45 年总额的 55.57%，扣除资产重估增值部分，资产保值增值率达 272.67%，钢产量由 475.8 万吨增长到 755 万吨，科技进步对企业效益的贡献率达 70% 左右，达到发达国家水平，曾被评为全国综合技术开发能力百强企业第二名。

2004 年，武钢克服了运输成本高，新旧工艺不协调，生产资源供需矛盾突出且价格高居不下，国家宏观调控等困难，实现销售收入 390 亿元，利润 70 亿元，利税 107 亿元，分别比去年同期增长 42.86%、161.19% 和 88.12%。作为一个老工业企业，武钢坚持走质量效益和科技创新型相结合的道路，采取"引进—消化—吸收—创新"相结合的方式，开发新产品 85 个系列 185 个品种，研制开发出一批高附加值、高技术含量的"精品名牌"，形成一批具有武钢特色且具有独立知识产权的新工艺、新技术。截止到 2004 年，武钢共申请专利 308 项，创效益 9.6 亿元，专利实施率达 71%。武钢的知识产权工作也得到各级政府部门的肯定，先后多次被国家、省、市授予"知识产权工作先进单位"等荣誉称号。注册商标 66 个，积极开展"驰名商标"活动。武钢的系列商标也多次被湖北省评定为"著名商标"。武钢在不断进行观念创新、机制创新、产品创新、科技创新过程中，实施精品名牌战略，强化知识产权工作，全面提高了综合竞争能力。

（二）企业知识产权战略的特点

1. 将知识产权创新作为推动企业技术进步与发展的不竭动力，实现企业知识产权可持续发展的战略。

多年以来，武钢坚持走内涵式可持续发展道路，自筹资金 350 多亿元进行技术进步和技术改造，先后建成了第二热轧厂、第三炼钢厂、硅钢改扩建、冷轧厂改造、高速线材、"四烧"、"八焦"，实施了第一炼钢厂"平改转"等 36 个重大工程项目，为新产品研制开发提供了装备保证。"九五"以来，武钢技术中心坚持"以市场为导向，以增强企业自主创新能力为动力，以提高产品的市场竞争能力为目标"的指导思想，遵循"推广一代，试制一代，研究一代，规划一代"的新产品研究开发思路，大力贯彻实施"精品名牌"战略，已经建立起一个开放型的市场—科研—生产—销售一体化，品种、质量、效益三大目标相结合的新产品开发创新运行体系，为新产品开发创新提供了体制上的保证。

1996 年以来，武钢技术中心根据市场变化，按照"人无我有，人有我优，人优我特，人特我新"的"精品名牌"战略，先后研制开发新产品 85 个系列 301 个品种，其中 39 个品种荣获国家冶金产品实物"金杯奖"，已在桥梁用钢、管线用钢、集装箱用钢、压力容器钢、电子钢、汽车板、高速线材等领域内成功研发了一大批精品名牌产品，其中不少精品填补了国内空白，众多名牌钢已在许多国家重点工程中推广应用，创造了巨大的经济效益和社会效益。目前，武钢技术中心具备了国内同行业一流的新产品开发创新能力，"九五"期间荣获了"国家技术创新奖"，2004 年荣获国家四部委联合授予的"国家认定企业技术中心建设成就奖"。

2. 将大力推广知识产权成果的应用作为科技兴企的方针，实现企业知识产权精品名牌战略。

武钢始终坚持科技创新和科技兴企的方针，在主体生产工序实施了一系列技术改造，全方位推进技术进步和技术攻关，大力实施精品名牌战略，建立科技创

新体制,发展高新技术产业,极大地促进了武钢的发展。主要做法是:

(1) 突出工艺结构调整,选择薄弱环节实施技术改造。公司在炼铁、炼钢、轧钢系统实施了一系列重点技术改造,使一批主要技术装备达到世界一流水平,在调整结构、增加品种、提高质量、降低消耗方面发挥了显著作用。一是瞄准世界一流水平,新建了一批有竞争力的重点工程。公司先后新建了具有国际先进水平的三炼钢工程、硅钢改扩建工程、二热轧工程、高速线材、"四烧"、"八焦"等大的工程项目,使武钢的生产规模和装备水平跃上新台阶。二是落实国家钢铁产业政策,加速淘汰落后的生产工艺。按照国家钢铁工业产业政策,从武钢实际出发,重点实施了一炼钢厂"平改转"技术改造项目。三是运用先进技术改造老工艺装备,促进其快速升级换代。有目标、有计划、有重点地对生产的薄弱环节和落后的工艺装备进行技术改造,促进老的工艺装备升级换代。

(2) 加大技术创新力度,全方位推进技术进步。在实施技术改造的同时,武钢以降低成本,提高质量,优化品种为重点,坚持不懈地开展旨在解决主要工艺环节、局部工艺环节和现场操作环节等问题的公司、厂矿、职工三个层次的技术进步。一是围绕降低成本实施技术进步。1995年以来,武钢把依靠技术进步优化技术经济指标,作为降成本的关键环节来抓,取得了良好效果。如通过一系列技术攻关,入炉焦比由1992年的505公斤/吨下降到2002年的409.43公斤/吨,喷煤比1992年的59.5公斤/吨提高到2002年的113.3公斤/吨,综合能耗由1254公斤/吨降到2002年的808公斤/吨。二是围绕提高产品质量实施技术进步。围绕改进产品质量,不断攻克技术难关,最大限度满足市场和用户需求。如通过成功实施"1号RH真空处理装置攻关项目",不仅满足了开发新品种的需要,而且大大提高了钢质的要求,成为国内老厂改造中惟一具有铁水预处理、复合吹炼二次精炼真空脱气、全连铸等当代转炉炼钢整套工艺。三是围绕优化品种结构实施技术进步。公司围绕优化品种结构进行了以消化、吸收和创新为重点的技术攻关。如轧板厂为了适应高性能船板、桥板用钢和重点工程用钢的需要,引进了无氧化辊底式热处理炉和辊式后压淬火机,经过两年多的调试、消化、吸收,成功地掌握了该套技术,其生产的桥板、船板、压力容器受到国内用户的一致好评。

(3) 以技术进步为先导,实施"精品名牌"战略。充分发挥多年来技术进步所形成的优势,以市场需求为导向,全面启动精品名牌战略,坚持"应用一代,试制一代,探索研究一代,思考规划一代"的新产品开发方针。1993年以来,公司共研制开发新产品85个系列、301个品种,形成了以桥、管、箱、容、军、电、车、线为重点的精品名牌产品。一是适应调整结构的要求开发新品种。近年来，武钢认真贯彻冶金行业"控制总量、调整结构"的方针，为了增创效益，把重点放在调整品种结构上，尽量挖掘设备潜能，多安排短线产品生产。二是针对市场需求和"以产顶进"开发新产品。根据市场需求和武钢的技术优势，有针对性地进行新产品的研究开发。如为了满足各类重大成套技术装备对压力容器钢材的需要，先后研制出系列压力容器钢种，以其优良的质量及良好的综合性能，在北京燕山石化、福州炼油厂、华北油田、大庆油田、胜利油田、黄岛油库、三峡等地得到使用。三是瞄准大工程、大项目、大用户开发新品种。如随着我国桥梁用钢需求量增大和对桥梁用钢性能要求的提高，武钢通过科技攻关，研制出钢质纯净、强度高、低温韧性好的桥梁钢，达到了国际同类先进产品的水平。四是超前开发新品种。公司十分重视引导市场消费，超前开发新产品。如武钢率先研制成功的耐火耐候钢已通过鉴定，该钢种集高耐火性、高耐候性、高Z向性和能承受大线能量焊接于一体，被四位工程院士在内的专家们评为"国内首创、填补空白、国际领先"。

（三）企业知识产权管理

公司致力于建立科技创新体制，大力发展高新技术产业。武钢在推进技术进步中，不断地深化企业科技体制改革，进一步增强了企业的自主创新能力，促进了高新技术产业的发展，并逐步形成了独具特色的知识产权管理模式。

1. 创新科研管理体制和运行机制。在市场经济的新形势下，公司对原来重研究轻开发、重现场轻市场的科技体制进行改革，在国有大型企业中率先成立技术中心。初步形成了与市场经济相适应的科研管理体制和运行机制，为武钢的新技术、新产品、新工艺的研究开发、生产应用，进入市场并实现效益提供了体制上的保证。

武钢技术中心是负责武钢科研开发的主体单位，是原国家经贸委、税务总局、海关总署联合批准组建的首批40个国家级企业技术中心之一。现拥有各类专业科技人员430余人，其中博士30人，硕士研究生52人，大学本科生276人；享受国务院及湖北省政府津贴专家10名，教授级高工47名，高级工程师128名，工程师128名；拥有固定资产总值达1.8亿余元，各类先进设备仪器700余台（套），建成各学科实验室42个。目前公司投资3亿多元正在建科技大厦和中间试验工厂，将使技术中心的试验手段和基础设施再上一个大台阶。

武钢技术中心担负着武钢专利技术的管理职责，负责集团公司专利技术的管理工作，于 2001 年被确定为"全国第一批企事业专利试点"单位。多年来，先后被武汉市知识产权局评为专利工作先进单位和"武汉市知识产权工作先进"奖牌、被湖北省知识产权局授予"专利明星企业"奖牌、"2001 年度湖北省专利申请十强单位"奖牌、"全省组织专利实施先进单位"奖牌、被国家知识产权局授予"全国知识产权知识竞赛优秀组织单位"和"全国专利工作先进单位"，并授予荣誉证书和奖牌。随着武钢自身不断加大技术创新和新产品开发力度，机构不断得到健全，规章制度不断得到完善，激励机制不断增强，使公司的专利管理持续稳步提高，申请量逐年增加，已由 1998 年之前的年申请量平均 10 项增加到自 2001 年以来的年申请量 35 项左右。技术中心成立以来，累计申请专利 213 项，有 151 项被授予专利权，科研成果获奖 158 项，其中获国家奖励 72 项，获部、省、市奖 94 项，实际应用于生产的科研项目达 270 余项，科研成果转化率达 80%。

2. 增强知识产权的保护，促进管理制度的完善。近年来，武钢在对外所签订的技术开发、对外投资、业务合作等合同中均对知识产权的归属，商业秘密的保护进行详细约定，体现了武钢在知识产权方面的正当权益要求。为了规范知识产权管理行为，武钢还先后制定了商标管理办法、专利管理办法、专利奖酬提取规定、商业秘密保护管理办法、科技保密管理办法、"三密"文件资料管理办法、办公自动化系统管理办法、参观接待管理办法等文件，使企业知识产权的管理、保护工作尽快走上规范化、制度化的轨道。

四、奇瑞汽车有限公司

（一）公司简介

奇瑞汽车有限公司（以下简称奇瑞公司）成立于 1997 年，是由安徽省及芜湖市五个投资公司共同投资兴建的国有大型股份制企业，坐落在水陆空交通条件非常便利的国家级开发区——芜湖经济技术开发区。占据着承东启西、连接南北的枢纽地位，是长江流域重要的工业基地和物流中心。公司成立伊始就秉承"自立自强，创新创业"的企业精神，在短短几年的创新创业历程中，打破了中国汽车工业不能自主开发轿车和汽车工业企业必须与外商合资的神话，成为中国具有自主知识产权的汽车企业，受到社会各界的广泛关注和充分肯定。

(二) 企业知识产权战略的特点

1. 创新铸就了企业的核心竞争力，促使企业形成了大力开发自主知识产权的发展战略。

奇瑞公司副总经理许敏说："奇瑞的崛起，得益于拥有自主知识产权，自主知识产权铸就了奇瑞汽车的核心竞争力。"

要实现自主创新，首先是技术人才。自主品牌要立足于世界先进之林，必须推进技术和人才的国际化。奇瑞公司不断强化以人为本的人才战略，始终坚持"事业留人、待遇留人、感情留人"，把人才作为奇瑞公司最重要的资源，加大科研开发人才的引进和培养力度，形成人才高地的聚集效应。奇瑞公司目前有工程技术人员 3000 多人，其中海外学成归来的高级技术人员及国内著名大学的博士、硕士 140 多人，来自国内大型汽车企业的老专家和技术骨干 150 多人。公司人力资源部设有国际人才库，在库人员常年保持 200 多人。近两年，还有来自福特、通用、戴－克、大众、三菱、本田等世界著名汽车公司，以及其他世界著名汽车配件公司的外籍专家 40 多人加盟奇瑞公司。他们以国际化的眼光审视自主研发，并利用国内国际两个市场、两种资源，为我国自主品牌赶上世界先进水平走出了快捷之路。对于引进的人才，公司通过举办各种经常性培训班、派员出国学习、与有关院校联合开办研究生班课程、请国外专家前来公司指导等手段，帮助他们不断更新知识。目前，奇瑞公司已形成了专业机构合理、理论功底扎实、实践经验丰富、敢创新、能吃苦、勇拼搏的高素质人才队伍。

其次是体制为先。奇瑞公司继承和吸收国内外汽车产业界成熟的产品开发模式和管理经验，不断完善充满活力的企业科技创新体系，坚持消化吸收和自主创新相结合，实行体制创新和机制创新，努力提高持续创新能力。主要体现在以下几方面：

第一，加大产品研发平台建设。

奇瑞公司从成立伊始，就设立了自主研发机构"产品部"，把建立自主研发能力放在企业生存之本的位置。汽车界一般认为，轿车厂家只有达到 50 万辆规模时才有可能进行自主研发，但奇瑞却在零规模时就介入研发。2002 年 12 月，奇瑞公司获得国家人事部批准，建立起博士后科研工作站。2003 年初，奇瑞公司整合公司内技术开发力量，正式组建汽车工程研究院，在产品研发上形成了合力；2004 年初组建的规划设计院，在厂房规划和工装工艺制造技术上统筹规划，从而形成了从规划到设计、开发、工程制造技术全方位的开发能力。以此为基础，奇瑞公司在国家科技部的大力支持下，整合国内外大专院校和科研院所的研发资源，积极建设国家节能环保汽车工程技术研究中心。2005年6月16日，原奇瑞汽车工程研究院正式成为国家科技部归口管理的汽车工程技术研究中心。中心的建成可以积极发挥国家工程中心的平台作用，利用我国"九五"、"十五"在汽车、交通、能源、电子信息和制造业信息化等领域内已有的科研成果，承担国家科技攻关计划。

第二，建立以我为主，开放合作的创新模式。

（1）奇瑞公司大胆采用的"自我设计开发+控股设计开发+国内外联合开发+委托设计+配套厂家协同开发=自主知识产权"的交联分层式模糊设计开发体系和网状并联结点式研发项目管理模式，开创了中国企业技术至上新模式，为企业的可持续发展提供了动力。（2）走出去，联合开发。在发动机开发过程中，公司的合作伙伴是世界著名的发动机开发公司奥地利AVL公司。在和AVL公司的合作中，奇瑞公司重要的要求之一就是奇瑞公司的产品开发人员必须全过程的参加研发，并有参与设计、试验、装配、标定等共计48人的培训计划，其中15名设计工程师将在AVL公司工作18个月以上。在整车的开发过程中，也同样有相应的培训计划，在和意大利BERTONE/PNIFARINA的开发合同中，有30~50人的人员培训计划，奇瑞公司的工程师将和国外设计公司的工程师共同工作。实践证明，通过联合开发和培训，公司的工程技术人员得到充分的锻炼和学习，有了长足的进步。（3）请进来，联合开发。针对奇瑞公司自己的工程师人员年轻、经验不足、独立开发难度大的问题，公司邀请设计公司的工程师来奇瑞主持工作，负责项目管理，带领奇瑞的年轻人共同完成设计。公司有一款新车型的开发，就是由对方派出的10名工程师和奇瑞派出的48名工程师组成的联合开发团队共同完成的，该车型已步入项目结题阶段。（4）两头在外，中间在先。为了降低成本，奇瑞公司在请设计公司完成概念设计后总是自己完成工程设计，再请设计公司审查、把关。在和设计公司洽谈时，奇瑞公司总是把一个或几个平台的车型集中和一家谈判，通过数量的增加，降低开发成本。如意大利设计公司擅长造型，英国的MIRA公司完成试验等。底盘的开发工作非常复杂，既有前期的设计，也有后期的调校，奇瑞公司就寻找世界上最有经验的研究公司帮助进行底盘的分析和设计参数的调整，最终达到优化效果。

第三，加大研发的投入。

奇瑞公司从成立伊始就建立了研发中心并不断加大研发投入。目前，公司已经投资2.5亿元建立了汽车工程研究院，研究院拥有各类工程师1000余人，下设车身部、车型部、底盘部、发动机部、变速箱部、电子电器部、CAE 部、试验试制部、节能环保部、电控部、项目管理部等 11 个研发部门，北京研发分院和上海研发分院也已成立。与此同时，奇瑞公司还在不断添置新的科研设备，预计研究院的最终投资将高达 12.5 亿元。公司每年用于汽车研发的资金，约为销售收入的 10%～15%。

第四，加大产品技术的自主开发。

奇瑞公司的整车产品覆盖了 9 个不同等级平台，这就要求公司始终瞄准世界汽车技术发展前沿进行整车及关键零部件产品的自主开发。发动机是汽车的心脏，为国产汽车打造动力澎湃的心脏是奇瑞公司向尖端技术挑战的壮举。2002 年，奇瑞公司和世界著名发动机设计公司奥地利 AVL 集团签署了 18 款发动机的设计合同，涵盖了 1.0～4.0 排量的系列汽油、柴油发动机。设计采用了居于世界领先的汽油缸内直喷 DGI 等先进技术，所有发动机设计达到欧 IV 标准。奇瑞公司还联合了欧日变速箱设计公司开展了一系列包含 MT、AMT、AT 和 CVT 在内的变速箱开发。在 2005 年的上海车站上，奇瑞一口气推出了 5 款自主研发的新车和 6 款拥有自主知识产权的"奇瑞动力"发动机，以及中国第一个 CVT 无级变速箱。

2. 有效利用技术成果，促使企业形成新技术商品化市场化的知识产权发展战略。

知识产权的应用有许多方式，包括企业本身将受保护的产品和服务商业化；签订许可或特许协议；向其他公司出售知识产权资本，以知识产权入股的方式建立合资企业；通过交叉许可协议用自己的知识产权换取使用他人的技术，或利用知识产权筹措企业发展所需要的资金等。

奇瑞公司在知识产权的应用方面主要采取以下方式：

第一，将拥有自主知识产权的产品商业化。

奇瑞公司成立伊始，就设立了自主研发机构"产品部"，这支年轻的研发队伍仅用 4 年就相继研发成功风云、QQ、东方之子和旗云 4 款车型。1999 年 5 月第一台发动机下线，同年 12 月 18 日第一辆奇瑞"风云"轿车下线。2001 年 3 月 18 日，"风云"轿车开始在全国上市；2003 年 6 月和 8 月，奇瑞公司又先后推出了"QQ"、"东方之子"和"旗云"三款车，并在全国上市。投放市场以来四款车型为企业带来 166 亿元销售收入，使企业迅速收回了投资成本，初步形成了全国知名的民族品牌。

2004 年 6 月 18 日，奇瑞变速箱厂建成投产，第一台变速箱下线，2005 年 3

月 22 日，装配奇瑞自己生产的变速箱的"瑞虎"SUV 车正式上市。2005 年 3 月 28 日，具有世界先进水平的发动机二厂正式启动，标志着奇瑞新的发动机家族的正式投产。当奇瑞公司第二发动机厂投产，生产的第一台发动机点火成功后，国家科技部负责人在奇瑞公司宣布：中国汽车没有自己发动机的时代已经结束，奇瑞发动机作为中国汽车的"中国心"，将载入中国汽车工业史册。

2005 年 5 月，QQ 轿车问世两周年，累计销售突破 10 万辆。特别是配套了完全自主开发的 0.8 升 SQR－372 发动机后，深为国民所喜爱，成为上升最快、开发最成功的车型和发动机机型之一。

2005 年 10 月 31 日，奇瑞在济南宣布，中国首个汽车发动机的自主品牌 ACTECO 诞生，用国产"心脏"装备的东方之子汽车，经过半年多的试运转性能优越，正式大批量投入市场，这消除了人们对奇瑞能否批量生产高水平发动机的怀疑。由此，中国汽车发动机生产领域第一个与世界技术水平同步的自主品牌——中国动力（CHINA POWER）正式诞生，它标志着奇瑞公司目前已完全掌握了轿车制造的整车、发动机、变速箱三大核心技术。

承担的国家"863"计划项目中的"纯电动轿车"和"混合动力轿车"的研制，已取得阶段性成果，计划 2007 年推出节油 32% 的混合动力轿车，2008 年推出 3 升/100 公里的高效节能环保轿车，并在 2010 年前完成商业化和产业化工作。

第二，向其他公司出售知识产权资本，以知识产权入股的方式建立合资企业。在众多汽车跨国公司纷纷在中国投资设厂的时候，2003 年 8 月，奇瑞与伊朗 MVM 公司进行第一个 CKD 合作项目，以技术合作方式在伊朗设立工厂，合作生产奇瑞系列轿车以及 A11 系列车型，开创了中国自主品牌轿车技术转让和海外建厂的先河。此次合作，奇瑞没有进行大量的资金投入，而仅仅是以自主知识产权技术和派出管理人员入股参与合作。

(三) 企业知识产权管理

奇瑞公司经过多年的摸索，已形成了一个较为完善的知识产权管理模式。

第一，企业领导者高度重视知识产权管理工作。企业领导者、决策者对知识产权管理工作的重视是顺利开展该项工作的关键。领导者要加强自身的知识产权意识，把知识产权管理列入领导工作议事日程，并在人力、物力、财力上给予必要保障。作为自主创新的企业，长期以来奇瑞公司领导都一直都将知识产权工作作为公司的战略性任务来抓。

第二，紧抓企业知识产权管理机构的建设。企业知识产权管理机构是企业知识产权工作的职能机构。奇瑞公司不仅成立了由公司副总经理直接领导的法律和知识产权部，还设立了由各部门一把手组成的知识产权事务委员会，并聘请资深专利代理人担任公司的知识产权顾问，在公司内部基本形成了知识产权创造、管理、应用、保护等为一体的知识产权工作体系。2004年，奇瑞公司被国家知识产权局确定为全国"专利试点企业"。

第三，加大专利、商标的申请范围，保护企业自主知识产权。截至目前，奇瑞公司已累计申请专利344项，其中发明专利43项，已获授权专利201项。为适应公司出口业务不断发展之需要，奇瑞公司先后在新加坡、马来西亚、巴基斯坦等国申请多项专利，而美国、欧洲等国家和地区的专利申请工作也在积极进行之中。同时，奇瑞公司已经通过《马德里协定》等方式在67个国家和地区进行了商标注册。

第四，专利风险评估贯穿技术开发的整个过程。立项前的专利检索和开发过程中的以三个月为周期的跟踪检索都强调了要及时规避重复开发等专利风险。

第五，建立专利开发的检索机制。奇瑞公司在进行新产品开发与新技术研究时，首先进行专利检索，利用专利文献所提供的技术，可了解到本技术领域国内外最新科技成果和研究动向，以避免重复研究，浪费投资。奇瑞汽车研究院下面的知识产权科专门负责这方面的工作，每张设计图纸都先交给他们进行专利搜索，在确定不侵权并由他们签字后才能生产。

五、美国IBM公司

（一）公司简介

IBM全称是International Business Machines，即国际商业机器公司，1914年创建于美国，是世界上最大的信息工业跨国公司。如今，半个多世纪已经过去，仍然无人能撼动IBM公司的世界IT"龙头地位"，故世人又称其"蓝色巨人"。其业务涉及信息技术业务和技术服务、咨询服务、IT研究及IT融资，目前拥有全球雇员20多万人，业务遍及150多个国家和地区。在过去的几十年里，它始终以超前的技术，出色的管理和独树一帜的产品引领着信息产业的发展，保证了世界范围内几乎所有行业用户对信息处理的全方位需求。它还曾参与1969年阿波罗宇宙飞船和1981年哥伦比亚号航天飞机的发射。

在长期的发展过程中，IBM 始终不渝地坚持着三个基本信念：第一，尊重个人，重视机构内每一个成员的尊严和权利，充分调动员工的工作积极性；第二，注重客户服务，力争百分之百的用户满意；第三，精益求精，无论做哪一项业务都追求尽善尽美。

1979 年，IBM 开始进入中国大陆市场，在沈阳鼓风机厂安装了第一台 IBM 中型计算机。随后 IBM 在中国的业务不断扩大，并于 1992 年在北京设立了它的独资公司，即国际商业机器中国有限公司（以下简称 IBM 中国），现在它已经在上海、广州、沈阳、深圳、南京、武汉、西安等地建立了分公司，在福州设立了办事处，并在其他几十个城市建立了客户服务中心，拥有员工 1500 多人。

在产品开发上，IBM 坚持"以世界一流的最新技术开发新产品，并以最快的生产速度进入市场"的战略。现在它拥有综合先进技术与综合先进结构的全系列产品，包括新一代基于 CMOS 的并行企业服务器、首次采用 64 位 RISC 技术的 AS/400 高级系列、基于高性能 PowerPC604 微处理器的新 RS/6000 系列以及广泛的软件和网络产品等。在复杂的网络管理、系统管理、密集型事务处理、庞大数据库、强大的可伸缩服务器、系统集成等方面，具有强大的优势。

（二）企业知识产权战略的特点

持续的技术创新，确立了 IBM 技术开发和商业化独占鳌头的知识产权战略。IBM 连续 9 年每年获得专利数都远超过其他任何一家技术公司，并且在数据存储技术的开发和商业化进程中始终处于领先。因此，2000 年 11 月 13 日，IBM 获得了由美国前任总统克林顿颁发的美国技术奖章，这同时也表明了，美国政府对其悠久的发明史和创造史的认可。除了诺贝尔奖和美国国家科学奖外，IBM 的科研小组和个人前后已经获得了 5 次美国国家技术奖，他们包括：开发了 IBM/360 计算机的 Erich Bloch, Frederick Brooks 以及 Bob Evans（1985 年）；开发计算机磁盘文件的先驱 Rey Johnson（1986 年）；发明目前广泛运用在现代计算机上的单晶体管动态内存单元的 Robert Dennard（1988 年）；对 RISC 体系结构贡献很大的 John Cocke（1991 年）；发现并开发无定形磁介质材料，为可重写光盘数据存储领域的发展奠定基础的 Praveen Chaudhari、Jerome Cuomo 及 Richard Gambino（1995 年）。

IBM 自涉足数据存储技术领域来已经有 50 余年的历史，在 2004 年凭借 300 余项与存储相关的专利而继续引领着存储创新发展的潮流。根据美国政府公布的数据 IBM 公司在 2004 年获得了 2000 多项专利，在全球共获得了 4400 多项专利，连续 12 年蝉联美国企业专利数冠军，尤其是其软件专利数量是 Microsoft、Oracle 和 BEA 总和的两倍，是真正的专利霸主。

1995 年 IBM 中国在北京建立了中国研发中心，在 IBM 全球的八大研发中心中排第五位，现有 150 多位中国的计算机专家。随后在 1999 年 IBM 又率先在中国成立了软件开发中心，在北京、上海、台北共有近 2000 名软件工程师，为 IBM 软件部和系统部提供全方位服务。现在，IBM 中国已经由原来只从事单一的销售业务的公司发展成了囊括制造、开发、销售和服务于一体的综合性企业。

（三）企业知识产权管理

IBM 每年在技术研发上都会有巨大的投入，在知识产权管理上更是有着系统的管理体系。

1. 知识产权的管理机构。IBM 公司设有知识产权管理总部，其职责是负责处理所有与 IBM 公司业务有关的知识产权事务，如专利、商标、著作权、半导体芯片、布图设计保护、商业秘密、字形及其他有关知识产权的事务；知识产权管理总部内设两大部：法务部和专利部。法务部是负责相关法律的事务；专利部负责专利事务。专利部下设 5 个技术领域，每一个领域由一名专利律师担任专利经理。由于 IBM 公司是一个跨国集团公司，知识产权管理部门在美国本土主要设有研究所，在欧洲、中东、非洲地区、亚太地区设有其分支机构。若没有设置分支机构的国家，一是由该地区各国知识产权管理部门的代理人管理；一是由邻近国家的知识产权管理部门负责，如亚太地区未设知识产权管理部门的国家，由日本的知识产权管理部门统筹管理。

2. 知识产权的管理内容。IBM 知识产权总部对全球各子公司知识产权部门要求严格，除向总部作业务报告外，世界各地子公司的知识产权分部要执行总部统一的知识产权政策，并接受总部极强的功能性管理。其基本职责可归类分为十项：

（1）专利情报管理工作。IBM 公司定期发表的技术公报、其专利经理的主要职责四项中有三项与情报有关，如：①收集掌握下属各公司有关的专利情报、技术情报以及各专业部门的活动情况；②依据情报决定是否申请专利、建议申请国的范围、提供有关业务咨询；③根据总部每年预计的专利申请计划调整申请的件数；④收集 IBM 及其他公司有关专利情报、技术动态信息，有针对性地进行知识产权方面的谈判。

（2）发明挖掘工作。IBM 知识产权总部的另一个作用就是常常与研究开发部门的经理人员、技术人员等密切合作，一方面向其灌输知识产权总部的观念，另一方面从中发掘优良的发明。对研究开发中的产品必须调查有关专利问题，因此尽早发现这些信息便显得更加重要。

（3）申请专利工作。一般有关专利的申请，都是由 IBM 知识产权总部的专利律师以及专利代理人来提出，发明人只要简单地以书面或口头方式向专利律师说明其发明即可。关于有关产品知识产权的调查以及制造产品的有关技术，技术人员只要对专利律师说明技术特征，专利律师会从专业的角度来调查及判断有无侵害他人知识产权之可能。

（4）订立专利实施许可合同。IBM 在调查其有关产品的知识产权时，同时也监视别人的产品有无侵害 IBM 的知识产权，然后再促成他人与之订立授权协议。因此，订立专利实施许可合同也是 IBM 知识产权总部的重要作用之一。

（5）管理专利权。

（6）处理专利纠纷。当 IBM 的子公司制造、销售产品，侵害到第三人之知识产权并遭诉时，总公司也出资协助子公司进行抗辩。

（7）商标等其他知识产权的综合管理。在原则上，IBM 公司的商标也是由总公司的知识产权总部进行集中管理，各子公司要使用时再由总公司进行授权。

（8）发明奖励工作。IBM 对于专利技术的发明人有一套激励机制，这也由 IBM 知识产权总部负责奖励机制的建设和实施。

（9）专利教育工作。

（10）与专利事务所或者律师进行联系。

3. 知识产权的权属管理。IBM 公司与员工签署"有关信息、发明及著作物的同意书"；与各子公司签署：综合技术契约。其中规定，只要他是从 IBM 内部取得若干机密信息或者是从以前员工完成的发明、著作等创作物中撷取若干信息来完成 IBM 的有关研究开发项目的成果，以及其因执行职务或为公司业务而产生的成果，都应该将这些成果的知识产权移转给公司；对在日本的 IBM 分公司的员工，还要求填写发明转让同意书作为进入 IBM 公司的条件。由于总公司为各子公司提供研究开发费用，其研究开发成果的知识产权必须移转给总公司，总公司集中管理来自全球各子公司的知识产权，并通过再授权的方式将相关技术重新提供给子公司使用，商标使用权也基本相似。各子公司要从营业额中向总公司缴纳一定的知识产权使用费。

4. 设立了对研发人员的奖励机制。IBM 公司为激励发明人而设立了累积积分的奖励方法。其奖金项目设立的特点是对申请专利的发明人给予计分，发明专利为 3 点，刊载在技术公报的发明计为 1 点，点数累计为 12 点，给予美金 3600 元的发明业绩奖；发明人若是第一次申请专利就被采用，给予第一次申请奖，奖金 1500 元；第二次的发明给予发明申请奖 500 美元。

5. 商业秘密的保护管理。有关机密信息部分，IBM 将机密分为四个等级来管理。也就是依法机密与 IBM 业务的关系、与 IBM 业务的施政方针的关系，有关业界竞争的影响度、是否为 IBM 产品技术上及收益上成功的关键等因素，将其依重要程度高低，依次分为绝密、限阅、机密、仅内部使用四种。然后再依其等级，决定其复印、对外公开、对内公开、废弃、保管、资料传送时候的处理规定。例如：对外公开时，前三类的资料必须得到特定人员的同意；复印资料时，前二类的资料只有原制作单位才印；传送资料时，前二类的资料必须转成密码才可传送。为了彻底实施公司的规定，公司内部也设有自我检查制度，随时实施内部检查并指导员工养成自我管理的习惯。接受他人的机密资料也要得到特定人员的同意。至于接受机密资料的有关条件，则必须得到 IPL 以及法务部门同意。另外，未被指定为机密信息者，以及未限定保密期间者，如有碍于 IBM 的开发及销售，IBM 都会再加批示修改。

6. 专利的保护和使用管理。IBM 对知识产权的使用也是空前的成功，其知识产权的收益从 1990 年代的 3000 万美元上升到近年来的 10 亿美元以上。

这些收益是通过向其他竞争对手进行技术授权，并充分发掘非核心业务的知识产权资产来取得的。IBM 的知识产权收益绝大部分是现金而且占了 IBM 税前利润的大部分，相当于每年为 IBM 新增加了几十亿美元的销售额。同时 IBM 每年在美国专利注册办公室里申请的专利数目都是名列前茅，这些知识产权资产帮助 IBM 获得订单，或是通过交叉授权取得他人的专利使用权。但 IBM 公司对专利的使用不仅局限于发挥专利本身的价值为公司带来利润，同时，它还将专利的使用纳入了公司营销策略中。

IBM 公司在美国东部时间 2005 年 1 月 11 日宣布向外界开放 500 项软件专利的使用权，这是迄今为止美国历史上最大的一次专利开放行动。此举，标志着 IBM 公司知识产权保护的重大转变，从传统的企业模式向专利、版权、商标和商务机密等保护模式过渡。IBM 公司高层称，专利开放是战略转型的第一步。IBM 公司负责技术和知识产权的高级副总裁约翰·凯利称，专利开放标志着 IBM 公司管理知识产权进入了一个新时代。IBM 公司可能要重新确定知识产权战略，但很显然，IBM 不会放慢专利保护的步伐。从事实上看，IBM 公司仍然很重视技术的创新，2004 年专利申请数量仍位列美国第一名。

专利信息的开放不仅可以刺激信息领域技术共通，促进信息技术的发展，同时这也是 IBM 经营战略的一部分，通过专利的开放，促进 Linux 操作系统的程序开发，撼动微软在操作系统上的统治地位，使 Linux 系统成为可以替代微软的 Windows 和 Sun 微系统公司的 Solaris 系统的平台，以吸引更多的企业用户。

IBM 公司不仅在技术创新上走在前列，而且在注重专利权保护的同时，将专利的合理使用与公司全球营销战略相结合，找到创新和公司发展的最佳切合点，使创新服务于公司盈利，使盈利促进企业创新。作为国际大企业的 IBM 公司在促进技术传新和知识产权管理方面都有其科学之处，正是因为如此才使它在历经了近百年的风雨之后仍挺拔屹立在国际市场。

六、日本丰田汽车公司

（一）公司简介

丰田汽车公司成立于 1937 年 8 月 28 日，注册资金：3970 亿日元（2005 年 3 月截止）。

经营状况（2005 年 3 月）

母公司单独结算		母子公司联合结算 *	
员工总数	64237 人	员工总数	265753 人
营业收入	92183 亿日元	营业收入	185515 亿日元
经常利润	8562 亿日元	经常利润	17546 亿日元
纯利润	5293 亿日元	纯利润	11712 亿日元

- 联合结算子公司共 524 家（日本国内 297 家、国外 227 家）
- 控股相关公司共 56 家（日本国内 38 家、国外 18 家）①

---

① www.toyota.com.cn.

（二）企业知识产权战略

丰田汽车公司有很强的技术开发能力，而且十分注重研究顾客对汽车的需求。因而在激烈的竞争中，它形成了以技术快速更新和开发组织模式创新为核心的企业知识产权战略，以产品快速的更新换代击败美欧竞争对手。早期的丰田牌、皇冠、光冠、花冠汽车名噪一时，近来的克雷西达、列克萨斯豪华汽车也极负盛名。丰田汽车公司强有力的技术开发能力与其新技术研究开发的组织模式密切相关。

丰田汽车公司于1992年引入研究开发中心型组织形式，公司把所有的新产品开发项目围绕产品大类归类为4个研究开发中心：后驱动系统中心、前驱动系统中心、娱乐车和越野车系统中心、重大技术开发和新材料研究中心。前三个中心是规定产品整体结构的主要生产系统。第四个中心主要是支撑，服务于前三个中心。第一到第三中心各实施并行开发5种新车型。第四中心拥有各类技术人员4000名，把原来丰田公司所属的东富士研究所各自分割的研究院所整合起来，这样，第四中心实际上成了研究开发组织的一部分。丰田汽车的中心研究开发组织，能妥善处理下列几个问题：①精简机构。通过组织改革，使职能部门从16个减少到6个，新的中心研究开发组织加强了对职能部门整合。②加强中心组织内部的协调。三大中心内部实际上各有许多产品系列。为使这些产品之间能够取得规模经济，同时又要尽可能保持各个产品的独特性或差异化，中心负责人要协调产品之间的关系，加强各产品之间零部件的通用性；发挥各开发项目组的创新中心负责人的协调作用。③由于使原来各自为战的产品开发项目组集合在一个中心内，加强了各项目组之间的学习和交流，有效地实现了资源共享。由于三个中心属于不同的产品大类，各中心的产品又有许多相同之处，许多零部件的开发研究数据，新车身结构方面的设计技巧等在项目组之间能够得到共享。各中心每周都举行例会，这样就加强了各项目组之间的信息交流和知识共享。

（三）企业知识产权管理

1. 丰田汽车公司知识产权机构的管理范围。

一是取得知识产权并有效利用专利、商标、外观设计、技术秘密、服务标记；二是协调与其他企业的知识产权的关系；三是协调国内外知识产权纠纷；四是对研究开发和产品开发提供专利服务活动；五是进行与知识产权相关的情报管理及利用工作；六是签约和管理各种技术合同；七是奖励发明和对外观设计等创新活动的经济补偿。

2. 丰田汽车公司知识产权机构的组织模式。

（1）知识产权部部长办公室（专利工作事务局，从事教育，特殊业务）（9人）。

★总务室（33人）。总务组（总务，会计，人事，权力维护，全丰田）（10人）；管理组（专利申请集，权力化管理，专利事务所管理）（15人）。

★许可证贸易室（19人）。合同组（研究和开发合同的签约，许可证贸易合同的签约）（11人）；商标和外观设计组（商标和外观设计的权力取得及对外协调）（7人）。

★第一专利室（50人）。发动机组（发动机领域的权利的取得和利用以及对外协调）（8人）；驱动机构组（驱动领域的权利的取得和利用以及对外协调）（5人）；底盘组（底盘领域的权利的取得和利用以及对外协调）（8人）；车身和电子设备组（车身，内装设备，电子设备领域等）（8人）；生产技术和半导体组（生产技术和半导体领域等）（9人）。

★第二专利室（23人）。第一组（驱动和发动机领域的权利的取得以及对外协调）（10人）；第二组（材料车身底盘电子设备领域的）（12人）。

★海外进修人员。美国进修生2人；欧洲进修生2人（3人）。

（2）东富士研究所。

★（东京总部）东京技术部（与专利局，各团体，专利事务所的联络和协调）（1人）。

★（开发各部）专利管理人员（开发各部门的知识产权活动指导和协调）（54人）。

（3）丰田技术调查服务公司（股份公司）情报分析部（专利调查，情报分析和加工整理）（36人）。

3. 丰田汽车公司知识产权的保护。

随着信息技术突飞猛进的发展，软件在提高汽车技术水平方面的作用愈发重要，日益引起企业的高度重视，并已成为企业知识产权的重中之重，丰田公司在知识产权保护工作中，不仅注重硬件技术的保护，而且越来越重视对软件技术的保护。1997年12月，丰田公司推出了"先驱"混合动力轿车，在世界汽车厂商中率先实现混合动力轿车的商品化，该车的关键技术是混合动力系统（THS），它将发动机和电机高效地组合在一起，在技术上取得突破，使该车能够根据路况、周围环境的变化自动调整动力输出，丰田共为该车申请了208件专利，其中

77件涉及THS，并且主要为控制软件，而此前汽车技术专利绝大部分是硬件方面的，此举从另一侧面说明丰田公司正逐步将知识产权保护工作的重点从硬件转向软件。实际上，混合动力汽车的控制软件同未来的燃料电池汽车有许多相似之处，它们都是将不同的动力系统组合起来，其核心是复合动力系统的控制，丰田拥有此领域的基本专利肯定会对其他公司燃料电池汽车研制开发产生一定的影响。

当前，汽车技术正面临根本性变革、孕育着巨大飞跃，混合动力汽车将在短期内批量上市，而以电动汽车为代表的绿色环保汽车在中长期将占据主导地位。与此同时，世界汽车产业也正掀起企业兼并重组的浪潮，汽车企业必须重新审视原来的知识产权保护战略，丰田公司也不例外，专门负责企业知识产权保护工作的知识产权部的工作重点也发生重大转移，主要体现在两个方面：一方面是实施防御性策略，即保护公司已有技术的知识产权；另一方面是推动进攻（扩张）性策略，即通过深入分析发展现状与发展趋势等基本情况，为本公司的技术研究开发提供有价值的信息，为企业决策、技术开发等部门制定相应对策提供咨询保障。

对于汽车、机械等制造业企业而言，以往对知识产权的保护主要是为了阻止或延迟竞争对手的技术开发。进入21世纪，企业保护知识产权指导思想必须转变，重心应该转向提高自身的研究开发水平，加快新技术研发效率，防止对手赶超，确保技术领先。同时，考虑到一家公司无法在所有技术领域都能保持领先优势，所以应以已拥有的知识产权为后盾，强化知识产权的经营意识，扩大同其他厂商的交流与合作，建立技术开发战略联盟，确保技术优势。知识产权部的工作必须更加积极主动地介入企业研究开发项目，加强与各有关部门的合作，及时掌握最新进展，协助处理专利申请和转让等各项业务，提高工作效率。

丰田汽车公司在重视技术成果的知识产权保护的同时，对于一些公益性高的专利成果，积极向外界公布，使其发挥更大的作用。特别是在汽车环保技术领域，丰田公司的策略是展开国际合作，积极向其他企业推销，加强同行之间的交流，谋取更大的经济和社会效益。例如，丰田公司在降低发动机NOx（氮氧化合物）排放的技术方面处于世界领先地位，在此基础上研制成功的NOx吸附还原型三元催化净化系统已于1994年投入批量生产，迄今为止已有30余万套装车，先后在欧美11个国家取得专利权，产品共取得相关专利140余件。1999年4月，丰田将该技术先后转让给戴姆勒—克莱斯勒公司和大众汽车公司。丰田出让该技术专利的目的主要有两个：一是拓宽技术使用范围，扩大销售，提高市场占有率和产品影响力,以便今后在制定产业标准时握有更大发言权。二是该技术直接关系到降低汽车尾气污染,有利于环境保护,且对树立企业良好的社会形象有利。丰田和戴姆勒—克莱斯勒公司达成专利转让的协议中,戴姆勒—克莱斯勒公司也同意向丰田发放汽车制动助力装置的专利使用许可证,虽然丰田公司已经开发成功这项技术,但只在日本国内拥有专利权,而戴姆勒—克莱斯勒公司先前已在世界其他地区申请了专利保护,丰田公司为在出口汽车上安装该装置,必须向戴姆勒—克莱斯勒公司支付有关费用。透过丰田与戴姆勒—克莱斯勒公司在有关知识产权方面的合作,可以清楚地分析,丰田汽车公司正是拥有了一些高新技术的专利权,才能在与其他公司开展技术合作、专利转让的谈判中争取主动,确保更多的利益。

目前,丰田汽车公司对知识产权的保护工作已从单纯注重数量转向注重质量和效益。丰田汽车公司每年在日本国内大约申请 3000 余件专利,海外申请量也在 1600 余件左右,而在 20 世纪 80 年代,其每年的专利申请最高曾经达到 9000 件上下,数量有较大幅度的下滑,但以前专利申请主要集中在日本国内,海外专利申请量仅为 600~700 件,这种状况说明其知识产权保护战略的重大转变。现在,丰田汽车公司的专利申请策略是严格审查,确定是否真正需要申请专利保护,以节约专利保护费用,降低技术保护成本,同时增加在海外的专利申请量,尤其重视在亚洲地区各国的专利申请,由于各国经济发展不平衡的制约等诸多原因,该地区对知识产权的保护比较滞后,出现了许多假冒伪劣丰田汽车配件,直接影响了丰田产品的形象,此外,随着韩国汽车厂商的异军突起,也威胁到包括丰田在内的日本各汽车公司的优势地位,因此丰田加大了在该地区保护知识产权的工作力度,而在欧美地区,丰田汽车公司的专利申请则主要围绕高科技核心技术展开,实施进攻性战略,巩固竞争优势。[①]

---

① 倪达:《丰田汽车公司的知识产权管理》。

中篇

企业知识产权基础、操作技巧与典型案例

第六章 企业知识产权基础

第一节 知识产权概述

一、知识产权的概念和特点

知识产权是有别于传统财产所有权的一种新型民事权利,它并非指单一权利,而是一系列权利的通称。知识产权有广义和狭义之分。广义的知识产权包括著作权、商标权、商号权(企业名称权)、商业秘密权、专利权、集成电路布图设计权、植物新品种权、地理标志权、域名权等。而狭义的知识产权,则专指传统意义上的专利权、商标权和著作权。

知识产权作为一种无形财产权,其具有不同于有形财产权的特点:一是知识产权的客体具有难开发、易复制的特点,如软件作品的完成需要长期的研发过程,而一旦研发成功就十分容易复制;二是知识产权的客体与占有权往往是分离的,其权利不需要通过转移占有来体现。如画家对自己的一幅画作拥有著作权,其可以通过许可其他出版物使用复制这幅画来获得报酬,而不需要转移其对原画的占有;三是对知识产权的保护比有形财产的保护更为困难;四是适用于有形财产的取得时效、赔偿制度中的返还原物等制度很难适用于知识产权。

二、知识产权的分类

以所适用的领域为标准,广义的知识产权可以分为两个类别:一类是工业产权,是指工业、商业、农业、林业和其他产业中具有实用经济意义的知识产权,主要包括专利权、商标权、商号权、商业秘密权、集成电路布图设计权、植物新品种权、地理标志权、域名权等；另一类是文学产权，是指关于文学、艺术、科学作品的创作者和传播者所享有的权利，包括著作权以及与著作权有关的邻接权。

三、知识产权的保护对象

知识产权的保护对象是知识产品，即人们在科学、技术、文化等领域创造的精神产品，主要包括作品、发明创造、商业标志、商业秘密。与物质产品相比，知识产品具有以下特点[①]：

（一）创造性

与物质产品不同，一种知识产品不是已有知识产品的简单复制，而必须有所创新，是创造性智力劳动的结晶。因此，创造性是知识产品取得法律保护的首要条件。不同的知识产品，法律有不同的创造性要求。一般来说，专利发明的创造性要求最高，它必须是同一技术领域中先进的科学技术成就，其所体现的技术思想、技术方案必须使某一领域的技术发生质的飞跃。作品的创造性要求次之，它只要求作品是作者独立创作完成的。而商标所要求的创造性仅达到易于区别的程度即可，即商标应当具有显著特征，便于识别，其文字、图形或者其组合应避免与他人的商标构成混同。

（二）非物质性

知识产品的非物质性，是指它的存在不具有一定的形态（如固态、液态、气态等），不占有一定的空间。人们对知识的"占有"不是一种具体而实际的控制，而是表现为认识和利用。某一物质产品，在一定时空条件下，只能由某一个人或社会组织来实际占有或使用，而知识产品则不同，它可以为若干主体同时占有、共同使用。例如，同一项技术，既可以被北京的企业在生产中运用，也可以同时被上海的企业运用。

正是基于知识产品的非物质性特点，法律才有必要对知识财产给予特别保护，即授予知识财产所有人以独占性权利。

---

① 国家保护知识产权工作组编写：《领导干部知识产权读本》，人民出版社2006年版，第6页。

(三) 公开性

与物质产品不同，一般来说，法律保护的知识产品必须向社会公示、公布，使公众知悉，易言之，公开知识产品是其所有人取得无形财产权的前提。在各项知识产权中，多数客体都表现出公开性特性。作者创作作品的目的之一，就是为了传播，并在传播中得以行使权利、取得利益；发明创造者要划定自己的权利范围，就必须公布专利的技术内容；商标所有人为了将自己的商标同他人的商品区别开来，就要公开使用自己的商标标志。但属于知识形态财产的商业秘密是其中的特例，它是依靠保密来维持其专有权利的，因而不具有公开性。

第二节 专 利 权

一、专利的特点与种类

广义的专利通常泛指专利权、取得专利权的发明创造、专利证书，狭义的专利则仅指专利权。从狭义上讲，专利就是专利权的简称。专利权是指专利权人在法律规定的期限内对其发明创造享有的一种独占权。它主要具有三个特点：

一是专有性，即专利权人对其取得专利权的发明创造，依法享有制造、使用或销售的权利，同时有权禁止其他任何人支配该权利。他人未经专利权人许可，不得以营利为目的实施该项发明创造，否则便构成专利侵权。

二是地域性，即专利权只在其被授予的国家或地区有效，超出地域范围，专利权便失去法律效力。

三是时间性，即专利权只在法律规定的期间内有效，期限届满后，专利权自行失效，该发明创造即可由任何人自由使用。

我国专利法保护的对象是发明创造的专利权。发明创造包括发明、实用新型和外观设计。

发明是指对产品、方法或者其改进所提出的新的技术方案。它包括产品发明、方法发明和改进发明三类。

实用新型是指对产品的形状、构造或者其结合所提出的适于实用的新的技术方案。实用新型也是一种新的技术方案，但它必须表现为一种具有一定形状和构造的产品，而且与发明相比，它的技术创新水平比较低。

外观设计是指对产品的形状、图案或者其结合以及色彩与形状、图案的结合所做出的富有美感并适用于工业应用的新设计。

二、授予专利权的条件

发明、实用新型和外观设计要取得专利权，获得专利法保护，必须具备法定的条件。

授予专利权的发明和实用新型，都应当具备新颖性、创造性和实用性。

新颖性是指在申请日以前没有同样的发明或者实用新型在国内外出版物上公开发表过、在国内公开使用过或者以其他方式为公众所知；也没有同样的发明或者实用新型由他人向专利局提出过申请并且记载在申请日以后公布的专利申请文件中。此外，申请专利的发明创造在申请日以前6个月内，如果是在中国政府主办或者承认的国际展览会上首次展出，或者是在规定的学术会议或者技术会议上首次发表，或者他人未经申请人同意而泄露其内容，则不丧失其新颖性。

创造性是指同申请日以前已有的技术相比，该发明有突出的实质性特点和显著的进步，该实用新型有实质性特点和进步。

实用性是指该发明或者实用新型能够制造或者使用，并且能够产生积极效果。一项发明或实用新型能够在工业上制造或使用，并能够产生良好的技术、经济和社会效益，即具有实用性。

授予专利权的外观设计也应当具备新颖性，即应当同申请日以前在国内外出版物上公开发表过或者国内公开使用过的外观设计不相同或者不相近似。同时，外观设计应当具有独创性，即该外观设计在产品的形状、图案、色彩所引起的美感或视觉上，与申请日以前已有的外观设计相比不相同或不相近似，有明显的区别。但是，与发明或实用新型相比，外观设计不是技术性方案，因此无法要求其具有技术上的实质性特点和进步；同时，对其也没有实用性要求。

对违反国家法律、社会公德或者妨碍公共利益的发明创造，对某些特定领域的科研成果，包括科学发现、智力活动的规则和方法、疾病的诊断和治疗方法、动物和植物品种、用原子核变换方法获得的物质等，根据专利法规定，不能授予专利权。

三、专利的申请

（一）专利申请权和专利权的归属

1. 职务发明创造专利申请权和专利权的归属。执行本单位的任务或者主要是利用本单位的物质技术条件所完成的发明创造，属于职务发明创造。职务发明创造申请专利的权利属于该单位；申请被批准后，该单位为专利权人。利用本单位的物质技术条件所完成的发明创造，如果单位与发明人或者设计人订有合同，对申请专利的权利和专利权的归属做出了约定，则从其约定。

2. 非职务发明创造专利申请权和专利权的归属。非职务发明创造，申请专利的权利属于发明人或者设计人；申请被批准后，该发明人或者设计人为专利权人。专利法规定，对发明人或者设计人的非职务发明创造申请专利，任何单位或者个人不得压制。

3. 合作或者委托完成发明创造的专利申请权和专利权的归属。两个以上单位或者个人合作完成的发明创造，一个单位或者个人接受其他单位或者个人委托所完成的发明创造，除另有协议以外，申请专利的权利属于完成或者共同完成发明创造的单位或者个人；申请被批准后，申请的单位或者个人为专利权人。

4. 申请在先原则。两个以上的申请人分别就同样的发明创造申请专利的，专利权授予最先申请的人。

5. 专利申请权和专利权转让。专利申请权和专利权可以转让。中国单位或者个人如果向外国人转让专利申请权或者专利权，必须经国务院有关主管部门批准。转让专利申请权或者专利权时，当事人应当订立书面合同，并向国务院专利行政部门登记，由国务院专利行政部门予以公告。专利申请权或者专利权的转让自登记之日起生效。

（二）专利申请文件

申请专利可以由申请人自己提出，也可以由其代理人提出。申请专利应当提交法律规定的申请文件，否则，将被视为未提出申请。

1. 发明或者实用新型专利申请文件。申请发明或者实用新型专利，应当提交请求书、说明书及其摘要和权利要求书等文件。

请求书是申请人提出的请求专利局对其发明或实用新型授予专利权的书面文

件。请求书应当写明发明或实用新型的名称，发明人或者设计人的姓名，申请人姓名或者名称、地址以及其他事项。

说明书是具体说明发明创造技术内容的书面文件。说明书应当对发明或实用新型做出清楚、完整的说明，以所属技术领域的技术人员能够实现为准；必要的时候应当有附图。

说明书摘要是对整个发明创造的概述，是一种供有关人员迅速获得发明或实用新型内容的情报检索性文件。摘要应当简要说明发明或者实用新型的技术要点。

权利要求书是具体说明申请专利的发明或实用新型请求专利法保护的范围的书面文件。权利要求书应当以说明书为依据，说明要求专利保护的范围。专利申请被批准后，权利要求书即成为具体说明专利权权限范围的法律文件。

2. 外观设计专利申请文件。申请外观设计专利，应当提交请求书以及该外观设计的图片或者照片等文件，并且应当写明使用该外观设计的产品及其所属的类别。

外观设计专利请求书的内容与发明和实用新型专利请求书的内容大致相同，只是要专门注明使用该外观设计的产品及其所属类别。外观设计的图片或照片的作用如同发明或实用新型专利申请中的权利要求书的作用。外观设计的图片或照片应当充分清楚地展示外观设计的特点。

（三）专利申请日和优先权

1. 专利申请日。国务院专利行政部门收到专利申请文件之日为申请日。如果申请文件是邮寄的，以寄出的邮戳日为申请日。

2. 优先权。申请人自发明或者实用新型在外国第一次提出专利申请之日起12个月内，或者自外观设计在外国第一次提出专利申请之日起6个月内，又在中国就相同主题提出专利申请的，依照该外国同中国签订的协议或者共同参加的国际公约，或者依照相互承认优先权的原则，可以享有优先权。

申请人自发明或者实用新型在中国第一次提出专利申请之日起12个月内，又向国务院专利行政部门就相同主题提出专利申请的，可以享有优先权。

申请人要求优先权的，应当在申请的时候提出书面声明，并在3个月内提交第一次提出的专利申请文件的副本；如果未提交书面声明或者逾期未提交专利申请文件副本，即视为未要求优先权。

3. 专利申请主题。一件发明或者实用新型专利申请应当限于一项发明或者实用新型。属于一个总的发明构思的两项以上的发明或者实用新型，可以作为一件申请提出。一件外观设计专利申请应当限于一种产品所使用的一项外观设计。用于同一类别并且成套出售或者使用的产品的两项以上的外观设计，可以作为一件申请提出。

4. 专利申请的撤回和修改。

专利申请的撤回。申请人可以在被授予专利权之前随时撤回其专利申请。

专利申请文件的修改。申请人可以对其专利申请文件进行修改。但是，对发明或者实用新型专利申请文件的修改不得超出原说明书和权利要求书记载的范围，对外观设计专利申请文件的修改不得超出原图片或者照片表示的范围。

（四）专利申请的审查与批准

1. 发明专利申请的审查与批准。一项发明专利申请要经过初步审查、公布、实质审查等程序才能被授予专利权。

发明专利申请的初步审查和公布。国务院专利行政部门收到发明专利申请后，首先对该申请在形式上是否符合专利法的规定进行审查，即初步审查。经初步审查认为发明专利申请符合《专利法》要求的，自申请日起满 18 个月，即行公布。国务院专利行政部门也可以根据申请人的请求早日公布其申请。

发明专利申请的实质审查。实质审查是指对申请专利的发明的新颖性、创造性、实用性等实质性条件进行审查。

（1）实质审查的启动。发明专利申请自申请日起 3 年内，国务院专利行政部门可以根据申请人随时提出的请求，对其申请进行实质审查；申请人无正当理由逾期不请求实质审查的，该申请即被视为撤回。国务院专利行政部门认为必要的时候，可以自行对发明专利申请进行实质审查。

（2）请求实质审查应当提交的资料。发明专利的申请人请求实质审查的时候，应当提交在申请日前与其发明有关的参考资料。发明专利已经在外国提出过申请的，国务院专利行政部门可以要求申请人在指定期限内提交该国为审查其申请进行检索的资料或者审查结果的资料；无正当理由逾期不提交的，该申请即被视为撤回。

（3）不符合规定时的处理。国务院专利行政部门对发明专利申请进行实质审查后认为不符合规定的，应当通知申请人，要求其在指定期限内陈述意见，或者对其申请进行修改；无正当理由逾期不答复的，该申请即被视为撤回。发明专利申请经申请人陈述意见或者进行修改后，国务院专利行政部门仍然认为不符合专利法规定的，应当予以驳回。

发明专利权的授予。发明专利申请经实质审查没有发现驳回理由的，由国务院专利行政部门做出授予发明专利权的决定，发给发明专利证书，并予以登记和公告。发明专利权自公告之日起生效。

2. 实用新型和外观设计专利申请的审查和授权。实用新型和外观设计专利申请经初步审查没有发现驳回理由的，由国务院专利行政部门做出授予实用新型专利权或者外观设计专利权的决定，发给相应的专利证书，并予以登记和公告。实用新型专利权和外观设计专利权自公告之日起生效。

3. 驳回专利申请的复审。国务院专利行政部门设立专利复审委员会。专利申请人对国务院专利行政部门驳回申请的决定如果不服，可以自收到通知之日起3个月内，向专利复审委员会请求复审。专利复审委员会复审后做出决定，并通知专利申请人。专利申请人对专利复审委员会的复审决定还不服，可以自收到通知之日起3个月内，向人民法院起诉。

四、专利权的内容

（一）专利权的效力

1. 发明和实用新型专利权的内容。对发明和实用新型专利，除法律另有规定的以外，专利权人以外的任何人未经专利权人许可，都不得实施其专利，即不得为生产经营目的制造、使用、许诺销售、销售、进口其专利产品，或者使用其专利方法以及使用、许诺销售、销售、进口依照该专利方法直接获得的产品。

2. 外观设计专利权的内容。对外观设计专利，任何单位或者个人未经专利权人许可，都不得实施其专利，即不得为生产经营目的制造、销售、进口其外观设计专利产品。

3. 专利权内容的修改情况。关于"专利权人有权禁止他人未经专利权人许可，进口专利产品和使用专利方法直接获得的产品"的规定，是1992年修改专利法时新增加的权利内容。关于"专利权人有权禁止他人未经专利权人许可许诺销售专利产品和使用专利方法直接获得的产品"的规定，是2000年修改专利法时新增加的权利内容。经过上述修改，专利法在专利权人的权利方面已与TRIPS协议第28条完全一致。

4. 产品发明和方法发明在专利权内容上的区别。由于发明创造有产品发明和方法发明，因此，专利权人享有的专利权的内容有些差别。其中，专利权人享有的制造权主要存在于产品专利中，是指专利权人有权自己生产制造该专利产品，他人不得生产制造与其专利产品相同的产品。专利权人享有的使用权，在产品专利中，是指专利权人有权使用自己的专利产品；在方法专利中，是指专利权人有权使用专利方法制造产品，并使用直接依该方法直接获得的产品。专利权人享有的销售权，是指将专利产品或以专利方法制造的产品的所有权按市场价格转让给他人的权利。专利权人享有的许诺销售权，是指专利权人有权禁止他人进行一些销售前的推销或促销行为，使其能将侵权行为消除在萌芽状态。专利权人享有的进口权是指专利权人在专利权的有效期内禁止他人未经允许，为生产经营目的进口该专利产品或由该专利方法直接生产的产品的权利。

（二）专利实施许可权和专利转让权

1. 专利实施许可权。专利实施许可权是指许可他人以生产经营为目的制造、使用、许诺销售、销售、进口其专利产品，或者使用其专利方法以及使用、许诺销售、销售、进口依照该方法直接获得的产品的权利。

2. 专利实施许可合同。任何单位或个人实施他人专利的，应当与专利权人订立书面实施许可合同，向专利权人支付专利使用费。被许可人无权允许合同规定以外的任何单位或者个人实施该专利。

3. 早期公布期间的临时保护权。发明专利申请公布后，申请人可以要求实施其发明的单位或者个人支付适当的费用。

4. 专利转让权。专利权人有权转让其专利权。但专利权的转让必须订立书面合同，并经国务院专利行政部门登记和公告后方能生效。

（三）专利标记权

专利权人有权在其专利产品或者该产品的包装上标明专利标记和专利号。

（四）发明人或者设计人的权利

1. 获得奖励与合理报酬的权利。被授予专利权的单位应当对职务发明创造的发明人或者设计人给予奖励；发明创造专利实施后，根据其推广应用的范围和取得的经济效益，对发明人或者设计人给予合理的报酬。

2. 精神权利。发明人或者设计人有在专利文件中写明自己是发明人或者设计人的权利。

（五）发明专利的计划实施

国有企业、事业单位的发明专利，对国家利益或者社会公共利益具有重大意义的，国务院有关主管部门和省、自治区、直辖市人民政府报经国务院批准，可以决定在批准的范围内推广应用，允许指定的单位实施，由实施单位按照国家规定向专利权人支付使用费。

中国集体所有制单位和个人的发明专利，对国家利益或者社会公共利益具有重大意义，需要推广应用的，应参照上述规定办理。

五、专利实施的强制许可

（一）专利实施强制许可的概念和种类

强制许可是相对自愿许可而言的。它表示无论专利权人是否愿意，为了国家和公众的利益，都必须按照国家规定，允许他人实施专利。我国有合理条件强制许可、依存专利强制许可和公共利益强制许可三种情形。

1. 合理条件强制许可。合理条件强制许可是指具备实施条件的单位以合理的条件请求发明或实用新型的专利权人许可实施其专利，而未能在合理的时间内获得这种许可时，国务院专利行政部门根据该单位的申请，可给予实施该发明专利或者实用新型专利的强制许可。

2. 依存专利强制许可。依存专利是指一项取得专利权的发明或实用新型比以前已经取得专利权的发明或实用新型具有显著经济意义的重大技术进步，其实施又有赖于前一项专利实施的专利。由于依存专利权人不获前一项专利的实施权其专利就无法实施，2000 年修改颁布的专利法对此作了与 TRIPs 一致的修改，即此种情形下，国务院专利行政部门根据后一专利权人的申请，可给予实施前一发明或者实用新型的强制许可。

在依照上述规定给予实施强制许可的情形下，国务院专利行政许可部门根据前一专利权人的申请，也可给予实施后一发明或者实用新型的强制许可。

3. 公共利益强制许可。公共利益强制许可是指在国家出现紧急状态或者非常情况时，或者为了公共利益的目的，国务院专利行政部门可以给予实施发明专利或者实用新型专利的强制许可。

（二）强制许可的申请与审批

1. 强制许可请求人的举证责任。根据专利法规定申请实施强制许可的单位或者个人，应当提出未能以合理条件与专利权人签订实施许可合同的证明。

2. 强制许可的审批。国务院专利行政部门做出的给予实施强制许可的决定，应当及时通知专利权人，并予以登记和公告。给予实施强制许可的决定，应当根据强制许可的理由规定实施的范围和时间。强制许可的理由消除并不再发生时，国务院专利行政部门应当根据专利权人的请求，经审查后做出终止实施强制许可的决定。

（三）强制许可受益人的权利限制与义务

1. 强制许可受益人的权利限制。取得实施强制许可的单位或者个人不享有独占的实施权，并且无权允许他人实施。

2. 强制许可受益人的义务。取得实施强制许可的单位或者个人应当付给专利权人合理的使用费，其数额由双方协商。双方不能达成协议的，由国务院专利行政部门裁决。

（四）强制许可的行政诉讼

如果专利权人对国务院专利行政部门关于实施强制许可的决定不服，或者专利权人和取得实施强制许可的单位或者个人对国务院专利行政部门关于实施强制许可的使用费的裁决不服，可以自收到通知之日起 3 个月内向人民法院起诉。

六、专利权行使的限制

（一）不视为侵犯专利权的几种情况

1. 专利权用尽。专利权人制造、进口或经专利权人许可而制造、进口的专利产品或者依照专利方法直接获得的产品售出后，使用、许诺销售或销售该产品的，不构成专利侵权行为。

2. 在先使用。在专利申请日前已经制造相同产品、使用相同方法或者已经做好制造、使用的必要准备，并且仅在原有范围内继续制造、使用的，不构成专利侵权行为。

3. 外国运输工具临时过境。临时通过中国领陆、领水、领空的外国运输工具，依照其所属国同中国签订的协议或者共同参加的国际公约，或者依照互惠原则，为运输工具自身需要而在其装置和设备中使用有关专利的，不构成专利侵权行为。

4. 为科学研究和实验而使用。专为科学研究和实验而使用有关专利的，不构成专利侵权行为。

（二）善意第三人免责规定

专利法规定，为生产经营目的使用或者销售不知道是未经专利权人许可而制造并售出的专利产品或者依照专利方法直接获得的产品，能证明其产品合法来源的，不承担赔偿责任。

七、专利权的期限、终止和无效

（一）专利权的保护期限

所谓专利权的保护期限，是指受理和审查专利申请的机构授予的专利权何时发生法律效力与何时丧失法律效力的期限。发明专利权的期限为 20 年，实用新型专利权和外观设计专利权的期限为 10 年，均自申请日起计算。专利权人应当自被授予专利权的当年开始缴纳年费。

（二）专利权的终止

专利权的终止包括专利权在有效期限届满后自然终止和专利权在有效期限届满前由于法定原因而提前终止。根据专利法规定，专利权提前终止包括两种情况：

1. 专利权人没有按照规定缴纳年费的；
2. 专利权人以书面声明放弃其专利权的。

专利权在有效期限届满前终止的，由国务院专利行政部门登记和公告。

（三）专利权的无效

1. 请求宣告专利权无效。自国务院专利行政部门公告授予专利权之日起，任何单位或者个人认为该专利权的授予不符合专利法有关规定的，可以请求专利复审委员会宣告该专利权无效。

2. 对宣告专利权无效请求的处理。专利复审委员会对宣告专利权无效的请求及时审查和做出决定，并通知请求人和专利权人。宣告专利权无效的决定，由国务院专利行政部门登记和公告。

如果对专利复审委员会宣告专利权无效或者维持专利权的决定不服，可以自收到通知之日起 3 个月内向人民法院起诉。人民法院通知无效宣告请求程序的对方当事人作为第三人参加诉讼。

3. 宣告专利权无效的效力。宣告无效的专利权视为自始即不存在。

宣告专利权无效的决定，对在宣告专利权无效前人民法院做出并已经执行的专利侵权的判决、裁定，已经履行或者强制执行的专利侵权纠纷处理决定，以及已经履行的专利实施许可合同和专利权转让合同，不具有追溯力。但是，因专利权人的恶意给他人造成的损失，应当给予赔偿。

如果按照上述规定，专利权人或者专利权转让人不向被许可实施专利人或者专利权受让人返还专利使用费或者专利权转让费，明显违反公平原则，专利权人或者专利权转让人应当向被许可实施专利人或者专利权受让人返还全部或者部分专利使用费或者专利权转让费。

八、专利权的保护

（一）专利权的保护范围

1. 发明或者实用新型专利权的保护范围以其权利要求的内容为准，说明书及附图可以用于解释权利要求。

2. 外观设计专利权的保护范围以表示在图片或者照片中的该外观设计专利产品为准。

（二）专利权被侵犯的救济途径及特定情况下的举证责任

1. 专利权被侵犯的救济途径。未经专利权人许可，实施其专利，即侵犯其专利权，引起纠纷的，由当事人协商解决；不愿协商或者协商不成的，专利权人或者利害关系人可以直接向人民法院起诉，也可以请求管理专利工作的部门进行处理。管理专利工作的部门处理时，认定侵权行为成立的，有权责令侵权人立即停止侵权行为，当事人不服的，可以自收到通知之日起 15 日内依照行政诉讼法向人民法院起诉；侵权人期满不起诉又不停止侵权行为的，管理专利工作的部门可以申请人民法院强制执行。进行处理的管理专利工作的部门应当事人的请求，可以就侵犯专利权的赔偿数额进行调解；调解不成的，当事人可以依照民事诉讼法向人民法院起诉。

2. 特定情况下的举证责任。专利侵权纠纷涉及新产品制造方法的发明专利的，制造同样产品的单位或者个人应当提供其产品制造方法不同于专利方法的证明；涉及实用新型专利的，人民法院或者管理专利工作的部门可以要求专利权人出具由国务院专利行政部门做出的检索报告。

（三）假冒他人专利的法律责任

假冒他人专利的，除了依法承担民事责任外，由管理专利工作的部门责令改正并予以公告，没收违法所得，可以并处违法所得3倍以下的罚款，没有违法所得的，可以处5万元以下的罚款；构成犯罪的，依法追究刑事责任。

（四）冒充专利行为的法律责任

以非专利产品冒充专利产品，或者以非专利方法冒充专利方法的，由管理专利工作的部门责令改正并予以公告，可以处5万元以下的罚款。

（五）侵犯专利权赔偿数额的确定

侵犯专利权的赔偿数额，按照权利人因被侵权所受到的损失或者侵权人因侵权所获得的利益确定；被侵权人的损失或者侵权人获得的利益难以确定的，参照该专利许可使用费的倍数合理确定。

（六）处理专利侵权的临时措施

专利权人或者利害关系人有证据证明他人正在实施或者即将实施侵犯其专利权的行为，如不及时制止将会使其合法权益受到难以弥补的损害的，可以在起诉前向人民法院申请采取责令停止有关行为和财产保全的措施。

申请人民法院采取临时措施，按照以下要求和程序进行：

1. 申请人应当提供担保，不提供担保的，法院驳回申请。
2. 人民法院接受申请后，必须在48小时内做出裁定；裁定采取临时措施的，应当立即开始执行。
3. 申请人在人民法院采取临时措施以后15日内不起诉的，人民法院应当解除临时措施。
4. 财产保全限于请求的范围，或者与本案有关的财物。财产保全采取查封、扣押、冻结或者法律规定的其他方法。人民法院冻结财产后，应当立即通知被冻结财产的人。财产已被查封、冻结的，不得重复查封、冻结。

5. 被申请人提供担保的，人民法院应当解除临时措施。

6. 申请有错误的，申请人应当赔偿被申请人因采取临时措施所遭受的损失。

7. 当事人对临时措施的裁定不服的，可以申请复议一次，复议期间不停止裁定的执行。

（七）关于诉讼时效

1. 专利权被侵犯的诉讼时效。侵犯专利权的诉讼时效为 2 年，自专利权人或者利害关系人得知或者应当得知侵权行为之日起计算。

2. 专利临时保护的诉讼时效。发明专利申请公布后至专利权授予前使用该发明未支付适当使用费的，专利权人要求支付使用费的诉讼时效为 2 年，自专利权人得知或者应当得知他人使用其发明之日起计算，但是，专利权人于专利权授予之日前已经得知或者应当得知的，自专利权授予之日起计算。

（八）擅自向外国申请专利的法律责任

擅自向外国申请专利泄露国家机密的，由所在单位或者上级主管机关给予行政处分；构成犯罪的，依法追究刑事责任。

（九）侵夺发明人或设计人权益的法律责任

侵夺发明人或设计人的非职务发明创造专利申请权和专利法规定的其他权益的，由所在单位或者上级主管机关给予行政处分。

第三节 商 标 权

一、商标与商标权的概念

（一）商标

商标即商品标记，是商品生产者或经营者在其商品上使用，由文字、图形、字母、数字、三维标志和颜色组合或者上述要素的组合构成,具有显著特征,便于识别辨认的特定标记。

依不同标准,商标可以作不同的分类:按商标的构成要素划分,商标可以分为文字商标、图形商标、记号商标、组合商标、立体商标和非形象商标等;按商标使用者的情况划分,商标可以分为制造商标、销售商标和集体商标;按商标的用途划分,又有营业商标、等级商标和证明商标等。

商标的运用,在区别商品来源、标明商品质量、创造商品生产者或者销售者信誉、占领市场等方面发挥着重要作用,成为现代企业经营管理的重要策略。

(二) 注册商标

注册商标是由申请人根据《中华人民共和国商标法》(以下简称《商标法》)规定的注册条件、原则和程序,向商标局提出注册申请,经过商标局审核后予以注册的商标。我国注册商标的种类包括商品商标、服务商标、集体商标和证明商标。商品商标是指从事商品生产销售等经营活动的商标使用者,在其生产和销售的商品上使用的商标。服务商标是指从事服务行业的商标使用者,在其提供的服务上使用的商标。集体商标是指以团体、协会或者其他组织名义注册,供该组织成员在商事活动中使用,以表明使用者在该组织中的成员资格的标志。证明商标是指由对某种商品或服务具有监督能力的组织所控制,而由该组织以外的单位或个人使用于其商品或服务,用以证明该商品或者服务的原产地、原料、制造方法、质量或者其他特定品质的标志。

(三) 驰名商标

驰名商标是指在市场上享有较高声誉并为相关公众所熟知的商标。是否"驰名",主要是看相关公众对其知晓程度如何,这种知晓可以是因为其商品质量好而赢得众多消费者的关注,也可以是因为该产品的生产商和经营者在一定区域内通过宣传而在公众中获得较高的知名度。根据《商标法》规定,认定驰名商标应当考虑相关公众对该商标的知晓程度;该商标使用的持续时间;该商标的任何宣传工作的持续时间、程度和地理范围;该商标作为驰名商标受保护的记录;该商标驰名的其他因素。

(四) 地理标志

地理标志是指标示某商品来源于某地区,该商品的特定质量、信誉或者其他特征，主要由该地区的自然因素或者人文因素所决定的标志。

（五）商标权

商标权是商标所有人对法律确认并予以保护的商标所享有的权利。它主要是指商标专用权。商标专用权包括两个方面的内容：一是商标所有人自己使用和处分注册商标的权利；二是禁止他人违法使用注册商标的权利。实践中往往将商标权与商标专用权等同使用。商标权属于知识产权，具有专有性、时间性和地域性等特征。专有性表现为商标所有人对其注册商标享有独占权，他人未经商标所有人同意，不得使用，否则即构成侵权。时间性表现为商标权只在法律规定的存续期间内有效，超过有效期限，不再受法律保护，但有效期限可以请求续展。地域性表现为依据某国商标法取得商标专用权的商标，只在该国受到法律保护，超出该国范围则不再享有商标权。

二、与商标权有关的基本原则

（一）注册取得商标专用权原则

无论商标所有人是否已使用该商标，只要该商标已经商标局核准注册，商标所有人便取得了商标专用权。未经注册的商标，商标使用人不具有专用权，不能禁止他人使用。

（二）申请在先原则

两个或两个以上的商标注册申请人，在同一种商品或者类似商品上，以相同或者近似的商标申请注册的，初步审定并公告申请在先的商标；同一天申请的，初步审定并公告使用在先的商标，驳回其他人的申请，不予公告。

（三）自愿注册与强制注册相结合原则

商标是否注册，由商标使用人自己决定。如果需要取得商标专用权，就应注册；不需要取得商标专用权，可以不注册。但是，对人用药品和烟草制品，《商标法》规定实行强制注册，未经核准注册的，不得在市场销售。

（四）统一注册分级管理原则

商标统一由国家工商管理总局商标局审查、核准注册；而商标使用管理则由县级以上工商行政管理局负责。

（五）国民待遇原则

我国是《保护工业产权巴黎公约》的成员国。根据该公约确立的国民待遇原则，我国对其他成员国的国民在我国申请注册商标给予国民待遇。

（六）优先权原则

商标注册申请人自其商标在国外第一次提出商标注册申请之日起6个月内，又在中国就相同商品以同一商标提出商标注册申请的，依照该国同中国签订的协议或者共同参加的国际条约，或者按照相互承认优先权的原则，可以享有优先权。商标在中国政府主办或者承认的国际展览会展出的商品上首次使用的，自该商品展出之日起6个月内，该商标的注册申请人可以享有优先权。

三、申请商标注册的条件与程序

（一）申请注册商标的条件

1. 申请商标注册的主体范围。商标注册申请人可以是自然人、法人或者其他组织，但必须从事生产经营活动，包括生产、制造、加工、拣选或者经销商品和提供服务。外国人或者外国企业在中国申请商标注册的，应当按其所属国和中华人民共和国签订的协议或者共同参加的国际条约办理，或者按对等原则办理，并应当委托国家认可的具有商标代理资格的组织代理。

2. 申请注册的商标应当具有显著性和权利完整性。申请注册的商标，必须具有显著特征，便于识别，并不得与他人在先取得的合法权利相冲突。

3. 商标禁用标志。下列标志，不能作为商标使用，更不能作为商标注册：

同中华人民共和国的国家名称、国旗、国徽、军旗、勋章相同或近似的，以及同中央国家机关所在地特定地点的名称或者标志性建筑物的名称、图形相同的；

同外国的国家名称、国旗、国徽、军旗相同或者近似的，但该国政府同意的除外；

同政府间国际组织的名称、旗帜、徽记、名称相同或者近似的，但该组织同意或者不易误导公众的除外；

与表明实施控制、予以保证的官方标志、检验印记相同或近似的，但经授权的除外；

同"红十字"、"红新月"的标志、名称相同或者近似的；

带有民族歧视性的；

夸大宣传并带有欺骗性的；

有害于社会主义道德风尚或者有其他不良影响的。

4. 关于使用地名作为商标的规定。县级以上行政区划的地名或者公众知晓的外国地名，不得作为商标。但是，地名具有其他含义或者作为集体商标、证明商标组成部分的除外；已经注册的使用地名的商标继续有效。

5. 注册商标禁用标志。下列标志，不能作为商标注册：

仅有本商品的通用名称、图形、型号的；

仅仅直接表示商品的质量、主要原料、功能、用途、重量、数量及其他特点的；

缺乏显著特征的。

但是，上述这些标志经过使用取得显著特征，并便于识别的，可以作为商标注册。

6. 以三维标志申请注册商标。以三维标志申请注册商标的，仅由商品自身的性质产生的形状、为获得技术效果而需有的商品形状或者使商品具有实质性价值的形状，不能注册。

7. 申请注册商标不能侵犯驰名商标。就相同或者类似商品申请注册的商标如果是复制、摹仿或者翻译他人未在中国注册的驰名商标，容易导致混淆的，则不能注册，也不能使用。

就不相同或者不相类似商品申请注册的商标如果是复制、摹仿或者翻译他人已经在中国注册的驰名商标，误导公众，致使该驰名商标注册人的利益可能受到损害的，也不能注册和使用。

8. 代理人或者代表人违法申请注册被代理人或者被代表人的商标。代理人或者代表人未经授权，以自己的名义将被代理人或者被代表人的商标进行注册，被代理人或者被代表人提出异议的，不能注册和使用。

9. 申请注册含有地理标志的商标。商标中有商品的地理标志，而该商品并非来源于该标志所标示的地区，误导公众的，不能注册，也不能使用。但是，已经善意取得注册的继续有效。

（二）商标注册的程序

1. 商标注册的申请。根据《商标法》的规定，申请商标注册应当按规定的商品分类表填报使用商标的商品类别和商品名称。商标注册申请人如果在不同类别的商品上申请注册同一商标，应当按商品分类表分别提出注册申请。

注册商标要在同一类的其他商品上使用，应当另行提出注册申请。注册商标要改变其标志，应当重新提出注册申请。注册商标要变更注册人的名义、地址或者其他注册事项的，应当提出变更申请。

商标注册申请人自其商标在外国第一次提出商标注册申请之日起6个月内，又在中国就相同商品以同一商标提出注册申请的，依照该外国同中国签订的协议或者共同参加的国际公约，或者按照相互承认优先权的原则，可以享有优先权。商标在中国政府主办的或者承认的国际展览会展出的商品上首次使用的，自该商品展出之日起6个月内，该商标的注册申请人可以享有优先权。

申请商标注册不能损害他人现有的在先权利，也不能以不正当手段抢先注册他人已经使用并有一定影响的商标。

为申请商标注册所申报的事项和所提供的材料应当真实、准确、完整。

2. 商标注册的初步审查和公告。商标局接到商标注册申请后，依法进行审查。符合《商标法》有关规定的，由商标局初步审定，予以公告。

不符合《商标法》有关规定或者同他人在同一种商品或者类似商品上已经注册或者初步审定的商标相同或者近似的，由商标局驳回申请，不予公告。两个或者两个以上的商标注册申请人，在同一种商品或者类似商品上，以相同或者近似的商标申请注册的，初步审定并公告申请在先的商标；同一天申请的，初步审定并公告使用在先的商标，驳回其他人的申请，不予公告。

对驳回申请、不予公告的商标，商标局书面通知商标注册申请人。如果申请人不服，可以在收到通知书之日起15日内，向商标评审委员会申请复审，由商标评审委员会做出决定，并书面通知申请人。如果当事人对商标评审委员会的决定还不服，可以自收到通知之日起30日内，向人民法院起诉。

3. 商标注册的异议与核准。对初步审定的商标，自公告之日起3个月内，任何人均可以提出异议。公告期满如果没有异议，则予以核准注册，发给商标注册证，并予公告，商标注册申请人取得商标专用权。

对初步审定、予以公告的商标如果有人提出异议，商标局则要听取异议人和被异议人陈述事实和理由，经调查核实后，做出裁定。如果当事人对裁定不服，可以在收到商标异议裁定通知之日起 15 日内向商标评审委员会申请复审，由商标评审委员会做出裁定，并书面通知异议人和被异议人。如果当事人对商标评审委员会的裁定还不服，可以自收到通知之日起 30 日内，向人民法院起诉。如果当事人在法定期限内对商标局做出的裁定不申请复审或者对商标评审委员会做出的裁定不向人民法院起诉，该裁定自然生效。

经过裁定，如果异议不能成立，商标局则予以核准注册，发给商标注册证，并予以公告，商标注册申请人取得商标专用权的时间从初审公告 3 个月期满之日起计算。如果异议成立，商标局则不予以核准注册。

四、注册商标的续展、转让和使用许可

（一）注册商标的续展

注册商标的续展，是指通过一定程序，延续原注册商标的有效期限，使商标注册人继续保持其对注册商标的专用权。

注册商标的有效期为 10 年，自核准注册之日起计算。如果注册商标要在有效期满后继续使用，则应当在期满前 6 个月内申请续展注册；在此期间如果未能提出申请，商标法规定可以给予 6 个月的宽展期。如果宽展期满仍未提出申请，则由商标局注销其注册商标。商标权的续展没有次数的限制。每次续展注册的有效期为 10 年。续展注册经核准后，予以公告。

（二）注册商标的转让

转让注册商标，转让人和受让人应当签订转让协议，并共同向商标局提出申请。转让注册商标经核准后，予以公告。受让人自公告之日起享有商标专用权。受让人应当保证使用该注册商标的商品质量。

（三）注册商标的使用许可

商标注册人可以通过签订商标使用许可合同，许可他人使用其注册商标。许可人应当监督被许可人使用该注册商标的商品质量。被许可人应当保证使用该注册商标的商品质量。商标使用许可合同应当报商标局备案。

经许可使用他人注册商标，必须在使用该注册商标的商品上标明被许可人的名称和商品产地。

五、注册商标争议的裁定

已经注册的商标，如果违反商标法关于商标禁用标志以及使用地名的规定，或者以欺骗手段或者其他不正当手段取得注册的，由商标局撤销该注册商标；其他单位或者个人也可以请求商标评审委员会裁定撤销该注册商标。

已经注册的商标，如果违反商标法关于申请注册商标对驰名商标的特别保护的规定，或者违反关于禁止代理人或者代表人违法注册被代理人或者被代表人商标的规定，或者违反关于注册使用含有地理标志的商标的规定，或者违反关于保护在先权利和禁止恶意抢注的规定，自商标注册之日起5年内，商标所有人或者利害关系人可以请求商标评审委员会裁定撤销该注册商标。对恶意注册的，驰名商标所有人不受5年的时间限制。

除上述情形外，对已经注册的商标有争议的，可以自该商标核准注册之日起5年内，向商标评审委员会申请裁定。商标评审委员会收到裁定申请后，应当通知有关当事人，并限期提出答辩。但对核准注册前已经提出异议并经裁定的商标，不能再以相同的事实和理由申请裁定。

商标评审委员会做出维持或者撤销注册商标的裁定后，应当书面通知有关当事人。当事人如果对商标评审委员会的裁定不服，可以自收到通知之日起30日内向人民法院起诉。人民法院应当通知商标裁定程序的对方当事人作为第三人参加诉讼。

六、商标使用的管理

（一）注册商标使用的管理

1. 违反注册商标使用管理相关规定的法律责任。注册商标在使用过程中，如果自行改变注册商标的，或者自行改变注册商标的注册人名义、地址或者其他注册事项的，或者自行转让注册商标的，或者连续3年停止使用的，由商标局责令商标注册人限期改正，或者撤销其注册商标。

2. 商标注册人应当承担商品质量责任。注册商标在使用过程中，如果其商品粗制滥造、以次充好、欺骗消费者的，由各级工商行政管理机关分别不同情况，责令限期改正，并可予以通报或者处以罚款，或者由商标局撤销其注册商标。

3. 对被撤销或者被注销商标不予注册。注册商标被撤销的或者期满不再续展的，自撤销或者注销之日起 1 年内，商标局对与该商标相同或者近似的商标注册申请，不予核准。

4. 对违反商标强制性注册规定的处罚。国家规定必须使用注册商标的商品，其商标未经核准注册而在市场销售的，由地方工商行政管理部门责令限期申请注册，可以并处罚款。

5. 对行政撤销注册商标决定的复审程序。如果当事人对商标局撤销注册商标的决定不服，可以自收到通知之日起 15 日内向商标评审委员会申请复审，由商标评审委员会做出决定，并书面通知申请人。如果当事人对商标评审委员会的决定不服，可以从收到通知之日起 30 日内向人民法院起诉。

（二）未注册商标使用的管理

未注册商标使用过程中，如果是冒充注册商标的，或者违反商标法关于商标禁用标志以及使用地名作为商标的规定的，或者粗制滥造、以次充好、欺骗消费者的，由地方工商行政管理部门予以制止，限期改正，并可予以通报或者处以罚款。

（三）对工商行政管理部门罚款决定的司法救济

如果当事人对工商行政管理部门根据商标使用管理规定做出的罚款决定不服，可以自收到通知之日起 15 日内向人民法院起诉；期满不起诉又不履行的，由工商行政管理部门申请人民法院强制执行。

七、注册商标专用权的保护

（一）注册商标专用权的保护范围

注册商标的专用权，以核准注册的商标和核定使用的商品为限。

（二）侵犯注册商标专用权行为的认定

下列行为，均属侵犯注册商标专用权：

1. 未经商标注册人的许可,在同一种商品或者类似商品上使用与其注册商标相同或者近似的商标;

2. 销售侵犯注册商标专用权的商品;

3. 伪造、擅自制造他人注册商标标识或者销售伪造、擅自制造的注册商标标识;

4. 未经商标注册人同意,更换其注册商标并将该更换商标的商品又投入市场;

5. 给他人的注册商标专用权造成其他损害的行为。

(三) 侵犯商标专用权的解决方式

因侵犯注册商标专用权引起的纠纷,当事人可以协商解决;不愿协商或者协商不成的,商标注册人或者利害关系人可以向人民法院起诉,也可以请求工商行政管理部门处理。工商行政管理部门进行处理时,可以就侵犯商标专用权的赔偿数额进行调解。如果调解不成,当事人可以依照民事诉讼法向人民法院起诉。

对侵犯注册商标专用权的行为,工商行政管理部门有权依法查处。涉嫌犯罪的,及时移送司法机关依法处理。县级以上工商行政管理部门根据已经取得的违法嫌疑证据或者举报,对涉嫌侵犯他人注册商标专用权的行为进行查处时,可以询问有关当事人,调查与侵犯他人注册商标专用权有关的情况;可以查阅、复制当事人与侵权活动有关的合同、发票、账簿以及其他有关资料;可以对当事人涉嫌从事侵犯他人注册商标专用权活动的场所实施现场检查;可以检查与侵权活动有关的物品;对有证据证明是侵犯他人注册商标专用权的物品,可以查封或者扣押。

(四) 侵犯商标专用权的法律责任

1. 行政责任。工商行政管理部门对侵犯注册商标专用权的行为进行处理时,如果认定侵权行为成立,可以责令立即停止侵权行为,没收、销毁侵权商品和专门用于制造侵权商品、伪造注册商标标识的工具,并可处以罚款。如果当事人对处理决定不服,可以自收到处理通知之日起 15 日内依照行政诉讼法向人民法院起诉。如果侵权人期满不起诉又不履行,工商行政管理部门可以申请人民法院强制执行。

2. 民事责任。侵犯商标专用权的赔偿数额,为侵权人在侵权期间因侵权所获得的利益,或者被侵权人在被侵权期间因被侵权所受到的损失,包括被侵权人为制止侵权行为所支付的合理开支。如果侵权人因侵权所获得的利益或者被侵权人因被侵权所受到的损失难以确定,由人民法院根据侵权行为的情节,判决给予50万元以下的赔偿。销售不知道是侵犯注册商标专用权的商品,并能证明该商品是自己合法取得并说明提供者的,不承担赔偿责任。

商标注册人或者利害关系人如果有证据证明他人正在实施或者即将实施侵犯其注册商标专用权的行为,如不及时制止,将会使其合法权益受到难以弥补的损害的,可以在起诉前向人民法院申请采取责令停止有关行为和财产保全的措施。

商标注册人或者利害关系人为制止侵权行为,在证据可能灭失或者以后难以取得的情况下,可以在起诉前向人民法院申请保全证据。人民法院接受申请后,必须在48小时内做出裁定。如果裁定采取保全措施,应当立即开始执行。但是,人民法院对此可以责令申请人提供担保,如果申请人不提供担保,人民法院驳回申请。如果申请人在人民法院采取保全措施后15日内没有起诉,人民法院应当解除保全措施。

3. 刑事责任。未经商标注册人许可,在同一种商品上使用与其注册商标相同的商标,构成犯罪的,除赔偿被侵权人的损失外,依法追究刑事责任。

伪造、擅自制造他人注册商标标识或者销售伪造、擅自制造的注册商标标识,构成犯罪的,除赔偿被侵权人的损失外,依法追究刑事责任。

销售明知是假冒注册商标的商品,构成犯罪的,除赔偿被侵权人的损失外,依法追究刑事责任。

第四节 著 作 权

一、著作权的主体

著作权的主体就是著作权人,著作权人包括作者和其他依照著作权法享有著作权的公民、法人或者其他组织。

(一) 作者

作者是创作作品的人。著作权基于作品的创作而产生,因此,作者是著作权的原始主体。创作作品的公民是作者;由法人或者其他组织主持,代表法人或者其他组织意志创作，并由法人或者其他组织承担责任的作品，法人或者其他组织视为作者；如无相反证明，在作品上署名的公民、法人或者其他组织视为作者。

（二）作者以外其他享有著作权的公民、法人或者其他组织

著作权中的财产权可以分离于作者，作者将该财产权转让后，权利的承受人即是著作权中财产权利的主体，通常也称其为著作权人。著作权人是公民的，其死亡后，著作权中的财产权利在著作权法规定的保护期内，转移给权利承受人。

著作权人是法人或者其他组织的，法人或者其他组织变更、终止后，著作权中的财产权利在著作权法规定的保护期内，由承受其权利义务的法人或者其他组织享有；没有承受其权利义务的法人或者其他组织的，由国家享有。

二、著作权的客体

（一）著作权的客体范围

著作权的客体是指受著作权法保护的文学、艺术和自然科学、社会科学、工程技术等作品。

（二）受著作权法保护的作品

受著作权法保护的作品包括：文字作品，口述作品，音乐作品，戏剧作品，曲艺作品，舞蹈作品，杂技艺术作品，美术作品，建筑作品，摄影作品，电影作品和以类似摄制电影的方法创作的作品，工程设计图、产品设计图、地图、示意图等图形作品和模型作品，计算机软件，法律、行政法规规定的其他作品。

（三）不受著作权法保护的作品或文件

不受著作权法保护的作品或文件包括：依法禁止出版、传播的作品；法律、法规，国家机关的决议、决定、命令和其他具有立法、行政、司法性质的文件，及其官方正式译文；时事新闻；历法、通用数表、通用表格和公式。

（四）受著作权法保护的作品必须具备的要件

1. 作品必须有文学、艺术或者科学的内容。没有文学、艺术或者科学内容的语无伦次的乱写、毫无规则的乱画，不能成为著作权法保护的作品。

2. 作品必须具有独创性。即作品必须是作者创造性地独立完成的智力劳动成果，而不是抄袭、复制他人的作品。

3. 作品的内容必须能以一定的物质形式表现或固定下来，能使人直接地或通过仪器设备间接地看到、听到或触到。如表现为书写、绘画、摄影、录音等形式。尚未以一定的物质形式表现出来的作者的思想，不能为他人所感知，即使有内容，具备独创性，也不能成为著作权法保护的客体。

三、著作权的内容

（一）著作权中的人身权

著作权中的人身权与民法中一般意义上的人身权不完全相同，如这种权利不是与生俱来的，而是基于作者创作出作品后才享有的权利，其中的发表权有保护期限制等。

著作权中的人身权主要包括下列四种权利：

1. 发表权，即决定作品是否公之于众的权利。作品发表就是使作品公开。

2. 署名权，即表明作者身份，在作品上署名的权利。作者通过行使署名权表明自己的作者身份，确定作品与作者之间不可分割的联系。作者行使署名权时，可以决定署真名、笔名或不署名。

3. 修改权，即修改或者授权他人修改作品的权利。作品的修改权一般由作者本人行使。但在某些情况下，作者可以授权他人行使，他人根据约定或法律规定取得修改权时，应当尊重作者，不能滥用权利。

4. 保护作品完整权，即保护作品不受歪曲、篡改的权利。

（二）著作权中的财产权

著作权中的财产权是指能给著作权人带来经济利益的权利。这些权利与民法中一般意义上的财产权也不完全相同。如这种权利有保护期的限制，该权利的行使可能受到"合理使用"或"强制使用"的限制，其使用方式多样等。著作权中的财产权包括：

1. 复制权，复制是指以印刷、复印、拓印、录音、录像、翻录、翻拍等方式将作品制作一份或者多份的行为。

2. 发行权，即著作权人享有以出售或赠与方式向公众提供作品原件或者复制件的权利。

3. 出租权，即有偿许可他人临时使用电影作品和以类似摄制电影的方法创作的作品、计算机软件的权利，计算机软件不是出租的主要标的的除外。

4. 展览权，即公开陈列美术作品、摄影作品的原件或复制件的权利。

5. 表演权，即著作权人享有公开表演作品，以及用各种手段公开播送作品的表演的权利。

6. 放映权，即通过放映机、幻灯机等技术设备公开再现美术、摄影、电影和以类似摄制电影的方法创作的作品等的权利。

7. 广播权，即以无线方式公开广播或者传播作品，以有线传播或者转播的方式向公众传播广播作品，以及通过扩音器或者其他传送符号、声音、图像的类似工具向公众传播广播的作品的权利。

8. 信息网络传播权，即以有线或者无线方式向公众提供作品，使公众可以在其个人选定的时间和地点获得作品的权利。

9. 摄制权，即以摄制电影或者以类似摄制电影的方法将作品固定在载体上的权利。

10. 改编权，即改变作品，创作出具有独创性的新作品的权利。

11. 翻译权，即将作品从一种语言文字转换成另一种语言文字的权利。

12. 汇编权，即将作品或者作品的片段通过选择或者编排，汇集成新作品的权利。

13. 许可转让与获得报酬权。著作权人可以许可他人行使上述权利，并依照约定或者著作权法的有关规定获得报酬。著作权人可以全部或者部分转让上述权利，并依照约定或者著作权法的有关规定获得报酬。

14. 应当由著作权人享有的其他财产权利。

四、著作权的归属

"著作权属于作者"，这是著作权归属的一般原则。但在下列情况下，著作权的归属要依法确定。

（一）演绎作品

演绎作品是在已有作品的基础上经过创造性劳动而派生出来的作品。改编、翻译、注释、整理已有作品而产生的作品，都属演绎作品，其著作权由改编、翻译、注释、整理人享有，但行使著作权时，不得侵犯原作品的著作权，并且不得阻止其他人对同一作品进行注释、整理。

（二）合作作品

两人以上合作创作的作品，著作权由合作作者共同享有。没有参加创作的人，不能成为合作作者。合作作品可以分割使用的，作者对各自创作的部分可以单独享有著作权，但行使著作权时，不得侵犯合作作品整体的著作权。

（三）汇编作品

汇编作品是汇编若干作品、作品的片段或者不构成作品的数据或者其他材料，对其内容的选择或者编排体现独创性的作品。汇编作品由汇编人享有著作权，但行使著作权时，不得侵犯原作品的著作权。

（四）电影作品和以类似摄制电影的方法创作的作品

电影作品和以类似摄制电影的方法创作的作品，著作权由制片者享有。但编剧、导演、摄影、作词、作曲等作者享有署名权，并有权按照与制片者签订的合同获得报酬。电影作品和以类似摄制电影的方法创作的作品中的剧本、音乐等可以单独使用的作品的作者有权单独行使其著作权。

（五）职务作品

职务作品是公民为完成法人或其他组织工作任务所创作的作品。

原则上，职务作品的著作权由作者享有，但法人或其他组织有权在其业务范围内优先使用。作品完成两年内，未经单位同意，作者不得许可第三人以与单位使用的相同方式使用该作品。

但是，有下列情形之一的职务作品，作者享有署名权，著作权的其他权利由法人或者其他组织享有，法人或者其他组织可以给予作者奖励：

1. 主要是利用法人或者其他组织的物质技术条件创作，并由法人或者其他组织承担责任的工程设计图、产品设计图、地图、计算机软件等职务作品；

2. 法律、行政法规规定或者合同约定著作权由法人或者其他组织享有的职务作品。

(六) 委托作品

委托作品是根据合同，受人委托所创作的作品。受委托创作的作品，著作权的归属由委托人和受托人通过合同约定。合同未作明确约定或者没有订立合同的，著作权属于受托人。

(七) 作品原件的财产权与美术作品原件的展览权

美术等作品原件所有权的转移，不视为作品著作权的转移，但美术作品原件的展览权由原件所有人享有。

五、著作权的保护期限

著作权的保护期限是指著作权人享有法律保护其权利的期限。超过保护期限，就丧失其著作权，其作品就进入公有领域，人人皆可无偿使用该作品。

著作权的保护期限分为著作权中人身权的保护期限和著作权中财产权的保护期限。

1. 作者的署名权、修改权、保护作品完整权的保护期不受限制。这三项权利是可以独立于经济权利而存在的人身权利，永远受到法律保护。

2. 公民的作品，其发表权、财产权的保护期为作者终生及其死后50年，截止于作者死亡后第50年的12月31日；如果是合作作品，截止于最后死亡作者死亡后第50年的12月31日。

3. 法人或者其他组织的作品、著作权（署名权除外）由法人或者其他组织享有的职务作品，其发表权、财产权的保护期为50年，截止于作品首次发表后第50年的12月31日。但作品自创作完成后50年内未发表的，法律不再保护。

4. 电影和类似以摄制电影的方法创作的作品、摄影作品，其发表权、财产权的保护期为50年，截止于作品首次发表后第50年的12月31日，但作品自创作完成后50年内未发表的，法律不再保护。

六、著作权的限制

从广义上讲，著作权的限制可以包括时间上的限制、地域上的限制和使用上的限制。其中，使用上的限制形式可以分为合理使用、法定许可有偿使用、法定许可无偿使用。从狭义上讲，对著作权的限制主要表现为合理使用。

（一）可以不向著作权人支付报酬的合理使用

根据著作权法规定，在下列情况下使用作品，属合理使用，可以不经著作权人许可，不向其支付报酬，但应当指明作者姓名、作品名称，并且不得侵犯著作权人依法享有的其他权利：

1. 为个人学习、研究或者欣赏，使用他人已经发表的作品。
2. 为介绍、评论某一作品或者说明某一问题，在作品中适当引用他人已经发表的作品。
3. 为报道时事新闻，在报纸、期刊、广播电台、电视台等媒体中不可避免地再现或者引用已经发表的作品。
4. 报纸、期刊、广播电台、电视台等媒体刊登或者播放其他报纸、期刊、广播电台、电视台等媒体已经发表的关于政治、经济、宗教问题的时事性文章，但作者声明不许刊登、播放的除外。
5. 报纸、期刊、广播电台、电视台等媒体刊登或者播放在公众集会上发表的讲话，但作者声明不许刊登、播放的除外。
6. 为学校课堂教学或者科学研究，翻译或者少量复制已经发表的作品，供教学或者科研人员使用，但不得出版发行。
7. 国家机关为执行公务在合理范围内使用已经发表的作品。
8. 图书馆、档案馆、纪念馆、博物馆、美术馆等为陈列或者保存版本的需要，复制本馆收藏的作品。
9. 免费表演已经发表的作品，该表演未向公众收取费用，也未向表演者支付报酬。
10. 对设置或者陈列在室外公共场所的艺术作品进行临摹、绘画、摄影、录像。
11. 将中国公民、法人或者其他组织已经发表的以汉语言文字创作的作品翻译成少数民族语言文字作品在国内出版发行。
12. 将已经发表的作品改成盲文出版。

上述情况适用于对出版者、表演者、录音录像制作者、广播电台、电视台的权利的限制。

（二）应当向著作权人支付报酬的合理使用

为实施九年制义务教育和国家教育规划而编写出版教科书，除作者事先声明不许使用的外,可以不经著作权人许可,在教科书中汇编已经发表的作品片段或者短小的文字作品、音乐作品或者单幅的美术作品、摄影作品,但应当按照规定支付报酬,指明作者姓名、作品名称,并且不得侵犯著作权人依照本法享有的其他权利。

上述情况适用于对出版者、表演者、录音录像制作者、广播电台、电视台的权利的限制。

七、著作权许可使用合同和转让合同

(一)著作权许可使用合同

除按著作权法规定可以不经许可使用他人作品的特殊情况外,正常情况下使用他人作品应当同著作权人订立许可使用合同。

著作权许可使用合同包括下列主要内容:
1. 许可使用的权利种类;
2. 许可使用的权利是专有使用权或者非专有使用权;
3. 许可使用的地域范围、期间;
4. 付酬标准和办法;
5. 违约责任;
6. 双方认为需要约定的其他内容。

(二)著作权转让合同

转让著作权中的财产权利,应当同著作权人订立书面合同。

著作权转让合同包括下列主要内容:
1. 作品的名称;
2. 转让的权利种类、地域范围;
3. 转让价金;
4. 交付转让价金的日期和方式;
5. 违约责任;
6. 双方认定需要约定的其他内容。

（三）著作权许可或转让中的有关规定

1. 许可使用合同和转让合同中著作权人未明确许可、转让的权利，未经著作权人同意，另一方当事人不得行使。

2. 使用作品的付酬标准可以由当事人约定，也可以按照国务院著作权行政管理部门会同有关部门制定的付酬标准支付报酬。当事人约定不明确的，按照国务院著作权行政管理部门会同有关部门制定的付酬标准支付报酬。

3. 出版者、表演者、录音录像制作者、广播电台、电视台等依照著作权法有关规定使用他人作品的，不得侵犯作者的署名权、修改权、保护作品完整权和获得报酬的权利。

八、邻接权

邻接权是指与著作权相邻近的权利，是在传播作品中产生的权利，又称作品传播者权。邻接权与著作权密切相关，又是独立于著作权之外的一种权利。根据我国著作权法规定，邻接权主要包括出版者的权利、表演者的权利、录音录像制品制作者的权利、广播电台电视台播放的权利等。

（一）出版者的权利与义务

1. 图书出版者出版图书应当和著作权人订立出版合同，并支付报酬。

2. 图书出版者对著作权人交付出版的作品，按照合同约定享有的专有出版权受法律保护，他人不得出版该作品。

3. 著作权人应当按照合同约定期限交付作品。图书出版者应当按照合同约定的出版质量、期限出版图书。

图书出版者不按照合同约定期限出版，应当依法承担民事责任。

图书出版者如果重印、再版作品，应当通知著作权人，并支付报酬。图书脱销后，图书出版者如果拒绝重印、再版，著作权人有权终止合同。

4. 著作权人向报社、期刊社投稿的，如果自稿件发出之日起15日内未收到报社决定刊登的通知，或者自稿件发出之日起30日内未收到期刊社决定刊登的通知，有权将同一作品向其他报社、期刊社投稿。双方另有约定的除外。

作品刊登后，除著作权人声明不得转载、摘编的外，其他报刊可以转载或者作为文摘、资料刊登，但应当按照规定向著作权人支付报酬。

5. 图书出版者经作者许可，可以对作品修改、删节。

报社、期刊社可以对作品作文字性修改、删节。对内容的修改，应当经作者许可。

6. 出版改编、翻译、注释、整理、汇编已有作品而产生的作品，应当取得改编、翻译、注释、整理、汇编作品的著作权人和原作品的著作权人许可，并支付报酬。

7. 出版者有权许可或者禁止他人使用其出版的图书、期刊的版式设计。该项权利的保护期为10年，截止于使用该版式设计的图书、期刊首次出版后第10年的12月31日。

（二）表演者的权利与义务

1. 使用他人作品演出，表演者（演员、演出单位）应当取得著作权人许可，并支付报酬。演出组织者组织演出，由该组织者取得著作权人许可，并支付报酬。

使用改编、翻译、注释、整理已有作品而产生的作品进行演出，应当取得改编、翻译、注释、整理作品的著作权人和原作品的著作权人许可，并支付报酬。

2. 表演者对其表演享有下列权利：

表明表演者身份；

保护表演形象不受歪曲；

许可他人从现场直播和公开传送其现场表演，并获得报酬；

许可他人录音录像，并获得报酬；

许可他人复制、发行录有其表演的录音录像制品，并获得报酬；

许可他人通过信息网络向公众传播其表演，并获得报酬。

其中，被许可人如果以上述后四项方式使用作品，还应当取得著作权人许可，并支付报酬。

3. 表演者享有的表明表演者身份和保护表演形象不受歪曲的权利没有保护期限制。

4. 表演者享有的许可他人从现场直播和公开传送其现场表演、并获得报酬的权利，许可他人录音录像、并获得报酬的权利，许可他人复制发行录有其表演的录音录像制品、并获得报酬的权利，许可他人通过信息网络向公众传播其表演、并获得报酬的权利，这四项权利的保护期为50年，截止于该表演发生后第50年的12月31日。

(三) 录音录像制作者的权利与义务

1. 录音录像制作者使用他人作品制作录音录像制品,应当取得著作权人许可,并支付报酬。

录音录像制作者使用改编、翻译、注释、整理已有作品而产生的作品,应当取得改编、翻译、注释、整理作品的著作权人和原作品著作权人许可,并支付报酬。

录音制作者使用他人已经合法录制为录音制品的音乐作品制作录音制品,可以不经著作权人许可,但应当按照规定支付报酬;著作权人声明不许使用的不得使用。

2. 录音录像制作者制作录音录像制品,应当同表演者订立合同,并支付报酬。

3. 录音录像制作者对其制作的录音录像制品,享有许可他人复制、发行、出租、通过信息网络向公众传播并获得报酬的权利;权利的保护期为50年,截止于该制品首次制作完成后第50年的12月31日。

被许可人复制、发行、通过信息网络向公众传播录音录像制品,还应当取得著作权人、表演者许可,并支付报酬。

(四) 广播电台、电视台播放的权利与义务

1. 广播电台、电视台播放他人未发表的作品,应当取得著作权人许可,并支付报酬。

广播电台、电视台播放他人已发表的作品,可以不经著作权人许可,但应当支付报酬。

2. 广播电台、电视台播放已经出版的录音制品,可以不经著作权人许可,但应当支付报酬。当事人另有约定的除外。

3. 广播电台、电视台有权禁止未经其许可的下列行为:将其播放的广播、电视转播;将其播放的广播、电视录制在音像载体上以及复制音像载体。该项权利的保护期为50年,截止于该广播、电视首次播放后第50年的12月31日。

4. 电视台播放他人的电影作品和以类似摄制电影的方法创作的作品、录像制品,应当取得制片者或者录像制作者许可,并支付报酬;播放他人的录像制品,还应当取得著作权人许可,并支付报酬。

九、侵犯著作权和邻接权的法律责任

(一) 侵权行为的认定及其法律责任

1. 根据著作权法规定，有下列侵权行为的，应当根据情况，承担停止侵害、消除影响、赔礼道歉、赔偿损失等民事责任：

第一，未经著作权人许可，发表其作品的；

第二，未经合作作者许可，将与他人合作创作的作品当作自己单独创作的作品发表的；

第三，没有参加创作，为谋取个人名利，在他人作品上署名的；

第四，歪曲、篡改他人作品的；

第五，剽窃他人作品的；

第六，未经著作权人许可，以展览、摄制电影和以类似摄制电影的方法使用作品，或者以改编、翻译、注释等方式使用作品的，著作权法另有规定的除外；

第七，使用他人作品，应当支付报酬而未支付的；

第八，未经电影作品和以类似摄制电影的方法创作的作品、计算机软件、录音录像制品的著作权人或者与著作权有关的权利人许可，出租其作品或者录音录像制品的，著作权法另有规定的除外；

第九，未经出版者许可，使用其出版的图书、期刊的版式设计的；

第十，未经表演者许可，从现场直播或者公开传送其现场表演，或者录制其表演的；

第十一，其他侵犯著作权以及与著作权有关的权益的行为。

2. 有下列侵权行为的，应当根据情况，承担停止侵害、消除影响、赔礼道歉、赔偿损失等民事责任；同时损害公共利益的，可以由著作权行政管理部门责令停止侵权行为，没收违法所得，没收、销毁侵权复制品，并可处以罚款；情节严重的，著作权行政管理部门还可以没收主要用于制作侵权复制品的材料、工具、设备等；构成犯罪的，依法追究刑事责任：

未经著作权人许可，复制、发行、表演、放映、广播、汇编、通过信息网络向公众传播其作品的，著作权法另有规定的除外；

出版他人享有专有出版权的图书的；

未经表演者许可，复制、发行录有其表演的录音录像制品，或者通过信息网络向公众传播其表演的，著作权法另有规定的除外；

未经录音录像制作者许可，复制、发行、通过信息网络向公众传播其制作的录音录像制品的，著作权法另有规定的除外；

未经许可，播放或者复制广播、电视的，著作权法另有规定的除外；

未经著作权人或者与著作权有关的权利人许可，故意避开或者破坏权利人为其作品、录音录像制品等采取的保护著作权或者与著作权有关的权利的技术措施的，法律、行政法规另有规定的除外；

未经著作权人或者与著作权有关的权利人许可，故意删除或者改变作品、录音录像制品等的权利管理电子信息的，法律、行政法规另有规定的除外；

制作、出售假冒他人署名的作品的。

3. 当事人对行政处罚不服的，可以自收到行政处罚决定书之日起3个月内向人民法院起诉，期满不起诉又不履行的，著作权行政管理部门可以申请人民法院执行。

4. 复制品的出版者、制作者不能证明其出版、制作有合法授权的，复制品的发行者或者电影作品或者以类似摄制电影的方法创作的作品、计算机软件、录音录像制品的复制品的出租者不能证明其发行、出租的复制品有合法来源的，应当承担法律责任。

5. 赔偿数额的确定。依照著作权法规定，侵犯著作权或者与著作权有关的权利的，侵权人应当按照权利人的实际损失给予赔偿；实际损失难以计算的，可以按照侵权人的违法所得给予赔偿。赔偿数额还应当包括权利人为制止侵权行为所支付的合理开支。权利人的实际损失或者侵权人的违法所得不能确定的，由人民法院根据侵权行为的情节，判决给予50万元以下的赔偿。

（二）违约责任

根据著作权法规定，当事人不履行合同义务或者履行合同义务不符合约定条件的，应当依照民法通则、合同法等有关法律规定承担民事责任。即著作权合同或者邻接权合同的一方当事人不履行合同义务或者履行合同义务不符合约定条件的，另一方当事人有权要求其履行合同，或者要求其采取补救措施，以使合同得以履行。一方当事人违约给对方造成损失的，应当赔偿损失。当事人违约，还应当支付违约金。违约金是惩罚性的还是赔偿性的，以及违约金的数额，由当事人约定。双方当事人都违约的，各自承担相应的民事责任。

(三) 解决侵权行为的诉讼程序

1. 诉前责令停止有关行为和财产保全。著作权人或者与著作权有关的权利人有证据证明他人正在实施或者即将实施侵犯其权利的行为，如不及时制止将会使其合法权益受到难以弥补的损害的，可以在起诉前向人民法院申请采取责令停止有关行为和财产保全的措施。人民法院处理该项申请，按照民事诉讼法有关规定执行。

2. 诉前证据保全。为制止侵权行为，在证据可能灭失或者以后难以取得的情况下，著作权人或者与著作权有关的权利人可以在起诉前向人民法院申请保全证据。

人民法院接受申请后，必须在 48 小时内做出裁定；裁定采取保全措施的，应当立即开始执行。

人民法院可以责令申请人提供担保，申请人不提供担保的，驳回申请。

申请人在人民法院采取保全措施后 15 日内不起诉的，人民法院应当解除保全措施。

3. 法院对违法所得及侵权复制品的处理。人民法院审理案件，对于侵犯著作权或者与著作权有关的权利的，可以没收违法所得、侵权复制品以及进行违法活动的财物。

(四) 著作权纠纷的解决方式

著作权纠纷可以调解，也可以根据当事人达成的书面仲裁协议或者著作权合同中的仲裁条款，向仲裁机构申请仲裁。

当事人没有书面仲裁协议，也没有在著作权合同中订立仲裁条款的，可以直接向人民法院起诉。

第五节　商业秘密

一、商业秘密的概念及特征

(一) 商业秘密的概念

商业秘密是指不为公众所知悉，能为权利人带来经济利益，具有实用性并经权利人采取保密措施的技术信息和经营信息。

商业秘密的范围非常广泛，概括起来有两类：一类是技术秘密，如工艺、配方、数据、程序、设计、制作方法等；另一类是经营秘密，如客户名单、货源情报、招投标文件等。

（二）商业秘密的特征

1. 商业秘密必须处于秘密和难以为公众知悉的状态；
2. 商业秘密具有实用性，能给权利人带来经济利益或取得竞争优势；
3. 权利人对商业秘密采取了合理的保密措施。

（三）商业秘密与专利的主要区别

1. 为人所知的范围不同。商业秘密具有秘密性，只有少数人部分或全部掌握，并且未在任何地方公开过。而专利则是公开的，专利局经过审查做出授予专利权的决定后，要将该技术予以登记和公告，让社会广为知晓。

2. 范围和内容不同。商业秘密可以是制造某种产品的技术诀窍、产品配方或工艺方法，也可以是一种经营秘密，不要求同时具有新颖性和创造性。而专利则包括发明、实用新型和外观设计，要求必须具备新颖性、创造性和实用性。

3. 获得的途径不同。商业秘密是在长期的生产经营活动中自行获得并自我保有的，无须经政府授予权利。而专利则是发明人通过向国家申请，依法履行必要的程序后才能获得。

权利性质不同。商业秘密不具有排他性。而专利则是排他的，未经专利权人的允许而使用，属于侵权行为。

4. 时间效力范围不同。商业秘密不受时间效力的限制。而专利有一定的期限限制，法定期限届满以后，专利权即自行终止。

二、商业秘密的法律保护

（一）法律法规有关保护商业秘密的主要规定

1.《民法通则》规定，公民、法人的著作权、专利权、商标专用权、发现权、发明权和其他科技成果受到剽窃、篡改、假冒等侵害的，有权要求停止侵害，消除影响，赔偿损失。

2.《合同法》规定，当事人在订立合同过程中知悉的商业秘密，无论合同是否成立，不得泄露或者不正当使用。泄露或者不正当使用该商业秘密给对方造成损失的，应当承担赔偿责任；技术秘密转让合同的让与人应当按照约定提供技术资料，进行技术指导，承担保密义务；技术秘密转让合同的受让人应当按照约定使用技术，支付使用费，承担保密义务。合同的权利义务终止后，当事人应当遵循诚实信用原则，根据交易习惯履行通知、协助、保密等义务。

3.《刑法》规定，侵犯商业秘密给商业秘密的权利人造成重大损失的，处3年以下有期徒刑或者拘役，并处或者单处罚金；造成特别严重后果的，处3年以上7年以下有期徒刑，并处罚金。以盗窃、利诱、胁迫或其他不正当手段获取权利人商业秘密的；披露、使用或者允许他人使用以前项手段获取的权利人的商业秘密的；违反约定或者违反权利人有关保守商业秘密的要求，披露、使用或允许他人使用其所掌握的商业秘密的，都属于侵犯商业秘密的行为。明知或者应知前述行为，获取、使用或者披露他人的商业秘密的，以侵犯商业秘密论。

4.《反不正当竞争法》规定，经营者不得采用下列手段侵犯商业秘密：以盗窃、利诱、胁迫或者其他不正当手段获取权利人的商业秘密；披露、使用或者允许他人使用以前项手段获取的权利人的商业秘密；违反约定或者违反权利人有关保守商业秘密的要求，披露、使用或者允许他人使用其所掌握的商业秘密。第三人明知或应知前款所列违法行为，获取、使用或者披露他人的商业秘密，视为侵犯商业秘密。《反不正当竞争法》还规定，经营者违反本法规定，给被侵害的经营者造成损害的，应当承担损害赔偿责任，被侵害的经营者的损失难以计算的，赔偿额为侵权人在侵权期间因侵权所获得的利润；并应当承担被侵害的经营者因调查该经营者侵害其合法权益的不正当竞争行为所支付的合理费用。被侵害的经营者的合法权益受到不正当竞争行为损害的，可以向人民法院提起诉讼。

5.《劳动法》规定，劳动合同当事人可以在劳动合同中约定保守用人单位商业秘密的有关事项。劳动者违反该法规定的条件解除劳动合同或者违反劳动合同中约定的保密事项，对用人单位造成经济损失的，应当依法承担赔偿责任。

6. 除了上面列举的以外，有关的法律、司法解释或行政规章还包括：《科学技术进步法》（1993年10月1日），《最高人民法院关于审理技术合同纠纷案件适用法律若干问题的解释》（2005年1月1日起施行），《关于禁止侵犯商业秘密行为的若干规定》（国家工商行政管理局，1995年11月23日起实施，1998年12月3日修改），《促进科技成果转化法》（1996年10月1日），《关于加强科技人员流动中技术秘密管理的若干意见》（国家科委，1997年7月2日），《关于商业秘密构成要件问题的答复》（国家工商行政管理局，1998年6月12日），《关于劳动争议案中涉及商业秘密侵权问题的函》（劳动和社会保障部办公厅，1999年7月7日），《关于延长和修改两国政府科学技术合作协定的协议》（中美，1991年4月12日签订），《关于保护知识产权的谅解备忘录》（中美，1992年1月17日签订），《与贸易有关的知识产权协议》（2001年11月10日签订）等。企业法律顾问应注意，有关商业秘密，我国法律当中大部分只是一些原则性的规定，具体案件的处理更多的还是依赖一些司法解释或行政规章。

（二）侵犯商业秘密的行为与责任

1. 侵犯商业秘密的行为主要有以下四类：不特定人以盗窃、利诱、胁迫或其他不正当手段获取权利人的商业秘密；不特定人披露、使用或者允许他人使用以前项手段获得的权利人的商业秘密；特定人（如本企业职工或交易相对人）违反约定或违反权利人有关保守商业秘密的要求，披露、使用或者允许他人使用所掌握的商业秘密；第三人明知或应知商业秘密是他人非法获取、披露或者使用的，而仍然予以获取、使用或披露的行为。

2. 侵犯商业秘密的法律责任包括：民事责任（合同责任、侵权责任）、行政责任、刑事责任。

第七章　企业知识产权操作技巧

不同知识产权的保护方式各有所长，实务操作中，企业应当根据技术研发及市场推广的战略部署，针对创新成果特点，选择适当的知识产权保护方式。

第一节　企业知识产权获取、确权策略和常见技巧

一、专利权的获取

（一）专利申请的时机

世界上除美国和菲律宾外的大多数国家均实行先申请制，但是并非申请得越早越好，企业应当根据自身市场及技术发展战略选择适当的时机。对于核心技术，企业要及时申请专利保护，在技术绝对领先且能够做到严格保密的情况下，可以暂不申请专利，以技术秘密的形式保护。对于暂时不在产业中实施的、但作为一种技术储备或可能作为将来实施技术更新的基础发明，可以考虑申请防御型专利，以免被竞争对手抢先申请而形成对己方的限制。对于自身申请价值不大，但属于竞争对手产业领域的关键技术，可以通过申请专利，利用许可方式获取收益或者进行交叉许可；对不属于竞争对手的关键技术，但若被竞争对手获取会给己方造成限制的技术，可以不申请专利，采用主动公开策略使之失去新颖性。对于计算机软件和集成电路布图设计，可以根据市场推广情况和技术成熟度选择申请专利、软件著作权登记、集成电路布图设计或利用商业秘密保护。对于尚未成熟的技术方案可以待进一步完善后，再选择合适的时机进行申请，这样就可避免因专利公开不充分而得不到专利权，也可避免因过早地公开了自己未成熟的技

术，使竞争对手以这些技术为基础反过来围攻自己。

企业在完成技术方案的研发后，最迟应在产品上市之前将产品所包含技术方案申请专利。一旦产品上市后再申请专利，如果所包含的技术方案可以通过对产品的分解或是反向工程得到，技术方案进入公有领域，即使获得专利权，也可能会被申请无效。专利复审委员会以使用公开为由宣告专利无效的案件非常多。如山东一家企业在1999年申请了一件外挂窗的行程铰链的实用新型专利，而包含该技术的产品于1995年已上市销售，1997北京某单位建造完工的办公楼就安装了包含该专利技术的外挂窗。权利人主张权利时，对方就以申请前已在国内公开使用为由提出了宣告此实用新型专利无效的请求，最终该专利被专利复审委员会宣告无效。

（二）申请的权利范围

申请一个较窄的权利范围比申请一个较宽的权利范围要容易得到授权，但是容易被绕开，而导致产品的市场份额受限。在撰写专利的权利要求书时，独立权利要求只能包含必要技术特征，非必要技术特征应当写入从属权利要求。因此，企业开发出某项技术后，在申请专利时应对专利的独立权利要求进行把握，以免将非必要技术特征写入到独立权利要求中造成保护范围过窄，而无法补救。如果独立权利要求的保护范围过宽，可以通过将从属权利要求补充到独立权利要求而获得授权。

（三）申请的地域范围

专利申请的地域范围应当与企业的国际战略保持一致，掌握"适度原则"，在保护范围与成本之间合理平衡。

一般情况下，申请国家多于5个时，通过《专利合作条约》（PCT）途径申请就比单独到各个国家去申请更可取。除减少申请工作量外，通过PCT途径还能够为申请人争取30个月的时间来决策要进入到哪些国家，虽然需承担国际申请阶段的费用，但有利于企业市场开拓与专利申请相协调；而如按《巴黎公约》规定到各国单独申请则必须在12个月内完成所有目标国家的申请提交，比通过PCT途径申请所给予的时间少18个月。

二、商标专用权的获取

(一) 重视商标的设计与选择

设计与选择一个好的、出色的商标或标志,是企业运用商标技巧的基础和前提。商标最基本的特性是显著性,最基本的功能是区别商品或服务的来源。因此,设计与选择商标,主要应当考虑以下因素。

1. 要具有显著性。所谓商标的显著性,是指商标的独特或者可识别性,也是我国商标法对商标获得注册的最基本的规定。因此,无论是以何种形式组成的商标,都要尽量立意新颖、独具风格,具有可以与其他同类商品区别的特点。商标若要取得显著性,在商标的设计与选择上可尽量选择无任何意义的独创词,例如,日本的索尼商标、美国的美孚石油商标、我国的海尔电器商标等。与此相反,如果选择不具有显著性的词,如长城、华夏等,则可能因不具有显著性而不易获得注册,并且在法律保护上也会带来很多不利因素。

2. 要避免与他人的在先合法权利相冲突。我国商标法规定,申请注册的商标不得与他人在先取得的合法权利相冲突或者近似,因此,在设计与选择商标时,一方面要注意不要去模仿他人注册商标,另一方面也不要选择他人已经取得的外观设计等专利权作为自己的商标来使用。否则,通过这种方式获得商标不但不会取得商标专用权利,而且还存在被控侵权的风险。

3. 要遵守我国法律的禁止性规定,也要避免与其他国家法律的规定和国际公约的规定相冲突。

我国《商标法》在第十条、第十一条、第十二条中规定了商标构成要素的禁用性规定。企业在设计和选择自己的商标时,要避免与法律的禁止性规定冲突。此外,由于商标权具有地域性,企业如果想在其他国家或者地区申请商标注册,在设计和选择商标时还要考虑拟申请国家的法律规定。同时,国际公约中对商标注册的规定也是企业在设计和选择商标时必须考虑的因素。

此外,企业商标的产生可以自己设计,也可以委托专业的形象设计机构来进行。无论是哪种方式,对于商标的产生必须全程保密,因为,一个经过精心设计,符合企业形象、符合产品特点的商标如果在进行商标注册前被泄露,从而被竞争对手获得,并抢先申请注册,那么对于企业将是巨大的损失。

（二）重视商标的注册工作

商标注册是指商标申请人为了取得商标专用权，将其使用或准备使用的商标按照法定的注册条件、原则和程序向商标注册主管机关提出注册申请，经该机关依法核审准予注册的各项法律行为的总称。

由于商标注册是取得商标专用权从而获得法律保护的必要前提，企业对其使用或准备使用的商标进行注册是十分必要的，否则该商标就只能是未注册商标，得不到法律有效保护。更为严重的是，企业的商标如果未进行注册，在创出一定名气后，很容易招致他人的抢先注册（简称"抢注"），使自己辛辛苦苦积累的商标信誉拱手让人，为宣传该商标而付出的巨额广告费也将付之东流。

"红双喜"商标被抢注的案例就很有代表性。沈阳红双喜压力锅厂自1979年开始生产"红双喜"牌压力锅，产品多次获奖并出口至40多个国家和地区，深受国内外用户的欢迎。至1990年，该厂"红双喜"牌压力锅在中央电视台等众多媒体上做了大量宣传，广告费多达上千万元，但该厂一直未将"红双喜"商标申请注册。在该厂拟申请注册"红双喜"商标时，才发现已被某外贸公司抢先注册。经多方协商，沈阳双喜压力锅厂甚至愿意以800万元巨资购回"红双喜"商标，但未能如愿，最终饮恨易名。

当前，随着经济一体化和经济全球化进程的加快，企业经营环境正处于全球化竞争的格局之中，从企业开展国际化经营战略的角度看，企业商标的海外注册工作具有越来越重要的意义。

1. 及时注册，预防"抢注"。为了预防商标被抢注，保护商标专用权，企业应当积极进行商标注册，在进行注册时，可以在同一种类上进行完全注册，也可以在所有类别上都进行注册，具体注册类别可根据自己的企业规模而确定。

此外，企业还应当根据自己业务的发展，提前注册一些商标，以备将来的发展需要，对于企业的关键核心产品或服务，企业可以采取注册"防御商标"和"联合商标"方法来进行保护。例如上篇提到的海尔公司对"海尔"商标采取的防御战略。

2. 有的放矢的进行国际注册，并充分利用条约。企业应当紧密联系自身产品和经营状况，确定重点申请商标注册的国家或地区，做到有的放矢。鉴于各国对商标权的确权存在注册在先和使用在先的不同方式，企业应针对这一特点实施不同的策略和技巧。

对于实行注册在先的国家来说，应不失时机地尽早进行注册申请，而不一定要等到产品开始出口时才启动注册程序。例如,"鹦鹉"商标日本抢注案。"鹦鹉"牌手风琴曾驰名中外,在拟进入日本市场时,企业却被告知"鹦鹉"商标已被日方某企业在当地抢先注册,如果要使用该商标必须交纳15%的商标专项销售费。最终,驰名商标"鹦鹉"一夜之间变成了无人知晓的"蜻蜓",商业信誉和市场均损失严重。

对于实行使用在先的国家来说,则应当注意将商标实际使用于投入出口国的商品或服务中,并且应注意保留相关证据,如销售合同、产品或者服务的广告宣传材料、发票等。

充分利用国际条约也是企业在国际注册中可以选择的便利条件。目前最简便、最省时、最省力的是马德里国际注册体系。通过该体系可在马德里协定或议定书成员国获得注册商标专用权保护,手续简便,注册费用比单一国家注册要便宜很多。但需注意,在马德里协定成员国申请注册,要求商标已经在本国初审公告。在马德里议定书成员国申请国际注册,则要求商标已经在本国提交注册申请即可。此外,马德里协定及其议定书在适用范围上仍有相当大的局限性,这主要是因为很多发达国家没有参加,成员国以发展中国家为主。

另一种国际注册方式目前也正在得到广泛使用——欧盟注册。即在欧盟的15个成员国,如奥地利、德国、比利时、丹麦、西班牙、芬兰、法国、英国、希腊、荷兰、爱尔兰、意大利、卢森堡、葡萄牙、瑞典申请商标国际注册,统一提交一份申请即可在15个成员国都获得保护。

(三)重视其他方法的取得

1. 通过商标许可方式取得注册商标使用权。通过与注册商标所有人签订商标使用许可合同取得注册商标专用权,是最常见的一种方式,但由于不是自主商标,通过许可取得的只是注册商标使用权,而注册商标所有人作为许可人并不丧失对注册商标的所有权。因此,企业应根据自己的发展状况决定是否适合选择使用此种方式,而且应当注意对许可的形式和合同条款的审查。

2. 通过转让方式取得注册商标专用权。对注册商标进行有偿或无偿转让是获得注册商标专用权的很重要的形式之一。注册商标被依法进行转让后,转让人不再具有商标专用权,受让人成为新的商标权人,可以继续使用受让而来的注册商标,也可以依据企业自身需要,弃而不用。但应注意,连续三年停止使用注册商标的,该注册商标将有被撤销的可能。

3. 通过收购、并购等方式取得注册商标专用权(使用权)。商标的知名程度与其所对应业务（产品）的市场占有率、经济效益等均是密切相关的。获取企业某业务（产品）的商标，就意味着获取了该企业该类业务（产品）一定程度的市场份额及相应收入。因此，在无法通过许可、转让等方式取得商标专用权（使用权）的情况下，也可以考虑收购、并购企业或者其某业务等方式，取得相应的商标专用权（使用权），并获取相应的市场份额，以方便企业自身的发展规划。这样的运作方式被一些企业成功地运用。例如，TCL集团于2005年与国际电气巨头罗格朗集团签订《股权转让协议》，将旗下的TCL国际电工和智能楼宇两公司各100%的股权出售给法国罗格朗集团，并允许旗下两公司在出售后8年内继续使用"TCL"商标。法国罗格朗集团通过收购TCL旗下两公司间接获得了"TCL"商标在该行业的使用权，扩大了在电气行业的市场份额。而TCL集团则通过出售行为调整了企业经营策略、处置了集团非核心资产。再如，1994年，联合利华提出与上海牙膏厂合资建厂，联合利华作为合资企业控股方，用合资与品牌租赁的方式，取得了上海牙膏厂"美加净"牙膏品牌的经营权。在取得该经营权后，联合利华通过降低产品价格、减少直至取消广告投入等方式逐渐完成了"品牌谋杀、游离顾客、品牌夺权"的过程，致使"美加净"牙膏的市场占有率及知名度均大幅度降低。通过该种方式，联合利华进一步推广了自己旗下各品牌在中国的本土化进程并颇有成效，使得联合利华旗下各产品的中国市场占有率不断攀升。

（四）获得驰名商标的技巧

现在我国有两种认定驰名商标的方式。一种是通过国家商标局来认定；另一种是通过法院来认定。一般来讲，无论通过哪种方式认定，都要求所申请的商标存在被跨类侵权的现象。如某一商标注册在酒类上，如果在食品等其他类别上存在被侵权的现象，则将容易被认定为驰名商标。因此，企业应当在日常的商标维护管理上注意收集自己商标被跨类侵权的案例备用。

例如，中国平安保险（集团）股份有限公司（以下简称"平安公司"）于1999年注册了"PAIC"加"平安"文字的图文组合商标，核定使用商品为第36类保险、保险信息等。深圳市顺创企业形象策划有限公司（以下简称"深圳公司"）复制、模仿其注册商标，印制在皮具、挂历等商品上，公开向社会销售。基于前述行为，平安公司向深圳市中级人民法院起诉深圳公司。法院经审理认定平安公司"PAIC"加"平安"文字图文组合商标为驰名商标，深圳公司的使用行为侵犯了平安公司的商标专用权，并应承担相应责任。再如，蒙牛公司作为中国最大的乳品企业之一，从2000年起陆续推出了以"酸酸乳"命名的系列乳饮料，并提出了外观专利申请，做了大量的广告宣传，使其获得了极高的知名度和良好的市场声誉，成为全国家喻户晓的品牌，但蒙牛公司并未申请"酸酸乳"的商标注册。2005年12月，蒙牛公司发现董建军正在销售由河南白雪公主公司生产的"酸酸乳"乳酸菌饮料，不仅使用了一样的品牌，而且包装、装潢也与"酸酸乳"饮料特有的包装、装潢近似。蒙牛公司遂向呼和浩特中院提起商标权侵权诉讼。法院最终认定"酸酸乳"属于驰名商标，董建军、河南白雪公主公司的行为构成商标权侵权行为，并应承担相应责任。

三、著作权的取得

著作权具有权利自动产生性。一部作品要获得著作权一般只要具备独创性并能被感知即可，无须履行任何注册、登记等手续。对于计算机软件著作权的取得，根据《计算机软件保护条例》规定，受保护的软件必须由开发者独立开发，并已固定在某种有形物体上。尽管作品著作权登记属于自愿行为，但是企业还是要注意办理著作权登记，尤其是计算机软件的著作权登记。根据《世界版权公约》的要求，需要在作品上加注著作权标记。此外，著作权还可以通过继承和法定取得等方式进行转移获得。

我国实行的是作品自愿登记制度，即公民、法人或者其他组织可以到国家或者地方著作权行政管理部门，自愿将作品进行著作权登记。著作权自作品创作完成之日起产生，并不以登记为生效要件。

企业应主动进行作品登记，特别是涉及计算机软件的作品的备案登记。其好处是：第一，为著作权权利归属取得法律的初步证据，在发生纠纷时为主张权利提供有力证据；第二，发生侵权纠纷时可协助司法机关方便、快捷地取证，以便迅速结案；第三，作品办理自愿登记后，权利人可适当宣传，对侵权者起威慑作用；第四，办理计算机软件著作权登记是取得双软认证（软件产品、软件企业认证）和享受国家减免税等各项优惠政策的前提条件。

企业可以自行申请办理著作权登记手续，也可以委托专业的知识产权代理机构办理。国家版权局负责外国以及台湾、香港和澳门地区的作者或者其他著作权人的作品登记工作，并主管全国软件著作权的行政管理工作，对计算机软件的著作权实行特别登记制度。地方人民政府版权局负责本辖区的作者或者其他著作权人的作品的登记工作。

四、商业秘密的认定

（一）商业秘密的条件

在企业商业秘密纠纷中，其所涉及的技术信息或经营信息是否属于商业秘密往往是争议的焦点。所以，商业秘密的确权在商业秘密的保护中格外重要。这就要求企业对商业秘密的判定进行详细的了解。

根据我国《反不正当竞争法》第十条的规定："商业秘密是指不为公众所知悉，能为权利人带来经济利益，具有实用性，并经权利人采取保密措施的技术信息和经营信息。"一般认为，商业秘密包括两种类型：一是技术信息，即以物理的、化学的、生物的或者其他形式的载体所表现的技术设计、技术诀窍、技术配方、工艺流程和相关的数据等；二是经营信息，即企业在经营管理过程中形成的管理诀窍、货源情报、产销策略、客户名单、招标投标中的标底及标书内容等。[1]

企业要想将自身的某项技术信息或经营信息纳入商业秘密的保护范围，就应确保该信息具备以下条件：

1. 企业应确保该信息具有秘密性。根据《反不正当竞争法》对商业秘密的定义，商业秘密的"秘密性"是指"不为公众所知悉"。国家工商行政管理总局《关于禁止侵犯商业秘密行为的若干规定》第二条第二款提到的"不能从公开渠道直接获得"这一用语，可以作为判断某项技术或经营信息是否具有"秘密性"的标准。对于"不为公众所知悉"可作如下理解："不为公众所知悉"并非不为权利人以外的任何领域的一切人所知悉，而是指不为该信息应用领域的人普遍知悉。所谓"公众"，是指该信息应用领域的人。"不为公众所知悉"并非不为所有地域范围、所有行业的人所知悉，而是指不为一定地域范围、一定行业的人所普遍知悉。[2] 因为各国或者各地区的技术水平和经营观念是不同的，所以商业秘密在地域范围上也具有相对性，即在甲地成为公知技术的信息，在乙地的同行业并非众所周知，此时该信息在甲地的众所周知并不妨碍其在乙地成为商业秘密。又或者某种技术或经营信息在某一行业是公知的，但在另一行业却可以成为商业

---

[1] 刘春田主编：《知识产权法》，人民大学出版社 2002 年第 2 版，第二十四章第四节。
[2] 冯晓青：《企业知识产权战略》，知识产权出版社 2005 年第 2 版，第 398 页。

秘密。一般来说，相对于那些被某一行业所普遍知晓的经营或技术信息，商业秘密应具有不为人知或者仅为少数人所知的特点。商业秘密的这种秘密性为商业秘密权利人带来的竞争优势，也构成了商业秘密的第二个特性，即实用性和价值性的一个组成部分。

2. 企业应确保该信息具有实用性和价值性。商业秘密的实用性或价值性是指商业秘密具有现实的或者潜在的经济价值，能够给所有人带来经济利益，在其他条件基本相同的情况下，使所有人因掌握该商业秘密而比不掌握该商业秘密的人具有竞争优势。我国《反不正当竞争法》的宗旨是鼓励经营者以诚实合法手段去创造优势、获取利益，并保护这种竞争优势和利益。因此，一种信息若要作为商业秘密来寻求法律的保护，必须转化为具体的、可以据以实施的方案或形式，并能为权利人带来现实的或潜在的利益。就此而言，实用性一般指商业秘密应是客观上有用的具体方案或信息，而不应仅是大概的原理或者抽象概念；价值性一般指商业秘密现在或将来的使用，会给权利人带来现实或潜在的经济利益或竞争优势。国家工商行政管理总局《关于禁止侵犯商业秘密行为的若干规定》第二条第三款将实用性和价值性表述为"该信息具有确定的可应用性，能为权利人带来现实的或者潜在的经济利益或者竞争优势"。以上表述可以作为司法实践中确认商业秘密的"实用性"和"价值性"的参照。

3. 企业应确保该信息采取了保密措施。国家工商行政管理总局《关于禁止侵犯商业秘密行为的若干规定》第二条第四款解释"本规定所称权利人采取保密措施，包括订立保密协议、建立保密制度及采取其他合理的保密措施。"因此，权利人采取包括口头或者书面的保密协议、对商业秘密权利人的职工或与商业秘密权利人有业务关系的人提出保密要求等，都属于采取了"合理"的措施。只要权利人提出了保密要求，商业秘密权利人的职工或与商业秘密权利人有业务关系的人知道或应该知道存在商业秘密，即视为权利人采取了合理的保密措施。

实践中以下措施可供企业参考：第一，配备完善的硬件设备和保安措施，例如在企业出入口应有专人负责外来人员的审查、登记，配备电子监视系统和防盗系统。在关键的商业秘密存储区域设置专门的保安措施。第二，企业应以文件或者合同等书面形式对员工提出保密要求，建立工作流程中的保密规章制度，签订保密协议或者在劳动合同中约定保密条款。第三，企业应建立完善的文件档案管理制度，根据自身具体情况遴选出需要保密的文件档案，确定保密期限，加施保密标记，进行专门的、独立的保管，并规定可公开的范围和程序。第四，对于含有商业秘密的对外公开材料，企业应加施保密标记，并以书面形式做出保密要求和说明。第五，对于以电子数据形式保存的商业秘密，企业可将存有商业秘密的计算机置于专门的保密区，配备专人管理，规定计算机的使用程序，保存计算机的运行、使用记录。同时，应为计算机安装防火墙、防病毒软件等安全软件，对重要数据进行加密，对于那些存有关键商业秘密信息的计算机不予接入国际互联网或者企业内部网络。

（二）商业秘密保护方式的利弊分析

在实践操作中，对于企业来说，仅仅明确商业秘密的确权途径是不够的，对于一项具体的技术秘密或经营信息，企业首先需要根据具体情况确定是否以商业秘密的形式来保护这项信息，这就需要企业了解以商业秘密形式保护企业信息的优势和不足。

1. 以商业秘密形式保护企业信息的优势。

第一，保护对象范围较大。有些商业秘密是不能获得专利法保护的。对于商业秘密可以分为两类：技术信息与经营信息。在我国目前的法律体系中，经营信息是不能通过专利权进行保护的，对此，企业对于有价值的经营信息，可考虑采取商业秘密的形式进行保护。

对于技术信息是否适合专利保护的方法也需要进一步加以区分。那些不能被产品直接反映的结构、工艺、不能利用"反向工程"获取的技术、工艺、配方的技术信息，采取商业秘密保护的方法将更加适宜。同时，由于我国是一个幅员辽阔的大国，即便某些技术成果适合以专利方式保护，但因为权利人为获得专利权而公开其专利技术信息后，将导致该技术在一个非常大的范围内为人知悉，一旦被侵权，企业有可能并不知晓，也有可能由于种种原因迟迟无法为被侵权专利提供有效保护。因此，以专利方式保护其技术仍会存在一定风险，企业在选择其技术信息的保护方法时，还应综合考虑以上因素。

第二，保护期限优势。商业秘密的保护期是不确定的，如果能永久保密，则享有无限的保护期，一旦泄密，保护期也随之结束；而专利权的保护是有保护期限限制的，超过该保护期，相关技术则进入公有领域，不再受法律保护。

第三，保护范围优势。商业秘密的所有人可以将其商业秘密许可给任何国家、任何愿意得到它的人进行使用，并以此获取利益；但专利权具有地域性限制，在一国有专利权不一定在另一国有相应的权利，受一国专利法保护的专利并不当然受到另一国法律的保护，因此，从权利人的权利受保护的地域范围来看，商业秘密权利人获得的保护通常会更多一些。

第四，保密优势。商业秘密是不公开的；而专利权必须公开。

2. 以商业秘密形式保护企业信息的不足。采取商业秘密的保护方法在具有优势的同时，也存在着一些缺陷。商业秘密在性质上虽然是一种知识产权，但是，它是一种特殊形态的知识产权，与传统的知识产权相比存在着区别，这主要表现在以下两方面：

第一，商业秘密的独占性不是依靠任何专门法律而产生的，而只是依据保密措施而实际存在的；而专利权、商标权则由专利法、商标法直接赋予，不能靠当事人的行为而自然产生。因此，为保持商业秘密的秘密性，必须要求企业有一整套完善的保密措施，否则风险很大。

第二，商业秘密不能对抗独立开发出同一秘密技术、知识的第三人，任何独立获得相同技术知识的第三者，都可以使用、转让这种知识；而专利权则具有排他性，原则上可以对抗任何人（在先使用权人除外）。①

第二节 企业知识产权运用的操作技巧

一、专利权的运用

企业专利对外实施方式主要有：许可、转让及出资。

（一）专利权许可

除深入分析自身经营状况及市场策略外，企业还应综合考虑同一地区内对专利技术的需求量和应用能力、竞争对手的情况，保持自己原有的市场份额，防止被许可人成为自己的竞争对手。许可的模式灵活多样：独占许可、排他许可、普通许可、分许可、交叉许可及强制许可。专利许可是一个长期的合作关系，在进行许可时应注意以下技巧：

1. 通过市场调查及预测分析，确定许可的地理范围。
2. 通过明确的协商谈判，确定许可的具体范围是专利权中制造、使用、许

---

① 所谓在先使用权人是指：在某项专利申请日之前，已经制造与专利技术相同的产品、使用与专利技术相同的方法或者已经做好制造、使用的必要准备的人。在先使用权人在原有范围内的继续使用专利技术、制造专利产品的行为不属于侵权。

诺销售、销售、进口权的全部还是其中几项。

3. 明确约定在许可期间专利相关维护费用的承担方，保证其间专利的有效性，并事先约定专利失效的救济措施。

4. 明确约定后续技术改进的提供与分享。如果采用交叉许可的方式，任何一方不得在合同中设定单方回授条款，也不得无偿分享技术成果的改进。[①]

（二）专利权转让

转让标志着专利所有权的转移，不同于上文提到的许可，企业在选择此种模式时应当进行充分的调查和论证，以免发生专利资产流失。在进行转让时应当注意以下技巧：

1. 明确转让价格的评估时点和依据。

2. 明确约定转让方的权利瑕疵担保义务及专利权无效的救济措施。

3. 明确约定双方对专利技术进行后续开发或改进的相关权利义务，承诺交叉许可或成果分享。

4. 明确约定转让合同订立后至办理登记、公告手续期间，协议双方的权利义务，例如：专利维持费用的缴纳及专利技术的使用等。

（三）专利权出资

专利所有权和专利使用权均可以作为无形资产出资，在进行出资时应当注意以下技巧：

1. 确定出资人是否是用作出资的专利权的所有者，该权利上是否设有他物权，是否取得共有人同意；若出资人以专利使用权出资，应确定其是否取得所有权人同意或其具有分许可权。

2. 确定作为出资的专利权的稳定性、市场价值以及其有效地域范围是否与企业目标市场地域吻合。

3. 以专利使用权进行出资的，双方应当在出资协议中明确约定许可模式及相应地域范围。

某铝型材厂与某铝业公司于 1999 年 7 月经协商，决定共同出资组建新铝业公司。公司章程规定：铝业公司以实物出资 100 万元，以包括专利权在内的无形资产出资 350 万元。双方的实物和无形资产经评估、验资后设立了公司，并进行

[①] 李玉香：《现代企业知识产权类无形资产法律问题》，法律出版社 2002 年版，第 170 页。

了生产。2003 年 5 月，铝型材厂发现铝业公司所提供专利技术已被终止，最终将铝业公司告上了法庭。法院经审理查明：本案中所出资的专利技术，因专利权人未按期交纳第 6 年度的专利年费，已于公司设立前终止，故判决原告胜诉，铝型材厂部分挽回了损失。在这个案例中如果专利接收方在签订合作合同之前对专利出资方的专利做调查和分析，就会及时发现由于专利权被终止，技术方案已经进入公有领域，避免纠纷发生。

二、商标权的运用

商标的价值在于商标的使用，商标权人通过专有的使用其注册商标，能够带来经济利益。需要特别关注的是，我国《商标法》也规定在取得注册后一定期限内必须使用该注册商标，否则将带来一定的法律后果。"注册商标连续 3 年停止使用的，由商标局责令限期改正或者撤销注册商标。"例如，西安强生制药厂（"西安强生"）于 1986 年申请注册了"强生"商标。西安强生涉及领域很狭隘，产品较为单一，多为膏药和胶布类，且生产规模较小。1997 年西安强生收到国家商标局通知，称"中国国际贸易促进委员会专利商标事务所代理美国强生公司，依据《商标法》第三十条第四项及《商标法实施细则》第二十九条规定，申请撤销西安强生制药厂在第 5 类西药商品注册的第 153176 号'强生及图'商标，理由是：该商标已连续三年停止使用"。为证明一直使用"强生"商标，西安强生向国家商标局递交了一些产品包装物及部分购销合同原件。但因包装物不能证明其生产时间、购销合同都没有标注强生品牌，故国家商标局未予采纳，并向西安强生限定了一个月的举证期限，逾期将撤销其"强生"商标。最终，西安强生在规定时限内找到了两份注有"强生"牌字样的购销合同，方避免了其"强生"商标被撤销的危机。

由此可见，使用注册商标既是商标权人的权利，也是其义务。只有充分、有效地利用商标，商标的功能和作用才能实现。这是因为企业只有使用商标，特别是注册商标，才能在消费者中建立起本企业产品与本企业之间的特定联系，树立商标形象和企业形象，从而达到促进商品销售的目的。商标是把相似产品区别开来的基本手段，商标可使消费者看出商品"主人"，并在同类商品中作出选择。企业通过使用商标，可以在消费者中建立一种"品牌认知"，进而培养一种"品牌情结"，从而使产品有一个相对稳定的消费者群体。

（一）正确使用注册商标

商标注册人享有法律所赋予的权利，同时为了维护这个权利就要相应地承担一定的义务，否则，不履行相应的义务，商标专用权就有丧失的可能。通过对我国《商标法》的梳理，企业在使用注册商标时的主要义务可以归纳为"两个应当"和"四个不得"，即：

1. 使用注册商标，应当标明注册标记；
2. 使用注册商标，应当保证其商品质量；
3. 使用注册商标，不得自行改变注册商标的文字、图形或者其组合；
4. 使用注册商标，不得自行改变注册商标的注册人名义、地址或者其他注册事项；
5. 使用注册商标，不得自行转让注册商标；
6. 使用注册商标，不得连续3年停止使用。

（二）商标权运用的模式选择

企业究竟应采取何种具体的商标模式和策略，应立足于自身的经济技术实力，考虑自己的经营方针和目标、企业规模、产品特点、竞争对手状况等多种因素，在此基础上做出决策。总体上，商标与商品是紧密联系在一起的，企业应根据商品与市场的情况，结合自己的经营战略，有针对性地确定使用商标的模式。

1. 多商标模式技巧。多商标模式即如果企业生产的是同一类产品，但产品质量、特性不同，为了便于不同消费者选购产品，可采用的一种商标运用模式。例如宝洁公司针对功效、成分不同的洗发液分别使用"潘婷"、"海飞丝"、"飘柔"等不同商标。多商标模式品牌战略的优势在于：

（1）避免品牌延伸可能导致的市场风险尤其是负面连锁反应，包括避免新产品推广期的品牌风险、弱化单一品牌的质量危机等；

（2）占领不同层级的市场，实现对消费者的交叉覆盖，能够满足多层次和多类别需求；

（3）增强企业内部，特别是下属各成员单位之间的鼓励竞争，形成优胜劣汰的机制，避免企业过于依赖一个商标。

但是，采用多商标模式品牌也需要考虑以下不利因素：

（1）容易分散品牌传播重心及业务经营重心，不利于企业总体准确定位；

（2）分散消费者认知，在新品牌的推广、老品牌的维护上可能要支出更多成本，且不利于企业总体品牌（名称）的推广和公众熟知度；

（3）多品牌涉及多产品，由此增加企业生产、经营、管理等各方面成本支出。

综上，在运用多商标模式过程中应当注意以下几点：一是对同种类但产品特点差异不明显的产品，一般不宜采用多商标模式；二是应对企业的不同品质、规格、特性的商品进行准确定位和分类；三是应对使用不同商标的商品给予准确的市场定位，以便按照市场细分原则进入不同的细分市场，满足不同消费者的需要。

2. 家族商标模式技巧。家族商标模式即企业以同一种商标推出所有商品的模式。例如，海尔集团公司最初以生产电冰箱闻名，后来兼并了一个空调厂，推出"海尔牌"空调器，凭借这块牌子，海尔空调迅速地占领了国内市场，海尔公司这一商标运用模式是十分成功的。统一商标模式的优势在于：

（1）有利于扩大商标（品牌）知名度，形成规模效应，提高企业的品牌（名称）知名度和公众熟知度；

（2）有利于消除消费者对新产品的不信任感，利用统一商标的信誉带动新产品的销售；

（3）有利于节省商标广告费用，节省开发、维护、管理商标方面的开支，相应地可以在一定程度上降低产品销售成本，提高产品市场竞争力。

但是，采用统一商标模式也存在以下风险：

（1）个别产品发生问题可能会波及全局，导致连锁效应，一荣俱荣、一损俱损；

（2）在企业的产品面向完全不同的市场时，统一商标难以适应不同目标市场要求；

（3）企业过于依赖一个商标，商标名誉与企业信誉紧密联系，将导致商标维护成本过高，且风险大。

当然，统一商标模式的运用也有其应当注意的地方，一般地说，声誉良好的企业处于上升期时，并对所有商品能有效地进行质量控制时，家族商标使用模式比较可取。具体地说，实施家族商标模式应具备以下两项条件：一是商标应具有相当的市场信誉，如驰名商标；二是使用该模式的商品在质量上可靠，不能在质量较差的商品上使用之，否则将难以避免"城门失火，殃及池鱼"的不良后果。[1]

---

[1] 冯晓青：《企业知识产权战略》，知识产权出版社2005年第2版，第308页。

3. 总商标与产品商标双重使用模式技巧。这一模式的基本内容是，企业在一个产品上使用两个商标，其中一个是代表企业信誉、形象的适合于不同类别产品上的总商标，另一个则是专门为某种特定产品设计的产品商标，该商标代表商品的特殊质量、特点。例如，"丰田"商标的使用。使用这一模式，可以借总商标的信誉开发新产品、拓展市场，同时可以避免因某种商品出现问题而殃及企业的其他商品。该策略实际是将多商标模式与家族商标模式进行了一定的融合。

4. 使用销售商标模式技巧。销售商标，顾名思义，就是企业在自己的产品销售渠道上，不是采取自己的营销渠道，而是将产品交给销售公司来销售，这些大的销售商利用自己的知名度为企业的产品销售提供良好的渠道。例如，全球知名的沃尔玛连锁超市。这种模式特别适合于中小企业，因为中小企业在最初的发展上，无法与大企业在同类商品的市场上开展竞争。所以不妨充分利用销售商在消费者中长期形成的信誉来打开销路，当本企业产品已为市场接受时，则可以转而使用自己的商标，或者与销售商标同时使用。再如，美国最大的零售商公司Sears公司，在1979年开发了首次以自己名字命名的轮胎。目前公司90%以上的商品都是以自己的销售商标出售。它这一成功的做法受到越来越多中间商的推崇。对于许多小企业而言，它们也愿意主动放弃自己的品牌所有权，采用中间商的销售商标，以利用中间商的商标信誉推销自己的产品，待自己实力强大后再"自立门户"，并声称自己是某著名中间商的名牌商品供应者。因此，使用销售商标也是企业在一定条件下推出品牌的策略。

在国内企业中，采取上述策略的也不乏其例。上海华联超市公司是著名的零售中间商，在消费者心目中只要是从华联超市买来的商品就放心，而为该超市提供商品的各制造商的商标则被淡化。有些销售商愿意用自己的商标出售商品，而不愿意用制造商的商标。其实，这也正是企业实施商标战略的体现。

（三）商标许可技巧

商标使用许可是指注册商标人将其注册商标通过签订使用许可合同，允许被许可人在一定的条件下使用其注册商标，被许可人获得商标使用权的一种法律行为。商标使用许可是国际上通行的一种制度，也是无论是作为许可人还是被许可人的企业运用商标的一种重要模式。这一模式运用得当会提高企业的声誉，增强其市场竞争力，增加企业商标的价值。相反则会损害企业的声誉，造成无形资产的流失，削弱其市场竞争力。因此，企业必须科学运用商标使用许可促进自身发展。

1. 慎重选择许可对象。在选择许可对象时，一方面要对被许可人的资信进行调查，以确保商标使用许可合同的履行；另一方面也要对被许可商品进行审查，主要考察被许可人现有的生产能力和发展前景、被许可使用商标的商品现在的产量、质量、市场销路以及使用许可的商标后商品质量的保证程度、产量及市场销路的变化等，以确保商品质量的稳定提高和销路通畅。

2. 认真签订商标使用许可合同。商标使用许可合同是明确许可人和被许可人权利义务关系的协议，具有法律效力并应向国家工商局商标局备案，当事人双方以后如果发生商标许可使用纠纷，该合同便是解决纠纷的重要依据。所以，对于合同的签订，应当严格把关，对于商标使用期限、许可使用费、保密、纠纷解决等重要条款，应当认真审查，避免合同条款出现漏洞。

3. 加强对被许可人的监督。对于被许可人的监督，既是许可人的权利，也是商标法规定的义务。所以，为避免由于被许可人的原因造成自己商标信誉的损害，许可企业应当对被许可人履行商标用许可合同的情况进行有效地监督，还应当对被许可人的生产工艺流程和操作方法、成品的质量检验等进行全方位地监控。例如，上篇谈到的可口可乐公司采取连锁经营方式的例子。公司对可口可乐商标的许可使用采取了全方位质量监控。不管是对分公司、子公司，还是被许可使用商标的公司，可口可乐公司均只提供而且必须提供原料配方保密的饮料原液，被许可使用人要做的只是加水、加糖和灌装。即便这样，被许可使用人的整个生产过程还要受到可口可乐公司的一丝不苟的监控，包括砂糖、水质、包装、生产条件等各方面。

（四）在网络环境下运用商标的技巧

在网络环境下，企业通过在电子商务活动中有效地利用商标，既可以防止企业具有一定知名度的商标在网络空间的保护失控，又可以利用将在有形空间形成的商标信誉拓展到网络空间，从而可以进一步提升企业的商标声誉和企业形象，全面提高企业在信息化社会的市场竞争力。

企业在网络环境下运用商标的主要模式是商标与网络域名的一体化。企业可以将已有商标做域名注册，使商标已取得的信誉在网络中延伸。同时，对于已取得一定信誉的域名来说，将域名注册为商标，也有利于加强商标保护效果。商标与域名在网络空间的一致，两者相得益彰，使企业在网络空间中增加了无形资产价值。因此，网络环境下，企业实行域名与商标一体化模式很有必要。①

如果企业没有合理使用域名，则可能因为域名的使用构成对他人商标权的侵权行为或者不正当竞争行为，此外，企业也可能因为商标保护意识不强，而导致自身商标被他人作为域名使用从而遭受侵权。虽然《最高人民法院关于审理涉及计算机网络域名民事纠纷案件适用法律若干问题的解释》对域名的侵权使用、恶意使用情形都进行了规定，但是实践中这样的案例还是层出不穷，对合法拥有商标的企业造成的损害也是相当大的，因此，这类问题还是需要特别关注的。例如，广东科龙（容声）集团有限公司（以下简称科龙公司）于1992年元月获得"KELON"注册商标专用权。1997年9月，吴永安开办的永安制衣厂（个体工商户）向中国互联网络信息中心注册"kelon. com. cn"域名，并取得注册登记证书。1997年底，科龙公司曾与吴永安商谈有关"KELON"域名注册事宜。1998年元月，吴永安发送传真给科龙公司，称："为了尽快了结关于科龙域名的争议权，永安制衣厂要求对方作为补偿现金五万元，即放弃争议权。"科龙公司遂以吴永安为被告诉至北京市海淀区人民法院。在法院审理阶段，永安制衣厂注销了"kelon. com. cn"域名，科龙公司在取得该域名后向法院申请撤诉。

（五）驰名商标运用的技巧

除采取上述技巧外，在驰名商标的运用上，企业应当最注意的是避免因商标过度驰名而导致被"通用"，即该商标变成了某一类商品或服务的通用名称。由此将导致商标的显著性将大为弱化甚至不复存在，其识别性也深受影响，不能发挥商品区分、商誉彰显的功能，商标价值自然受到严重削弱，这对于企业经营的影响是不可低估的。历史上，驰名商标被演化为商品通用名称的可谓不乏其例：德国拜耳公司的"阿司匹林"（Aspirin）现已成为普通药物名称，美国"塞罗仿"（Cellophane）现指玻璃纸，美国奥蒂斯公司的 Escalator 现指自动扶梯。像尼龙（Ny·lon）、拉链（Zipper）、我国20世纪50年代的"富强"面粉，原来也都是商标，现在全变成了商品通用名称。

借鉴国内外企业的一些经验，防范驰名商标变成通用名称的技巧主要有：

1. 在申请商标注册时即重视选择显著性高、识别性强的商标。一般地说，商标的显著性、识别性程度与其受到的法律保护程度呈正比例关系。

2. 在使用商标时加上注册商标标记，在进行广告宣传时声明此商标为注册

---

① 冯晓青：《企业知识产权战略》，知识产权出版社2005年第2版，第308页。

商标。

例如，日本松下电器公司在广告语中有一句"National Tech-nics 和 Panasonic"均为日本松下电器公司的注册商标的说明。美国施乐（Xerox）公司在广告中声称"Xerox 是 Xerox 公司的商标"，以避免消费者把 Xerox 变成复印机的通用名称。

3. 利用商标延伸技巧或者防御商标技巧，将同一注册商标使用于不同的产品上，从而可以切断某一商标与某一产品的单一联系，减少商标名称通用化的机会。

4. 在商标宣传使用中，将自己的商标与商品名称结合起来使用，并在商标上注明为注册商标，在商标之后加上产品名称，以避免人们把商标等同于产品名称。

5. 发现他人把自己的商标当做商品通用名称使用后及时采取措施予以纠正。

6. 即使是在驰名商标通用名称化后也要采取补救措施，有一线希望挽救就不要放弃。如美国胜家（Singer）公司的 Singer 商标"失而复得"的经历就值得借鉴。1896 年，美国法院在审理 Singer Manufacturing Co. v. June Manufacturing Co. 案时发现，由于社会公众开始用"SINGER"称呼所有缝纫机，"SINGER"这一商标已经丧失显著性，故判决缝纫机之 Singer 商标均已成为表示各该商品之普通名称而欠缺显著性。然而，由于长时间的专用与广告宣传，Singer 商标于 1938 年被判决重新取得显著性商标之地位。当然，应尽量避免这种情况发生，这只是万不得已的办法。

三、著作权的运用

企业著作权的运用，就是要通过著作权实施、许可使用、转让和投资等方式，使著作权中的经济利益得到充分体现。由于著作权的人身权利一般不能许可和转让，所以，著作权的运营主要对象为财产权利。

企业可以自己使用作品，也可以许可他人使用自己的作品，可以全部或者部分转让著作权中的财产权利，包括出版、表演、录音录像、展览等权利，来实现因作品创作而带来的利益。特别是在知识经济时代，著作权贸易已经成为世界各国促进本国知识经济、文化财富发展的重要手段，企业要积极学习和了解著作权国际贸易的相关知识，做好著作权参与国际贸易的规划和准备，将著作权国际贸易和交流纳入企业知识产权整体战略中考虑和规划。企业可以通过我国著作权代理机构或者本企业著作权贸易业务部门向外国权利人购买著作权，合法使用外国作品，以及把自己的优秀作品推介到外国。

著作权的实施以及投资入股、质押等方面与其他知识产权的情况基本相似，因此，这里着重谈著作权许可使用和转让中的特殊问题。著作权许可使用或者转让时，应重点把握以下环节：

（一）确定本企业或者对方是合法的著作权人

著作权归属问题是主张著作权的基础。企业著作权权属主要分为两种情况：职务作品和委托作品。

确定软件著作权归属的基本原则是"谁开发谁享有著作权"，即软件著作权属于软件开发人，法律另有规定的除外。同时也有合作开发、委托开发、指令开发和职务开发几种情况。

企业一般应通过合同明确约定职务作品的著作权归属，以避免因职务作品权利归属问题引起的纠纷。委托作品著作权的归属由委托人和受托人通过合同约定，合同未作明确约定或者没有订立合同的，著作权属于受委托进行创作的人。

著作权属于本企业，是对外许可、转让的基础条件。否则，就可能导致侵权而承担侵权责任，同时还可能因构成对被许可人或者受让人的违约而承担违约责任。为此，企业应当保留好作为著作权人的证据，最好是办理相关著作权登记，一旦发生纠纷，可以比较清楚、简捷地证明权利人身份。同样地，在取得他人作品的许可使用或者转让前，要确定对方是否是合法的权利人，特别是在著作权国际贸易中尤其要弄清外国作品权利人的情况。

（二）根据实际情况选择著作权许可使用或者转让

著作权许可是指著作权人许可他人在一定期限、一定地域范围、以一定方式使用其作品的法律行为。是指著作权中的财产权利，即以复制、发行、出租、展览、表演、放映、广播、信息网络传播、摄制、改编、翻译、汇编等方式使用作品的权利，以及许可他人以上述方式使用作品，并以此获得报酬的权利。而著作权转让是指著作权人将其著作财产权的一部分或者全部转让给他人，并获得一定价金的法律行为，属于著作权贸易的一种形式。随着著作权转让合同的生效，作品的著作财产权从作者的手中转让到受让人手中，受让人从法律上成为该作品的新的著作权人，可以以自己的名义行使权利和对抗第三者的侵权。一般情况下，著作权是许可还是转让，可以考虑作品价值、转让价格、该著作权对本企业今后生产经营的影响、市场需求等因素。通常企业在以著作权投资、入股或者许可转让前应对作品进行价值评估。

(三) 订立好著作权许可使用或者转让合同

《著作权法》及《著作权法实施条例》规定：许可他人行使著作权的，当事人应当订立许可使用合同；许可使用的权利是专有使用权的，应当订立书面合同，但是报社、期刊社可以不采取书面形式；转让著作权的，应当订立书面合同。书面合同不仅限于明文规定的格式合同，也可以有各种灵活形式，比如书信往来、传真往来、电子邮件往来等都可以形成著作权许可转让合同。由于以其他形式达成著作权许可转让合同过程中，必然会出现双方的意思表达不够完整，该说的话没有说尽，责任如何承担规定不细等情况，所以在著作权运营过程中最好能签订正规的纸件合同，这对保留证据是十分必要的。

通常在著作权许可转让合同中，可以规定以下两个内容：

第一，明确许可人或者转让人的权利所有担保责任，要求许可人或者转让人保证不侵犯其他人的著作权以及其他诸如名誉权、肖像权等民事权利，同时规定如果使用者在使用作品过程中由于许可人或者转让人的这种行为而引起侵权诉讼时，应当由许可人或者转让人承担一切责任，并赔偿使用者因此而遭受的一切损失。

第二，明确许可或转让作品已经许可使用的范围、期限、许可或转让费用，各方的权利、义务。特别是转让的地域范围，如果是国内，是否包括港、澳、台地区；如果是国外，在签订国际版权贸易合同时，地域范围条款尤为重要。

第三，明确纠纷解决的方式和适用的法律，比如是仲裁还是诉讼，地点在哪里，适用中国法律还是外国法律等。在著作权国际贸易合同中，关于解决合同纠纷的法院地或者仲裁地条款，应尽可能选择在我国法院或者仲裁机构解决。中国国际经济贸易仲裁委员会，可受理国际著作权合同纠纷。[1]

此外，要注意的是，向外国人许可或者转让软件著作权的，应当遵守《中华人民共和国技术进出口管理条例》的有关规定。属于国家禁止进出口的技术，不得进出口；属于国家限制进出口的技术，实行许可证管理，未经许可，不得进出口；属于自由进出口的技术，实行合同登记管理。

---

[1] 于创新：《知识产权实务教程》，知识产权出版社2005年版，第371页。

四、知识产权资本运营技巧

（一）企业知识产权资本化

企业知识产权资本化即利用知识产权投资，与其他投资形式相比，知识产权具有货币投入少、投资风险小等优点。

1. 企业知识产权资本化的法律依据。我国《公司法》第二十七条规定："股东可以用货币出资，也可以用实物、知识产权、土地使用权等可以用货币估价并可以依法转让的非货币财产作价出资"，新《公司法》还规定："全体股东的货币出资金额不得低于有限责任公司注册资本的30%。"该等规定使得以知识产权作价出资的比例最高可达到有限责任公司注册资本的70%，由此，大大提高了以知识产权为主的无形资产的出资比例。

2. 企业知识产权资本化的条件。企业知识产权资本化应具备如下条件：

第一，企业知识产权应合法有效。产权合法有效是知识产权资本化的前提。例如，商标应当已注册，专利应当已取得专利权，且在保护期及保护区域内等。对商标权的鉴定应审查以下材料：①商标注册文本；②商标图案；③企业营业执照；④有关法律性文件等。对专利权的鉴定应审查以下材料：①专利说明书；②权利要求书；③专利证书；④有关法律性文件等。

第二，企业知识产权应具有获利能力。判定知识产权是否具有获利能力应考虑如下因素：①该知识产权的竞争优势与不足；②使用该知识产权的预计市场占有率及获利分析；③同行业的平均利润水平及该行业的替代周期；④市场环境变化（包括使用该知识产权后引起的）可能带来的风险；⑤该知识产权的成熟程度及保密程度等。

第三，企业知识产权资本化的程序必须合法。首先，必须对拟作为投资的知识产权进行评估；其次，应当签订书面投资协议，在协议中应明确规定投资方式、知识产权评估作价数额、使用的产品品种、时限及区域、利益分配、企业终止后知识产权的归属、违约责任及解决纠纷方式等内容。最后，必须到国家专利局、工商行政管理局等对应的知识产权管理部门办理有关登记注册手续等。

3. 企业知识产权资本化应注意风险防范。企业知识产权投资尽管有许多优势，但同样也存在着风险性，企业应予以高度重视。

第一，法律保护不力的风险。知识产权具有地域性，我国企业在境外进行知识产权投资时,若未能及时在投资国取得注册商标权、专利权等,则知识产权得不到该国的法律保护,而且还有受到侵权指控的可能。

第二,商业秘密被泄露的风险。企业若以商业秘密进行投资,一旦保密措施不力,则很可能导致商业秘密的泄露。

第三,企业专利权资本化的风险性。专利权有时间、地域限制;专利技术的新颖性、创造性、实用性有待考证;专利有被宣告无效的危险。

第四,企业商标权资本化的风险性。商标投资后,有可能被控股方打入冷宫,弃之不用而逐渐失去其价值;商标投资后被不适当使用(如产品质量低劣等),会使商标贬值甚至被撤销;商标权投资后是一种动态资本,商标价值会随着企业经营状况的变化而波动。

(二) 企业知识产权的价值评估

知识产权价值评估制度是知识产权运营制度中的重要环节。我国长期受计划经济的影响,知识产权评估机制不健全,许多企业知识产权意识淡薄,在进行企业资产评估时,常常对贵于金子的知识产权漏评或者低评,导致企业无形资产的流失,使企业蒙受巨大损失。因此,增强对企业知识产权价值的认识,做好企业知识产权的价值评估工作,对企业运用好知识产权这个市场杀手锏至关重要。

1. 企业知识产权评估的特点。企业知识产权价值评估具有以下特点:①估价性。企业知识产权价值评估是由评估机构根据企业知识产权运营状况,运用一定科学的方法,对企业知识产权在某一特定时间的价值作出的评估,因而具有估价性的特点。②时效性。知识产权是动态资本,知识产权在保护期届满时或者因其他原因权利失效时,其资产价值可能变为"零",知识产权在其权利有效期内的不同时段,其价值也是变化波动的,例如某商标在刚注册使用时,其资产价值可能为"零",但经过多年培育成为驰名商标后,其商标评估价值可能高达数亿元。所以说,知识产权价值评估具有时效性。③针对性。知识产权价值评估通常是针对企业某一特定目的而进行的。例如,企业股份制改造、合资、兼并、知识产权转让许可、知识产权投资等。因此,知识产权评估具有针对性的特征。④参考性。企业知识产权价值的评估只为企业进行知识产权交易提供参考数据,并不具有法律效力,最终的成交价格仍应由交易双方协商确定。

2. 知识产权价值评估的时机。一般讲,下列情况需要企业进行知识产权价值评估:

(1) 企业兼并、重组及合资时的价值评估。企业的资产价值评估是企业兼并、重组及合资时的重要环节，也是买卖双方谈判的重要依据。而知识产权的评估则是其中的核心，知识产权评估的结果可以被购买方用来完成有关的融资工作，也可以为双方确定交易价格提供重要参考数据。

（2）知识产权贸易中价格的确定。知识产权贸易包括专利权、商标权、著作权、商业秘密的转让和许可。知识产权贸易，已经成为世界贸易中的一个重要组成部分。例如，美国是世界上最大的知识产权贸易国，1999年其知识产权出口额高达370亿美元，相当于通讯产品和飞机的出口额。企业进行知识产权的转让和许可贸易时，必然要对知识产权价值进行评估，以确定转让或者许可的价格，使双方达成公平交易，同时分析量化知识产权购买后的预期增值作用和经济效益。

（3）企业破产清算或者解散。我国《破产法》规定，申请破产的企业拥有的知识产权可以被作为破产执行的标的，企业申请破产之后，在分配债务人资产时，法院有权将债务人所拥有的知识产权出售给外界团体。这时，知识产权的评估将成为破产执行的重要环节。

（4）知识产权侵权赔偿诉讼。近年来，由知识产权侵权而引起的赔偿诉讼日益增多。侵权赔偿数额的确定必然要涉及对知识产权的价值评估。知识产权评估有利于在知识产权司法保护中，对侵权损害赔偿额的界定，有利于圆满解决知识产权纠纷。

（5）以企业知识产权设立质权融资。以企业知识产权设立质权融资是企业一种新型的融资方式。企业如果以知识产权设立质权融资，金融机构在决定向企业贷款时，会要求对企业的知识产权进行价值评估。

（6）对知识产权产品投保。近年来，西方国家的一些公司开始对知识产权产品进行投保，在投保时自然需要对知识产权进行价值评估，这是知识产权的一个新课题。

五、知识产权的综合运用

知识产权多种形态的综合运用，可以使企业的创新成果得到更加充分的保护。

1. 专利权与商业秘密的综合运用。通过专利权对技术方案进行保护，虽然具有较强的垄断性，但技术方案需要公开，而且一旦过了保护期限，该项技术即可无偿使用。商业秘密虽然不具有专利的垄断性，但是不受时效性的限制。因此，企业对于需要综合运用的技术方案，可以部分采取专利权保护，部分采取商业秘密形态进行保护，从而最大限度上维护企业的经济利益。

2. 专利权与商标权的综合运用。外观设计专利与商标都是置于产品的表面或商品的包装上,都可以由某种图形组成,对产品起到美化和装饰作用。因此,商标图案是完全可以构成外观设计专利的一部分。企业可考虑将这类商标同时申请外观设计专利,运用外观设计专利保护自己的商标,获得双重保护,有助于防止不法侵权者利用外观设计专利来侵犯企业的商标权益,或利用商标权来侵犯企业的外观设计专利。

3. 著作权与其他知识产权的综合运用。企业知识产权运营和管理的各个环节从来都是互相依存、互相配合的。《著作权法》与《专利法》、《商标法》所保护的对象,有时并不能严格界定,例如:某些实用艺术品,当其作为一种外观设计时,可以申请专利;作为一件艺术作品时,可以享有著作权;作为批量生产进入流通领域的商品时,又可以通过商标注册受到保护。① 企业在生产实践中可根据需要交叉运用著作权、专利权和商标权,对其作品进行最大限度的保护和价值利用。

比如,有独创性的产品说明书和广告词是一种文字作品,同样可以受到《著作权法》保护。"有山就有路,有路就有某某车"的广告词,别人就不得照搬照用,否则就会构成侵权。一般性的宣传,如"质优价廉"等,因缺乏独创性,则不能受到著作权保护。再有,企业的产品包装是一种装潢设计,就构成了美术作品,企业即可在包装上注明自己享有的权利。一方面企业可以就包装申请外观设计专利,另一方面又可享受到应有的著作权保护。

图形商标、立体商标也有可能构成《著作权法》意义上的作品。商标获得注册以后,仍然可以受《著作权法》保护。因此,企业一旦采用某一商标图样,就应当与其设计人员明确约定,由企业取得该图样的著作权。综合运用著作权和商标权,可以使企业的标识体系得到充分保护,也可以为企业在发生商标争议时提供有力的证据。对于未注册的商标,企业也应尽可能通过著作权进行保护。企业还可以对"商标作品"申请外观设计专利,以获得三重保护。

企业的整套技术方案,可以申请专利保护,其相关图纸和文件则可以取得著作权。有的企业对同一套计算机系统的硬件申请专利,软件进行著作权登记,从而使整套计算机系统得到了比较完备的保护。

此外,企业简洁的宣传文本与图册、相关商标申请材料与专利文字材料、公司创办的报纸杂志、摄影作品、内部广播电视台所制作的录音录像剪辑等都属于

---

① 沈仁干、钟颖科:《著作权法概论》,2003 年版,第 10 页。

著作权的保护范围，应该纳入企业著作权管理的框架中。

第三节 企业知识产权法律风险防范和应对的操作技巧

一、企业知识产权流失的几种情形及应对

（一）防止因未及时缴费和及时申请续展而导致知识产权流失

在实践中，因为未按时缴纳专利年费或未按要求申请商标续展而导致企业专利权、商标权丧失的情况时有发生。为了避免因这种疏忽而导致的企业知识产权流失现象，在专利方面，企业应当按照《专利法》及其《实施细则》以及国家知识产权局的有关规定，按时提交有关材料，交纳专利年费；在注册商标方面，企业应当在商标有效期（核准注册之日起10年）届满之前六个月内申请续展注册，在商标有效期满后六个月内（即宽展期内），企业仍有权申请续展注册商标，但须交延迟费；此外，已注册商标无正当理由连续三年不使用，也会被宣告无效，企业应当注意及时使用。

（二）防止企业改制、重组、合资中的知识产权流失

企业在改制、重组、合资过程中的不规范运作，如低评估或漏评估企业的专利、商标、商号、商誉、著作权和商业秘密等知识产权的价值，或没有及时办理知识产权的变更、转让等手续，或改制、重组、合资后的企业将具有重要价值的知识产权搁置不用，或知识产权形式组合不当、分离造成品牌价值降低，容易导致企业知识产权的大量流失。

对于上述知识产权的流失问题，企业应当在改制、重组、合资过程中注意加强知识产权评估工作，积极办理相关变更、转让等手续，并对具有重要价值的知识产权的权属和使用方式、使用范围等进行明确约定，对于企业已有品牌组合优势，应尽力避免人为拆散或名称变更，保持企业商标、商号、专利和著作权等有机统一。

近些年来，中方企业的知识产权，特别是商标权在合资过程中流失现象相当严重，因此要重点加强企业在合资过程中的商标权流失的防范。

1. 我国企业合资过程中商标权流失的主要形式

第一，中方企业商标被无偿转让，分文未取。

第二，中方企业商标价值被低估，"骡子卖了驴价钱"。

第三，中方企业商标被外商买断或者获得使用权后，商标被束之高阁，弃之不用。前面提到的"美加净"商标的遭遇就很有代表性。1994年上海牙膏厂与联合利华合资之前，"美加净"牙膏在中国可以说是家喻户晓，年销量达到了6000万支，产品的出口量全国第一，但当它被折价1200万元投入合资企业后，立刻被打入冷宫，代之而起的是露美庄臣。到1997年，联合利华停止在各种媒体上投放美加净的广告，但在同时又在洁诺的广告上不遗余力的大量投入，虽然中方后来又以5亿人民币的代价买回了美加净，但此时美加净的市场地位已急剧下降，年销量只有2000万支，如再想恢复合资前如日中天的发展态势，其困难可想而知。

2. 企业合资过程中知识产权流失的防范措施

第一，合资协议上加强控制、维护中方企业权益。我国企业应在有关合资协议合同中加入知识产权条款，规定在使用外方商标的同时，也必须使用中方商标，中方商标的广告宣传投入不得低于一定额度比例，中方知名商标只能许可给外商使用，不能转让或部分转让给外商等。从而一定程度上维持了中方商标的公众熟知度，也避免因存在"注册商标连续3年停止使用的"情形，而由商标局撤销该商标。

第二，建立科学的外资质量评价体系，知己知彼，慎重决策，进一步提高合资质量。我国企业在今后的合资中应考虑以下几项准则：

（1）合资项目是否符合国家产业政策；

（2）外商技术水平是否先进适用；

（3）能否提高原有企业的经营管理水平并增强企业活力；

（4）合资后企业是否具有长期持续发展的后劲。

第三，企业应力争掌握决策权。较具实力的中方企业同外商合资时，应力争掌握企业的控股权，没有控股权就没有决策权，也就等于将命运交给外商。中方企业即使因实力所限不能取得控股权，也应努力做到掌握企业运营中的关键环节，如销售和渠道等，以免被外方"卡脖子"。

（三）防止企业人才流动中的知识产权流失

合理的人才流动有益于社会经济总体水平的提高，但是，对一个企业来讲，如果管理不当，企业人才流动则会造成企业知识产权的流失。

1. 企业人才流动中知识产权流失的几种表现形式

（1）企业人才跳槽、调动到另一企业，带走原企业知识产权；

（2）企业人才辞职"下海"，另起炉灶，自办企业，成为原企业的竞争对手；

（3）企业人才兼职或者退休下岗后重新就业，造成知识产权流失；

（4）企业人才将在原企业掌握的技术成果、生产配方、经营秘密等拿到新企业投资入股，使原企业的利益蒙受损失。

2. 企业人才流动中知识产权流失的防范措施

防范措施包括：合同约束措施、制度约束措施、人才激励措施、法律制裁措施四种。前三种属于事前防御型措施，第四种属于事后补救型措施。

（1）合同约束措施。即企业与职工签订知识产权保护合同书，以合同的形式约束企业职工行为，防止知识产权的流失。合同约束措施包括三种形式：①企业在与职工签订的劳动合同中，增加有关知识产权保护条款。②企业与职工签订专门的知识产权保护合同。③企业与少数掌握知识产权的关键人员签订《竞业禁止协议》，企业要求职工承担竞业禁止义务时，应给予适当的补偿，竞业禁止期限以不超过三年为宜。

（2）制度约束措施。即通过建立健全企业知识产权管理制度，构筑企业自身的知识产权保护体系。

（3）人才激励措施。要树立"人才资源是第一资源"的观念，对贡献突出的人才应采取一次性重奖、技术作价入股、效益提成等多种奖励形式，打消其因怀才不遇而产生"跳槽"的念头。

（4）法律制裁措施。对于人才流动中，采取违法手段，导致企业知识产权流失严重的，要通过法律途径维护企业的合法权益。

（四）防止档案管理和对外交流中的知识产权流失

企业档案是企业在科学、技术等活动中的真实记录，一些企业的档案管理工作薄弱，缺乏对企业档案的收集、整理和编撰。一些科研档案散存于个人手中，科研人员利用档案发表论文、参加学术会议、申报评奖等，把不该透露的技术秘密和盘托出。少数企业对编辑的科技档案编研不严，或者分发范围过宽，致使企业技术秘密流失。因此，加强企业档案管理是防范知识产权流失的重要措施。[①]

[①] 刘维荣、吴德正：《企业档案管理与知识产权保护》，载《工程建设与档案》2002年第3期，第46页。

同时，在对外发布信息、发表论文、参加展览会、研讨会之前，企业应加强信息审查工作，防止此过程中的知识产权流失。例如，论文的发表往往与专利申请的获得相冲突，论文一旦发表，往往将可以进行专利申请的发明点予以公开，使得专利申请的新颖性被破坏，专利权的取得成为不可能。例如，某研究所是首次开展某项技术试验并取得成功的单位，为此已有不少单位欲就委托该所做相关实验与之签订合同。这时，由于该所试验主持人在报奖过程中发表了论文，详细介绍了试验设备和试验方法，结果有关单位纷纷按照其论文的指导，自行完成了试验，导致该所成果的流失并造成极大的经济损失。

（五）防止商务谈判和生产过程中商业秘密的流失

在一些商务谈判中，经常会出现泄露商业秘密的情形，个别企业甚至利用磋商的机会不当获取对方的关键流程、诀窍等，如我国当年的"景泰蓝"技术以及"宣纸"技术的失密。为防止失密，企业应注意在谈判过程中采取有选择地披露信息、限定参观区域、禁止录音和记录等措施进行防范；同时应重视根据我国相关法律和国际惯例与对方签订保密协议和谈判不成功时的"不使用"协议，以此加强对企业商业秘密的保护，防止失密。

此外，因生产过程被外界了解，或者相关员工在生产过程中获取企业商业秘密后进行非法利用或者披露而导致流失的情形也时有发生。对于这类生产过程中的商业秘密的流失，企业可从以下几个方面进行防范：首先应尽力控制知悉商业秘密的员工数量，对于必须了解商业秘密的员工，可考虑通过将商业秘密"化整为零"的方法，使员工无法通过自己的工作了解企业商业秘密的全貌，以降低商业秘密的流失风险。企业还可对含有商业秘密的关键生产过程采取特定的保密措施，例如对生产车间进行封闭化管理，将关键的生产设备以适当方式密封，以保证外界和操作员工无法了解其工艺。对于涉及商业秘密的原材料，可用标有专门识别符号的容器盛装，而不标明其真实名称等。

二、防范知识产权侵权纠纷

（一）防止自己的知识产权被侵犯

为防止自己的知识产权被侵犯，企业应注意加强以下几个方面的工作：

在专利权方面，企业首先应加强专利技术开发过程中的开发档案管理工作，防止因技术资料失密而被他人非法抢注专利。其次，无论是就职务发明创造而言，还是就委托开发、合作开发专利技术而言，企业都应对专利申请权的归属进行明确约定，以免因约定不明而引发不必要的侵权纠纷。

在商标权方面，企业首先可通过注册联合商标、防御商标等措施更好地保护企业的商标权利。其次，企业应当注意防止驰名商标被"通用"① 或者"淡化"。为防止驰名商标被"通用"，企业在申请注册商标时要重视选择显著性高、识别性强的商标；在使用商标时要加上注册商标标记，例如，在进行广告宣传时特别声明此商标为注册商标，以此防止人们将商标等同于产品名称；企业还可以将同一注册商标使用于不同产品上，从而切断该商标与某一产品的单一联系，减少商标名称通用化的机会。防止驰名商标被"淡化"的核心，是禁止他人在非类似商品或者服务上使用与驰名商标相同或者近似的商标。

在著作权方面，企业在进行作品创作的过程中，应注意签订规范的著作权归属合同，主要是指与员工签订关于职务作品的合同，与受托人签订委托作品合同，与合作者签订合作作品合同，并视具体情况在这些合同中对于权利归属、优先使用权、署名权、署名顺序、保密义务（如软件作品）、违约责任等进行明确约定。

在商业秘密方面，企业应当对商业秘密保护的硬件建设和软件建设都给予重视，例如购置保安、监视设备，建立系统、完善的保密制度和用人制度等，从源头上防范商业秘密侵权纠纷。

（二）避免侵害他人知识产权

为了全面防范知识产权纠纷，企业还应当重视培养尊重知识产权的意识，努力避免侵害他人知识产权。

企业在开发专利、申请注册商标、进行著作权创作的过程中，一定要对相关的专利文献、商标公告和著作权进行较充分检索，除避免本领域内侵犯他人在先权利外，还应避免与他人已获得的专利权、商标权或者著作权发生冲突。如专利产品侵犯他人著作权、注册商标侵犯他人的著作权、肖像权或者外观设计专利权等。

企业在通过转让、许可等方式获取知识产权时，要注意对其内容进行充分的考察，确保受让权利行使的合法性，并在相关协议中明确约定转让方关于该知识产权合法性的保证责任。

在专利方面，对于那些必须使用的、他人已开发的核心专利，企业可以在该

---

① "通用"，即企业多年培育的驰名商标演变成商品的通用名称。

核心专利技术的基础上开发辅助和改进技术，对核心专利形成"包围"，然后通过与核心专利权人进行交叉许可的方式，达到既能使用该核心专利技术，又可以规避专利风险的目的。面对国外企业的专利联盟，我国企业还可以利用自身的营销网络和本土优势，与部分专利权人结成专利战略伙伴，瓦解专利联盟，以此达到既能够以合理代价使用专利技术，又能够避免纠纷的目的。

在商业秘密方面，对于希望以反向工程了解他人商业秘密的企业来说，应谨慎聘用他人企业员工来从事相关研究，这类已掌握他人商业秘密的员工进行的反向工程研究容易引发侵权纠纷。

三、应对知识产权侵权纠纷

（一）行政执法

根据我国《专利法》、《商标法》、《著作权法》、《反不正当竞争法》、《专利行政执法办法》等法律法规以及我国签订的有关知识产权的政府间双边协议，我国的专利行政管理部门、商标行政管理部门、著作权行政管理部门、工商行政管理部门等均有查处生产经营领域中的知识产权侵权行为的职权。

相对于司法部门提供的司法保护而言，行政执法部门可通过较简易的行政程序，确认权利人的身份和相关侵权事实，并及时采取责令改正、查封扣押、罚没等行政手段，较快地处理侵权行为。对于侵权人和侵权事实较清楚的知识产权侵权行为，企业可以首先考虑请求行政执法部门提供行政执法保护。若相关行政执法保护未能达到预期的目的，企业还可通过民事诉讼进一步获得相应赔偿。

（二）应对专利权侵权诉讼

1. 专利侵权诉讼适用的几个原则。在专利侵权诉讼中，诉讼当事人和法院通常会引用或者适用的原则主要有：

公知技术抗辩原则。公知技术抗辩是很多专利诉讼中被告方所采用的非常普遍的一种抗辩手段。根据该原则，即使被诉侵犯专利权的人所使用的技术与专利权人的专利技术完全相同，但是如果其使用的技术在专利权获得前已经进入公共领域，则被控侵权技术不构成对专利权的侵犯，这里的"进入公共领域"可以理解为：只要某人希望知道该技术，他就可以通过合法查询的途径获得该技术。因此，如果一个企业成为专利侵权诉讼的被告，它首先应当对专利申请日前与专利技术相近或者相同的技术进行必要的检索，看是否可能通过运用公知技术抗辩原则使自己免于承担侵权责任。

技术特征覆盖原则。专利申请时，专利权人必须提出必要的权利请求，从而形成专利权的必要技术特征，这是专利权包括的基本范围。司法实践中，要构成侵犯专利权的行为，必须要求被控侵权人所使用的技术完全覆盖了专利权的必要技术特征，如果仅包含必要技术特征中的某个部分，则是不能够被认定侵犯专利权的。因此，如果专利权人要证明他人使用的技术侵犯了其专利权，就必须要证明被诉侵权的技术完全包含了专利权的必要技术特征。

等同原则。等同原则是指在侵权专利的认定过程中，对比被控侵权技术是否采用了等价代换的方式使用了专利权人的技术，即是否以实质相同的方式或者手段代换原本属于专利保护的部分或者全部技术特征，产生实质上相同的效果。这样，即使被控侵权技术并不完全符合专利权的全部技术特征，同样能够构成专利侵权。

我国《专利法》尚未明确确立等同原则，但最高人民法院在2001年7月1日实施的《关于审理专利纠纷案件适用法律问题的若干规定》的第十七条中初步提出了等同原则的理解与适用原则，各级法院在专利侵权案件的审判过程中不断探索，也为判定专利侵权是否成立提供了一些标准。等同原则通常包含以下几层含义：一是要素的替代，即通过技术特征的简单替换，在本质上产生相同的目的、作用和效果；二是技术组合方式的改变，利用一个技术特征代替权利要求书中的几个技术特征，或者用几个技术特征代替权利要求书中的一个技术特征；三是物理结构的变换，即将专利产品的某些部件移动位置，改变专利产品的结构关系，但不存在实质性的功能改进；四是省略一个以上的非必要技术特征，仍然是一个完整的技术方案，能够实现发明目的。

在适用等同原则时，还应当明确等同性侵权的时间界限。各国对这一时间规定各不相同，在我国司法实践中掌握的标准是：应当以侵权行为发生日为准，而不是以专利申请日或者专利公开日为准。①

禁反言原则。专利权人在专利授权或专利有效性审查的相关司法或行政程序中所正式做出的意思表示（主要是指专利权人为取得专利权或维持专利权有效而做出的陈述）可以作为专利侵权诉讼中的证据使用，这意味着，专利权人不得以与其在前述程序中所做出的意思表示相反的理由在侵权诉讼中主张权利。专

---

① 程永顺，《中国专利诉讼》，知识产权出版社2005年版，第251页。

利权人以这些理由对被控侵权人提起诉讼时，不应得到法院支持。

2. 专利侵权诉讼方法。对于那些希望通过专利侵权诉讼保护自身专利权的企业，可视自身法律人员的配备情况，指派法律人员或者聘请律师进行专利侵权诉讼活动。在诉讼维权过程中企业应当注意做好以下几个环节的工作：

第一，综合考虑诉前措施。按照《专利法》的规定，专利权人或者利害关系人有证据证明他人正在实施或者即将实施侵犯其专利权的行为，如不及时制止将会使其合法权益受到难以弥补的损害的，可以在起诉前向人民法院申请采取责令停止有关行为和财产保全的措施。因此，为了最大限度地保护自己的专利权，原告在决定提起专利侵权诉讼的同时，应当综合考虑和运用相关的诉前措施，既可以在起诉前向人民法院申请采取责令停止有关行为和财产保全的措施，也可以在起诉的同时一并向人民法院申请采取责令停止有关行为和财产保全的措施。

第二，做好诉前准备工作，明确起诉对象。对于被侵犯专利权的企业来说，由于专利侵权具有侵权方式隐蔽、侵权手段复杂等特性。因此，在准备起诉前，必须通过各种途径，了解和查明侵权行为的基本事实情况，譬如侵权产品的来源、销售渠道、地域、数量以及销售价格等，并收集相关证据材料，在此过程中企业还应尽量准确地确定侵权行为人。在上述调查过程中，企业可以通过公证的方式进行取证，以利于证据的保全和证据效力的确认。

在充分调查的基础上，企业应当以有利于诉讼便利、有利于诉讼成功、有利于充分赔偿的侵权行为人作为被告。在存在共同被告的前提下，企业还应当注意积极主张连带赔偿责任，以尽可能地得到充分赔偿。

此外，在正式提起诉讼前，还应注意专利侵权诉讼的时效。根据我国现行《专利法》的规定，侵犯专利权的诉讼时效为二年，自专利权人或者利害关系人得知或者应当得知侵权行为之日起计算。发明专利申请公布后至专利权授予前使用该发明未支付适当使用费的，专利权人要求支付使用费的诉讼时效为二年，自专利权人得知或者应当得知他人使用其发明之日起计算，但是，专利权人于专利权授予之日前即已得知或者应当得知的，自专利权授予之日起计算。

第三，向法庭提出具体、明确的诉讼请求。专利侵权的诉讼请求一般包含停止侵害、消除影响、赔礼道歉及赔偿损失等，其中侵权损害赔偿是专利侵权诉讼当中最为关键的诉讼请求。按照最高人民法院《关于审理专利纠纷案件适用法律问题的若干规定》，在专利侵权赔偿诉讼中，对专利侵权赔偿数额的确定依次按照以下方式确定：

首先是根据权利人的请求，按照权利人因被侵权所受到的损失或者侵权人因侵权所获得的利益计算。关于权利人因被侵权所受到的损失以及侵权人因侵权所获得的利益可具体参见最高人民法院的上述《关于审理专利侵权纠纷案件适用法律问题的若干规定》。如果被侵权人的损失或者侵权人获得的利益难以确定，法院可以参照专利许可使用费的 1～3 倍合理确定赔偿数额；没有专利许可使用费可以参照或者专利许可使用费明显不合理的，法院可以在人民币 5000 元以上 30 万元以下确定赔偿数额，最多不得超过人民币 50 万元。

除了按照上述方式确定侵权赔偿数额外，人民法院根据权利人的请求以及具体案情，可以将权利人因调查、制止侵权所支付的合理费用计算在赔偿数额范围之内。因此，企业应当在充分理解法律规定的情况下，根据自己手中所掌握的证据材料，确定一个最适当的侵权赔偿请求，使自己的主张能最大限度地得到法院支持，从而使自己的损失得到尽可能充分的补偿。

第四，准备相关证据材料。

首先，原告应当提交下列权利凭证，以证明自己享有专利权或者专利许可使用权。原告提交的权利凭证可参照最高人民法院《关于对诉前停止侵犯专利权行为适用法律问题的若干规定》第四条进行准备：企业作为专利权人起诉的，应当提交证明其专利权真实有效的文件，包括专利证书、权利要求书、说明书、专利年费交纳凭证。提出的申请涉及实用新型专利的，申请人应当提交国务院专利行政部门出具的检索报告。企业作为利害关系人起诉的，应当提供有关专利实施许可合同及其在国务院专利行政部门备案的证明材料，未经备案的应当提交专利权人的证明，或者证明其享有权利的其他证据。排他实施许可合同的被许可人单独提出申请的，应当提交专利权人放弃申请的证明材料。专利财产权利的继承人应当提交已经继承或者正在继承的证据材料。

原告还应当提交能证明侵权行为发生的证据，例如，被控侵权产品及其销售发票、专利与被控侵权产品技术特征对比材料等证据。另外，原告还应当按照前述赔偿数额标准准备相应的关于赔偿数额的证据，同样需要注意的是，应注意向法庭提交企业因调查、制止侵权行为所支付的合理费用的证据。

对于那些被诉专利侵权的企业，可供其采取的策略和技巧也很多，这里介绍两点：第一，主张在先使用权。若被诉企业是在原告专利申请日之前就已经开始使用相同方法、生产相同产品，或者是为生产该相同产品做好了必要准备，则根据我国专利相关法律规定，被诉企业在原有范围内继续使用该技术或生产该产品的，不视为侵权。第二，如果是实用新型、外观设计专利权纠纷案件，企业可在应诉过程中向专利复审委员会请求宣告专利权无效，在此种情况下，按照最高人民法院《关于审理专利纠纷案件适用法律问题的若干规定》第九条至第十一条的规定,法院一般应当中止诉讼程序,这样就可以为企业赢得一定的准备时间,另外也可能在请求宣告专利权无效程序中获得支持,直接赢得诉讼。例如,广东顺德某器具厂曾是生产电热开水瓶最大的厂家之一,其在某年的被诉侵犯外观设计专利案高达四件,付出很大代价。在第五次被诉侵犯外观设计专利时,该器具厂不再一味地以谈判、和解的方式求得息诉宁人,而是做了大量工作对原告的外观设计专利进行了分析,并向专利复审委员会请求宣告专利无效,最终获得了支持,直接赢得了这次诉讼。

(三) 应对商标权侵权诉讼

1. 哪些行为将被认定为侵犯商标权。依据我国商标法的规定,以下行为是侵犯商标权的行为:

第一,未经商标注册人许可,在同一商品或者类似商品上使用与其注册商标相同或者近似的商标的行为。包括:在同一种商品上使用与注册商标相同的商标;在同一种商品上使用与注册商标相近的商标;在类似商品上使用与注册商标相同的商标;在类似商品上使用与注册商标相近似的商标。

第二,销售侵犯注册商标专用权的商品的行为。

第三,伪造、擅自制造他人注册商标标识或者销售伪造、擅自制造的注册商标标识的行为。

第四,未经商标注册人同意,更换其注册商标并将该更换商标的商品又投入市场的行为。

第五,在同一种或者类似商品上,将于他人注册商标相同或者近似的标志作为商品名称或者商品装潢使用,误导公众的行为。

第六,故意为侵犯他人注册商标专用权行为提供仓储、运输、邮寄、隐匿等便利条件的行为。

第七,将与他人注册商标相同或者相近似的文字作为企业的字号在相同或者类似商品上突出使用,容易使相关公众产生误认的行为。

第八,复制、摹仿、翻译他人注册的驰名商标或者主要部分在不相同或者不相类似的商品上作为商标使用,误导公众,致使该驰名商标注册人的利益可能受到损害的行为。

第九,将与他人注册商标相同或者相近似的文字注册为域名,并且通过该域名进行相关商品交易的电子商务,容易使相关公众产生误认的行为。

2. 商标权侵权诉讼技巧。

（1）商标诉讼中通常的抗辩理由。商标诉讼的抗辩事由，一般分为两类，即诉讼程序理由抗辩和诉讼实体理由抗辩。前者一般为诉讼主体资格抗辩、诉讼管辖抗辩和诉讼时效抗辩；后者一般为商标权无效抗辩和未侵权抗辩。

（2）商标诉讼证据的收集。发生商标诉讼，采取有效、便捷的证据收集方法，收集能支持自己主张的有力证据，是当事人的首要任务。在收集证据上，可以选择以下几种方式：

第一，当事人自己收集证据。大多数证据都是由当事人自己来收集的，但在收集时应当注意以下几点要求，即：及时、迅速；客观、全面；深入、细致。

第二，公证机关协助收集证据。公证证据在商标诉讼中应用广泛，公证取证主要用以确定被控侵权人和被控侵权物。

第三，调取行政执法部门收集的证据。商标诉讼的当事人可以向工商行政管理部门举报商标权被侵权，对侵权人的行为由工商行政管理部门查处。在查处中收集的证据，都可以成为法院受理侵权案件证据的来源。

第四，诉前申请证据保全。为制止侵权行为，在证据可能灭失或者以后难以取得的情况下，当事人可以在起诉前向人民法院申请保全证据。

第五，申请法院调查收集证据。当事人因为客观原因不能自行收集证据的，可以申请人民法院调查收集。这里需要注意的是期限问题，即当事人提出申请的期限不得迟于举证期限届满前7日。

（3）诉前临时保护。商标注册人或者利害关系人有证据证明他人正在实施或者即将实施侵犯其商标权的行为，如果不及时地制止，将会使其合法权益受到难以弥补的损害的，可以在起诉前向人民法院申请采取责令停止有关行为和财产保全的措施。

（四）应对著作权侵权诉讼

企业应依法主动维护本企业的著作权权益，发生著作权侵权纠纷时，首先要判定是否侵犯著作权。其次应及时采取措施，比如对官方网站网络著作权的公证，必要时依《著作权法》第五十四条的规定采取调解、仲裁、诉讼的方法解决。

这里着重谈谈侵犯著作权行为的判定、权属抗辩和网络证据保全需注意的问题。

1. 侵犯著作权行为的判定。判定是否侵犯著作权一般考虑以下几个因素：

一是权利人主张的权利是否有效。包括诉争的作品是否属于依法禁止出版、传播的作品，主张权利的人是不是合格的权利人，能否单独主张权利，著作权的期限是否届满等。

二是确定著作权人的权利范围。著作权的保护范围是作品中具有独创性的部分，可以从主题表现、篇章结构、人物设计、故事情节安排、布局、造型、表现手法等多个方面加以考查。

三是进行侵权对比。在著作权案件中，将被侵权的作品和被控侵权的作品进行对比，特别在指控剽窃、抄袭、歪曲、篡改等侵权纠纷案中，应当进行作品异同对比，对比了解作品完成时间、发表时间、资料来源出处、主题表现、篇章结构、人物设计、故事情节安排、布局、造型、表现手法等多方面的异同结果。

四看是否具有过错和损害结果。虽然这不是判断著作权侵权行为构成的要件，但是，是否具有过错以及给权利人造成损害结果是侵权行为人承担赔偿责任的前提。

2. 著作权侵权诉讼技巧。

（1）权属抗辩。当企业被告侵犯他人著作权时，首先应使用权属抗辩这一"常规武器"。这是因为著作权权利的来源是随作品的形成而形成，无需借助他人的认可而存在，是一种"自发"形成的权利，著作权人的身份对外人而言容易产生争议。另外，抗辩的事由还多在于是职务作品还是非职务作品的争议。[①]

（2）申请公证机关进行证据保全。在公证取证时要注意以下几个问题：

第一，要保"住"证据。在网络著作权纠纷中，证据有随时随地瞬间即变的技术特征，如不及时固化这些证据，一旦诉讼，或者其意识到可能面临诉讼，均会被及时删改或者移除，从而造成难以弥补的情况。

第二，要保"全"证据。当事人要根据诉讼内容和请求确定保全的内容，尽可能全面地保全证据。如网络信息方面的证据保全，应包括网络的中英文名称、网络站主的名称、网络主页、网页栏目、网络连接、网络内容等。不仅要注意动态证据（多媒体）的保全，还要注意静态证据的保全。因此，在保全的方式上常用多种形式共用。如常用摄像机对取证全过程摄像，保全动态的画面（网络传播电影侵权），同时，将某个页面打印或者存储于磁盘之上，公证员记录取证过程网络连接、网址等内容，做到内容完整（页面打印不完整导致举证

---

① 朱显荣：《试析侵犯著作权的抗辩事由》，载《广东技术示范学院学报》2005年第2期，第28~31页。

有误），没有遗漏。如在计算机软件保全中应包括源程序、目标代码程序、技术说明书、开发文档等，可能情况下，对软件的运行环境也一并保全，最好在证据保全前制订周密的保全方案。

第三，要保"管"证据。通过公证保全的证据，一定要注意在公证处封存保管。起诉后，由法院到公证处提取，使保全的证据始终在公证员的监督之下。如在证据的体积小，不宜损坏的情形下，也可放置于证物袋封存于公证书后，否则，对方以证据可能被调换、缺乏关联性进行抗辩，就会对证明力产生极为不利的影响。

（五）应对商业秘密侵权诉讼

1. 侵犯商业秘密行为的判定。

（1）以不正当手段获取商业秘密。所谓"以不正当手段获取"即以盗窃、利诱、胁迫或者其他不正当手段获取权利人的商业秘密。司法实践中主要以公认的商业道德和合乎常理的行为方式为标准，凡以违反商业道德、超越合理界限的方法获取商业秘密的，均构成侵权。另外，也可以通过排除"正当手段"，进一步界定不正当手段，所谓正当手段主要包括：独立发现、以反向工程发现、在商业秘密所有人授予的使用许可项下发现、从公开使用或者展出的产品中观察得来、从公开的文献中得到等。

（2）不正当地披露或使用他人商业秘密。"不正当地披露或使用"是指未经许可而披露、使用或者允许他人使用以前项手段获取的权利人的商业秘密。这种侵权行为往往建立在前一种侵权行为的基础上，通常体现为前述不正当获取行为的目的。至于此类行为的主观动机则不限于谋取经济利益，即只要行为人对不正当获取的商业秘密加以披露、使用或者允许他人使用，均为侵权行为。

（3）违反信任关系的披露或者使用他人商业秘密。违反信任关系的披露或使用从严格意义上来讲应当属于"不正当披露或使用"的一种，但又有其较为特殊的一面：这类商业秘密侵权行为是指违反约定或者违反权利人有关保守商业秘密的要求，披露、使用或者允许他人使用其所掌握的商业秘密。这种形式的侵权在我国《合同法》中也可以找到依据，涉及关于合同义务、合同附随义务、违约责任和缔约过失责任的规定。

（4）第三人恶意获取和使用他人商业秘密。即第三人在明知或者应知商业秘密系由非法手段得来，而获取、使用或者披露他人的商业秘密。这里存在"善意"与"恶意"第三人的划分问题，因为按照法律规定善意第三人不对原权利人承担法律责任。是否为善意的判断标准如下：首先，分析行为人主观上是否属于明知或者应知商业秘密的来源为非法；其次，一旦商业秘密的权利人将他人非法窃取或者违约披露等事实通知善意第三人，该第三人就应终止使用相关商业秘密的行为，否则就会成立主观恶意，并承担相应的侵权责任。

2. 商业秘密侵权诉讼技巧。

（1）合理选择受理法院。根据我国《民事诉讼法》及相关司法解释的规定，企业对于商业秘密侵权纠纷，既可选择侵权行为发生地，也可选择被告所在地提起侵权诉讼，尤其在侵权人不止一人的情况下，权利人可根据各地方对商业秘密的保护情况、各法院在商业秘密侵权诉讼领域的经验，选择一个利于自身合法权利得到充分保护的法院提起诉讼。

（2）善用商业秘密诉讼中的几种保全制度。如同前述几种知识产权诉讼一样，企业在商业秘密诉讼中仍然应当注意利用的相关的诉讼保全制度，例如，证据保全和财产保全，通过这些保全措施，一来可为赢得诉讼提供更充分的证据，二来也有可能通过保全措施阻止商业秘密的进一步扩散，避免企业遭受更大损失。例如，上海电信科学第一研究所某型号通信系统软件被离职人员带走，与当地一家民营企业合作生产相同产品并争夺该所原有部分客户业务，该所发现后立即通过当地公安机关扣押了那家民营企业的生产电脑，从硬盘中发现对方侵权的源程序（甚至该所的 LOGO 还在里面未及修改），不仅保全了关键证据，还直接威慑该民营企业停止了生产该型号产品，有效避免了损失扩大。

（3）被告通常可用的抗辩理由。被告通常可用的抗辩理由主要包括以下几点：原告所谓的"商业秘密"能从公众领域获悉；原告本身是通过侵权的方式获得了涉讼"商业秘密"；原告没有采取合理的保密措施；原告技术信息属极为一般的技术措施，没有实用性和价值性；被告的技术属独立研发，与原告技术巧合相同；被告在没有保密义务的情况下，通过反向工程获悉原告的技术。

（4）举证责任的完成。在商业秘密侵权诉讼中，通常来讲，原告有责任对其商业秘密的合法存在、被告获取其商业秘密的不正当手段、侵权因果关系等一一进行举证。但鉴于商业秘密侵权行为的隐蔽性，如果原告举出被告所使用的信息与自己的商业秘密的一致性或者等同性，同时能够证明被告有不正当获取其商业秘密的具体条件，一般应认定其完成了自己的举证责任。但前述举证责任的完成并不排除被告提出相反证据的权利。

（5）侵犯商业秘密的损害赔偿计算方法。在司法实践中，侵犯商业秘密的损害赔偿主要有以下四种计算方法：以权利人的损失计算；以侵权人的获利计算；以正常许可费为参照计算；定额赔偿。实际上，原告的实际损失和被告的获利通常都很难查清，因此审判实践中主要使用以下两种计算方法：以权利人的利润乘以侵权产品的数量，或者由人民法院根据案件的实际情况酌情确定。

第八章　国内外企业知识产权典型案例分析

案例一：温州打火机在国外遭遇专利技术壁垒事件

一、案例简介

20世纪90年代以来，浙江温州打火机行业以劳动力成本低、专业化等产业优势成为世界上最大的金属外壳打火机生产基地。到2002年，温州金属外壳打火机生产企业已达到500多家，年产金属外壳打火机5亿多只，年产值为25亿元人民币，出口数量占总产量的80%，占世界市场份额的70%，占国内市场份额的95%。① 但是，随着温州打火机产业的强大，一些国家和地区利用技术性贸易壁垒手段，对温州打火机出口制造了各种障碍。

最早对温州打火机产业构筑技术壁垒的是美国。20世纪90年代，随着温州打火机大幅度进入美国市场，给ZIPPO公司等一些打火机制造商造成竞争威胁。1994年，美国以保护儿童安全为由，提出一个以价格为前提的安全技术标准，出台了CR法案（Child Resistance Law 儿童安全法案），该法案规定2美元以下的打火机必须加装保险锁。美国通过这项法案时，温州打火机企业和海外华侨经销商由于信息不灵，一直蒙在鼓里。待法规通过后，温州打火机行业出口量全线萎缩，1994~2002年的8年间，温州打火机在美国市场的销量始终停滞不前，出口量仅占欧洲市场的1/10。②

---

① 黄少卿、李正全：《企业自治组织的力量》，中国打火机网信息中心，2006年5月3日。
② 张和平、陈芳：《温州打火机遭遇"CR"贸易壁垒的前后》，载于新华社《新华视点》系列报道，2002年4月21日。

温州打火机企业在美国市场受挫后，迅速转向欧洲、中东、非洲等新的国际市场，其中以欧洲为主。凭着价廉物美、品种繁多、款式多变等优势，很快占据了欧洲大部分市场份额，给欧洲打火机制造商带来新的竞争压力。2001年9月，欧盟根据欧洲一些打火机制造商的要求，出台"防止儿童开启装置措施"法案（CR法案）。该法案规定对出口价在2欧元以下的打火机必须安装防止儿童开启的"安全锁"，否则不准进入欧洲市场。而在欧洲市场上，温州金属打火机价格基本上是1欧元左右，根据CR法案，这些打火机均需安装安全锁。而根据温州打火机协会的调查，全世界现在公认的有防止儿童开启装置的打火机安全锁约有9种，常用的有5种，这些技术全部已获得专利。如此一来，温州打火机企业如果要在欧洲市场销售，就不得不花大价钱购买他人的保险锁专利，这样，其产品成本必然大幅提高，其竞争优势也将丧失。隐藏在技术壁垒背后的专利成了温州打火机进入欧盟市场的障碍。

温州打火机企业获悉欧盟启动CR法案的消息后，在原国家外经贸部的支持下，在温州打火机协会的积极组织下，组成"中国民间第一团"，前往欧盟有关机构交涉，详细阐述了抵制CR法案的理由：首先，法案规定的出口价低于2欧元的打火机应该安装"安全锁"，表面上是以安全为目的、实质上是建立在产品价格基础上的法规，缺乏科学依据，是对自由贸易设置壁垒，有违WTO公平竞争原则。其次，把价格与安全牵合在一起，不合理，不科学。价格是可变的，而安全标准是相对稳定的。价格与安全标准是两码事，价格高低与否无法替代安全。再次，正常的技术标准不能对贸易造成扭曲，造成歧视。中国几乎是惟一生产出口价低于2欧元打火机的国家，CR法案是一项针对中国产品的歧视性措施，违背了WTO非歧视性原则。此外，中方在交涉中还指出：CR法案所针对的温州制造的金属外壳打火机，在出口前均已通过国际公认的安全标准检测。一些国家因儿童玩打火机造成伤害的案例，均与温州产打火机无关。

对中方提出的意见，欧盟有关组织基本没有异议并表示理解。但2002年5月中旬，欧盟依然通过了CR标准，并拟从2004年6月起正式实施。2003年12月9日，欧盟《通用产品安全规定指令》（GPSD）紧急委员会召开相关会议，研究决定是否在欧盟官方期刊中公布CR标准（一旦公布即付诸实施），但各成员国并未达成一致意见。该委员会由此决定，公布此规定不应在现阶段提出，且委员会应进一步调查由某些成员国提出来的问题。在我国政府、行业协会以及企业的共同努力和交涉下，欧盟推迟执行CR法案。但2006年，欧盟又推出新的CR标准，要求向欧盟出口的打火机"确保至少能安全使用5年，其间并能提供维修零配件,并且必须在欧盟境内设立一家维修点,否则,必须安装安全锁",并于 2007 年重新启动。温州打火机企业又面临着新的考验。

二、焦点问题

此案例的焦点问题是:如何应对国际贸易中的技术性贸易壁垒。

技术性贸易壁垒主要是通过颁布法律、法令、条例、规定,建立技术标准、认证制度、检验检疫制度等方式,对外国进口商品制定苛刻繁琐的技术、卫生检疫、商品包装和标签等标准,从而提高对进口产品要求,增加进口难度,最终达到限制进口的目的。技术性贸易壁垒的实质是以技术实力为基础,通过提高技术门槛、增加出口国的贸易成本,达到限制进口,保护本国市场利益的目的。

随着全球经济一体化进程的加快,关税壁垒和一般性非关税壁垒已经大大削弱,而技术性贸易壁垒则受到各国,特别是发达国家的普遍重视和广泛应用。一些发达国家及跨国公司将技术标准的使用和专利的许可捆绑在一起,一方面要求进口国企业的产品达到其设定的技术水平或者技术标准,另一方面却将该标准水平下的技术申请了专利,这种壁垒是以知识产权为支撑,或者直接以知识产权构筑的。近年来,技术性贸易壁垒与知识产权相结合是技术性贸易壁垒发展的一个趋势。

温州打火机事件是我国加入世贸组织后在国际贸易方面第一次遭遇来自 WTO 成员方的技术壁垒,是发达国家技术优势与发展中国家成本优势的一次较量。发达国家的企业为了保护自己的市场,往往用技术壁垒为发展中国家的产品进口设置障碍,通过技术标准或者专利技术,打压发展中国家产品的价格优势,实现技术壁垒的目的。欧盟的 CR 法案也主要是受欧洲著名的 BIC 公司、东海公司等欧洲制造商的影响,这些欧洲制造商就是为了保护自己在欧洲的市场。

三、案例启示

(一) 企业要强化企业的技术创新意识,适应技术标准竞争

温州的打火机企业多为劳动密集型中小企业,盈利仍是企业首要的经营理念,对技术创新缺乏内在的动力,在知识产权方面长期没有投入,造成企业没有

自己的核心技术，相关专利由外国企业持有，跟不上国际标准。而与温州打火机企业一样，国内传统产业中的一些企业也往往习惯于价格和成本的竞争，不适应日益广泛的技术标准竞争。因此，加强技术创新，顺应市场需求，在产品的技术标准上下功夫，是对企业长远发展的要求。对出口企业而言，应克服传统的单纯价格竞争手段，把提高产品的技术含量，多拥有自主知识产权作为提升企业产品竞争力的重要环节。要立足于国际标准，大力开展各种国际标准的认证工作，使企业产品在技术、安全、卫生、环保等方面接近或者达到国际标准的要求，这样企业才能在竞争中处于不败之地。以上温州打火机事件技术性贸易壁垒的摩擦与纠纷也表明，技术性贸易壁垒应对能力取决于国家整体技术竞争能力，技术性贸易壁垒的设置与破解，实质上是各国国家技术创新体系和创新能力的较量。

（二）在技术性贸易壁垒诉讼中，要重视发挥行业协会的作用

在当今的国际贸易战中，政府、行业协会、企业已经处于新的利益共同体中。建立政府引导下的行业协会、企业为主体的多层次的产业预警机制，是WTO自由贸易目标及其规则的客观要求。技术性贸易壁垒诉讼的特点在于诉讼时民间行为往往无力应对，而且即使单家企业打赢官司也不能惠及全行业，因此，在诉讼中发挥行业协会的作用尤为重要。温州打火机协会就是在有关法律专家的指导下，由16家企业无偿集资200多万元巨资，共同聘请律师尤其是聘请了国际间精通WTO事务的律师积极应诉，这一决策惠及了整个中国打火机行业。在应诉中，温州打火机协会与欧洲打火机进口商协会建立了"民间联盟接口"，双方互动，从而形成了信息预警机制。温州打火机协会的这些举措，首开中国应诉国际贸易壁垒的先河。协会牵头和自我建立预警机制的做法，为中国企业应对"技术壁垒"提供了有益的借鉴。

案例二：裴某侵犯商业秘密案

一、案例简介

西安重型机械研究所是隶属于中国机械装备（集团）公司的科技型企业，以冶炼、轧钢、重型锻压和环保设备的设计为主攻方向，板坯连铸设备的设计制造是该所的拳头产品，为该所带来了丰厚利润。为了保护单位的知识产权，西安重型机械研究所于1996年制定了《西安重型机械研究所保护知识产权的规定》，同时在与本单位职工签订的劳动合同中，明确了职工的保密义务。被告人裴某是西安重型机械研究所培养的板坯连铸技术方面的高级工程师，与该所签订过含有保密义务条款的劳动合同。

2000年1月，西安重型机械研究所通过与凌钢公司签订合同，承接了凌钢连铸机主设备（包括结晶器、结晶器震动、零号段、扇形段）的设计工作。2001年6月，凌钢连铸机投产。同年11月，按照合同约定，西安重型机械研究所向凌钢公司提供了载有凌钢连铸机主设备图纸的光盘。2001年10月，裴某在其使用的电脑中发现有凌钢连铸机主设备图纸光盘，即擅自将该图纸拷贝到自己电脑中。2002年8月，裴某向西安重型机械研究所申请解除劳动合同，同时应聘到中冶连铸技术工程股份有限公司（以下简称中冶公司）担任副总工程师，同年12月才正式与西安重型机械研究所解除劳动合同。

2002年9月28日，中冶公司与川威公司签订《135×750mm 二机二流板坯连铸机总合同》及附件，合同总价为人民币7296万元，裴某担任这个项目的技术负责人。裴某利用国庆休假返回西安，将凌钢连铸机主设备图纸拷贝到随身携带的笔记本电脑中带回武汉，输入到中冶公司局域网内。中冶公司设计人员利用局域网提供的该图纸，在短时间内就完成了川威公司项目的设计。2002年10月19日，中冶公司又与泰山公司签订《135×800mm 二机二流板坯连铸机总合同》及附件，合同总价为人民币7560万元，裴某仍是这个项目的技术负责人。中冶公司设计人员将给川威公司的设计图纸复印，用于泰山公司项目。中冶公司完成这两个项目的设计工作后，将图纸交付给西冶公司，委托西冶公司按图制造。

2003年7月，西安重型机械研究所的工作人员在西冶公司发现该公司正在使用有西安重型机械研究所标题和标号的图纸制造板坯连铸机，西安重型机械研究所遂向公安机关报案，称其商业秘密被侵犯。西安市公安局立案侦查后，查明西冶公司使用的图纸来自于中冶公司，是原在西安重型机械研究所工作的裴某向中冶公司提供的，遂调取相关图纸送华科鉴定中心进行鉴定，结论是：中冶公司为川威公司、泰山公司设计的板坯连铸机图纸，从装配图和零件图所表现的结构功能看，与西安重型机械研究所设计的图纸无本质区别。又经西安交大鉴定所鉴定：西安重型机械研究所的凌钢连铸机技术具有不为公众知悉的特征，符合商业秘密中技术秘密的法定条件。裴某向中冶公司提供西安重型机械研究所的凌钢连铸机技术图纸，由中冶公司在为川威公司、泰山公司设计、制造板坯连铸机时使用，该行为给西安重型机械研究所造成至少1792万元的经济损失。

西安市中级人民法院于2006年2月22日做出判决：（1）裴某犯侵犯商业秘密罪，判处有期徒刑3年，并处罚金5万元；（2）裴某及中冶公司停止侵权行为；（3）裴某及中冶公司连带赔偿西安重型机械研究所经济损失1782万元。一审宣判后，裴某不服，向陕西省高级人民法院提出上诉，西安重型机械研究所、中冶公司同时就附带民事判决部分提出上诉。二审审理过程中，西安重型机械研究所与裴某、中冶公司就本案的附带民事诉讼部分达成调解协议，并已接受了陕西省高级人民法院送达的调解书。陕西省高级人民法院经审理认为：原判定罪准确，量刑适当，审判程序合法，于2006年10月11日裁定：驳回上诉，维持原判。①

二、焦点问题

此案例的焦点问题是：如何认定商业秘密、对侵犯商业秘密的行为如何定罪及其处罚。

我国《刑法》第二百一十九条第一款第（一）、（三）项规定，以盗窃、利诱、胁迫或者其他不正当手段获取权利人的商业秘密，违反约定或者违反权利人有关保守商业秘密的要求，披露、使用或者允许他人使用其所掌握的商业秘密，从而给商业秘密的权利人造成重大损失的，处三年以下有期徒刑或者拘役，并处或者单处罚金；造成特别严重后果的，处三年以上七年以下有期徒刑，并处罚

---

① 案件来源：《最高人民法院公报》2006年第12期（总第122期）。

金。第三款规定："本条所称商业秘密，是指不为公众所知悉，能为权利人带来经济利益，具有实用性并经权利人采取保密措施的技术信息和经营信息。"最高人民法院、最高人民检察院《关于办理侵犯知识产权刑事案件具体应用法律若干问题的解释》第七条第二款规定："给商业秘密的权利人造成损失数额在二百五十万元以上的，属于《刑法》第二百一十九条规定的'造成特别严重后果'，应当以侵犯商业秘密罪判处三年以上七年以下有期徒刑，并处罚金。"凌钢连铸机主设备设计具有实用性，不为公众所知悉，能为权利人带来经济利益，权利人为其采取了保密措施，因此该技术是权利人西安重型机械研究所依法受保护的商业秘密。裴某身为西安重型机械研究所的高级工程师，明知凌钢连铸机主设备图纸是西安重型机械研究所的商业秘密，自己与西安重型机械研究所签订过含有保密条款的劳动合同，对西安重型机械研究所的商业秘密负有保密义务，仍利用工作上的便利，将凌钢连铸机主设备图纸的电子版私自复制据为己有，后又将该电子版交由中冶公司使用，以至给西安重型机械研究所造成特别严重的后果。裴某的行为构成侵犯商业秘密罪。

最高人民法院《关于执行〈中华人民共和国刑事诉讼法〉若干问题的解释》第八十六条第（五）项规定：附带民事诉讼中依法负有赔偿责任的人包括其他对刑事被告人的犯罪行为依法应当承担民事赔偿责任的单位和个人。裴某受聘于中冶公司，是项目技术负责人。裴某为完成中冶公司交付的设计任务，将窃取西安重型机械研究所的技术秘密上传到中冶公司局域网，供中冶公司的设计人员在为川威公司、泰山公司设计、制造板坯连铸机时使用。裴某是为履行公职而直接侵权，其行为属于单位侵权，其所在单位中冶公司也应承担侵权的民事责任。

三、案例启示

（一）企业要增强商业秘密保护意识

人才流动是社会进步的表现，是市场经济的必然规律。法律应当保护正常的人才流动，同时也要求离职职工对原单位的商业秘密尽到必要、合理的保护义务。如何在保护职工的正常流动与劳动就业自主权和保护企业自身的商业秘密之间设置合理的天平，是目前需要注意的问题。企业要有商业秘密的保密意识，制定相应的保密制度，防患于未然，要在充分尊重职工的劳动就业权的同时，在劳动合同中约定职工相应的保密条款。

(二) 要注意诉讼中"先刑后民"策略的选择

企业通过司法程序解决侵犯商业秘密的法律问题时,对于跳槽并带走商业秘密的员工应向司法机关请求追究其刑事责任和民事责任,以保护企业的商业秘密。在司法实践中,有的企业是先以员工涉嫌侵犯商业秘密罪为由向公安机关报案,依靠公安机关的侦查手段进行取证,使案件进入刑事公诉程序,然后再向法院提起商业秘密侵权民事诉讼,要求员工和使用商业秘密的公司承担责任。这种"先刑事后民事"做法的好处在于,当事人的举证责任减轻,节省企业的诉讼成本。因为根据《证据规则》第九条第一款第五十二项规定,已为人民法院发生法律效力的判决所确认的事实,当事人无须举证,当事人有相反证据足以推翻的除外。当然,在诉讼中选择"先刑后民"的策略也有一定的法律风险。因为一旦涉嫌侵犯商业秘密罪的控诉不成立,对方依法维权可以请求赔偿,很可能使自己陷入被动。

案例三：被告采用公知技术成功抗辩专利侵权案

一、案例简介

1999年3月4日，某金属实业有限公司（以下称原告）董事长蔡某向国家知识产权局申请了名为"一种滑板车的刹车装置"的实用新型专利，并于1999年12月10日获得专利权，专利号为ZL99203943.6。1999年12月20日专利权人蔡某授权原告以生产、加工、制造及进出口的方式使用专利技术，并委托原告向海关申请办理专利保护事宜。2000年1月20日，蔡某授权原告独占使用上述专利技术。同年8月7日，原告发现上海某国际贸易有限公司（以下称被告）在上海外高桥海关准备出口的4788台滑板车，使用了其享有独占使用权的专利技术，认为构成了对其专利独占使用权的侵害，遂向上海外高桥海关申请，对被告出口的4788台滑板车予以扣留。同年8月21日，原告向上海市第二中级人民法院提起诉讼，请求法院判令被告：立即停止专利侵权，销毁侵权产品、半成品、零部件及模具；赔偿原告经济损失包括原告申请海关保护费用、律师费、调查费等共计人民币50万元；在全国性的报纸上公开赔礼道歉，消除影响。被告答辩称，原告的专利技术方案为公知技术，原告主要参考了我国台湾82202666号专利及美国4394029号专利的技术文献。不符合我国专利法有关取得专利权的条件，不构成对原告专利独占许可使用权的侵犯，故请求法院驳回原告的诉讼请求。被告在提交答辩状期间，还提供了该专利正处于撤销程序的证据。上海市第二中级人民法院根据被告申请，于2000年9月29日做出中止审理的裁定。2001年6月，国家知识产权局做出撤销原告专利权的审查决定。在该审查决定书中，国家知识产权局引用了于1946年7月17日公开的美国US-2439556号专利及1999年1月7日公开的WO-00290号专利技术文献。同年8月22日，国家知识产权局专利复审委员会受理了蔡某对上述审查决定书的复审申请。上海市第二中级人民法院于2001年11月6日恢复了此案的审理。法院认为被告滑板车刹车装置的技术特征在于：滑板车刹车装置由踏脚板、车轮定位架等构成，并在后轮定位上铰接车轮盖，车轮盖的内表面设置与后车轮配合的弧面，并设置一钢片以螺帽固定，保持车轮盖常态时与后车轮分离。根据1946年7月17日公开的美国

US-2439556 专利，被告出口的滑板车刹车装置所采用的是公知技术。因此，法院认为被告出口销售滑板车的行为未侵犯原告的专利独占许可使用权。法院依照《专利法》第五十九条第一款之规定，判决对原告某金属实业（深圳）有限公司的诉讼请求不予支持。①

二、焦点问题

此案例的焦点问题是：如何以公知技术为由争取抗辩优势。

公知技术是指在专利申请日之前，在国内外出版物上公开发表过、在国内公开使用过或者以其他方式为公众所知的技术方案，并且该技术方案不在另一项专利权的保护期限内，公众可以自由使用的技术。公知技术是已经进入到公有领域的技术方案，任何人均可以无偿实施。因此，本案中，法院正是在对比了被告的技术和公知技术后，得出了被告技术属于公知技术的结论，并据此判定被告的行为不构成侵权，驳回了原告的诉讼请求。

在我国的专利审查制度中，对实用新型和外观设计专利采取的是初步审查制度，即大量的实用新型和外观设计均没有经过实质审查便可以获得专利权。因此，实用新型和外观设计专利权人尽管获得了专利权，但该专利权的有效性是相对的，在他人提出有效证据证明该专利技术丧失创造性和新颖性的情况下，该专利权可能将被宣告为无效。因此，在专利诉讼中应用公知技术进行抗辩是司法实践中已经被采用了的一项否认侵权的抗辩原则。与应用专利无效申请程序进行抗辩相比，在专利诉讼中应用公知技术进行抗辩的好处在于人民法院不需要判断专利权是否有效，只需判断被控技术是否是公知技术，这样就避免了冗长的程序，节省了诉讼成本。

三、案例启示

在专利司法实践中，以公知技术抗辩是被告企业保护自己权益的有力武器，但企业在实施公知技术抗辩时要注意以下两个方面的问题。

（一）企业要正确理解公知技术界定的作用。企业在专利技术侵权纠纷案件

---

① 案件简介参考了北京市知识产权局组织编写的《专利纠纷案件评析》，知识产权出版社2004年版，第180页，并在此基础上重新进行了加工、整理。

中，不能用公知技术来攻击专利权的有效性。即用公知技术进行抗辩只能得出被控侵权产品是否构成侵权的结论，而不能得出专利权人的专利无效，法院不予保护的结论。因此，企业在专利技术侵权纠纷案件中，用公知技术进行抗辩所主张的只能是自己不构成侵权。

在司法实践中，绝大部分的被告企业以公知技术抗辩其不构成侵权的同时，往往都会主张原告的专利技术在专利申请前已丧失新颖性或者创造性，应被宣告为无效。而按照我国专利法的规定，对专利是否有效的结论应当由国家知识产权局专利复审委员会做出，而不是由审理案件的法院做出。因此，企业在主张原告的专利技术在专利申请前已丧失新颖性或者创造性，应被宣告为无效的，应当向国家知识产权局专利复审委员会提出，当事人不服专利复审委员会的决定，则可以向法院提起行政诉讼。被告企业不应当向审理专利侵权案件的人民法院提出要求确认专利的有效性问题。

（二）要合理使用专利无效申请的诉讼策略。按照最高人民法院的司法解释规定，在涉及实用新型和外观设计的专利侵权诉讼中，被告如果在答辩期内请求宣告专利权无效的，法院可以在审查后根据实际情况决定是否中止审理。根据最高人民法院的这一规定，当企业因涉及实用新型和外观设计的专利侵权诉讼时，应在答辩期内向专利复审委员会提出专利无效的申请，以中止原告诉讼正常进行，争取时间和在诉讼中的主动地位。

案例四：霍尼韦尔国际公司诉无锡亨利威精密制造有限公司商标侵权案

一、案例简介

原告霍尼韦尔国际公司（Honeywell International Inc.）（以下简称霍尼韦尔公司）作为"HONEYWEALL"注册商标的所有人，是一家大型跨国公司集团。该公司将"HONEYWEALL"作为商号已有80余年历史，并于1909年将"HONEYWEALL"作为商标进行商业使用，现已在世界100多个国家和地区进行了商标注册。霍尼韦尔公司在中国销售的产品涉及航空、自动化、特种化学、电子等领域，年销售额超过2亿美元。该公司自1981年起在中国申请注册"HONEYWEALL"和"霍尼韦尔"商标，先后在国际分类第1、7、9、11、41和42类分别进行了注册，并通过各种媒体进行大力持续宣传，使相关公众对"HONEYWEALL"商标具有一定了解。

被告无锡亨利威精密制造有限公司（以下简称亨利威公司）是美国亨利威国际科技股份有限公司（KINGPOWER OARBURETOR INTERNATIONAL TECH L.L.C）投资的外商独资企业，经营范围为生产销售化油器、液压传动装置、气动工具、机械精密加工件、电子产品等，2003年初经江苏省无锡市工商行政管理局核准，其中文名称由"亨利威（无锡）化油器有限公司"变更为"无锡亨利威精密制造有限公司"，同时其自行将英文名称变更为"WUXI HONEYWEALL PRECISIONMANUFACTURE CO. LTD"，并在其车间外墙、员工工作服、企业宣传册中突出使用了"HONEYWELL"字样。

据此，霍尼韦尔公司以亨利威公司构成商标侵权、不正当竞争为由向无锡市中级人民法院提起诉讼，申请法院认定"HONEYWELL"商标为驰名商标而加以特别保护。亨利威公司辩称，其企业中文名称"无锡亨利威精密制造有限公司"系经过工商管理部门核准登记，而英文名称中的"HONEYWELL"取自"亨利威"汉语发音的谐音，主观上没有恶意，也不知道侵犯了原告的权利。无锡市中级人法院经审理认为，霍尼韦尔公司在中国国家商标局核定的商品范围内依法享有"HONEYWELL"注册商标专用权。而且"HONEYWELL"商标具备《中华人民共和国商标法》第十四条规定的认定驰名商标应考虑的因素，可以认定其为驰名商标而加以特别保护。亨利威公司在车间外墙、员工工作服及宣传册上突出使用他人"HONEYWELL"驰名商标，已经超出"HONEYWELL"作为本企业英文名称使用的正常范围，使他人对其商品的来源产生混淆，造成相关公众的误认，构成了对霍尼韦尔公司注册商标专用权的侵犯。同时，霍尼韦尔公司在中国投资了十余家合资、独资企业，亨利威公司作为生产销售化油器、液压传动装置、电子产品的企业，理应知道在此领域已很知名的霍尼韦尔公司及在此类商品上已经注册的"HONEYWELL"商标，且该注册商标在本案中已被认定为驰名商标，亨利威公司将与他人已注册的驰名商标完全相同的字样用于企业英文名称中，足以引起相关公众误认为亨利威公司与商标注册人霍尼韦尔公司存在某种关联或者误解为同一市场主体，使他人对其商品的来源产生混淆，减低了"HONEYWELL"作为驰名商标指示商品来源惟一性的特有性的能力，而造成"HONEYWELL"驰名商标的淡化。另外，亨利威公司作为美国亨利威国际科技股份有限公司（KINGPOWER OARBURETOR INTERNATIONAL TECH L.L.C）投资设立的独资子企业，其中文名称沿用了母公司的"亨利威"字号，并且在中文名称由"亨利威（无锡）化油器有限公司"变更为"无锡亨利威精密制造有限公司"时，仍然保留中文"亨利威"的字号，却将"亨利威"对应的英文字号"KINGPOWER"自行翻译为"HONEYWELL"，这一行为有违一般企业名称设立、变更的常理，有恶意"搭便车"之意，亨利威公司抗辩"HONEYWELL"为"亨利威"拼音的谐音，其行为不存在故意的理由不能成立。亨利威公司在自行翻译中文企业名称时，未遵循诚实信用的原则和公认的商业道德，具有明显过错，构成不正当竞争。由于"HONEYWELL"商标在本案中被认定为驰名商标，而根据《中华人民共和国商标法实施条例》的规定，将他人驰名商标登记为企业名称是对他人注册商标专用权的侵犯，因此亨利威公司在企业英文名称中使用"HONEYWELL"字样的行为亦侵犯了他人注册商标专用权。据此，江苏省无锡市中级人民法院于2004年11月15日做出判决：①亨利威公司自本判决生效之日起立即停止在其企业英文名称中使用"HONEYWELL"字号；②亨利威公司自本判决生效之日起立即停止在其车间外墙、员工工作服及企业宣传册上使用"HONEYWELL"字样；③亨利威公司自本判决生效之日起十日内，赔偿原告霍尼韦尔公司经济损失人民币 5000 元。①

二、焦点问题

此案例的焦点问题是：将他人驰名商标登记为企业名称是否构成侵权。

企业名称与企业商标都属于知识产权的范畴，其知名度对于产品和市场都有着不可忽视的作用。商标和企业名称作为分别区分商品、服务来源以及市场主体的标志，其权利经法定程序确认，受商标法或者企业名称登记管理法规保护。相比较而言，普通商标的侵权认定较驰名商标更为严格，根据《最高人民法院关于审理商标民事纠纷案件适用法律若干问题的解释》第一条第二项中规定，只有"将与他人注册商标相同或者相近似的文字作为企业字号在相同或者类似商品上突出使用，容易使相关公众产生误认的"才构成给他人注册商标专用权造成其他损害的行为即侵权行为。"在相同或者类似商品上突出使用"显然是对普通商标的一个限制条件。而对于驰名商标则无此限制，《商标法实施条例》第五十三条规定，商标所有人认为他人将其驰名商标作为企业名称登记，可能欺骗公众或对公众造成误解的，可以向企业名称登记主管机关申请撤销该企业名称登记。这就是说，对驰名商标只要达到"可能欺骗公众或对公众造成误解的"的情形就构成侵权。本案中被告亨利威公司将"HONEYWELL"商标仅作为企业英文名称中的字号而未在商品上使用，此行为如果是普通商标的话，就不构成给他人注册商标专用权造成其他损害的行为，就不是侵权行为。但该案原告霍尼韦尔公司从驰名商标的角度提出法律保护，这样就有足够的法律依据认定被告亨利威公司侵犯了原告的注册商标专用权。

三、案例启示

（一）企业在诉讼中要重视通过申请驰名商标，争取特殊保护

在我国，商标注册人请求保护其驰名商标权益的，既可通过行政途径向国家工商行政管理总局商标局提出申请，也可通过司法途径在提起商标侵权诉讼中向

---

① 该案件来源于江苏省无锡市中级人民法院［2004］锡初字第 61 号判决（2004 年 11 月 5 日）。该案件当事人双方未上诉。

人民法院提出申请。如果案件已经起诉到法院，企业就应当以该争议的商标为驰名商标请求法院确认，并主张驰名商标的特殊保护。因为法院对于驰名商标的认定严格遵循被动认定原则，即人民法院是根据当事人的请求对涉及的注册商标是否驰名做出认定，如果企业在提起诉讼后不申请法院认定驰名商标，法院则恪守中立，不主动启动认定驰名商标程序。这样，如果该商标确实属于驰名商标，由于权利人未主张权利，则丧失了特殊保护。

（二）注意驰名商标的特殊保护程序

第一，如果企业要提起确认驰名商标的诉讼，权利人必须先到有管辖权的法院就商标纠纷进行起诉，目前有权审理此类案件的是各地中级人民法院。第二，在诉讼中，当事人关于认定驰名商标的请求是作为审理案件需要查明的事实来看待的，不构成一项诉讼请求。因此，当事人应当按照《商标法》第十四条的要求向人民法院提供相应的证据。法院经过审查认为符合驰名商标的标准则做出认定，并根据认定结果做出该案件的判决。第三，在司法审判程序中，驰名商标的认定是作为一项事实在诉讼中予以调查，那么对方当事人如果有异议是可以提出上诉的。

案例五：宝洁公司诉上海晨铉科贸有限公司恶意抢注域名案

一、案例简介

美国宝洁公司是"safeguard/舒肤佳"商标的合法拥有者，1994年6月，宝洁公司在中国取得了注册商标专用权，核定使用商品为第3类肥皂、护发制剂等，宝洁公司还在中国注册了"舒肤佳"、"safeguard"及其组合的多个商标，许可其在中国投资组建的广州宝洁公司和天津宝洁公司在香皂、沐浴露等产品上使用其"safeguard"、"舒肤佳"及"safeguard/舒肤佳"等商标。该系列产品在我国市场上获得了很高的知名度和市场占有率。2000年，国家工商行政管理局将"safeguard/舒肤佳"注册商标列为全国重点保护商标之一。

1999年1月，上海晨铉科贸有限公司（后更名为上海晨铉智能科技发展有限公司，以下简称晨铉公司）向中国互联网络信息中心申请注册了"safeguard.com.cn"域名。宝洁公司认为晨铉公司的行为是恶意注册和"搭便车"的不正当竞争行为，容易使网上公众误认为晨铉公司与宝洁公司及其"safeguard"商标之间有关联，损害了宝洁公司的合法权益，于是，向上海市第二中级人民法院提起诉讼，请求法院判令晨铉公司停止使用并撤回已注册的"safeguard.com.cn"域名；宝洁公司主张"safeguard"商标系驰名商标，要求根据《保护工业产权巴黎公约》等有关规定，制止晨铉公司的不正当竞争行为。晨铉公司则辩称，宝洁公司的"safeguard"商标并非驰名商标；晨铉公司的经营范围中包括"安防系统的设计安装维修"，"安防"的英文表述为"safeguard"，所以，晨铉科贸有限公司注册"safeguard.com.cn"域名属善意在先注册，并非恶意抢注行为。

上海市第二中级人民法院经审理判定："safeguard"在市场上享有广泛知名度，而被告对"safeguard"不享有任何合法权益，晨铉公司属于恶意注册，其注册的"safeguard.com.cn"域名无效，应立即停止使用，并于判决生效之日起十五日内撤销该域名。

晨铉公司不服一审判决，向上海市高级人民法院提出上诉。上海市高级人民法院认为，"safeguard"系驰名商标，晨铉公司注册系争域名有明显过错，造成公众对双方当事人关系的误认。2001年7月5日，上海市高级人民法院经审理判决驳回上诉，维持原判。①

二、焦点问题

此案例的焦点问题是：对域名的注册使用是否侵犯他人的商标权。

《最高人民法院关于审理涉及计算机网络域名民事纠纷案件适用法律若干问题的解释》（以下简称《解释》）已经做出明确的规定。其第四条规定了认定被告注册、使用域名等行为构成侵权或者不正当竞争必须同时符合以下四个条件：(1)原告请求保护的民事权益合法有效；(2)被告域名或其主要部分构成对原告驰名商标的复制、模仿、翻译或者音译；或者与原告的注册商标、域名等相同或者近似，足以造成相关公众的误认；(3)被告对该域名或其主要部分不享有权益，也无注册、使用该域名的正当理由；(4)被告对该域名的注册、使用具有恶意。根据这一规定，在对域名的注册使用是否构成侵犯他人商标权，有两个关键环节：一是原告的商标必须是驰名商标；二是必须具有恶意。

此案是上海法院受理的第一起计算机网络域名与商标相冲突的案件，也是人民法院在诉讼中认定驰名商标的首例生效判决。从世界范围来看，驰名商标主要由法院或者商标注册机关在具体案件中进行个案认定。关于具有恶意的证明，必经具有下列情形之一：①为商业目的将他人驰名商标注册为域名的；②为商业目的注册、使用与原告的注册商标、域名等相同或近似的域名，故意造成与原告提供的产品、服务或者原告网站的混淆，误导网络用户访问其网站或其他在线站点的；③曾要以高价出售、出租或者以其他方式转让该域名获取不正当利益的；④注册域名后自己并不使用也未准备使用，而有意阻止权利人注册该域名的；⑤具有其他恶意情形的。值得注意的是，被告举证证明在纠纷发生前其所持有的域名已经获得一定的知名度，且能与原告的注册商标、域名等相区别，或者具有其他情形足以证明其不具有恶意的，人民法院可以不认定被告具有恶意。

三、案例启示

（一）要重视域名注册前的商标查询。按照《中国互联网络域名注册暂行管

---

① 案件来源：吕国强、朱丹：《P&G公司诉上海晨铉智能科技发展有限公司不正当竞争案》，中国知识产权司法保护网，2002年8月6日。

理办法》的规定，申请注册域名不得使用他人已在中国注册过的企业名称或者商标名称。各级域名管理单位不负责向国家工商行政管理部门及商标管理部门查询用户域名是否与注册商标或者企业名称相冲突，是否侵害了第三人的权益。任何因这类冲突引起的纠纷，由申请人自己负责处理并承担法律责任。因此，虽然进行域名查询不是域名注册的必要条件，但是，企业最好在域名注册前进行商标查询，避免不必要的麻烦。

（二）要尽可能将本企业拥有的商标或商号注册为域名。域名就是互联网络上识别和定位计算机的层次结构式的字符标识，与该计算机的互联网协议（IP）地址相对应，其本身并没有任何商业价值，但随着电子商务的发展，其已成为企业商品、服务的"电子商标"，代表了商誉，是一种可以创造巨大利益的无形资产。企业最好将自己的商标或者商号注册成域名，这样网上公众就很容易通过域名了解到企业的产品、服务或其他一些经营情况，对提高企业的知名度，扩大市场十分有利。在信息时代，域名的价值凸显出来，越是有知名度的商标，以其命名的域名知名度就越高，被访问到的机会就越多，则拥有的商机也就越多。

案例六：枝江某化工有限责任公司专利申请权纠纷案

一、案例简介

2003年2月，枝江某化工有限责任公司（以下简称"化工公司"）通过一年多的工作，对"氧化铁黑的生产方法"这一工艺方法的研究工作基本结束，在进行工业化生产之前，收集相关的资料准备申请专利，在专利检索的过程中，化工公司发现已经有"氧化铁黑的生产方法"的专利申请，而申请人是于2002年2月已经离职的化工公司研究中心原来的主任张某。张某在化工公司任职期间曾负责公司的科研开发工作，参与了公司很多科研项目的研究开发，其中"氧化铁黑的生产方法"是张某主持的研究开发项目，该项目代表着化工公司的发展方向。张某因故于2002年2月离职，离职后在2002年6月申请了"回收铁粉还原法制氨基苯酚工艺中副产物制备氧化铁黑的方法"（以下简称"氧化铁黑的生产方法"）发明专利，该专利于2002年12月公开。与化工公司准备申请专利的技术内容基本相同。

化工公司得知张某以个人名义申请此项专利后，多次与其协商未达成协议。于是化工公司向宜昌市知识产权局提出了专利申请纠纷调解请求：请求专利申请权应归化工公司；考虑到张某对此项成果的研制成功起到了一定的作用，愿意对其支付相应的报酬。在调解时化工公司提供了张某外出联系业务的差旅费报销凭证、化工公司的立项报告等相关证据，张某对此予以认可。化工公司也承认张某在此项技术的研发过程中做出了一定的贡献，张某作为此项专利申请的发明人符合事实，化工公司愿意根据专利法的规定给予张某合理的报酬。

最终双方当事人在宜昌市知识产权局主持下达成了和解协议："氧化铁黑的生产方法"发明专利申请权人为化工公司；化工公司支付张某一次性报酬10000元；此项专利的专利申请人变更手续由张某协助化工公司办理，变更费用由化工公司支付。①

---

① 案件简介参考了北京市知识产权局组织编写的《专利纠纷案件评析》，知识产权出版社2004年版，第259页，并在此基础上重新进行了加工、整理。

二、焦点问题

此案例的焦点问题是：如何界定职务发明。

本案是一起专利申请权纠纷，在判定发明专利申请权的归属时，除合同有约定的以外，主要看发明人在完成发明时是否为执行本单位的职务或者主要利用本单位的物质条件。《专利法》第六条、《专利法实施细则》第十一条规定：执行本单位的任务所完成的职务发明创造是指退职、退休或者调动工作后一年内做出的，与其在原单位承担的本职工作或者原单位分配的任务有关的发明创造。而本案争议的焦点是张某离职后一年内完成的"氧化铁黑的生产方法"是否与其在原单位承担的本职工作有关。从案件事实来看，"氧化铁黑的生产方法"是化工公司的发展方向和研究项目之一，是张某在离职前主持的项目，张某身为项目主持人可以比较方便的接触到有关"氧化铁黑的生产方法"的技术资料，为其在离职后继续进行开发研究打下了一定的基础，因此，张某在离职后一年内完成的"氧化铁黑的生产方法"与其在化工公司承担的本职工作有关。因此，张某的发明属于职务发明创造，按照专利法规定，职务发明创造申请专利的权利属于该单位，申请被批准后，该单位为专利权人。

三、案例启示

（一）企业应加强知识产权管理，避免知识产权流失。随着市场经济的不断发展，科技人员的流动越来越多，企业中掌握核心技术的科研人员的流失往往会给企业造成很大的经济损失。一旦他们将手中掌握的技术申请专利并得到批准，原企业不仅要付出相应的使用费，而且无法控制技术的扩散，使企业处于非常被动的地位，并有可能导致企业投入的大量人力、物力和财力得不到回报。因此，企业应加强知识产权的管理，制定相应的有关知识产权的规章制度，将可以申请专利的技术以专利的形式进行保护，同时加强企业商业秘密，技术秘密的管理，避免知识产权的流失。

（二）企业应当依法保护职务发明创造的发明人或者设计人的权益。尽管职务发明创造申请专利的权利由单位享有，而且获得批准以后专利权也由单位享有，但是，我国专利法规定，被授予专利权的单位应当对职务发明创造的发明人或者设计人给予奖励；发明创造专利实施后，根据其推广应用的范围和取得的经济效益，对发明人或者设计人给予合理的报酬。此外，发明人或者设计人有在专利文件中写明自己是发明人或者设计人的权利。因此，企业应当依法对职务发明创造的发明人或者设计人的权利给予很好的保护，以此来调动科研人员的积极性。

案例七：海信商标遭抢注案

一、案例简介

海信集团在 1992 年创设了"海信/Hisense"商业标志，1993 年 12 月 14 日在中国获得注册，并正式作为商标和商号使用。通过多年的精心培育，"Hisense"、"海信"已经成为国内外知名品牌，1999 年 1 月 5 日被中国国家工商总局商标局正式认定为驰名商标。博世—西门子公司（以下简称博西公司）于 1999 年 1 月 11 日，在德国注册了"HiSense"商标，博西公司以此为基础，在 1999 年 7 月 6 日，申请了马德里国际商标注册和欧共体商标注册，并以 1999 年 1 月 11 日在德国注册了"HiSense"商标为由，要求了优先权。由于博西公司的商标"HiSense"与海信集团的"Hisense"商标只在中间的字母"S"处有微小区别，就导致了海信集团的"Hisense"商标在欧盟地区无法注册。

海信集团认为，"Hisense"作为海信集团（含所属各公司）的商标，是海信重要的知识产权，博西公司的行为是"恶意抢注"。而博西公司与西门子（中国）公司就此做出了否认，西门子公司指出，博西公司按照法律规定在欧盟和其他一些国家注册的"HiSense"商标，是多年来用于销售高端家电产品的"Hi"系列商标之一，并非"恶意抢注"。西门子（中国）公司也表示，目前西门子把"HiSense"商标主要用于洗碗机，在欧盟主要国家都有销售。"HiSense"商标根本没有用于彩电、空调等，这与海信集团的商标产品没有多大的关联性，也不存在直接的竞争。

从 2002 年底开始，海信集团与博西公司就商标抢注和转让问题正式进行磋商。2003 年 9 月 10 日，博西公司给海信集团正式透露商标转让价格，要价上千万欧元。海信集团回复对方愿意出 5 万欧元作为其注册的补偿。2004 年 2 月 19 日，博西公司正式确认，要求海信集团支付商标转让价格为 4000 万欧元。而对于博西公司的要价，海信集团认为不公平，只愿意给注册费用。2004 年 10 月 20 日，德国博西公司的代表，江苏博西家用电器销售有限公司副总裁 Weber Bernhard 前往青岛，与海信集团进行洽谈。博西公司称，鉴于海信多次在德国参加科龙电子展、柏林家电展中使用"Hisense"，西门子已在德国起诉海信侵权。双方协商交涉两年未果，进入法律程序。海信集团在 2004 年 12 月 3 日向德国官方提交了撤销博西公司"HiSense"商标的申请。① 最终经过多方努力，这起纠纷以和解告终。2005 年 3 月 6 日，中国海信集团与德国博世—西门子家用电器集团在北京共同发表联合声明称，经过充分磋商，终于在商标争议问题上达成和解协议。博西公司同意将其根据当地法律在德国及欧盟等所有地区注册的"HiSense"商标一并转给海信集团，同时撤销针对海信集团的商标诉讼，海信集团亦收回撤销针对博西公司的所有商标注册申请。②

二、焦点问题

此案例的焦点问题是：如何应对商标遭遇域外抢注。

按照国际惯例，商标保护具有地域性，即依一国商标法获得核准注册的商标仅在这一国范围有效，若想使商标在其他国家获得保护，需要在其他国家进行注册。目前世界上大多数国家和地区都采取注册在先的原则，即谁先在该国和该地区注册商标，谁就拥有商标的专用权。这就意味着商标一旦在域外被他人抢注成功，被抢注商标的企业就不得在该国或者该区域内使用此商标，否则构成侵权。企业的商标被抢注后，被抢注商标的企业可以选择放弃原商标另创品牌，或者是高价回购，或者是通过法律途径撤销被抢注的商标，但是这些措施都可能增加企业的经营成本，延缓其产品占据市场的时间，降低市场份额，阻碍企业的发展。本案中，博西公司还是通过注册"HiSense"商标，使海信集团的等离子电视、液晶电视、变频空调等产品不能"名正言顺"地进入欧盟市场。海信集团则通过多方努力与对方达成和解，回购了"HiSense"商标。

三、案例启示

（一）企业应重视商标域外注册。通过商标抢注制造知识产权纠纷，已成为某些跨国公司对中国企业进入欧美市场设置贸易壁垒的一种新形式。我国企业在应对这种新贸易壁垒时应当加大对境外商标品牌的管理。海信商标在德国被抢注

---

① 以上事实来源于《西门子抢注海信商标，中国品牌国际化遭遇阻击——新闻回放：海信、西门子六年博弈》，人民网，2005 年 2 月 28 日。

② 以上事实来源于《海信西门子商标争议和解》，网易。

绝非个案。据统计，目前中国内地已有15%的企业商标在境外申请注册时遭抢注。① 这些行为给被抢注企业造成很大损失，使其开拓市场举步维艰。中国企业商标尤其是驰名商标、知名商标和原产地保护产品名称是境外抢注的热门。国外企业抢注行为之所以得逞，正是利用中国企业在国外未进行商标注册的市场盲点。因此，中国企业的品牌管理者应具有国际视野，对品牌的海外法律生存权应有所规划，企业要在被确定为驰名商标时立即在主要国际市场，如北美、欧洲提出注册申请，这样就可以有效避免以后发展受到阻碍；同时企业内部也要建立监视保护机构，对可能发生的侵权事件进行预防。

（二）企业对域外恶意抢注行为要及早提出撤销申请。企业在知悉商标遭域外抢注时，应当积极收集资料，尽快提出撤销申请，也可以联合其他被抢注企业共同提出撤销申请，以营造维权气势，这样即使不能成功也可以作为和解时的砝码。根据《保护工业产权巴黎公约》及《与贸易有关的知识产权协定》中的相关内容，驰名商标是受到特别保护的，如果能够证明对方是对驰名商标的"恶意抢注"，则会有力地支持撤销申请，而且在和解中也能掌握主动权。

---

① 《海信称Hisense商标在海外遭西门子恶意抢注》，http://www.sina.com.cn，2004年9月10日。

下篇

企业知识产权管理制度与合同参考文本

第九章　企业知识产权管理制度参考文本

目　录

一、企业知识产权管理规定

二、企业专利管理办法

三、企业商标管理办法

四、企业商业秘密管理办法

五、企业计算机软件著作权管理办法

六、企业知识产权管理评价办法

七、企业知识产权管理奖惩办法

八、企业知识产权重大事项预警管理办法

使用说明

本部分所列《企业知识产权管理制度参考文本》（以下简称《参考文本》）以面向不同所有制、各种不同规模、不同产业分布的企业为立足点，针对企业知识产权管理中的共性、普遍性问题，力求为各类企业在知识产权管理制度方面提供原则性指导。

各企业在借鉴本《参考文本》时，要紧密结合企业自身具体实际情况，吸收采纳其中的积极因素，创新企业的管理制度。一是不必拘泥于本《参考文本》中各组织机构、管理环节等具体名称，而应结合企业历史和现实管理架构、管理风格和企业文化，确定适宜的管理机构和管理环节，关键是明确责任，形成管理合力；二是不必受限于本《参考文本》所列管理对象和内容，而应从企业所在行业、产业和企业具体竞争环境的实际出发,确定应纳入管理的对象和内容,将事关企业发展的各项知识产权进行全方位有效管理;三是不必照搬本《参考文本》所设定的管理程序和流程设计,而应结合企业管理机构设置、管理流程体系,改进和优化管理程序和流程,提高管理的控制力。总之,各企业要因企、因时、因地制宜,增减管理内容和事项,做到各项管理责任明确、措施具体、流程有效,切实落实制度要求,提高企业知识产权管理工作的效率和效益。

下篇 企业知识产权管理制度与合同参考文本

一、企业知识产权管理规定

第一章 总 则

第一条 为规范企业知识产权工作，促进技术创新和形成自主知识产权，防范和化解知识产权风险，提高综合竞争能力，根据《中华人民共和国专利法》、《中华人民共和国商标法》和《中华人民共和国著作权法》等法律法规、规章，制定本规定。

第二条 本规定适用于本企业和所属全资公司、控股公司（以下简称"所属单位"）。

参股公司参照本规定执行。

第三条 本规定所称知识产权，主要包括：

（一）专利；

（二）商标、商号；

（三）著作权（含计算机软件、集成电路布图设计）；

（四）商业秘密；

（五）法律法规规定（或认定）的其他知识产权。

第四条 知识产权工作遵循统一领导、分工负责、加强管理、注重保护的原则。

第二章 管理机构和职责

第五条 企业设立知识产权工作领导小组（或知识产权管理委员会）。企业法定代表人（或分管知识产权的企业负责人）担任领导小组组长，成员应由计划、财务、人事、法律、科技、外事等综合部门负责人和研发、采购、生产、销售等专业部门负责人共同组成。

第六条 领导小组是企业知识产权工作的决策机构。其主要职责是：

（一）研究审定企业知识产权战略、中长期规划、年度计划；

（二）审议制定企业知识产权工作的基本制度；

（三）研究确定企业年度知识产权工作经费预算并审议预算执行情况；

（四）审查批准企业知识产权工作奖惩方案；

（五）决定企业知识产权工作的预警事项和实施方案；

（六）研究确定重大纠纷、诉讼事项的应对方案；

（七）负责与政府、协会进行协调沟通；

（八）研究决定企业知识产权工作其他重大事项。

第七条 企业知识产权工作领导小组下设办公室。办公室主任由企业知识产权管理部门负责人担任，办公室成员由领导小组成员单位工作人员组成。日常工作机构设在企业知识产权管理部门。

第八条 领导小组办公室负责企业日常知识产权工作的组织和协调。其主要职责是：

（一）组织编制企业知识产权战略、中长期规划、年度计划；

（二）组织协调起草企业知识产权工作的基本制度；

（三）组织编制企业年度知识产权工作经费预算并向领导小组汇报预算执行情况；

（四）组织编制企业知识产权工作奖惩方案；

（五）组织协调落实企业知识产权工作重大预警事项实施方案；

（六）协调组织重大纠纷、诉讼事项的应对；

（七）组织对企业负责人、各级管理人员和员工的培训工作；

（八）组织有关知识产权法律政策的宣传、普及工作；

（九）组织协调企业知识产权成果的动态管理和保护工作；

（十）负责组织协调企业知识产权运营，做好转让、许可、投融资等工作；

（十一）协调各职能部门、业务部门，做好知识产权落实工作。

第九条 企业各职能部门、各专业部门负责在各自职责范围内落实领导小组的决策，做好知识产权工作。

第十条 企业所属单位主要负责人是所在单位知识产权工作第一责任人。各单位要明确管理部门，设立专人专岗负责知识产权管理工作。

第三章 权利归属

第十一条 企业员工完成的下列智力劳动成果归属企业所有（注：本条也可考虑直接引用《专利法》第六条和《专利法实施细则》第十一条的相关条文规定）：

（一）执行本单位任务；

（二）主要利用本单位的物质、技术条件；

（三）与其从事工作和业务相关。

企业员工非上述范围的智力劳动成果，企业在同等条件下享有优先受让权。

第十二条 企业委托或与外单位合作进行人才培养、科研开发和生产经营活动所形成的智力劳动成果，应在合同或者协议中明确知识产权归属。

第十三条 员工在退休、退职、调出本单位或以其他方式解除劳动关系后一年内做出的，与其在本单位从事的工作和业务相关的智力劳动成果归企业所有。

第四章 管理与保护

第十四条 企业应对知识产权进行全过程管理与保护，重点加强知识产权创造、应用、产业化和市场营销等环节的组织与控制。

第十五条 企业在知识产权创造环节应加强立项、查新、研发记录和知识产权归属的管理。

第十六条 企业在知识产权应用环节应加强成果的验收保密、确权保护、成果发布、实施许可与转让和动态维护的管理。

第十七条 企业在产业化环节应及时跟踪分析产业知识产权动态，参与行业、国家及国际标准制定，实施产业联盟，运用知识产权策略，构筑企业知识产权资源优势。

第十八条 企业在市场营销环节应加强市场监测，避免侵权，有效维权，关注竞争动向，制定应对措施，及时反馈市场需求信息，促进源头创新。

第十九条 企业应建立重大知识产权预警机制，对技术研发、应用、销售等过程中可能存在的知识产权风险做出及时预警。

第二十条 企业要妥善处理内部知识产权争议，做好论证分析，正确选择和解、仲裁、诉讼等方式，积极应对外部知识产权纠纷、诉讼。

第二十一条 企业应在劳动合同中订立知识产权和竞业禁止条款，明确员工负有保护企业知识产权、不得侵犯他人知识产权的义务。

第二十二条 企业应设立知识产权专项经费，纳入年度预算，用于知识产权的开发、奖励、培训、宣传等工作。

第五章 评价与奖惩

第二十三条 企业实行知识产权管理年度评价制度。对发展战略、组织机构、管理制度、管理措施和管理成果等指标进行评价。

第二十四条 企业知识产权管理评价结果是考核企业各部门和所属单位经营管理与技术创新工作的主要依据。

第二十五条 企业实施对知识产权的完成人、在知识产权工作中做出重大贡献的部门、单位和人员奖励制度。

企业依据评价结果对各部门和所属单位及负责人进行奖惩；依据成果的认定评级对知识产权完成人进行奖励。

第二十六条 奖惩采用奖励与惩处相结合、物质与精神相结合、个人与集体相结合、一次与多次相结合的方式。

第二十七条 企业及所属单位人事部门应把知识产权的获得、实施、获益、获奖及保护情况记入员工档案，作为职务、职称晋升及业绩考核的依据。

第二十八条 企业应树立侵权可耻、维权光荣的理念。企业员工对违反本规定，侵害企业知识产权的行为应及时制止，并向有关部门举报。

企业对举报人员负有保密义务并予以奖励。

第二十九条 企业对违反本规定的员工视情节轻重予以处罚，触犯法律的依法追究法律责任。

第六章 附 则

第三十条 企业知识产权管理部门依据本规定制订各专项管理办法，报知识产权工作领导小组审定。

第三十一条 本规定由企业知识产权工作领导小组办公室负责解释。

第三十二条 本规定自发布之日起实施。

二、企业专利管理办法

第一章 总 则

第一条 为规范企业专利管理工作，鼓励员工发明创造，保护发明创造专利权，促进专利的应用，根据《中华人民共和国专利法》等法律法规和《企业知识产权管理规定》，制定本办法。

第二条 本办法所称的专利是指：

（一）《中华人民共和国专利法》中规定的发明、实用新型和外观设计专利；

（二）依法在中国或者其他国家及地区享有的专利申请权和被授予的专利相关权利。

第三条 本办法适用于本企业和所属全资公司、控股公司（以下简称"所属单位"）。

参股公司参照本办法执行。

第四条 企业专利管理遵循统一管理、注重保护、加强运营、有效奖惩的原则。

第二章 权利归属

第五条 企业员工完成的下列专利归属企业所有：

（一）执行本单位任务；

（二）主要利用本单位的物质技术条件；

（三）与其从事工作和业务相关。

企业员工非上述范围的专利，企业在同等条件下享有优先受让权。

第六条 企业委托或与外单位合作进行人才培养、科研开发和生产经营活动所形成的专利，应在合同或协议中明确专利权归属。

第七条 员工在退休、退职、调出本单位或以其他方式解除劳动关系后一年内做出的，与其在本单位从事的工作和业务相关的专利归企业所有。

第三章 管理与保护

第八条 企业对专利实行集中统一的管理方式。企业××部是企业专利的归口管理部门，负责执行企业的专利管理制度，监督、指导所属单位的专利管理工作；负责企业专利的申报、评级、维持、终止工作；负责企业专利档案的管理工作。

第九条 企业对专利经费实行统一预算管理、分级拨付使用。经费用于专利战略制定，专利技术调查，专利申请、审查、维持，专利代理，专利评级，奖励，培训，纠纷处理等。

第十条 企业应在技术创新活动中加强相关技术领域中的专利调查、分析及相应的对策研究，使之在企业科技发展战略制定、科研管理工作中发挥有效的作用。

第十一条 企业应在技术创新活动中持续跟踪相关技术发展动态，分析竞争对手的专利状况，及时调整研究方向，防止重复研究，避免侵犯他人专利。

第十二条 企业对具备申请专利条件并适于采用专利形式保护的新技术或者新产品，应及时申请专利。专利申请受理前不得公开发表论文、公开使用、公开展示、销售产品、提供样品或者样机。专利申请受理后方可进行项目验收（成果鉴定）、申报奖励。

第十三条 企业对涉及国家安全、国防和国家重大利益的发明创造，应遵循国家有关保密规定办理。

第十四条 企业应对授权专利根据技术水平，对企业生产经营的重要性和预期经济效益等经济技术指标进行评级管理。评级作为动态管理和奖惩的依据。

第十五条 企业在引进国内开发的专利技术时，引进项目的主管部门应要求技术提供方提交有关该技术国内外专利法律状况、专利侵权分析、市场前景等内容的分析报告，并对其进行综合分析，将分析结果以书面形式报企业××部审核。

企业××部审核后出具书面材料，反馈给引进项目的主管部门，作为立项、签约及市场销售的依据之一。

第十六条　企业在引进国外专利技术时，引进项目的主管部门应要求技术提供方提交有关该技术国内外专利法律状况、专利侵权分析、市场前景等内容的分析报告，并对其做出有关专利在世界范围内的法律状态综合分析，将分析结果以书面形式报企业××部审核。

企业××部审核后出具书面材料，反馈给引进项目的主管部门，作为立项、签约及市场销售的依据之一。合同签约后，引进单位要定期跟踪查询引进专利的法律状态。

第十七条　企业在向国外出口技术、产品及应用他人技术、产品对外承担项目前，承办单位需就相关技术对出口国和地区的专利进行专利法律状态分析，并将分析结果报企业××部审批。

第十八条　企业要加强研究开发过程的技术档案管理，加强专利投入、产出的记录与考核，逐步开展专利资产评估，将其纳入财务核算体系，作为经营决策的依据。

第十九条　企业员工对未申请专利、已申请专利但尚未公开的职务发明创造的技术信息承担保密义务。

第二十条　企业应与涉及保密专利的人员签订保密协议，明确在解除劳动关系后三年内不得以个人或其他名义申请相关的专利。其间，所在单位应对当事人给予适当的经济补偿。

第二十一条　企业对外签订经济技术合同时，应明确双方对新的发明创造的知识产权归属，避免接受限制企业发展与技术进步的不合理要求。

第二十二条　企业应注意跟踪分析相关市场信息，及时发现并制止侵犯企业专利权的行为。

第四章　申请、维持与终止

第二十三条　企业转让专利申请权需报企业××部审批并办理相关的法律手续。

第二十四条　企业专利申请程序：

（一）企业员工的职务发明创造申请专利时，发明人（设计人）需填报"企业专利申请审核报告书"，提交专利申请技术交底书，送交企业××部审核。

（二）企业××部对专利申请内容进行审核、确定专利申请种类和策略，将审核结果及时通知发明人（设计人）。

（三）企业××部委托专利代理机构，向专利机关提出申请。

（四）企业就某项技术申请国外专利时，应在国内申请日起 10 个月内，填报《申请国外专利审核报告书》，报企业××部审批。

第二十五条 企业××部应自发明专利授权日起第二年，实用新型专利授权日起第三年，组织发明人或完成单位对专利维持、放弃做出决定并办理有关手续，之后每年办理一次。

第二十六条 企业××部应自国外专利授权后，在每次向授权国缴纳维持费或年费前三个月，组织发明人或完成单位对专利维持、放弃的决定并办理相关手续，之后每年办理一次。

第二十七条 企业××部负责专利证书与授权文本的归档管理，发明人、设计人或完成单位可根据需要持有专利证书的复印件。

第五章 实施与运营

第二十八条 企业应积极组织自有专利的推广实施。鼓励并扶持所属单位实施企业自有专利。

第二十九条 企业专利的许可与转让应进行经济、技术、法律论证，报企业××部审核批准。

第三十条 企业专利的许可、转让权益，由企业享有。

第三十一条 企业专利的许可与转让贸易，按《中华人民共和国合同法》等有关法律规定签订书面合同并依法办理相关手续。

第三十二条 企业利用自有专利投资，须进行经济、技术、法律论证，并在投资协议中明确专利权归属。

第六章 奖励与惩处

第三十三条 企业对专利的发明人或设计人在专利申请受理后给予奖励。奖励金额为：发明专利××元/件、其他专利××元/件。

第三十四条 企业对授权专利应依据专利评级的结果给予奖励。奖励金额为：一级专利××元/件、二级专利×元/件。

第三十五条　企业应建立专利实施效益评估机制。在专利有效期限内实施企业拥有的专利时，每年依据实施该项专利给企业新增的经济效益，对专利发明人或设计人给予不低于新增经济效益××%的报酬。

第三十六条　企业每年对专利的发明人或设计人，在专利管理与保护工作中做出突出贡献的部门和人员给予表彰奖励，并记入档案，作为业绩考核及职务、职称晋升的重要依据。

第三十七条　企业未按国家规定实行奖酬的，发明人或设计人有权请求执行，并向企业××部申诉。

第三十八条　企业对发明人、设计人、管理人员违反本办法，给企业造成损失的下述行为，视情节轻重，予以处罚：

（一）科研成果未及时申请专利造成知识产权流失的；

（二）未采取有效措施造成专利权丧失的；

（三）以个人或他人名义将职务发明创造申请专利的；

（四）侵犯他人专利权，给企业造成损失的；

（五）引进和出口技术、产品中的违规失职行为，给企业造成损失的。

第七章　附　　则

第三十九条　本办法由企业××部负责解释。

第四十条　本办法自发布之日起实施。

三、企业商标管理办法

第一章　总　　则

第一条　为加强商标管理，保护企业商标专用权，保障企业生产、经营的合法权益，促进企业商标管理的规范化、制度化，根据《中华人民共和国商标法》和有关法律法规，制定本办法。

第二条　本办法所称商标，是指企业在提供技术、产品、经营服务过程中，为区别于其他企业而使用的标识，主要包括企业标识、业务标识、品牌及其他有形标识、商号等。

第三条　本办法适用于本企业及所属全资企业、控股公司（以下统称"所属单位"）。

参股公司参照本办法执行。

第四条　企业商标管理遵循统一管理、分级负责、讲求策略、加强运营、注重保护的原则。

第五条　企业应明确商标权利归属。企业及所属单位投资形成的商标统一归本企业所有（或分属各投资法人所有），所属单位经许可后方可使用。

第二章　商标管理机构和职责

第六条　企业知识产权工作领导小组对企业商标实行统一领导，研究决定企业商标管理与保护方面的重大事项。主要包括：

（一）审定企业整体商标品牌战略及实施安排；

（二）审定企业商标管理基本制度；

（三）决定企业国内外商标注册、许可、放弃等重大事项；

（四）审定企业商标重大侵权维权及纠纷案件处理方案；

（五）审定企业商标管理经费预算方案和执行情况。

第七条　企业××部是企业商标的归口管理部门。其主要职责是：

（一）宣传贯彻国家商标法和有关法律法规；

（二）负责企业商标管理制度的制定、实施；

（三）研究制订企业整体品牌战略及实施管理办法；

（四）负责企业商标侵权维权及纠纷案件管理工作；

（五）监督、指导所属单位的商标管理工作；

（六）负责企业商标的申报、注册、宣传、续展、转让、使用许可运营等方面的审核；

（七）负责企业商标档案、信息管理；

（八）负责与商标行政管理部门的联络；

（九）企业商标日常管理及其他相关工作。

第八条　企业应根据所提供商品和服务特点、国际国内目标市场状况、企业组织形式和产业分布等特点，统筹国内国际，兼顾现实和长远发展，制定有效的商标策略。

第九条　企业商标策略应坚持先注册、后使用原则，明确企业主商标与单一商标关系，综合运用地理标识、集体商标、证明商标等方式，做好商标防御注册和驰名商标建设工作。

第十条　企业对商标经费实行统一预算管理、分级拨付使用。经费主要用于商标注册申请、维持、代理，品牌战略制定与实施及宣传，商标侵权维权及纠纷案件处理等。

第十一条　企业在对外签订商标经营合同时，要明确双方的权利义务，避免接受限制本企业品牌发展的不合理条款。

第十二条　企业要注重跟踪与本企业相关的商标市场信息，及时发现和处置侵犯企业商标权利的行为。

第三章　商标的设计、申请、注册程序

第十三条　企业在设计推出新的商标前，必须同时考虑商标的可注册性。申请注册的商标，应符合《中华人民共和国商标法》相关规定。

第十四条　企业在委托有关机构设计商标时，应在合同中对设计成果的所有权、著作权等权利归属，以及被第三方指控侵权时的应诉责任和赔偿责任等进行明确约定，做到规范合法，避免发生侵权纠纷和其他损失。

第十五条　企业进行商标注册，应对拟准备注册的国家和地区、国际注册的方式途径，进行严格法律论证后实施。

第十六条　企业商标注册申请：

（一）企业及所属单位提出拟申请注册的商标名称，并向企业××部提交"企业商标申请审核报告书"；

（二）企业××部对拟申请的商标进行信息检索和内容审核；

（三）企业××部委托商标代理机构，向商标管理机关提出商标注册申请；

（四）企业××部负责跟踪商标注册申请受理、商标初审公告、商标核准等全过程情况。

第十七条　为避免注册商标在相关类别被他人抢注，企业要注意防御性商标的设计与申请注册。

第十八条　企业自行设计的新商标不得对现有商标构成负面潜在影响或冲突。要妥善管理商标注册申请的档案资料及经核准的商标注册证书复印件。

第十九条　企业应在自商标设计之日起至国家商标局对申请注册的商标发布初审公告之日止，将有关方案和信息列为商业秘密，进行有效管理。

第四章　商标注册过程中的修正、异议、复审、核准、争议程序

第二十条　企业对经国家商标局审核不符合要求的商标注册申请，应在要求答复期限内对申请的商标进行修改、补正。

第二十一条　他人对企业已经申请并经国家商标局初步审定的商标提出异议的，企业要在收到国家商标局要求答辩期限内，会同承办部门提出答辩意见。

第二十二条　企业认为他人经国家商标局初步审定的商标与本企业在同一种或者类似服务上的商标相同或者近似、且不满三个月的，应根据情况通过国家商标局对他人申请注册的商标提出商标异议。

第二十三条　国家商标局因驳回事项或异议事项，发给企业《驳回通知书》、《异议裁定通知书》，企业应在要求答复期限内向商标评审委员会提出复审请求。

第二十四条　企业要有专人负责领取和保管经国家商标局依法核准颁发的商标注册证书。

第二十五条　企业发现他人已注册商标与本单位注册商标相同或近似并使用在同一种或类似商品的，且他人注册商标注册不满一年的，应视情况向国家商标局提出解决商标争议的异议。

第二十六条　企业认为他人已注册商标注册不当的，应组织内部机构研究处理意见，并向商标评审委员会提交撤销注册不当商标的申请；对他人认为企业商标注册不当并向商标评审委员会申请撤销的，企业应组织有关部门在有效期限内进行答辩。

第二十七条　企业发现任何侵害企业标识、业务标识、商号的行为，要及时向国家商标局、商标评审委员会提出依法处置意见。

第五章　注册商标的变更、续展、转让程序

第二十八条　因注册商标的注册人、地址或其他注册事项发生变化的，企业要在规定的时间内向国家商标局提出变更注册申请。

第二十九条　注册商标的有效期为10年。在有效期限届满前6个月内，企业要向国家商标局办理续展手续。

第三十条　企业应对商标进行分类管理，定期对注册商标进行使用宣传，对闲置不用的商标，征求有关部门意见后，可实施商标的有偿或无偿转让。

第三十一条　因特殊需要接受他人转让的注册商标的，企业××部要组织内部机构进行充分论证，并就受让费用与转让人进行协商，报本企业主管领导批准，方可办理受让有关法律手续。

第三十二条　商标转让、受让，应严格依据《商标法》规定的程序、要求办理手续，避免不当转让、受让而使企业经济利益受损。

第六章　商标的许可使用程序

第三十三条　企业应正确使用已注册或被许可使用的商标，不得擅自更改文字、图形及其组合等。

第三十四条　许可商标仅限在企业标识、商号、相关业务标识范围内，并严格按规定的使用规范使用。

第三十五条　企业是注册商标的所有权人，企业及其所属单位是企业注册商标的当然使用人。

第三十六条　所属单位在使用企业注册商标时，要按照《商标法》和有关法律法规签订《商标使用许可合同》。其中，涉及其非法人分支机构使用的，应在《商标许可使用合同》中具体列明非法人分支机构名单。

第三十七条　企业××部根据商标使用单位的性质，审核确认商标有偿或无偿使用条件。

第三十八条　申请使用企业注册商标，按下列程序办理许可使用手续：

（一）向企业××部提出使用企业注册商标的书面报告；

（二）企业××部对拟使用商标的企业进行资格审核；

（三）符合使用条件的单位，与企业签订《商标许可使用合同》；

（四）被许可方在合同签订后三个月内将《商标许可使用合同》送交其所在地工商局存查；

（五）企业在合同签订后三个月内，企业××部将《商标许可使用合同》送交国家商标局备案。

第三十九条　《商标许可使用合同》应主要包括以下内容：

（一）双方当事人名称、地址、许可使用的商标名称、注册证号码；

（二）许可使用商标的范围和期限；

（三）许可使用商标提供的方式；

（四）被许可人保证使用商标的商品和服务质量的措施；

（五）双方争议的处理方式及违约责任等。

第四十条　企业及所属单位应建立商标管理系统，定期向企业××部报告许可商标使用情况，并于每年度第一个月内向企业××部报告上一年度商标总体使用情况。

第七章　商标许可使用过程中的管理与监督

第四十一条　企业××部要对被授权使用、许可使用商标的企业行使监督权。主要监督内容包括：

（一）是否在商标许可使用合同中约定的服务范围内；

（二）是否有擅自改动商标文字、图形或其组合，是否符合企业商标标识或其他业务标识的规范形式；

（三）是否有违反国家相关法律法规及双方约定的其他义务的行为；

（四）是否正确处理商标侵权维权事件；

（五）使用商标的商品和服务质量。

第四十二条　被许可使用商标的企业，在使用商标中应遵循下列约定：

（一）建立本企业商标管理制度，指定专门机构和人员，明确职责，制定本单位标识使用具体管理办法；

（二）保存经营活动中带有许可商标的业务单式、样品、包装、标签、广告或其他文字材料的原件或者照片；

（三）他人就许可活动或对商标本身提出异议的全部档案材料；

（四）在宣传广告中，记录商标最早使用日期、广告媒体名称、资料原件；

（五）定期统计广告宣传投入情况。

第四十三条　企业及所属单位分级监督本区域内商标使用情况，维护商标合法权益，对商标权利受到侵犯的情况要及时进行处理，可采取报请工商行政管理部门调查或通过法律程序等方式解决，并将处理方案和结果及时报告企业××部。

重大案件应向企业××部报告，由企业××部统一协调处理。

第四十四条　被许可人对发生在本区域内的商标侵权行为，负有调查了解的责任，并将收集到的相关资料与许可方沟通。有关方面对此进行调查时，被许可人应予配合，协助做好查处工作。

第八章　商标的档案、信息管理

第四十五条　商标的档案、信息管理应遵循本企业有关档案、信息管理的规定，保障资料的完整、真实、安全。

第四十六条　商标档案、信息主要包括以下内容：

（一）商标注册申请资料；

（二）商标注册证书；

（三）有关商标事宜的各类合同、协议；

（四）商标侵权、纠纷案件资料；

（五）广告、包装装潢（设计稿）；

（六）商标标识样版（实物版或者电子版）；

（七）相关业务单据格式；

（八）商标在经营中实际应用的有关数据统计；

（九）商标信息检索资料等。

第四十七条 企业××部应定期统计商标推广、宣传费用使用情况，不定期对注册商标进行评估。

第四十八条 企业××部应收集和掌握国内外相关企业商标注册情况、同类产品的商标使用情况。

第四十九条 商标的整体品牌战略及具体宣传活动，按企业相关规定执行。企业××部要掌握企业实施品牌战略的情况，注重品牌价值效应，定期统计品牌推广、宣传情况。

第九章　附　　则

第五十条 企业所属单位应依据本办法，结合本单位实际情况，完善商标管理工作。

第五十一条 本办法由企业××部负责解释。

第五十二条 本办法自发布之日起实施。

四、企业商业秘密管理办法

第一章　总　　则

第一条　为加强企业商业秘密管理，保护企业合法权益，依照国家有关法律、法规和《企业知识产权管理规定》，制定本办法。

第二条　本办法所称商业秘密，是指具有以下条件的技术信息和经营信息：

（一）不为该信息应用领域的人所普遍知悉；

（二）具有实际的、潜在的商业价值；

（三）经企业采取了合理的保密措施。

第三条　企业商业秘密管理坚持积极防范、有利工作的指导思想，遵循需要知悉原则和分割原则。

需要知悉原则是指根据管理、科研、业务工作的需要，若不向员工授权掌握某项商业秘密就无法进行生产、工作或者达成某项交易，应使其知悉该内容。

分割原则是指把完整的事项根据经营、管理不同环节分割成若干部分，每个环节只能知悉本部分商业秘密的内容。

第四条　本办法适用于本企业和所属全资公司、控股公司（以下简称"所属单位"）。

参股公司参照本办法执行。

第五条　企业对商业秘密保护工作实行统一领导、分级管理、分工负责的领导体制和工作机制。

第六条　企业应把商业秘密保护工作列入各级领导议事日程，纳入企业各部门业绩考核指标体系。

第七条　企业保密、法律和宣传部门应经常性地加强员工保密教育，普及保密知识，不断提高员工的保密意识。

第八条　企业员工必须严格遵守本办法，认真履行保护企业商业秘密的义务。

第二章 管理机构和职责

第九条 企业知识产权领导小组对企业商业秘密保护工作实行统一领导，研究决定商业秘密保护重大事项。

第十条 企业××部是企业商业秘密的归口管理部门。其主要职责是：

（一）宣传贯彻国家保密法规和企业有关保密制度；

（二）组织制定企业商业秘密保护规章制度；

（三）监督指导企业商业秘密的管理及定密、标密工作；

（四）负责出国携带资料或新闻宣传的保密审查；

（五）检查指导计算机信息网络的安全保密工作；

（六）调查处理企业失、泄、窃密事件。

第十一条 企业对商业秘密的保护实行领导负责制。所属单位和各部门主要负责人是保密工作的第一责任人。

第十二条 企业对商业秘密的保护实行分工负责制，遵循"谁主管业务，谁负责保密"和"谁涉密，谁负责"的原则。

企业分管保密工作的领导担负具体组织领导的责任，分管有关方面工作的领导负责分管工作范围内的保密工作。

企业各部门负责各自职责范围内涉密事项的保密管理、监督和检查工作，并针对本部门业务工作实际制定专业性保密管理制度。

第十三条 企业各部门及所属单位应设立专（兼）职保密员岗位。专（兼）职保密员的岗位职责是：

（一）落实国家及企业各项保密规定，制定本单位保密事项的保密管理制度；

（二）监督检查本单位保密工作，发现问题及时整改；

（三）负责本单位商业秘密的定密、解密工作；

（四）协助调查处理本单位失、泄、窃密事件。

第三章　范围和密级划分

第十四条　在企业生产、经营活动中，某一信息泄露后会造成下列后果之一的，属于企业商业秘密保护范围：

（一）影响企业改革和发展的事项；

（二）影响企业营销活动的事项；

（三）影响企业技术进步的事项；

（四）使企业在商业竞争中处于被动或不利地位的事项；

（五）使企业经济利益受到损害的事项；

（六）影响企业对外交流和商业谈判顺利进行的事项；

（七）影响企业的稳定和安全的事项；

（八）影响企业对外承担保密义务的事项；

（九）企业特别指定的其他保密信息。

企业商业秘密包括技术、工艺、配方、数据、程序、设计、制作方法、客户名单、货源情报、产品价格、产销策略、招投标文件、计算机程序及相关文档、企业发展规划、投资计划、财务状况、法律事务、重大改革方案等。

第十五条　企业商业秘密密级按重要程度划分为AAA级、AA级、A级三个等级。关系到企业生存与发展及重大经济利益的应划为AAA级，关系到企业发展及经济利益的应划为AA级，影响企业经济利益的应划为A级。

第十六条　企业商业秘密项目的确定和修改应遵循"谁产生秘密，就由谁定密"的原则，依照以下程序办理：

（一）密源产生单位拟出保密项目，本单位保密员审核、本单位主要负责人签批确认后，报企业××部；

（二）企业××部汇总后报企业知识产权工作领导小组审批后执行。企业××部将对保密项目实行动态管理。

第四章　标识和保密期限

第十七条　企业商业秘密的标志为"△"，"△"前标密级，"△"后标保密期限。保密期限应依照企业涉及保密项目的内容选定。保密期限一般不超过10年，特殊情况可以定为长期。标注密级时应同时标注保密期限。

第十八条 密源产生单位应对涉及企业商业秘密的各类公文，在发文稿纸上的相应栏目做出密级和保密期限标识。

第十九条 密源产生单位应对涉及企业商业秘密的各类公文、领导讲话、报表、资料等纸介质秘密载体做出密级和保密期限标识。

第二十条 密源产生单位应对涉及企业商业秘密的磁介质、光盘介质等秘密载体严格按照存储文件同样的密级进行管理，在适当位置加盖"企业商业秘密保密标记章"，做出标识。

第五章　保护措施

第二十一条 本办法所指的商业秘密保护措施，包括建立保密制度、做出保密标识、加盖保密标记、附注保密文字说明或提出口头保密要求、签订保密协议、在劳动合同中订立保密条款等合理措施。

第二十二条 企业应加强内部保卫工作。未经许可，非本企业人员不得进入企业办公及会议场所。

第二十三条 企业应加强对重点涉密区、保密部门及涉密部位的管理。

（一）企业领导办公区为特别保密区，党政办公室、财务、投资、人事、法律、信息网络、审计监察等部门为重点涉密部门；

（二）机要室、档案室、文印室、会议室、密码传真机、网络机房、涉密计算机等为重点涉密部位，应配备必要的防护设施和装备。

（三）特别保密区、重点涉密部门、重点涉密部位，未经许可，无关人员不得进入或接触。

第二十四条 企业必须与重点涉密部门、部位和岗位的重点涉密人员，以及所有涉密人员签订商业秘密保密协议，明确保密范围及双方的权利义务和违约责任。对上岗、在岗、离岗各环节实行严格监督，发现不适合在涉密岗位工作的人员应及时调离。

第二十五条 企业应严格控制商业秘密知悉范围，严格按规定的数量制作商业秘密载体，严格按指定范围组织阅读和使用，并对接触和知悉内容的人员做出文字记载。

第二十六条　企业应完善商业秘密载体收发、传递、借阅、复制、管理、销毁等管理工作。

（一）收发商业秘密载体，应当履行清点、登记、编号、签收等手续；

（二）传递商业秘密载体，送往外单位的，必须通过机要方式寄送，严禁通过电子邮件、传真方式传递；

商业秘密载体不得携带和邮寄出境。特殊情况下确需携带时，必须履行保密审查手续，并采取严格的保护措施；

（三）借阅 AAA 级、AA 级载体应经本单位主管领导批准；

（四）复制商业秘密载体应经密源产生单位主要负责人或企业××部负责人批准，复制的商业秘密载体应视同原件管理，不得改变其密级、保密期限和知悉范围；

（五）销毁商业秘密载体应经本单位主要负责人批准，并履行登记手续，严禁将商业秘密载体作为废品或垃圾出售给个体商贩或者废品收购点；

（六）商业秘密载体应当由各单位设置安全可靠的保密设备保存，并由专人管理，阅办后要及时清退、归档。

第二十七条　企业应对计算机和网络采取严格的保密措施。

（一）计算机应设置用户口令，关键数据和软件应加密。电子邮件和语音信箱密码应加强防护；

（二）涉及商业秘密的信息不得存储在公用电子邮箱、私人电脑或私人用途的移动硬盘内。未经批准，严禁将涉密笔记本电脑带离保密办公区域；

（三）涉密计算机信息系统应当采取系统访问控制、数据保护和系统安全保密监控管理措施；

（四）涉密计算机网络应当与公共信息网络实行有效的物理隔离。严禁涉密计算机网络及用于处理涉密信息的计算机直接或间接与公共信息网络相连。

第二十八条　企业应对涉密会议采取严格的保密措施。

（一）会议场所应当具有屏蔽保密效果或保密条件，不得使用无线话筒；

（二）会前应对与会人员宣布保密纪律；

（三）不得采用电视或电话会议的形式召开 AAA 级内容的涉密会议；

（四）涉密会议文件、资料必须加注保密标识，严格控制发放范围并做好登记，重要涉密文件资料应当标明"会后收回"字样，会议休会或结束时，会议主办部门及时收回清点、登记。

第二十九条　企业应当加强计划、营销等方面的保密工作。严禁泄露货源、库存、价格等信息。

第三十条 企业应加强项目投资计划、商务谈判、招投标等关键环节的保密管理。

（一）谈判或合作前签订保密协议或者订立保密条款，明确商业秘密的具体范围、保护措施、保护义务、违约责任等；

（二）参与项目谈判、招投标的人员，应当签订保密协议。

第三十一条 企业在新闻宣传、学术交流等活动中实行保密审查制度。

（一）对外公开发表的论文和新闻，应由发布人所在部门进行保密初审，然后报企业××部进行保密审查；

（二）对外宣传和举办展览，参加评审会或鉴定会，参加学术交流活动的论文、交流材料等，涉及企业商业秘密的，应由密源产生部门进行保密审查。

第三十二条 企业应加强外来人员参观考察和交流过程中的保密管理，合理安排行程路线，重要涉密单位、部门、装备禁止参观或者拍照。

第三十三条 企业在涉外经济技术合作等活动中，应严格遵守涉外工作保密的有关规定，对确需提供涉及商业秘密的，应事先签订保密协议，严格界定提供和使用的范围，办理审批手续。

第三十四条 企业应在合作研究与开发、专利转让、委托加工等活动中做好商业秘密的保护工作。

（一）委托或合作研究与开发项目时，应订立保密协议。对涉密的具体内容、使用范围、权利归属、商业秘密的披露及保密义务，以及项目完成后商业秘密的管理、使用、违约责任等应做出约定；

（二）转让科技成果、专利技术时，涉及商业秘密的，应订立保密协议，约定许可使用的地域、时间、内容、使用方式、使用费用及违约责任等；

（三）委托加工产品、提供设备或承销其产品时，涉及商业秘密的，应订立保密协议，对该商业秘密的范围、保护措施、禁止转让、违约责任等做出明确规定。

第三十五条 商业秘密的解密按以下程序办理：

（一）商业秘密事项保密期限届满，自行解密；

（二）保密期限未到，原定密部门或有关单位认为需提前解密的，应报本单位企业××部审核，解密时应在原密级旁标明"解密"字样并做好登记；

（三）保密期限需要延长的，由原定密部门确定。

第三十六条 企业对国家机关要求披露或提供涉及商业秘密的信息资料，应向国家机关说明情况并请求予以保密。

第三十七条 企业商业秘密受到侵害时,应当及时通过行政或法律途径予以解决。

第三十八条 企业对为保护企业商业秘密做出突出贡献的所属单位、员工应当给予表彰或者奖励。

第三十九条 企业对违反本办法造成重大泄密隐患或泄密事件的所属单位、员工应当视情节轻重和危害程度给予相应的处罚。

第六章 员工的保密义务和权利

第四十条 企业与员工签订劳动合同时,应订立保守企业商业秘密的条款或签订商业秘密保密合同作为劳动合同的附件,明确保密的范围、内容、责任和义务、期限及违约责任。企业有权拒绝聘用不签订保密协议或保密条款的人员。

第四十一条 企业员工应谨慎、妥善保存涉及企业商业秘密的一切有关资料、记录、软盘、设备等,不得实施下列行为:

(一)以盗窃、利诱、胁迫或其他任何不正当手段,获取本企业的商业秘密;

(二)违反企业有关保密规定或与企业签订的劳动合同、保密协议,披露或提供本企业的商业秘密;

(三)未经本企业许可,将企业商业秘密用于指定目的以外用途;

(四)协助他人,以不正当手段获取本企业商业秘密;

(五)非法侵害、利用他人商业秘密;

(六)泄露因执行职务知悉的他人商业秘密。

第四十二条 员工与企业终止或解除劳动关系后,仍对企业商业秘密承担保密义务,直至保密期限届满。

(一)原个人保管的涉密文件、资料、物品应当全部退还企业并办理移交手续;

(二)不得利用其所知悉的企业商业秘密为自己或他人谋取利益;

(三)终止或解除劳动关系后三年内,非经企业书面同意,不得到与企业生产同类产品或经营同类业务且有竞争关系的其他用人单位任职,也不得自己生产与企业有竞争关系的同类产品或经营同类业务。

员工遵守前款规定，造成实际损失并提出补偿请求的，企业可以根据实际情况，分期给予适当补偿。

第四十三条 企业员工因司法、行政、立法等机构要求披露或提供涉及企业的商业秘密信息资料的，应立即报告企业，并配合企业采取适当措施。

第四十四条 员工发现商业秘密泄露，应及时向企业××部报告，协助相关人员调查并采取积极有效的补救措施。

第四十五条 有下列情形之一的，员工保密义务解除：

（一）商业秘密保密事项期限届满；

（二）企业正式公开披露该保密事项；

（三）企业违反保密协议或保密条款约定义务的。

第四十六条 企业与员工双方因商业秘密保护发生争议的，应当协商解决。经协商不能达成一致的，可按以下方式处理：

（一）属于劳动争议的，按照《中华人民共和国劳动法》规定的劳动争议处理程序解决；

（二）属于其他争议的，可通过仲裁、诉讼途径解决。

第七章　附　　则

第四十七条 本办法由企业××部负责解释。

第四十八条 本规定自发布之日起实施。

五、企业计算机软件著作权管理办法

第一章 总 则

第一条 为规范企业计算机软件（以下简称"软件"）管理工作，促进软件的开发与应用，根据《中华人民共和国著作权法》、《计算机软件保护条例》和《企业知识产权管理办法》，制定本办法。

第二条 本办法所称的软件，是指企业科研项目及生产活动中研制、开发的计算机程序及其有关文档。

第三条 本办法适用于本企业和所属全资公司、控股公司（以下简称"所属单位"）。

参股公司参照本办法执行。

第四条 企业计算机软件管理工作实行统一领导、分工负责，严格管理、加强保护的原则。

第二章 管理机构和职责

第五条 企业知识产权工作领导小组对计算机软件管理工作实行统一领导。

第六条 企业××部是企业计算机软件著作权的归口管理部门。其主要职责是：

（一）负责指导、监督所属单位的软件管理工作；

（二）审核软件著作权人资格；

（三）负责软件开发的立项、审定工作；

（四）统一办理软件申报、登记工作；

（五）统一支付软件登记的申请费、登记费、代理费；

（六）归档管理软件申请文件与证明文件。

第七条　企业所属单位或各部门负责本单位计算机软件管理。其主要职责是：

（一）负责软件开发立项申报工作；

（二）负责软件著作权登记材料的编写与初审；

（三）明确设计与开发人员；

（四）对软件内容、实现功能、市场应用前景进行分析，提出软件著作权国内外保护的建议；

（五）依据《计算机软件著作权登记办法》向企业××部提交软件著作权登记资料。

第三章　立项与研究

第八条　软件开发通常是指软件的研制、编制、改编和移植。研制是指自行建立数学模型，方法有所创新，具有研究或探索性；编制是指利用已有的数学模型和方法，针对具体问题开发程序；改编是在已有软件的基础上，扩大或改进其功能，或对若干软件进行综合；移植是把程序从一种机型或语言翻译到另一种机型或语言，程序功能无实质性改变。

第九条　企业所属单位或部门对拟立项的项目应当向企业××部提交软件开发立项申请报告和可行性研究报告。

第十条　企业××部对软件开发立项申请报告和可行性研究报告进行研究，并根据需要组织跨部门或单位专家召开立项论证会，确定准予立项项目。

第十一条　企业所属单位或部门对准予立项的项目应按企业××部统一制定的合同文本签订合同，并遵照合同要求完成开发任务。

第十二条　企业所属单位或部门应加强对软件开发、实施过程与成果的后期管理，确保软件成果的质量。

第四章　软件审定

第十三条　企业所属单位或部门完成软件开发任务后应当报企业××部审

定，提交的主要文档包括：

（一）技术报告（含功能、编制依据、计算方法、数学模型、框图等）；

（二）用户手册、使用说明；

（三）测试报告；

（四）用户报告。

第十四条　企业××部组织同行业专家（5名以上单数）组成软件审定委员会，通过会议形式进行评审并形成审定意见。

第十五条　软件评审考核的主要指标包括：

（一）软件成果正确、可靠、实用、先进、符合设计标准规范，无产权争议；

（二）软件结构清晰，操作方便，可维护性好；

（三）软件通用性好、经济效益高，有推广应用价值；

（四）技术文档齐全。

第十六条　企业××部根据软件审定委员会的审定意见，对审定合格的软件颁发软件审定合格证书，并办理软件著作权登记手续。审定合格的软件应在企业内部予以公布，并组织推广应用。

第五章　软件著作权归属

第十七条　企业员工在完成本职工作或执行本单位任务中开发的软件所取得的软件著作权归属企业所有；企业及所属单位投入全部资金开发的软件所取得的软件著作权归属企业所有。

第十八条　企业及所属单位投入部分资金，委托或与外单位合作开发的软件所取得的软件著作权归属企业与合作方共有，签订合同或协议时应按投资比例约定双方软件著作权的归属。

第十九条　企业派出人员在国内外合作项目中开发软件时，应签订合同或协议约定软件著作权的归属。

第二十条　来企业学习、工作及临时聘用人员在学习与工作期间开发软件时，应签订合同或协议约定软件著作权的归属。

第六章　软件著作权的许可使用与转让

第二十一条　企业所属单位或部门向国内外单位许可使用软件著作权，应向企业××部提交"软件许可使用申请书"。

"软件许可使用申请书"应明确许可使用的方式、范围、期间、数量和许可使用的权利是专有使用权还是非专有使用权。

第二十二条　企业××部应对"软件许可使用申请书"进行审核，确定许可使用的方式、范围、期间、数量、许可使用的权利是专有使用权还是非专有使用权，明确双方权利和义务，并按照统一制定的许可使用合同文本签订许可使用合同。

第二十三条　企业所属单位或部门向国内外转让软件著作权，应向企业××部提交"软件著作权转让申请书"。

"软件著作权转让申请书"应明确转让的权利、预计的收益和付酬方式等。

第二十四条　企业××部应对"软件著作权转让申请书"进行审核，确定转让的权利、预计的收益和付酬方式等，并按照统一制定的软件著作权转让合同文本签订转让合同。

第七章　软件著作权的保护

第二十五条　企业所属单位或部门在软件开发、引进项目立项论证时，要对软件登记情况进行检索调查，以避免重复引进、重复开发。在软件开发过程中，要跟踪监测所开发软件的技术发展动态，及时调整开发方向。

第二十六条　企业所属单位或部门未经批准，不得将职务软件及其任何组成部分私自改编，以个人或他人名义发表、登记及用于商业目的。

第二十七条　企业所属单位或部门在签订引进、购买软件合同时，应核对供方的所有权项，合同应明确约定引进、购买的权利内容，承担的义务，以及免责条款，防止第三方侵害。

第二十八条　企业各级软件著作权管理人员未经允许不得在软件登记公开之前向他人透露软件登记文件内容，不得为他人拷贝软件及有关资料。

第二十九条　企业所属单位或部门因软件著作权发生争议时，应报企业××部协调解决。协调不成时，由企业知识产权工作领导小组做出决定。

第八章　奖　　惩

第三十条　企业鼓励软件开发、保护软件开发人员的积极性，对获得软件著作权的软件设计、开发人员以及在研究开发、应用、软件著作权管理和保护工作中做出突出贡献的单位与个人应按照《企业知识产权管理奖惩办法》给予表彰奖励。

第三十一条　企业对于违反本办法的下述行为，给企业造成损害的，视其情节轻重，追究直接责任者与所属单位或部门负责人的行政、经济及法律责任。

（一）未采取有效保护措施造成软件泄密流失的；
（二）擅自将企业享有著作权的软件供他人使用的；
（三）擅自将软件公开或者发表的；
（四）将职务软件著作权变为非职务的；
（五）侵害他人软件著作权，给企业造成经济和声誉损失的。

第九章　附　　则

第三十二条　本办法由企业××部负责解释。
第三十三条　本办法自发布之日起实施。

六、企业知识产权管理评价办法

第一章 总 则

第一条 为有效评价企业知识产权管理工作状况，增强评价的科学性和客观性，实现奖惩的公平有效，促进企业整体知识产权管理水平的提高，根据国家有关法律、法规及《企业知识产权管理规定》，制定本办法。

第二条 本办法所称知识产权，主要包括：
（一）专利；
（二）商标、商号；
（三）著作权（含计算机软件、集成电路布图设计）；
（四）商业秘密；
（五）法律法规规定的其他知识产权。

第三条 本办法适用于本企业和所属全资公司、控股公司（以下简称"所属单位"）。

参股公司参照本办法执行。

第四条 知识产权管理评价工作应遵循实事求是、注重实绩、促进发展的原则，科学设定评价指标体系，采用定量与定性相结合的综合评定方法，对企业知识产权管理工作实行评价。

第五条 企业知识产权工作领导小组办公室负责组织企业知识产权管理评价工作。

第二章 评价指标体系

第六条 企业知识产权管理评价指标体系主要包括发展战略、管理机构、管理制度、管理措施和管理成果等五方面内容。

第七条 发展战略评价是对企业知识产权战略制定及实施安排进行评价。具体指标包括：

（一）知识产权战略方案评价，包括目标明确性、部署可行性、措施可操作性、保障有效性和动态调整性；

（二）与企业其他战略衔接评价，包括对企业总体战略的支撑度，与人才战略、品牌战略、技术产品战略、市场营销战略的同步、同向和支持度。

第八条 管理机构评价是对企业知识产权管理机构的建立、管理人员的配备和管理工作的协调配合进行评价。具体指标包括：

（一）知识产权管理部门分工与职责划分；

（二）知识产权管理人员的数量（占管理人员的×%）和质量（具备岗位资格任职条件）；

（三）横向部门间协调性与纵向层级间的衔接。

第九条 管理制度评价是对企业知识产权管理制度的完备性、可操作性和监督控制进行评价。具体指标包括：

（一）各类知识产权领域制度的覆盖面；

（二）创造、应用、产业化、市场营销等关键环节制度的完备性；

（三）经费、奖惩、运营、考核评价、预警等重要事项制度的完善性；

（四）制度设计的科学性和可操作性；

（五）制度实施的反馈与过程控制。

第十条 管理措施评价是对企业知识产权管理的基础或重大事项措施的保障性和有效性进行评价。具体指标包括：

（一）知识产权专项经费的保障程度（占企业年度销售收入或者研发投入的×%）；

（二）奖惩兑现情况；

（三）纠纷诉讼应对方案的有效性；

（四）培训范围、人数、次数；

（五）普及宣传情况；

（六）重大事项预警情况。

第十一条 管理成果评价是对企业实施知识产权管理效果的评价。具体指标包括：

（一）取得知识产权×件与增长率（×%）；

（二）知识产权的实施率（×%），许可×件、转让×件；

（三）处理知识产权纠纷×件，其中和解×件、胜诉×件、挽回经济损失×元；

（四）知识产权获得奖励（国家、行业、企业）×件；

（五）主动放弃知识产权×件；

（六）知识产权流失×件。

第三章　评价程序

第十二条　评价包括自我评价，企业对所属单位考查评价两种方式。

第十三条　企业和所属单位应量化考核指标，设定不同权重，结合企业自身发展阶段和行业整体水平，做出客观评价。

第十四条　企业知识产权管理评价结果分为优秀、达标和未达标三级。

第十五条　企业所属单位每年应对知识产权管理工作进行自我评价，明确改进措施并纳入下一年度工作计划，报送企业知识产权工作领导小组办公室。

第十六条　企业采取年度考评与阶段考评的方式，加强对所属单位知识产权管理工作的动态评价。

第十七条　企业应将初步评价向达标、未达标单位征求意见，优秀单位予以公示，接受监督。征求意见和公示期满，公布正式评价结果。

第十八条　企业对连续三年被评为优秀单位的负责人和管理部门负责人予以表彰和奖励。

对连续三年未达标单位的负责人予以通报批评，对管理部门负责人予以撤换。

第十九条　企业对在评价过程中弄虚作假的单位和责任人，视情节轻重予以处罚。

第四章　附　　则

第二十条　本办法由企业××部负责解释。

第二十一条　本办法自发布之日起实施。

七、企业知识产权管理奖惩办法

第一章 总 则

第一条 为调动和保护企业与员工的创新积极性,维护双方合法权益,树立尊重知识产权、维权光荣、侵权可耻的文化理念,根据国家有关法律、法规及《企业知识产权管理规定》,制定本办法。

第二条 本办法所称知识产权,主要包括:

(一)专利;

(二)商标、商号;

(三)著作权(含计算机软件、集成电路布图设计);

(四)商业秘密;

(五)法律法规规定的其他知识产权。

第三条 本办法适用于本企业和所属全资公司、控股公司(以下简称"所属单位")。

参股公司参照本办法执行。

第四条 本办法所称员工是指所有与企业建立劳动关系的人员。

第五条 企业知识产权管理奖惩应遵循及时、公开、公平、公正的原则,做到奖罚有力、标准清晰、程序明确、监督到位。

第六条 企业知识产权工作领导小组办公室负责组织企业知识产权管理奖惩工作。

第七条 企业应将依据本办法做出的奖惩记入员工档案,作为业绩考核依据。

第二章 奖 励

第八条 企业应明确奖励资金，列入知识产权管理专项经费。

第九条 企业应对在知识产权的创造、应用、管理与保护方面做出突出贡献的集体和个人进行奖励。

奖励标准不得低于国家有关法律、法规规定。

第十条 企业应对在下列事项中取得成绩或做出贡献的所属单位、员工予以奖励：

（一）向国家有关管理机关提出知识产权申请并获受理的；

（二）向国家有关管理机关提出知识产权申请并获授权的；

（三）获国家或省部级专利奖、驰名商标的；

（四）获国家或省部级优秀发明家等称号的；

（五）获国家或省部级知识产权先进工作者等称号的；

（六）智力成果被企业认定为专有技术的；

（七）出版或发表在所属专业领域具有重大影响的专著、论文的；

（八）促进知识产权实施、转让、许可或其他方式运营并取得经济效益的；

（九）发现并举报知识产权侵权行为的；

（十）在知识产权纠纷、诉讼中维护企业重大利益的；

（十一）知识产权管理工作取得突出成绩的。

第十一条 企业应采取物质奖励与精神奖励相结合的方式，及时针对受奖事项进行一次或多次奖励。

第十二条 企业进行物质奖励可采取下列方式：

（一）奖金；

（二）工资晋升；

（三）效益提成；

（四）股权分配；

（五）享受企业级技术（管理）专家待遇；

（六）实物奖励；

（七）其他。

第十三条 企业进行精神奖励可采取下列方式：

（一）产品（技术）命名；

（二）荣誉称号；

（三）光荣榜；

（四）晋升职称；

（五）进修深造；

（六）疗养休假；

（七）载入企业史志；

（八）其他。

第十四条 企业对本章第十条所列（一）至（五）奖励事项执行申请审核程序。知识产权管理部门对个人或集体提出的奖励申请予以审核并进行公示。公示期满无异议者予以奖励；有异议者由知识产权管理部门调查核实，决定是否奖励，对不奖励的应向申请人反馈正式书面意见。

第十五条 企业对本章第十条所列（六）至（十一）奖励事项执行评审奖励程序。知识产权工作领导小组办公室根据年度企业知识产权工作业绩，形成奖励方案并进行公示。公示期满无异议后报领导小组批准实施奖励。

第十六条 企业奖励标准应体现肯定受奖人成绩，激励员工的政策导向，综合考虑下列因素：

（一）受奖事项对企业生产经营的贡献程度；

（二）员工收入水平和需求期望；

（三）企业其他奖项的标准；

（四）同行业奖励标准；

（五）企业所在地区收入或生活水平。

第三章 惩 处

第十七条 企业应对违反《企业知识产权管理规定》，损害企业及他人利益的行为人给予惩处。

第十八条 企业知识产权惩处应遵循惩前毖后的原则，达到教育员工，规范员工行为的目的。

第十九条 企业应对所属单位、个人违反知识产权管理规定，导致知识产权流失，造成企业经济或其他利益损失的下列行为予以处罚：

（一）未按规定进行开题立项查新的；

（二）未如实记载研发记录的；

（三）智力成果未采取有效保护措施的；

（四）违反规定以发表论文、公开使用、展示、销售样品或者产品等方式泄露企业未披露的信息的；

（五）未及时动态维护企业知识产权的；

（六）签订经济、技术合同时未明确知识产权权属的；

（七）签订经济、技术合同时擅自接受限制企业发展与技术进步的不合理要求的；

（八）项目招投标、谈判、验收过程中未签订保密协议的；

（九）技术（产品）引进未对引进技术（产品）进行知识产权及其法律状态分析的；

（十）技术（产品）出口未就该技术（产品）在进口国进行知识产权及其法律状态分析的；

（十一）招投标、物资采购未进行知识产权及其法律状态分析的；

（十二）知识产权纠纷、诉讼应对措施不当的；

（十三）违反保密协议与竞业禁止约定的；

（十四）剽窃、窃取、篡改、假冒或以其他方式侵害他人知识产权的；

（十五）擅自转让、许可企业知识产权的；

（十六）不当选择知识产权中介服务机构的；

（十七）采取欺骗手段获取知识产权相关奖励、待遇的；

（十八）打击报复侵权行为举报人的。

第二十条 企业对违反本章第十九条规定的，视其情节轻重给予处罚。处罚可以采取下列方式：

（一）批评；

（二）责令改正；

（三）警告；

（四）记过；

（五）记大过；

（六）降级；

（七）撤职；

（八）留用察看；

（九）开除。

所属单位、个人受到上述（一）、（二）项处罚累计两次，（三）至（八）项处罚一次的必须接受培训，培训费用自理。

第二十一条　企业对违反本章第十九条规定，给企业造成经济损失的所属单位、个人，可以单处或并处一定数额的经济处罚，并要求其将获得的不当利益返还权利人。

第二十二条　企业知识产权管理部门做出批评、责令改正处罚之前应听取受处罚人的意见。受处罚人有异议的，可向企业知识产权工作领导小组办公室申诉。

第二十三条　企业做出除批评、责令改正以外的其他处罚，企业知识产权工作领导小组办公室应会同人事、工会等有关部门听取受处罚人的意见，并根据需要或应受处罚人申请，按照公平、公开、公正的原则组织专家论证会，听取专家意见。受处罚人有异议的，可向企业知识产权工作领导小组申诉。

第四章　附　　则

第二十四条　本办法由企业××部负责解释。

第二十五条　本办法自发布之日起实施。

八、企业知识产权重大事项预警管理办法

第一章 总 则

第一条 为充分利用知识产权信息资源，及时掌握知识产权动态，提前发出警示信息，有效应对知识产权风险，维护企业权益，根据国家有关法律法规及《企业知识产权管理规定》制定本办法。

第二条 本办法所称知识产权重大事项，是指在行业、产业层面事关企业长远发展或重大利益且风险度较高的知识产权事项。主要包括：

（一）专利；

（二）商业秘密；

（三）商标、商号；

（四）著作权（含计算机软件、集成电路布图设计）；

（五）法律法规规定的其他知识产权。

第三条 本办法适用于本企业和所属全资公司、控股公司（以下简称"所属单位"）。

参股公司参照本办法执行。

第四条 企业知识产权重大事项预警管理遵循统一组织领导、信息准确及时、保障措施有力的原则。

第二章 管理机构和职责

第五条 企业知识产权工作领导小组对企业预警工作实行统一领导，研究决定重大事项。

企业××部在知识产权工作领导小组的领导下负责预警管理的日常工作。

第六条 企业知识产权工作领导小组应定期召开会议，听取企业××部工作汇报，研究解决预警工作中的重要问题，监督、指导预警工作。

第七条 企业××部是预警工作归口管理部门。其主要职责是：

（一）宣传、贯彻国家法律法规及企业预警制度；

（二）研究制定企业知识产权预警工作方案；

（三）建立覆盖企业重点领域的预警网络；

（四）汇总、整理、分析、研究与企业重点领域有关的知识产权信息；

（五）汇总、整理、分析、研究企业所属单位或部门上报的预警分析报告；

（六）根据知识产权创造、应用、管理和保护中存在的问题，定期发布预警信息，提出意见和建议，采取相应的对策和措施；

（七）处置涉及知识产权的突发性事件。

第三章　　保障措施

第八条 企业应建立知识产权信息平台。建立电子信息网络系统，及时更新与企业技术、产品及产业领域相关的信息数据，快速、准确地获取最新的知识产权信息资料。

第九条 企业应建立知识产权预警人才数据库。组建技术研发、信息检索、知识产权代理、诉讼经验丰富的人才队伍，参与预警事项分析、处理等相关工作。

第十条 企业应建立预警信息报送反馈制度。所属单位和各部门应"客观、准确、及时"地收集有关的知识产权信息，经本单位领导同意后，报送企业××部；企业××部审核提出意见后反馈有关单位。

第十一条 企业应建立知识产权预警信息利用制度。根据预警结果及时调整知识产权战略，迅速部署，形成优势，防范风险。

第四章　　预警事项

第十二条 企业应建立以专利为核心的知识产权预警机制。对知识产权信息进行动态监测，做好分析、预测工作，及时警示侵权、被侵权现象，做好规制和防范知识产权风险。

第十三条 企业知识产权重大预警事项包括：

（一）预测重点领域技术（产品）发展趋势；

（二）预测重点领域技术（产品）空白点；

（三）分析重点领域已有的或潜在的竞争对手；

（四）分析竞争对手知识产权布局的战略意图；

（五）加强本企业知识产权保护，防止知识产权流失；

（六）收集侵权证据，向侵权人提出侵权警告或诉讼；

（七）预测本企业重点领域技术（产品）占领、进入市场的技术及法律可能性；

（八）预测重点领域规避技术冲突的技术开发路线；

（九）预测重点领域纠纷（诉讼）处理方案，包括宣告专利权无效的可能性，与竞争对手专利交叉许可的可能性，降低赔偿额度的可能性等；

（十）企业认为应该预警的其他事项。

第五章 信息形成

第十四条 信息采集。企业所属单位或部门应充分利用知识产权信息平台，全面、及时、准确、合理合法地收集企业所处产业、行业重点技术领域的知识产权法律信息和事实信息，包括知识产权申请（注册）、授权、实施、转让、纠纷案件等信息，主要国家知识产权相关法律、法规、政策信息，进出口贸易信息，竞争对手发展战略信息等。

第十五条 信息筛选。企业所属单位或部门应结合企业知识产权战略、经营战略及与本企业密切相关的因素，对采集的信息进行分类筛选。

第十六条 信息分析。企业所属单位和各部门应通过数据信息综合、数学模型测算、定性定量相结合的方法，对严格筛选的信息进行分析，并以清晰直观的图表形式反映分析过程。

第十七条 撰写报告。企业所属单位和各部门依据数据图表，综合有关贸易、法律、技术等信息，按照目标、背景、分析方法、图表解析、预警建议等方面进一步归纳、推理、概括形成预警分析报告。

第十八条 报告类型。预警信息报告的类型有简报、专题报告、重点行业跟踪报告、主要竞争对手分析报告、重要事件涉及的知识产权通报等。

第六章　信息报送和发布

第十九条　企业应根据实际情况综合本企业相关的知识产权申请（注册）与审查信息、纠纷信息及主要竞争对手信息等方面，制定预警指标体系。预警信息按照预警指标分为 A 级（绿色）、B 级（黄色）、C 级（橙色）、D 级（红色）。

第二十条　预警信息报送方式分正常信息报送和重要信息报送两种。

第二十一条　正常信息报送。企业所属单位和各部门应定期或不定期地将本单位知识产权预警分析报告报送企业××部。企业××部应对报送的预警分析报告及时汇总、分析，提出处理意见或建议，反馈相关单位或部门。

第二十二条　重要信息报送。企业所属单位或者各部门对重大知识产权事件、纠纷案件和涉外知识产权事件，应立即报送企业××部，企业××部提出初步处理意见报领导小组审核同意后，反馈相关单位或部门。

第二十三条　预警信息可通过知识产权信息平台、企业局域网络、电子邮件、传真、内部资料、内部刊物等媒介发布。

第二十四条　预警信息知悉人对企业负有保密义务。非经企业××部及企业知识产权工作领导小组按规定程序批准，任何人不得擅自传播或发布。

第七章　附　　则

第二十五条　企业所属单位和部门知识产权预警工作应严格执行本办法，违反本办法规定的，依照《企业知识产权管理奖惩办法》处理。

第二十六条　本办法由企业××部负责解释。

第二十七条　本办法自发布之日起实施。

第十章 企业知识产权合同参考文本

目　录

第一类　专利权合同
　　一、专利实施许可合同
　　二、专利权转让合同
　　三、专利申请权转让合同
第二类　非专利技术合同
　　一、技术咨询合同
　　二、技术服务合同
　　三、技术委托开发合同
　　四、技术合作开发合同
　　五、技术秘密转让合同
第三类　商标权合同
　　一、注册商标许可使用合同
　　二、注册商标转让合同
第四类　著作权合同
　　一、著作权许可使用合同
　　二、著作权转让合同
第五类　集成电路布图设计合同
　　一、集成电路布图设计委托开发合同
　　二、集成电路布图设计许可使用合同
　　三、集成电路布图设计转让合同

使 用 说 明

一、从大类来说,知识产权合同主要包括技术合同、工业产权合同和版权合同,当然还可以有不同的分类。这里收录的是比较常见的知识产权合同文本,主要有专利权合同、非专利技术合同、商标权合同、著作权合同、集成电路布图设计合同等五类。

二、为了帮助读者更好地使用知识产权合同文本,我们在每个合同文本后都附有一个本合同使用说明,对一些重要条款的制定以及合同文本使用中需要注意的问题作了说明。

三、本合同文本只是为了帮助当事各方加快合同起草,不能取代双方当事人的谈判。每个合同都是不同的,当事人要根据具体项目的情况灵活运用本合同文本,通过谈判来确定条款的具体内容,绝不是在本合同文本上做"填空"题。

四、由于条款之间是相互联系的,任何条件的改变都有可能导致其他条款的相应变化,在使用本合同文本时一定要注意条款之间的相互关系。

五、在使用说明中对有关条款经常遇到的问题作了简单提示,但实际情况千变万化,这些提示是远远不够的。本合同文本及使用说明不能取代法律专业人员对具体项目所提供的专业意见。

第一类 专利权合同

一、专利实施许可合同

目 录

第一条 定义
第二条 专利概述
第三条 权属保证
第四条 专利实施许可的方式、期限、区域和内容
第五条 资料交付
第六条 资料验收和补充
第七条 保密事项
第八条 技术协作和指导
第九条 技术缺陷修正
第十条 验收标准与方法
第十一条 分许可
第十二条 价款支付
第十三条 后续改进
第十四条 侵权处理
第十五条 专利权被宣告无效和技术秘密被公开
第十六条 税费分担
第十七条 环境保护
第十八条 合同维护
第十九条 违约责任
第二十条 争议解决
第二十一条 不可抗力
第二十二条 合同附件

第二十三条 其他约定
第二十四条 合同生效
第二十五条 合同份数
第二十六条 合同签订地和签订日期

合同编号：

专利实施许可合同

许可人（以下称甲方）：_____
住所地：_____
邮政编码：_____
法定代表人：_____

被许可人（以下称乙方）：_____
住所地：_____
邮政编码：_____
法定代表人：_____

鉴于甲方是_____（填写专利技术的名称）技术的专利权人且同意将其所有的专利技术许可给乙方使用；鉴于乙方希望使用该技术且愿意支付给甲方专利实施许可费；根据《中华人民共和国合同法》、《中华人民共和国专利法》及其他相关法律法规的规定，经双方友好协商，同意就以下条款订立本合同，共同信守履行。

第一条　定义

为避免双方理解上的分歧，双方对本合同及相关附件中所涉及的有关名词和技术术语，特做如下确认：

1.1 "许可区域"，是指双方约定的专利实施许可的区域。

1.2 "技术秘密"，是指实施本合同专利所需要的、在工业化生产中有助于本合同技术的最佳利用、没有进入公共领域的技术。

1.3 "技术资料"，是指全部专利申请文件和与实施该专利有关的技术秘密及设计图纸、工艺图纸、工艺配方、工艺流程及制造合同产品所需的工装、设备清单等技术资料。

1.4 "合同产品"，是指乙方使用本合同提供的被许可技术制造的产品。

1.5 "技术服务和指导"，是指甲方为乙方实施合同提供的技术所进行的服务，包括传授技术与培训人员。

1.6 "销售收入",是指受让人销售实施专利申请技术获得的产品的总金额。

1.7 "利润",是指销售收入减去成本、税金后的余额。

1.8 "改进技术",是指在甲方许可乙方实施的技术基础上改进的技术。

1.9 "普通实施许可",是指甲方许可乙方在合同约定的期限、地区、技术领域内实施该专利技术的同时,甲方保留实施该专利技术的权利,并可以继续许可乙方以外的任何单位或个人实施该专利技术。

1.10 "分许可",是指乙方经甲方同意将本合同涉及的专利技术许可给第三方。

1.11 "第三方",是指本合同的甲方和乙方以外的任何中华人民共和国境内、境外的法人、自然人或其他组织。

(请填写其他需要说明、解释的术语)

第二条 专利概述

2.1 甲方所有专利技术的名称:_____。

2.2 甲方所有专利技术的性质:(描述该专利技术的技术特征)_____
_____。

2.3 甲方所有专利技术的主要内容:_____
_____。

2.4 甲方所有专利技术实施的技术效果:_____
_____。

第三条 权属保证

3.1 甲方持有专利技术的基本法律状况如下:

(1) 专利发明人:_____;

(2) 专利申请人:_____;

(3) 专利申请日:_____;

(4) 专利申请号:_____;

(5) 专利授权日:_____;

(6) 专利授权号:_____;

(7) 专利号:_____;

(8) 专利权人:_____;

（9）专利权有效期限：_____；

（10）专利年费已交至_____年；

（11）专利授权国别：_____。

3.2　甲方应当保证其许可给乙方使用的专利技术为自己合法所有和享有处分权，不存在任何法律上的权属纠纷或者瑕疵，并保证专利技术的可实施性。

3.3　甲方同意将该专利技术及其有关的技术秘密许可给乙方使用，保证乙方能够充分利用该专利技术，并达到第2.4条约定的技术效果。

第四条　专利实施许可的方式、期限、区域和内容

4.1　甲乙双方约定专利实施许可的方式为普通许可。

4.2　专利实施许可的期限：_____。

4.3　专利实施许可区域：_____。

4.4　专利实施许可的内容包括下列_____项：

（1）制造（使用、销售、许诺销售）其专利产品；

（2）使用其专利方法以及使用、销售、许诺销售依照该专利方法直接获得的产品；

（3）进口其专利产品（或者）进口依照其专利方法直接获得的产品；

（4）为生产经营目的制造、销售、进口其外观设计专利产品；

（5）其他约定：_____。

第五条　资料交付

5.1　甲方应向乙方提供如下资料，一式_____份：

（1）甲方向国家专利行政主管部门递交的全部专利申请文件、授权文本；

（2）国家专利行政主管部门发给甲方的所有文件：包括受理通知书、中间文件、授权决定、其他各种通知、决定、专利证书及全部副本等；

（3）专利权有效证明文件，如专利登记簿副本、在专利权撤销或无效请求中，国家专利行政主管部门或司法机关做出的维持专利权有效的决定等；

（4）甲方已实施或者已经许可他人实施的情况；

（5）我国法律法规及有关规定要求专利申请权转让必须经国家主管部门批准的，须提供相关主管部门批准转让文件；

（6）包括工艺设计、技术报告、工艺配方、文件图纸、其他与所转让的专利技术相关的技术文档等，以及该技术领域一般专业技术人员能够实施专利技术所必要的其他技术资料；

（7）与实施该专利技术有关的技术秘密的名称或者代号：_____
_____（写明属于技术秘密的技术名称或者代号）；记载上述技术秘密的资料为：_____（写明技术秘密的载体）；

（8）双方约定的其他相关资料_____。

5.2 甲方应在合同生效_____日内，向乙方交付5.1所列的资料并附有详尽的资料清单；交付的地点：_____；交付的方式：_____。

5.3 甲方交付的资料以及有关的辅助性材料，应当能够体现和实现该专利技术的技术指标、参数及技术水平、性能、效果。

5.4 甲方交付的资料以及有关的辅助性材料，应当是完整的、清楚的、无误的、有效的。图纸资料的规格及绘制符合国家的_____
_____标准规定。

5.5 其他约定要求：_____。

第六条　资料验收和补充

6.1 乙方收到甲方交付的第五条全部资料后，应对资料予以认真的检查与核对，如发现有不符合上述要求的，应在收到资料后_____日内向甲方发出通知，甲方应在收到如上通知后的_____日内予以说明、补充或更换；资料符合合同约定的要求后，乙方应在_____日内向甲方签发资料验收合格确认。

第七条　保密事项

7.1 双方不得泄露第5.1条（7）项双方约定的与该专利技术有关的技术秘密。

7.2 双方不得泄露在本合同洽谈及实施过程中获悉的涉及对方的其他任何商业秘密。

7.3 双方约定上述保密义务的保密范围：_____；保密人员：_____；保密期限：_____。

（双方可以另行签订保密协议作为本合同附件）

7.4 合同未正式生效前、合同提前解除或履行完毕终止后_____年内，本合同的所列保密事项仍然有效。

7.5 任何一方基于司法或者其他国家机构要求，提供上述商业秘密时，应及时通知对方，同时以书面形式提示司法或者其他国家机构注意保密。

第八条　技术协作和指导

8.1　甲方在本合同生效后应向乙方提供技术指导，帮助乙方通过实施该专利技术达到第 2.4 条约定的技术效果。

8.2　甲方在乙方实施专利技术期间，应派出技术人员对乙方进行技术指导，所派出的技术人员应符合如下的标准：

（1）派出的技术人员总人数：＿＿＿＿＿＿＿＿＿＿；

（2）学历和技术职称及工作经验要求：＿＿＿＿＿＿＿＿＿＿＿＿；

（3）有效工作时间：＿＿＿＿＿＿＿＿＿＿＿＿＿＿＿＿＿＿＿；

（4）总费用：＿＿＿＿＿＿＿＿＿＿元；

（5）其他约定：＿＿＿＿＿＿＿＿＿＿＿＿＿＿＿＿＿＿＿＿＿。

8.3　甲方在乙方实施专利技术期间，应负责培训乙方的有关技术人员。培训方案如下：

（1）培训时间：＿＿＿＿＿＿＿＿；

（2）培训地点：＿＿＿＿＿＿＿＿；

（3）培训方式：＿＿＿＿＿＿＿＿＿＿＿＿＿＿＿＿＿＿＿＿＿；

（4）培训目标：＿＿＿＿＿＿＿＿＿＿＿＿＿＿＿＿＿＿＿＿＿；

（5）其他约定：＿＿＿＿＿＿＿＿＿＿＿＿＿＿＿＿＿＿＿＿＿。

8.4　乙方实施专利技术的基本生产条件，包括场地、资金、生产设备、检验设备、原材料、人员技术水平等应符合相应要求。

8.5　乙方应为甲方的技术指导和培训提供必要的场地、人员及设备方面的配合，接受甲方培训的人员的条件和文化水平，应符合甲方提出的合理要求。具体安排如下：

（1）场地要求：＿＿＿＿＿＿＿＿＿＿＿＿＿＿＿＿＿＿＿＿＿；

（2）提供的设备：＿＿＿＿＿＿＿＿＿＿＿＿＿＿＿＿＿＿＿＿；

（3）人员配合：＿＿＿＿＿＿＿＿＿＿＿＿＿＿＿＿＿＿＿＿＿；

（4）接受培训人员的文化水平和条件：＿＿＿＿＿＿＿＿＿＿＿；

（5）其他约定：＿＿＿＿＿＿＿＿＿＿＿＿＿＿＿＿＿＿＿＿＿。

8.6　乙方应为甲方派出的技术指导和培训人员提供食宿方便，费用由＿＿＿＿＿＿＿方负担。

第九条 技术缺陷修正

9.1 本合同生效后，乙方发现专利技术不符合第 2.2、2.3 条以及第 2.4 条约定的，应及时通知甲方，甲方应在_____日内自负费用对技术缺陷予以修正和完善。

第十条 验收标准与方法

10.1 乙方实施该专利技术试制完成的产品应符合各项技术指标及参数：_____。

10.2 验收合同产品时，由双方共同委托_____检测部门进行，所需费用由_____方承担。

10.3 如因甲方的技术缺陷，造成验收不合格的，甲方应负责采取措施，消除缺陷。

10.4 合同产品经验收合格后，双方应签署验收合格报告。

10.5 其他约定：_____。

第十一条 分许可

11.1 在本合同有效期内，甲方_____（请选择同意或者不同意）乙方向第三方分许可。

11.2 分许可合同的签订不影响乙方在本合同下的任何义务。乙方对分许可合同的被许可方的行为负责。

11.3 乙方向分许可合同的被许可方许可技术秘密，必须获得甲方的同意，并保证分许可合同的被许可方严格遵守本合同第七条的保密义务。

第十二条 价款支付

12.1 双方约定按下列第_____种方式计算专利使用费：

（1）固定使用费：甲乙双方约定，乙方支付给甲方专利使用费总额为_____元，其中，在专利实施许可过程中有技术秘密附带使用，技术秘密使用费为_____元；

（2）按比例提成支付专利使用费；

（3）其他约定：_____。

12.2 如双方选择固定使用费，则乙方按下列第·_____种支付方式、期限向甲方支付使用费：

（1）一次总付：乙方在合同生效之日起_____日内，一次性支付给甲方；

（2）分次支付：在合同生效之日起_____日内，支付_____元，_____日内支付_____元，_____日内支付_____元，最后剩余款在_____日内支付；

（3）其他约定方式：_____。

12.3 如双方选择按比例提成支付使用费，则乙方自合同生效之日起每_____日内，乙方按下列第_____种方式计算的金额向甲方支付：

（1）实施专利技术获得的每_____（计量单位）产品_____元；

（2）实施专利技术获得的利润_____%；

（3）实施专利技术获得的销售收入_____%；

（4）其他_____。

12.4 乙方应按上述约定将款项汇至甲方银行账户，甲方开户银行名称：_____；户名：_____；账号：_____。

12.5 如果按第12.3条约定的比例提成支付转让费，甲方有权检查乙方的财务会计账目和有关产品生产及销售记录，查账的方式：_____。查账费用分摊约定：_____。

第十三条 后续改进

13.1 在合同有效期内，任何一方对专利技术和技术秘密所作的改进应及时通知对方。

13.2 任何一方对专利技术和技术秘密的改进和发展，申请专利的权利和使用权归_____方（改进方或者双方）所有，相关利益的分配办法如下：_____。

13.3 双方对专利技术和技术秘密的改进和发展，申请专利的权利归双方共有，相关利益的分配办法如下：_____。

13.4 对一方或双方改进的专利技术和技术秘密还未公开时，另一方对改进技术承担保密义务，未经许可不得向他人披露、许可或转让该改进技术。

13.5 其他约定：_____。

第十四条　侵权处理

14.1　在合同有效期内，如有第三方指控乙方实施的专利技术侵权，乙方应立即通知甲方，甲方应负责处理并承担相应的法律责任。

14.2　在合同有效期内，任何一方发现第三方侵犯甲方的专利权时，应及时通知对方，由甲方与侵权方进行交涉，必要时乙方应予以协助。

第十五条　专利权被宣告无效和技术秘密被公开

15.1　本合同履行后，专利权被宣告无效，甲方不返还专利使用费，乙方也无需返还技术资料。但如果明显违反公平原则，甲方应向乙方返还_____%的专利使用费。

15.2　本合同履行后，因甲方主观恶意导致专利权被宣告无效，给乙方造成损失的，甲方应向乙方赔偿损失，损失的计算方法：_____。

15.3　自本合同生效时起至由于非甲方原因造成所涉秘密公开为止，如因甲方过错导致附带转让的技术秘密被公开的，甲方应向乙方返还第十二条确定技术秘密转让费的_____%。

15.4　其他约定：_____。

第十六条　税费分担

16.1　双方依法缴纳本合同涉及有关税金，其他相关费用承担约定：_____。

16.2　其他相关费用承担约定：_____。

第十七条　环境保护

17.1　甲方承诺将其已经知道的关于实施专利技术可能对环境产生的影响充分明确地告知乙方；如果在合同履行过程中获知此类信息，也应及时告知乙方。

17.2　乙方因实施专利技术而引起的环境污染侵权责任，由乙方承担。

第十八条　合同维护

18.1　双方约定在本合同有效期内，甲方指定_____为甲方的联系人，乙方指定_____为乙方的联系人。一方变更联系人的，应当及时以书面形式通知另一方。联系人的职责是对对方履行合同各项义务予以书面签字确认，双方

相互沟通协调，其他职责_____

_____。

任何一方未及时通知或未履行职责影响本合同履行或造成损失的，应承担相应的责任。

第十九条　违约责任

19.1　若甲方许可乙方实施的专利技术存在瑕疵，不符合合同约定，乙方有权解除合同，要求甲方返还使用费，甲方按下列第_____种方式承担违约责任：

（1）向乙方支付违约金_____元；

（2）支付专利使用费的_____%的违约金；

（3）赔偿乙方因此而受到的损失，赔偿的范围和损失的计算方法：_____

_____；

（4）其他约定：_____。

19.2　甲方不按合同所约定的提供技术资料、技术服务及培训，乙方有权解除合同，要求甲方返还使用费，甲方按下列第_____种方式承担违约责任：

（1）向乙方支付违约金_____元；

（2）支付专利使用费_____%的违约金；

（3）赔偿乙方因此而受到的损失，赔偿的范围和损失的计算方法：_____

_____；

（4）其他约定：_____。

19.3　甲方无正当理由逾期向乙方交付技术资料，提供技术服务与培训的，每逾期_____天，应按下列第_____种方式向乙方承担违约责任，逾期超过_____天，乙方有权终止合同，并要求返还使用费。

（1）向乙方支付违约金_____元；

（2）支付专利使用费的_____%的违约金；

（3）赔偿乙方因此而受到的损失，赔偿的范围和损失的计算方法：_____

_____；

（4）其他约定：_____。

19.4　乙方逾期向甲方支付专利使用费的，按下列第_____种方式承担违约责任：

（1）每逾期一天应向甲方支付_____元的违约金；

（2）支付专利使用费的_____%的违约金；

（3）其他约定方式：_____。

乙方逾期_____日不支付专利使用费的，甲方有权解除合同，并要求乙方交还技术资料。

19.5 乙方违反合同约定，扩大对被许可技术的许可范围，甲方有权要求乙方停止侵害行为，并有权终止合同，乙方按下列第_____种方式承担违约责任：

（1）向甲方支付违约金_____元；

（2）支付专利使用费的_____%的违约金；

（3）赔偿甲方因此而受到的损失，赔偿的范围和损失的计算方法：_____

_____；

（4）其他约定：_____。

19.6 乙方违反本合同第十一条分许可约定，甲方有权要求乙方停止侵害行为，并有权终止合同，乙方按下列第_____种方式承担违约责任：

（1）向甲方支付违约金_____元；

（2）支付专利使用费的_____%的违约金；

（3）赔偿甲方因此而受到的损失，赔偿的范围和损失的计算方法：_____

_____；

（4）其他约定：_____。

19.7 任何一方不遵守本合同第七条保密条款的约定，将有关商业秘密泄露给第三方的，按下列第_____方式承担违约责任：

（1）向对方支付违约金_____元；

（2）支付专利使用费的_____%的违约金；

（3）赔偿对方因此而受到的损失，赔偿的范围和损失的计算方法：_____

_____；

（4）其他约定：_____。

19.8 其他约定：_____。

第二十条　争议解决

20.1 因本合同引起的或与本合同有关的任何争议，应通过友好协商解决，如果双方不能协商解决，同意采取以下第_____种方式解决：

（1）向有管辖权的_____法院起诉；

（2）提交_____仲裁委员会仲裁，根据该委员会现行规则仲裁，仲裁结果是终局的，对双方均有约束力。

第二十一条　不可抗力

21.1　因不可抗力或其他意外事件，或使得本合同的履行不可能、不必要或无意义的，任何一方均可以解除本合同。

21.2　遭受不可抗力、意外事件的一方全部或部分不能履行本合同、解除或迟延履行本合同的，应将事件情况在_____日内，以书面形式通知另一方并向另一方提交相应的证明。

第二十二条　合同附件

22.1　本合同的附件为本合同不可分割的组成部分，并具有与合同正文同样的法律效力。如果附件的内容与合同正文规定不一致，合同正文的效力优先。

第二十三条　其他约定

_____
_____
_____。

第二十四条　合同生效

24.1　本合同自甲乙双方签字或盖章之日起_____日内向国家专利主管部门进行合同登记，自登记之日起生效。

第二十五条　合同份数

25.1　本合同一式_____份，其中甲方正本_____份，副本_____份；乙方正本_____份，副本_____份；用于备案_____份。本合同正副本具有同等法律效力。

第二十六条　合同签订地和签订日期

26.1　本合同签订地点：_____。
26.2　本合同签订日期：_____。

甲方：（签章）

法定代表人或者授权代表人：

签订日期：

乙方：（签章）

法定代表人或者授权代表人：

签订日期：

附：本合同使用说明

一、本合同为专利实施许可合同参考文本，适用于许可人将其专利技术许可被许可人实施，被许可人支付约定价款而订立的合同。在现实生活中，纯专利技术的实施许可通常伴随有实施专利所涉及的技术秘密的转让。

二、签约一方为多个当事人的，在"许可人"、"被许可人"项下分别排列。

三、定义条款也称关键名词和术语解释条款，是当事人为了明确合同的内容，避免对涉及双方权利义务关系的重要问题产生误解而设立的条款。在专利实施许可合同中，由于涉及很多专业技术，对某些关键词语做出定义具有特别重要的意义。此外，定义条款可以避免合同中重复使用冗长的表达方式，使合同文字简明扼要。

定义的数量取决于具体项目和合同的需要，也取决于交易双方的习惯和风格，不是一成不变的。有的定义条款还包括合同解释的一些规定，通常称为"定义和解释"条款。包括在参考文本中。

拟订定义条款需要注意的问题：相同意思的概念要统一使用"定义"中的术语，不要用类似的但未经定义的同义词。使用有关术语时一定要按照所定义的意思来使用，不能按照自己习惯的或通常的意思来使用术语。要特别注意合同附件中"定义"的使用。

四、专利实施许可合同按照许可方向被许可方授权的范围和性质可以分为独占许可合同、排他许可合同、普通许可合同等。本合同参考文本的有关条款是以普通许可为基础来安排的。具体项目中，在确定专利实施许可的方式（独占许可、排他许可、普通许可等）后，对"定义"以及"专利实施的方式、期限、区域"等条款要做出相应的约定。作为许可方，应注意在进口国及在一定期限内对不同被许可方授权的衔接，亦即：如果已经授予被许可方独占或排他许可，就不要再授权第三方；如果只是授予被许可方普通许可，则可以对第三方进行普通许可的授权。

五、对专利技术的描述、技术资料的范围、技术指导的具体内容等既可以作为一个条款来加以规定，也可以采用附件的形式来作专门规定，比较复杂的项目普遍采用附件的方式。

六、验收的标准与方法条款是专利实施许可合同中非常关键的条款，也是容易引起纠纷的条款。对产品的产量（数量）、产品应达到的技术指标与参数、生产产品的能耗指标、环保排放指标等要尽可能详细地加以约定，以免顾此失彼，或者无法确定验收标准与方法。通常要规定一个最低指标，一旦低于最低指标，则意味着合同的根本目的无法实现，被许可人有权解除合同；达到最低标准，但低于许可方承诺的标准的可以约定一定比例的违约金。

七、违约责任条款要特别注意与"验收标准与方法"条款的衔接，可以根据指标偏离保证指标的程度来安排不同比例的违约金，直至解除合同。

八、争议解决如果选择管辖法院的，要注意不要超出法律允许选择范围（被告住所地、合同履行地、合同签订地、原告住所地、标的物所在地方面法院）；如果选择仲裁解决的，对仲裁机构的表述要规范、准确。

九、要重视合同附件的规定。由于合同附件与合同正文有同等法律效力，因此要如重视合同正文一样重视合同附件。由于合同附件通常是合同正文条款的具体化，因此双方的权利义务有时候主要是根据附件的规定来确定的。要注意防止重合同正文、轻合同附件的倾向。

在签订合同附件时要注意以下问题：一是要与正文条款规定的原则保持一致，避免出现前后矛盾的规定；二是要注意与合同正文的衔接，在正文中援引了附件目录的，附件中要对相应内容做出规定，不能脱节。应当在分别审查各个部分的基础上，由法律专业人员对整个合同（包括正文和合同附件）进行全面审查。

十、对本合同及附件中有关"在＿＿＿日"、"支付＿＿＿元"、"支付＿＿＿%"等内容的约定，其数据要尽可能同时大、小写。

二、专利权转让合同

目　录

第一条　定义
第二条　专利概述
第三条　权属保证
第四条　专利已实施和许可处理
第五条　资料交付
第六条　资料验收和补充
第七条　保密事项
第八条　技术协作和指导
第九条　技术缺陷修正
第十条　价款支付
第十一条　过渡期
第十二条　专利权被宣告无效和技术秘密被公开
第十三条　税费分担
第十四条　合同维护
第十五条　违约责任
第十六条　争议解决
第十七条　不可抗力
第十八条　合同附件
第十九条　其他约定
第二十条　合同生效
第二十一条　合同份数
第二十二条　合同签订地和签订日期

合同编号：

专利权转让合同

甲方（让与人）：_____
法定代表人：_____
住所地：_____
邮政编码：_____

乙方（受让人）：_____
法定代表人：_____
住所地：_____
邮政编码：_____

鉴于甲方是_____技术的专利权人且同意将其所有的专利技术的专利权转让给乙方，鉴于乙方对该专利技术的了解，并希望拥有该专利权且愿意支付给甲方专利权转让费；根据《中华人民共和国合同法》、《中华人民共和国专利法》及其他相关法律法规的规定，双方经友好协商，同意就以下条款订立本合同，共同信守履行。

第一条 定义

为避免双方理解上的分歧，双方对本合同及相关附件中所涉及的有关名词和技术术语，特做如下确认：

1.1 "专利权转让合同"，是指专利权人作为让与人即甲方，将专利权转让给受让人即乙方，乙方支付约定价款所订立的合同。

1.2 "专利权"，是指国家专利行政主管部门依照专利法规定授予专利申请人或者其继受人在法定的年限内享有的实施其申请专利的发明创造的独占权利，是专利权转让合同的标的。

1.3 "专利技术"，是指专利权覆盖的技术，是专利权转让合同的标的物。

1.4 "技术资料"，是指实施本合同中专利技术所需要的文字及图纸资料，是专利技术的载体。

1.5 "技术秘密"，是指为实施发明创造专利达到最好的效果，在转让专利权过程中一起转让的、并被甲方采取了保密措施的、尚未公开、有价值的技术信息。

1.6 "技术指导"，是指甲方为乙方实施专利技术所进行的指导，包括讲授专利技术和培训乙方的有关技术人员等事项。

1.7 "转让费"，是指因甲方向乙方转让专利权，乙方向甲方支付的价款。

1.8 "完整"，是指甲方向乙方交付的技术资料为本合同中约定的全部技术资料。

1.9 "清晰"，是指技术资料中的曲线、符号、数字、文字等足以看清。

1.10 "销售收入"，是指乙方销售实施专利申请技术获得的产品的总金额。

1.11 "利润"，是指销售收入减去成本、税金后的余额。

1.12 其他：_____。

（请填写其他需要说明、解释的相关技术术语）

第二条 专利概述

2.1 甲方所有专利技术的名称：_____。

2.2 甲方所有专利技术的性质（描述该专利技术的技术特征）：_____
_____。

2.3 甲方所有专利技术的主要内容：_____
_____。

2.4 甲方所有专利技术实施的技术效果：_____
_____。

第三条 权属保证

3.1 甲方持有专利技术的基本法律状况如下：

（1）专利发明人：_____；

（2）专利申请人：_____；

（3）专利申请日：_____；

（4）专利申请号：_____；

（5）专利授权日：_____；

（6）专利授权号：_____；

（7）专利号：_____；

（8）专利权人：_____；

(9) 专利权有效期限：_____；
(10) 专利年费已交至_____年；
(11) 专利授权国别：_____。

3.2 甲方应当保证其为专利权的合法所有者并享有处分权，不存在任何法律上的权属纠纷或者瑕疵。

3.3 甲方自合同签订之日起_____日内出具相关证明文件，与乙方共同办理专利权变更手续。

3.4 甲方保证转让后的专利证书所列全部条款与转让前所持有的权益相同。

第四条　专利已实施和许可处理

4.1 本合同订立前，甲方已自行实施该专利技术：
(1) 实施时间：_____；
(2) 实施规模（指生产规模）：_____；
(3) 实施范围（指实施区域）：_____；
(4) 实施方式：_____。

4.2 自本合同生效之日起，甲方_____（请选填"可以"或者"停止"）继续实施该专利技术。

4.3 如甲方可以继续实施，则
(1) 实施费用：_____；
(2) 实施时间：_____；
(3) 实施规模：_____；
(4) 实施范围：_____；
(5) 实施方式：_____。

4.4 本合同订立前，甲方已许可如下单位实施该专利技术：
(1) 单位名称：_____；
(2) 许可期限：_____；
(3) 许可范围：_____；
(4) 许可方式：_____。
（请选择填写独占实施许可、排他实施许可、普通实施许可三种方式中的一种。如许可多家单位，可以附表或者以合同附件形式列明）

4.5 在本合同的生效后，双方约定采取以下第_____种方式处理第4.3条专利实施许可合同中权利义务：

（1）经第三方的同意，甲方在这些合同中的权利义务关系，在本合同生效后，由乙方承担；

（2）其他约定：_____。

4.6 在本合同生效后至专利权转让登记前，未经乙方允许，甲方不得另行许可第三方实施该专利技术。

第五条 资料交付

5.1 甲方应向乙方交付如下全部资料一式_____份：

（1）甲方向国家专利行政主管部门递交的全部专利申请文件、授权文本；

（2）国家专利行政主管部门发给甲方的所有文件：包括受理通知书、中间文件、授权决定、其他各种通知、决定、专利证书及全部副本等；

（3）专利权有效证明文件，如专利登记簿副本、在专利权撤销或者无效请求中，国家专利行政主管部门或者司法机关做出的维持专利权有效的决定等；

（4）甲方已实施或者已经将专利技术许可给他人实施的合同书及其附件；

（5）根据我国法律法规及有关规定要求，专利申请权转让必须经国家主管部门批准的，须提供相关主管部门批准转让文件；

（6）包括工艺设计、技术报告、工艺配方、文件图纸、其他与所转让的专利技术相关的技术文档等，以及该技术领域一般专业技术人员能够实施专利技术所必要的其他技术资料；

（7）与实施该专利技术有关的技术秘密的名称或者代号：_____（写明属于技术秘密的技术名称或者代号）；记载上述技术秘密的资料：_____（写明技术秘密的载体）。

（8）双方约定的其他相关资料：_____。

5.2 甲方应在合同生效_____日内，向乙方交付第5.1条所列资料并附有详尽的资料清单；交付的地点：_____；交付的方式：_____。

5.3 甲方交付的资料以及有关的辅助性材料，应当能够体现和实现该专利技术的技术指标、参数及技术水平、性能、效果。

5.4 甲方交付的资料以及有关的辅助性材料，应当是完整的、清楚的、无误的、有效的。图纸资料的规格及绘制符合国家_____标准的规定。

5.5 其他约定要求：_____。

第六条　资料验收和补充

6.1　乙方收到甲方交付的第五条全部资料后，应对资料予以认真的检查与核对，如发现有不符合上述要求的，应在收到资料后_____日内向甲方发出通知，甲方应在收到如上通知后的_____日内予以说明、补充或者更换；资料符合合同约定的要求后，乙方应在_____日内向甲方签发资料验收合格确认。

第七条　保密事项

7.1　双方不得泄露第5.1条（7）项双方约定的与该专利技术有关的技术秘密。

7.2　双方不得泄露在本合同洽谈及实施过程中获悉的涉及对方的其他任何商业秘密。

7.3　双方约定上述保密义务的保密范围：_____；保密人员：_____；保密期限：_____。

（双方可以另行签订保密协议作为本合同附件）

7.4　合同未正式生效前、合同提前解除或者履行完毕终止时，本合同的所列保密事项仍然有效。

7.5　任何一方基于司法或其他国家机构要求，提供上述商业秘密时，应及时通知对方，同时以书面形式提示司法或其他国家机构注意保密。

第八条　技术协作和指导

8.1　甲方在本合同生效后应向乙方提供技术指导，帮助乙方通过实施该专利技术达到第2.4条约定的技术效果。

8.2　甲方在乙方实施专利技术期间，应派出技术人员对乙方进行技术指导，所派出的技术人员应符合如下的标准：

（1）派出的技术人员总人数：_____；

（2）学历和技术职称及工作经验要求：_____；

（3）有效工作时间：_____；

（4）总费用：_____元；

（5）其他约定：_____。

8.3　甲方在乙方实施专利技术期间，应负责培训乙方的有关技术人员。培训方案如下：
（1）培训时间：_____；
（2）培训地点：_____；
（3）培训方式：_____；
（4）培训目标：_____；
（5）其他约定：_____。

8.4　乙方实施专利技术的基本生产条件，包括场地、资金、生产设备、检验设备、原材料、人员技术水平等应符合相应要求。

8.5　乙方应为甲方的技术指导和培训提供必要的场地、人员及设备方面的配合，接受甲方培训的人员的条件和文化水平，应符合甲方提出的合理要求。具体安排如下：
（1）场地要求：_____；
（2）提供的设备：_____；
（3）人员配合：_____；
（4）接受培训的人员的文化水平和条件：_____；
（5）其他约定：_____。

8.6　乙方应为甲方派出的技术指导和培训人员提供食宿方便，费用由_____方负担。

第九条　技术缺陷修正

9.1　在本合同生效后，乙方发现专利技术不符合第2.2、2.3条以及第2.4条约定的，应及时通知甲方，甲方应在_____日内自负费用对技术缺陷予以修正和完善。

第十条　价款支付

10.1　双方约定按下列第_____种方式计算专利权转让费：
（1）固定转让费：甲乙双方约定，乙方支付给甲方专利权转让费总额为_____元，其中，在专利转让过程中有技术秘密附带转让，技术秘密转让费为_____元；
（2）按比例提成支付转让费；
（3）其他约定：_____。

10.2　如双方选择固定转让费，则乙方按下列第_____种支付方式、期限向甲方支付转让费：

（1）一次总付：乙方在合同生效之日起_____日内，一次性支付给甲方；

（2）分次支付：在合同生效之日起_____日内，支付_____元，_____日内支付_____元，_____日内支付_____元，最后剩余款在_____日内支付；

（3）其他约定方式：_____。

10.3 如双方选择按比例提成支付转让费，则乙方自合同生效之日起每_____日内，乙方按下列第_____种方式计算的金额向甲方支付转让费：

（1）实施专利技术获得的每_____（计量单位）产品_____元；

（2）实施专利技术获得的利润_____%；

（3）实施专利技术获得的销售收入_____%；

（4）其他：_____。

10.4 乙方应按上述约定将款项汇至甲方银行账户，甲方开户银行名称：_____；户名：_____；账号：_____。

10.5 如果按第10.3条约定的比例提成支付转让费，甲方有权检查乙方的财务会计账目和有关产品生产及销售记录，查账的方式：_____。查账费用分摊约定为：_____。

第十一条 过渡期

11.1 在本合同成立后，至专利局登记之日，甲方应维持专利有效性，发生的费用由甲方支付。

11.2 本合同在专利权登记后，乙方负责维持专利有效性，发生的费用由乙方支付。

11.3 在本合同生效后至专利权转让生效前，专利权被宣告无效，本合同解除，甲方返还乙方已支付的费用。

第十二条 专利权被宣告无效和技术秘密被公开

12.1 本合同履行后，专利权被宣告无效，甲方不返还转让费，乙方也无需返还技术资料。但如果明显违反公平原则，甲方应返还_____%的转让费。

12.2 本合同履行后，因甲方主观恶意导致专利权被宣告无效，给乙方造成损失的，甲方应向乙方赔偿损失，损失的计算方法为：_____。

12.3 本合同生效后至由于非甲方原因造成所涉秘密公开为止，如因甲方过错导致附带转让的技术秘密被公开的，甲方应向乙方返还第十条约定技术秘密转让费的_____%。

12.4 其他约定：_____。

第十三条 税费分担

13.1 双方依法缴纳本合同涉及有关税金，其他相关费用承担约定：_____
_____。

13.2 其他相关费用承担约定：_____。

第十四条 合同维护

14.1 双方约定在本合同有效期内，甲方指定_____为甲方的联系人，乙方指定_____为乙方的联系人。一方变更联系人的，应当及时以书面形式通知另一方。联系人的职责是对对方履行合同各项义务予以书面签字确认，双方相互沟通协调，其他职责_____
_____。

未及时通知或未履行职责影响本合同履行或造成损失的，应承担相应的责任。

第十五条 违约责任

15.1 乙方逾期向甲方支付转让费的，按下列第____种方式承担违约责任：

（1）每逾期一天应向甲方支付_____元违约金；

（2）支付转让费_____%的违约金；

（3）其他约定方式：_____。

15.2 乙方逾期_____日不支付转让费的，甲方有权解除合同，并要求乙方交还技术资料。

15.3 甲方转让的专利权存在瑕疵，不符合合同约定的，按下列第_____种方式承担违约责任：

（1）向乙方支付违约金_____元；

（2）支付转让费_____%的违约金；

（3）赔偿乙方因此而受到的损失，赔偿的范围和损失的计算方法：_____
_____；

（4）其他约定：＿＿＿＿＿＿＿＿＿＿＿＿＿＿＿＿＿＿＿＿＿＿＿＿＿＿＿＿。

15.4 甲方转让的专利权覆盖的专利技术不符合本合同约定标准的，按下列第＿＿＿＿＿＿种方式承担违约责任：

（1）向乙方支付违约金＿＿＿＿＿＿＿元；

（2）支付转让费＿＿＿＿＿＿＿%的违约金；

（3）赔偿乙方因此而受到的损失，赔偿的范围和损失的计算方法：＿＿；

（4）其他约定：＿＿＿＿＿＿＿＿＿＿＿＿＿＿＿＿＿＿＿＿＿＿＿＿＿＿＿＿。

15.5 甲方逾期向乙方交付技术资料或者延迟办理专利权的移交手续的，按下列第＿＿＿＿＿＿种方式承担违约责任：

（1）每逾期一天应向乙方支付＿＿＿＿＿＿＿元违约金；

（2）支付转让费＿＿＿＿＿＿＿%的违约金；

（3）按实际损失支付赔偿金，实际损失的范围和计算方法：＿＿；

（4）其他约定：＿＿＿＿＿＿＿＿＿＿＿＿＿＿＿＿＿＿＿＿＿＿＿＿＿＿＿＿。

15.6 甲方逾期＿＿＿＿＿＿＿日未向乙方交付技术资料的、或者技术资料补充更换后仍不符合要求的，乙方有权解除合同，甲方应当退还转让费。

15.7 任何一方不遵守本合同第七条保密条款的约定，将有关商业秘密泄露给第三方的，按下列第＿＿＿＿＿＿种方式承担违约责任：

（1）向对方支付违约金＿＿＿＿＿＿＿元；

（2）赔偿对方因此而受到的损失，赔偿的范围和损失的计算方法：＿＿；

（3）其他约定：＿＿＿＿＿＿＿＿＿＿＿＿＿＿＿＿＿＿＿＿＿＿＿＿＿＿＿＿。

15.8 任何一方不遵守本合同第十一条过渡期条款的约定，应向对方按下列第＿＿＿＿＿＿种方式承担违约责任：

（1）向对方支付违约金＿＿＿＿＿＿＿元；

（2）赔偿对方因此而受到的损失，赔偿的范围和损失的计算方法：＿＿；

（3）其他约定：＿＿＿＿＿＿＿＿＿＿＿＿＿＿＿＿＿＿＿＿＿＿＿＿＿＿＿＿。

第十六条 争议解决

16.1 因本合同引起的或与本合同有关的任何争议，应通过友好协商解决，如果双方不能协商解决，同意采取以下第_____种方式解决：

（1）向有管辖权的_____法院起诉。

（2）提交_____仲裁委员会仲裁，根据该委员会现行规则仲裁，仲裁结果是终局的，对双方均有约束力。

第十七条　不可抗力

17.1　因不可抗力或者其他意外事件，或者使得本合同的履行不可能、不必要或者无意义的，任何一方均可以解除本合同。

17.2　遭受不可抗力、意外事件的一方全部或部分不能履行本合同、解除或迟延履行本合同的，应将事件情况在_____日内，以书面形式通知另一方并向另一方提交相应的证明。

第十八条　合同附件

18.1　双方确定以下_____项内容作为本合同的附件，并与本合同具有同等效力：

（1）专利技术资料、可行性论证报告、技术评价报告、技术标准和规范、原始设计和工艺文件；

（2）技术培训方案；

（3）其他：_____。

第十九条　其他约定

_____

_____

_____。

第二十条　合同生效

20.1　本合同自甲乙双方签字或盖章之日起_____日内向国家专利主管部门进行合同登记，自登记之日起生效。

第二十一条　合同份数

21.1　本合同一式_____份，其中甲方正本_____份，副本_____份；乙方正本_____份，副本_____份；用于备案_____份。本合同正副本具有同等法律效力。

第二十二条 合同签订地和签订日期

22.1 本合同签订日期：_____（此日期应与最后一方签字盖章日期一致）。

22.2 本合同签订地点：_____。

甲方：（签章）
法定代表人或者授权代表人：
签订日期：
乙方：（签章）
法定代表人或者授权代表人：
签订日期：

附：本合同使用说明

一、本合同为专利权转让合同参考文本，适用于让与人将其专利权转让受让人，受让人支付约定价款而订立的合同，供合同当事人参照使用。

二、签约一方为多个当事人的，在"让与人"、"受让人"项下分别排列。

三、让与人与专利名称须与所转让的专利的法律文件相一致。

四、请参见专利权实施许可合同使用说明相关部分。

五、对本合同及附件中有关"在____日"、"支付____元"、"支付____%"等内容的约定，其数据要尽可能同时大、小写。

三、专利申请权转让合同

目　　录

第一条　定义
第二条　专利申请权概述
第三条　权属保证
第四条　专利申请权已实施和许可处理
第五条　资料交付
第六条　资料验收和补充
第七条　保密事项
第八条　技术协作和指导
第九条　技术缺陷修正
第十条　价款支付
第十一条　优先权处理
第十二条　专利申请被驳回、授予专利权后被宣告无效和技术秘密被公开的责任及处理
第十三条　过渡期
第十四条　税费分担
第十五条　合同维护
第十六条　违约责任
第十七条　争议解决
第十八条　不可抗力
第十九条　合同附件
第二十条　其他约定
第二十一条　合同生效
第二十二条　合同份数
第二十三条　合同签订地和签订日期

合同编号：

专利申请权转让合同

甲方（让与人）：_____
法定代表人：_____
住所地：_____
邮政编码：_____

乙方（受让人）：_____
法定代表人：_____
住所地：_____
邮政编码：_____

鉴于甲方是_____（填写专利申请技术的名称）技术的专利申请权人且同意将其所有的专利申请权转让给乙方；鉴于乙方对该专利申请技术的了解，并希望拥有该专利申请权且愿意支付给甲方专利申请权转让费；根据《中华人民共和国合同法》、《中华人民共和国专利法》及其他相关法律法规的规定，双方经友好协商，同意就以下条款订立本合同，共同信守履行。

第一条 定义

为避免双方理解上的分歧，双方对本合同及相关附件中所涉及的有关名词和技术术语，特做如下确认：

1.1 "专利申请权转让合同"，是指专利申请权人作为让与人甲方，将专利申请权转让给受让人即乙方，乙方支付约定价款所订立的合同。

1.2 "专利申请权"，是指当事人已就特定的发明创造向国家专利主管部门申请了专利而依法享有的权利，是专利申请权转让合同的标的。

1.3 "专利申请技术"，是指专利申请权覆盖的技术，是专利申请权转让合同的标的物。

1.4 "技术资料"，是指实施本合同中专利申请技术所需要的文字及图纸资料，是专利申请技术的载体。

1.5 "技术秘密"，是指为实施发明创造专利达到最好的效果，在转让专利权过程中一起转让的,并被甲方采取了保密措施的、尚未公开、有价值的技术信息。

1.6 "技术指导",是指甲方为乙方实施专利技术所进行的指导,包括讲授专利技术和培训乙方的有关技术人员等事项。

1.7 "转让费",是指因甲方向乙方转让专利申请权,乙方向甲方支付的价款。

1.8 "完整",是指甲方向乙方交付的技术资料为本合同中约定的全部技术资料。

1.9 "清晰",是指技术资料中的曲线、符号、数字、文字等足以看清。

1.10 "销售收入",是指受乙方销售实施专利申请技术获得的产品的总金额。

1.11 "利润",是指销售收入减去成本、税金后的余额。

1.12 其他:_____。
(请填写其他需要说明、解释的相关技术术语)

第二条 专利申请权概述

2.1 甲方专利申请技术名称:_____。

2.2 甲方专利申请技术性质:(描述该技术的技术特征)_____
_____。

2.3 甲方专利申请技术主要内容:_____
_____。

2.4 甲方专利申请技术实施的技术效果:_____
_____。

第三条 权属保证

3.1 甲方所有专利申请权基本法律状况如下:
(1)专利申请技术的发明人:_____;
(2)专利申请权人:_____;
(3)专利申请日:_____;
(4)专利申请号:_____;
(5)专利申请国别:_____。

3.2 甲方应当保证其为专利申请权的合法所有者并享有处分权,不存在任何法律上的权属纠纷或者瑕疵。

3.3 甲方自合同生效之日起_____日内出具相关证明文件，与乙方共同办理专利申请权变更手续。

第四条 专利申请权已实施和许可处理

4.1 本合同订立前，甲方已自行实施该专利申请技术：
（1）实施时间：_____；
（2）实施规模（指生产规模）：_____；
（3）实施范围（指实施区域）：_____；
（4）实施方式：_____。

4.2 自本合同生效之日起，甲方_____（请选填"可以"或者"停止"）继续实施该专利申请技术。

4.3 如甲方可以继续实施，则
（1）实施费用：_____；
（2）实施时间：_____；
（3）实施规模：_____；
（4）实施范围：_____；
（5）实施方式：_____。

4.4 本合同订立前，甲方已许可如下单位实施该专利申请技术：
（1）单位名称：_____；
（2）许可期限：_____；
（3）许可范围：_____；
（4）许可方式：_____。
（如许可多家单位，可以附表或以合同附件形式列明）

4.5 在本合同生效后，双方约定采取以下第_____种方式处理第4.4条专利申请技术实施许可合同中的权利义务：
（1）甲方在这些合同中的权利义务关系，在本合同生效后，由乙方承担；
（2）其他约定：_____
_____。

4.6 在本合同生效后至专利申请权转让生效前，未经乙方允许，甲方不得另行许可第三方实施该专利申请技术。

第五条 资料交付

5.1 甲方应向乙方交付如下全部资料一式_____份：

（1）甲方向国家专利行政主管部门递交的全部专利申请文件，包括但不限于请求书、说明书、权利要求书、附图、摘要及摘要附图等，以及所有过程文件和中间文件，包括意见陈述书以及著录事项变更、权利丧失后恢复权利的审批决定，代理委托书等；若申请的是PCT，还要包括所有PCT申请文件；

（2）国家专利行政主管部门发给甲方的所有文件：受理通知书、中间文件等；

（3）国家专利行政主管部门出具的能够证明本合同所涉专利申请现行有效的证明文件（指最近一次官方缴费凭证，如申请费、实审费、专利申请维持费等）；

（4）甲方已许可他人实施专利申请权技术的合同书副本及其附件；

（5）根据我国法律法规及有关规定要求，专利申请权转让必须经国家主管部门批准的，须提供相关主管部门批准转让文件；

（6）要求优先权的声明书、原受理机关证明、优先权转让证明材料；

（7）包括工艺设计、技术报告、工艺配方、文件图纸、其他与所转让的专利申请技术相关的技术文档等，以及该技术领域一般专业技术人员能够实施专利技术所必要的其他技术资料；

（8）与该专利申请技术有关的技术秘密的名称或代号：_____（写明属于技术秘密的技术名称或代号）；记载上述技术秘密的资料：_____（写明技术秘密的载体）；

（9）双方约定的其他相关资料：_____。

5.2 甲方应在合同生效_____日内，向乙方交付第5.1条所列资料并附有详尽的资料清单；交付的地点为_____；交付的方式：_____。

5.3 甲方交付的资料以及有关的辅助性材料，应当能够体现和实现该专利申请技术的技术指标、参数及技术水平、性能、效果。

5.4 甲方交付的资料以及有关的辅助性材料，应当是完整的、清楚的、无误的、有效的。图纸资料的规格及绘制符合国家_____标准的规定。

5.5 其他要求：_____。

第六条 资料验收和补充

6.1 乙方收到甲方交付的第五条全部资料后,应对资料予以认真的检查与核对,如发现有不符合上述要求的,应在收到资料后_____日内向甲方发出通知,甲方应在收到如上通知后的_____日内予以说明、补充或者更换;资料符合合同约定的要求后,乙方应在_____日内向甲方签发资料验收合格确认。

第七条 保密事项

7.1 双方不得泄露第5.1条(8)款中双方约定的与该专利申请技术有关的技术秘密,也不得泄露在本合同洽谈及实施过程中获悉的涉及对方的其他任何商业秘密。

7.2 双方约定上述保密义务的保密范围:_____;保密人员:_____;保密期限:_____。(双方可以另行签订保密协议作为本合同附件)

7.3 合同未正式生效前、合同提前解除或者履行完毕终止时,本合同的所列保密事项仍然有效。

7.4 任何一方基于司法或其他国家机构要求,提供上述商业秘密时,应及时通知对方,同时以书面形式提示司法或其他国家机构注意保密。

第八条 技术协作和指导

8.1 甲方在本合同生效后应向乙方提供技术指导,帮助乙方通过实施该专利申请技术达到第2.4条约定的技术效果。

8.2 甲方在乙方实施专利申请技术期间,应派出技术人员对乙方进行技术指导,所派出的技术人员应符合如下的标准:
(1)派出的技术人员总人数:_____;
(2)学历和技术职称及工作经验要求:_____;
(3)有效工作时间:_____;
(4)总费用:_____;
(5)其他约定:_____。

8.3 甲方在乙方实施专利申请技术期间,应负责培训乙方的有关技术人员。培训方案如下:

（1）培训时间：_____；
（2）培训地点：_____；
（3）培训方式：_____；
（4）培训目标：_____；
（5）其他约定：_____。

8.4　乙方实施专利申请技术的基本生产条件，包括场地、资金、生产设备、检验设备、原材料、人员技术水平等应符合相应要求。

8.5　乙方应为甲方的技术指导提供必要的场地、人员及设备方面的配合，接受甲方培训的人员的条件和文化水平，应符合甲方提出的合理要求。具体安排如下：

（1）场地要求：_____；
（2）提供的设备：_____；
（3）人员配合：_____；
（4）接受培训的人员的文化水平和条件：_____；
（5）其他约定：_____。

8.6　乙方应为甲方派出的技术指导和培训人员提供食宿方便，费用由_____方负担。

第九条　技术缺陷修正

9.1　在本合同生效后，乙方发现专利申请技术不符合第2.2、2.3条以及第2.4条约定的，应及时通知甲方，甲方应在_____日内自负费用对技术缺陷予以修正和完善。

第十条　价款支付

10.1　双方约定按下列第_____种方式计算专利申请权转让费：

（1）固定转让费：双方约定乙方支付给甲方专利申请权转让费总额为_____元，其中如在专利申请权转让过程中有技术秘密附带转让，技术秘密转让费为_____元；
（2）按比例提成支付转让费；
（3）其他约定：_____。

10.2　如双方选择固定转让费，则乙方按下列第_____种支付方式向甲方支付转让费：

（1）一次总付：乙方在合同生效之日起_____日内，一次性支付给甲方；

（2）分次支付：在合同生效之日起_____日内，支付_____元，_____日内支付_____元，_____日内支付_____元，最后剩余款在_____日内支付；

（3）其他约定方式：_____。

10.3　如双方选择按比例提成支付转让费，则乙方自合同生效之日起每_____日内，乙方按下列第_____种方式计算的金额向甲方支付转让费：

（1）实施专利申请技术获得的每_____（计量单位）产品_____元；

（2）实施专利申请技术获得的利润_____%；

（3）实施专利申请技术获得的销售收入_____%；

（4）其他约定：_____。

10.4　乙方应按上述约定将款项汇至甲方银行账户，甲方开户银行名称：_____；户名：_____；账号：_____。

10.5　如双方选择按第10.3条约定的比例提成支付转让费，甲方有权检查乙方的财务会计账目和有关产品生产及销售记录，查账的方式：_____。查账费用分摊约定：_____。

第十一条　优先权处理

11.1　该专利申请具有国内优先权的，必须与专利申请权一起转让。

11.2　转让优先权的，甲方在向乙方交付资料的同时，一并提供有关优先权的证明文件，包括优先权申请文件，要求优先权证明，优先权有效证明等。

11.3　该专利申请具有国外优先权的，双方约定按下列第_____种方式处理：

（1）不转让优先权，优先权仍属甲方；

（2）转让优先权，与本合同同时生效。

第十二条　专利申请被驳回、授予专利权后被宣告无效和技术秘密被公开的责任及处理

12.1　如因甲方不是该专利申请的合法申请人、侵害他人专利权或者专利申请权的，导致专利申请被专利局驳回、授予专利权后被宣告无效，甲方应向乙方返还全部转让费。

12.2　如因甲方未充分公开自己的专利申请请求保护的主题，导致专利申请被专利局驳回，甲方返还转让费的_____%。

12.3 如非甲方原因导致专利申请被驳回的，甲方不返还转让费。

12.4 本合同生效后至由于非甲方原因造成所涉秘密已经公开为止，如因甲方过错导致附带转让的技术秘密被公开的，甲方应向乙方返还第十条约定的技术秘密转让费_____%。

12.5 其他约定：_____。

第十三条 过渡期

13.1 双方约定按下列第_____种方式维持专利申请的有效性：

（1）在本合同生效后，至国家专利行政主管部门登记之日，甲方应维持专利申请的有效性。本合同在专利局登记后，乙方负责维持专利申请的有效性。双方各自承担维持期间所要缴纳的申请费、附加费、优先权费、维持费、实质审查请求费等。

（2）在本合同生效后，至专利局登记之日，甲方维持专利申请的有效性，本合同在专利局登记公告后，乙方负责维持专利申请的有效性，一切维持费用由乙方支付。

13.2 专利申请权转让登记生效后，甲方可在一定时期内协助乙方对专利局答辩等事宜。

第十四条 税费分担

14.1 双方依法缴纳各自在本合同中涉及的有关税金；

14.2 其他相关费用承担约定：_____。

第十五条 合同维护

15.1 双方约定在本合同有效期内，甲方指定_____为甲方的联系人，乙方指定_____为乙方的联系人。一方变更联系人的，应当及时以书面形式通知另一方。联系人的职责是对对方履行合同各项义务予以书面签字确认，双方相互沟通协调。未及时通知或未履行职责影响本合同履行或造成损失的，应承担相应的责任。

第十六条 违约责任

16.1 乙方逾期向甲方支付转让费的，按下列第_____种方式承担违约责任：

（1）每逾期一天应向甲方支付_____元违约金；

（2）支付转让费_____%的违约金；

（3）其他约定：_____。

16.2 乙方逾期_____日不支付转让费的，甲方有权解除合同，并要求乙方交还资料。

16.3 甲方转让的专利申请权存在瑕疵的，按下列第_____种方式承担违约责任：

（1）向乙方支付违约金_____元；

（2）支付转让费_____%的违约金；

（3）赔偿乙方因此而受到的损失，赔偿的范围和损失的计算方法：_____；

（4）其他约定：_____。

16.4 甲方转让的转让申请权覆盖专利申请技术不符合约定标准的，按下列第_____种方式承担违约责任：

（1）向乙方支付违约金_____元；

（2）支付转让费_____%的违约金；

（3）赔偿乙方因此而受到的损失，赔偿的范围和损失的计算方法：_____
_____；

（4）其他约定：_____。

16.5 甲方逾期向乙方交付资料或迟延办理专利申请权的变更手续的，按下列第_____种方式承担违约责任：

（1）每逾期一天应向乙方支付_____元违约金；

（2）支付转让费_____%的违约金；

（3）按实际的损失支付赔偿金，赔偿的范围和损失的计算方法：_____
_____；

（4）其他约定：_____。

16.6 甲方逾期_____日未向乙方交付资料的，或资料补充更换后仍不符合要求的，或迟延办理专利申请权的变更手续，乙方有权解除合同，甲方应当退还转让费。

16.7 因甲方过错，导致专利申请被专利局驳回或者授予后被宣告无效，甲方应按下列第_____种方式承担违约责任：

（1）向乙方支付违约金_____元；

（2）支付转让费_____%的违约金；

（3）赔偿乙方因此而受到的损失，赔偿的范围和损失的计算方法：_____
_____；

（4）其他约定：_____。

16.8　任何一方不遵守本合同第七条保密条款的约定，将有关商业秘密泄露给第三方的，按下列第_____种方式承担违约责任：

（1）向对方支付违约金_____元；

（2）支付转让费_____%的违约金；

（3）赔偿对方因此而受到的损失，赔偿的范围和损失的计算方法：_____
_____；

（4）其他约定：_____。

16.9　任何一方不遵守本合同第十三条过渡期条款约定的，按下列第_____种方式承担违约责任：

（1）向对方支付违约金_____元；

（2）支付转让费_____%的违约金；

（3）赔偿对方因此而受到的损失，赔偿的范围和损失的计算方法：_____
_____。

第十七条　争议解决

17.1　因本合同引起的或与本合同有关的任何争议，应通过友好协商解决，如果双方不能协商解决，同意采取以下第_____种方式解决：_____
_____。

（1）向有管辖权的_____法院起诉；

（2）提交_____仲裁委员会仲裁，根据该委员会现行规则仲裁，仲裁结果是终局的，对双方均有约束力。

第十八条　不可抗力

18.1　因不可抗力或者其他意外事件，或使得本合同的履行不可能、不必要或无意义的，任何一方均可以解除本合同。

18.2　遭受不可抗力、意外事件的一方全部或部分不能履行本合同、解除或迟延履行本合同的，应将事件情况在_____日内，以书面形式通知另一方并向另一方提交相应的证明。

第十九条　合同附件

19.1　双方确定以下_____项内容作为本合同的附件,并与本合同具有同等效力:

(1) 技术资料、可行性论证报告、技术评价报告、技术标准和规范、原始设计和工艺文件;

(2) 技术培训方案;

(3) 专利申请委托代理协议;

(4) 其他:_____。

第二十条　其他约定

_____
_____
_____。

第二十一条　合同生效

21.1　本合同自甲乙双方签字或盖章之日起_____日内向国家专利主管部门进行合同登记,自登记之日起生效。

第二十二条　合同份数

22.1　本合同一式_____份,其中甲方正本_____份,副本_____份;乙方正本_____份,副本_____份;用于备案_____份。本合同正副本具有同等法律效力。

第二十三条　合同签订地和签订日期

23.1　本合同签订日期:_____（此日期应与最后一方签字盖章日期一致）。

23.2　本合同签订地点:_____。

甲方:（签章）

法定代表人或者授权代表人:

签订日期:

乙方：（签章）

法定代表人或者授权代表人：

签订日期：

<h2 style="text-align:center">附：本合同使用说明</h2>

一、本合同为专利申请权转让合同参考文本，适用于让与人将其专利申请权转让受让人，受让人支付约定价款而订立的合同，供当事人参照使用。

二、签约一方为多个当事人的，在"让与人"、"受让人"项下分别排列。

三、当事人使用本合同书时，可在画线空格处直接填写约定内容或填写选择的序号，如无需填写或选择的条款，应在该条款处注明"无"等字样。争议解决选择仲裁方式的，应详细准确填写仲裁机构的名称。

四、请参见专利权实施许可合同使用说明相关部分。

五、对本合同及附件中有关"在_____日"、"支付_____元"、"支付_____%"等内容的约定，其数据要尽可能同时大、小写。

第二类　非专利技术合同

一、技术咨询合同

目　录

第一条　定义
第二条　项目名称
第三条　咨询的内容、形式和要求
第四条　履行期限、地点和方式
第五条　委托人的协作事项
第六条　报酬支付
第七条　税费承担
第八条　保密事项
第九条　知识产权归属
第十条　验收方法
第十一条　合同维护
第十二条　违约责任
第十三条　咨询意见的实施后果及责任承担
第十四条　争议解决
第十五条　其他约定
第十六条　合同附件
第十七条　不可抗力
第十八条　合同生效、变更和终止
第十九条　合同份数
第二十条　合同签订地和签订日期

合同编号：

技术咨询合同

委托人（以下称甲方）：_____
住所地：_____
邮政编码：_____
法定代表人：_____
委托代理人：_____

受托人（以下称乙方）：_____
住所地：_____
邮政编码：_____
法定代表人：_____
委托代理人：_____

鉴于甲方（委托人）需要就_____技术项目向乙方（受托人）咨询；鉴于乙方愿意接受甲方的委托并提供咨询意见；根据《中华人民共和国合同法》及其他相关法律法规的规定，双方经协商一致，同意就以下条款订立本合同，共同信守履行。

第一条　定义

为避免双方理解上的分歧，双方对本合同及相关附件中所涉及的有关名词和技术术语，特做如下确认：

1.1 "技术咨询"，是指精通_____技术领域的乙方专家，运用所拥有的知识，为委托人提供智力服务的行为。

1.2 "技术咨询合同"，是指乙方为甲方就_____技术项目提供_____（可行性论证、技术预测、专题技术调查、分析评价报告）所订立的合同。

1.3 "可行性论证"，是指对_____技术项目实施的技术先进性、经济合理性进行综合分析、计算和评价，从而确定该项目是否成功和有发展的可能。

1.4 "技术预测"，是指对咨询技术项目发展趋势进行展望与预测，主要是对新技术、新设备、新工艺、新材料、新产品的发展动态，以及这些技术的发展对某些产品需求影响的预测。

1.5 "专题技术调查",是指针对咨询项目的技术要求,采取多种方式对专题资料、数据的考查与收集工作。

1.6 "分析评价报告",是指针对咨询项目技术的发展给社会带来的积极作用和消极作用进行全面分析研究和全面评价工作。

1.7 其他：_____。

第二条 项目名称

2.1 本合同的技术咨询项目名称：_____
_____。

第三条 咨询的内容、形式和要求

3.1 本合同乙方就甲方的_____技术项目向甲方提供咨询报告（或者意见），其工作内容为以下第_____种：

（1）可行性论证；
（2）技术预测；
（3）专题技术调查；
（4）分析评价报告；
（5）其他：
具体的内容：_____
_____
_____。

3.2 乙方向甲方提供的咨询报告以以下第_____种形式提交：

（1）可行性论证；
（2）技术预测；
（3）专题技术调查；
（4）分析评价报告或者意见；
（5）其他：_____。

3.3 乙方向甲方提供的咨询报告应达到如下要求：_____
_____
_____。

3.4 乙方应当按照下列进度要求进行本合同项目的技术咨询工作：_____

第四条　履行期限、地点和方式

4.1　本合同自_____年_____月_____日至_____年_____月_____日在_____地点履行。

4.2　甲方在本合同生效后_____日内向乙方提交有关咨询资料和数据；乙方应在本合同生效后_____日内完成咨询报告并提交给甲方。

第五条　委托人的协作事项

5.1　为了使乙方顺利开展咨询工作，甲方在本合同生效后_____日应向乙方提供以下咨询资料和数据：_____
_____。
甲方应向乙方提供以下工作条件：_____
_____。

5.2　甲方提供给乙方的资料和数据应真实准确。如甲方提供给乙方的技术资料、数据有明显错误和缺陷，乙方应及时通知甲方，甲方接到通知后，应及时进行修改、完善。

第六条　报酬支付

6.1　甲方应向乙方支付技术咨询总报酬_____元。

6.2　报酬的支付方式采用以下第_____种方式：
（1）一次总付：_____元，时间_____；
（2）分期支付：_____元，时间_____；
　　　　　　　_____元，时间_____；
（3）其他支付方式：_____。

6.3　甲方应按上述约定将价款汇至乙方银行账户，乙方开户银行名称：_____；开户名：_____；账号：_____。

第七条　税费承担

7.1　现行法律对执行本合同的相关税费有明确规定的从其规定；现行法律未规定具体承担方的，税费承担方式为_____。

第八条 保密事项

8.1 本合同有效期内，双方当事人应对下列技术资料承担保密义务：

（1）保密内容（包括技术信息和经营信息）：_____
_____；

（2）涉密人员范围：_____
_____；

（3）保密期限：_____
_____；

（4）泄密责任：_____
_____。

8.2 本合同期满后_____年内，双方当事人应对下列技术资料承担保密义务：

（1）保密内容（包括技术信息和经营信息）：_____
_____；

（2）涉密人员范围：_____
_____；

（3）保密期限：_____
_____；

（4）泄密责任：_____
_____。

8.3 任何一方基于司法或其他国家机构要求，提供上述保密内容时，应及时通知对方，同时以书面形式提示司法或其他国家机构注意保密。

第九条 知识产权归属

9.1 经双方协商约定，咨询报告的著作权归_____方所有。_____方（①可以、②不得）引用、发表和向第三者提供咨询报告和意见。

9.2 在履行技术咨询合同的过程中，乙方利用甲方提供的技术资料和工作条件所完成的新的技术成果，属_____方所有。_____方可依法享有就该技术成果取得的精神权利（如获得奖金、奖章、荣誉证书的权利）、经济权利（如专利权、非专利技术的转让权、使用权等）和其他利益。

9.3 甲方利用乙方的工作成果所完成的新的技术成果，属于_____方所有，

_____方可依法享有就该技术成果取得的精神权利（如获得奖金、奖章、荣誉证书的权利）、经济权利（如专利权、非专利技术的转让权、使用权等）和其他利益。

第十条　验收方法

10.1　双方确定，按以下标准和方式对乙方提交的技术咨询工作成果进行验收：

（1）技术咨询工作成果的验收标准：_____
_____；

（2）技术咨询工作成果的验收方法：_____
_____；

（3）验收的时间和地点：_____。

10.2　技术咨询成果验收合格后，双方应签署验收合格报告。

10.3　其他约定_____
_____。

第十一条　合同维护

11.1　双方约定在本合同有效期内，甲方指定_____为甲方的联系人，乙方指定_____为乙方的联系人。一方变更项目联系人的，应当及时以书面形式通知另一方。联系人的职责是对对方履行合同各项义务予以书面签字确认，双方相互沟通协调，其他职责_____
_____。

未及时通知或未履行职责影响本合同履行或造成损失的，应承担相应的责任。

第十二条　违约责任

12.1　甲方未按照合同第五条的约定提供必要的数据和工作条件，甲方按下列第_____种方式承担违约责任：

（1）向乙方支付违约金_____元；

（2）赔偿乙方因此而受到的损失，赔偿的范围：_____，损失的计算方法：_____；

（3）其他约定：_____。

12.2　甲方逾期向乙方支付报酬，逾期_____日后，每逾期_____日向乙方支付_____元违约金，逾期超过_____日，乙方有权解除合同。

下篇　企业知识产权管理制度与合同参考文本

12.3　乙方未按第三条约定按时或者按质提出咨询报告，乙方按下列第_____种方式承担违约责任：

（1）向甲方支付违约金_____元；

（2）赔偿甲方因此而受到的损失，赔偿的范围：_____，损失的计算方法：_____；

（3）其他约定：_____。

12.4　乙方不提交咨询报告和意见，或者所提交的咨询报告和意见水平低劣，无参考价值的，乙方按下列第_____种方式承担违约责任：

（1）向甲方支付违约金_____元；

（2）赔偿甲方因此而受到的损失，赔偿的范围：_____，损失的计算方法：_____；

（3）其他约定：_____。

12.5　若一方不遵守合同第八条保密义务的约定，按下列第_____种方式承担违约责任：

（1）向对方支付违约金_____元；

（2）赔偿对方因此而受到的损失，赔偿的范围和损失的计算方法：_____；

（3）其他约定：_____。

第十三条　咨询意见的实施后果及责任承担

13.1　双方确定，甲方按照乙方符合本合同约定标准和方式完成的技术咨询工作成果做出决策并予以实施所造成的损失，按以下第_____种方式处理：

（1）乙方不承担责任；

（2）乙方承担部分责任，具体承担方式为_____；

（3）其他约定：_____。

13.2　如果乙方向甲方交付的工作成果涉及第三人权利而引发争议，由乙方承担责任。

第十四条　争议解决

14.1　因本合同引起的或与本合同有关的任何争议，应通过友好协商解决，如果双方不能协商解决，同意采取以下第_____种方式解决：

（1）向有管辖权的_____法院起诉；

（2）提交_____仲裁委员会仲裁，根据该委员会现行规则仲裁，仲裁结果是终局的，对双方均有约束力。

第十五条　其他约定

15.1　甲乙双方约定的其他事项：_____
_____
_____。

第十六条　合同附件

16.1　经双方确认，与履行本合同有关的下列技术文件为本合同的组成部分：_____
_____,
与本合同具有同等效力。

第十七条　不可抗力

17.1　因不可抗力或其他意外事件，或使得本合同的履行不可能、不必要或无意义的，任何一方均可以解除本合同。

17.2　遭受不可抗力、意外事件的一方全部或者部分不能履行本合同的，应将事件情况在_____日内，以书面形式通知另一方并向另一方提交相应的证明。

第十八条　合同生效、变更和终止

18.1　本合同经甲乙双方法定代表人或者授权代表签字或盖章后生效。如需国家主管部门批准的，自批准之日起生效。

18.2　本合同经甲乙双方协商一致，可以变更。

18.3　有下列情形之一的，本合同的权利义务终止：

（1）合同已经按照约定实际履行；

（2）甲乙双方协商解除合同；

（3）法律规定的其他情形；

（4）甲乙双方约定的其他情形。

18.4　本合同有效期从生效之日算起为_____年。有效期满后合同自动失效。

18.5 根据双方中任何一方提议，本合同可按双方满意的条件延期，并在本合同期满前_____月进行商谈。

18.6 其他约定：_____。

第十九条 合同份数

19.1 本合同一式_____份，其中甲方正本_____份，副本_____份；乙方正本_____份，副本_____份；用于备案_____份。本合同正副本具有同等法律效力。

第二十条 合同签订地和签订日期

20.1 本合同签订地点：_____。

20.2 本合同签订日期：_____（此日期应与最后一方签字盖章日期一致）。

甲方：（签章）
法定代表人或者授权代表人：
签订日期：
乙方：（签章）
法定代表人或者授权代表人：
签订日期：

附：本合同使用说明

一、本合同为技术咨询合同参考文本，适用于当事人（受托人）为另一方（委托人）就特定技术项目提供可行性论证、技术预测、专题技术调查、分析评价报告所订立的合同，供合同当事人参照使用。

二、签约一方为多个当事人的，在"委托人"、"受托人"项下分别排列为共同委托人或共同受托人。

三、当事人使用本合同书时，可在画线空格处直接填写约定内容或填写选择序号，如无需填写或选择的条款，应在该条款处注明"无"等字样。争议解决选择仲裁方式的，应详细准确填写仲裁机构的名称。

四、请参见专利权实施许可合同使用说明相关部分。

五、对本合同及附件中有关"在_____日"、"支付_____元"、"支付_____％"等内容的约定，其数据要尽可能同时大、小写。

二、技术服务合同

目　录

第一条　定义
第二条　项目名称
第三条　技术服务内容、方式和要求
第四条　履行期限、地点和方式
第五条　工作条件和协作事项
第六条　保密事项
第七条　验收标准和方式
第八条　报酬支付
第九条　税费承担
第十条　合同维护
第十一条　知识产权事项
第十二条　违约责任
第十三条　争议解决
第十四条　其他约定
第十五条　合同附件
第十六条　不可抗力
第十七条　合同生效、变更和终止
第十八条　合同份数
第十九条　合同签订地和签订日期

合同编号：

技术服务合同

委托人（以下简称甲方）：_____
法定代表人：_____
住所地：_____
邮政编码：_____

受托人（以下简称乙方）：_____
法定代表人：_____
住所地：_____
邮政编码：_____

鉴于甲方需要就_____技术项目由乙方提供技术服务；鉴于乙方愿意接受甲方的委托并提供技术服务；根据《中华人民共和国合同法》及其他相关法律法规的规定，双方经协商一致，同意就以下条款订立本合同，共同信守履行。

第一条 定义

为避免双方理解上的分歧，双方对本合同及相关附件中所涉及的有关名词和技术术语，特做如下确认：

1.1 "技术服务"，是指乙方技术专家利用自己拥有的科学技术知识为甲方解决_____技术问题的一项服务活动。

1.2 "技术服务合同"，是指乙方以自己的技术知识为甲方解决_____技术问题所订立的合同。

1.3 其他：_____。

第二条 项目名称

2.1 本合同的技术服务项目名称：_____
_____。

第三条 技术服务内容、方式和要求

3.1 本合同其技术服务内容如下：＿＿＿＿＿＿＿＿＿＿＿＿＿＿＿
＿＿＿＿＿＿＿＿＿＿＿＿＿＿＿＿＿＿＿＿＿＿＿＿＿＿＿＿＿＿＿。

3.2 技术服务的方式：＿＿＿＿＿＿＿＿＿＿＿＿＿＿＿＿＿＿＿＿
＿＿＿＿＿＿＿＿＿＿＿＿＿＿＿＿＿＿＿＿＿＿＿＿＿＿＿＿＿＿＿。

（注：是指完成技术服务工作的具体做法、采用的手段和方式）

3.3 技术服务应达到如下要求（技术指标或者实施效果）：＿＿＿＿
＿＿＿＿＿＿＿＿＿＿＿＿＿＿＿＿＿＿＿＿＿＿＿＿＿＿＿＿＿＿＿。

第四条 履行期限、地点和方式

双方约定乙方应按下列要求完成本合同的技术服务工作：

4.1 技术服务期限：＿＿＿＿＿＿＿＿＿＿＿＿＿＿＿＿＿＿＿＿；
4.2 技术服务进度：＿＿＿＿＿＿＿＿＿＿＿＿＿＿＿＿＿＿＿＿；
4.3 技术服务地点：＿＿＿＿＿＿＿＿＿＿＿＿＿＿＿＿＿＿＿＿；
4.4 技术服务方式：＿＿＿＿＿＿＿＿＿＿＿＿＿＿＿＿＿＿＿＿。

第五条 工作条件和协作事项

5.1 为保证乙方有效地进行技术服务工作，甲方应当在本合同生效后＿＿＿＿＿＿日内以＿＿＿＿＿＿＿方式向乙方提供下列技术资料和数据：＿＿＿＿＿
＿＿＿＿＿＿＿＿＿＿＿＿＿＿＿＿＿＿＿＿＿＿＿＿＿＿＿＿＿＿＿。

5.2 甲方提供的技术资料和数据应完整无误，如提供的技术资料和数据不完整或有错误，应在＿＿＿＿＿＿日内补充完整、修改或者更换。

5.3 甲方应当在本合同生效后＿＿＿＿＿＿日内向乙方提供以下工作条件：
＿＿＿＿＿＿＿＿＿＿＿＿＿＿＿＿＿＿＿＿＿＿＿＿＿＿＿＿＿＿＿。

5.4 甲方应按时对乙方提交的技术服务成果进行验收并出具验收证明。

5.5 其他：＿＿＿＿＿＿＿＿＿＿＿＿＿＿＿＿＿＿＿＿＿＿＿＿＿。

第六条 保密事项

6.1 双方确定因履行本合同甲方应遵守的保密义务如下：＿＿＿＿＿
＿＿＿＿＿＿＿＿＿＿＿＿＿＿＿＿＿＿＿＿＿＿＿＿＿＿＿＿＿＿＿。

6.2 双方确定因履行本合同乙方应遵守的保密义务如下：＿＿＿＿＿

6.3 本合同保密期限为：_____。
6.4 本合同涉密人员范围为：_____。
6.5 任何一方基于司法或其他国家机构要求，提供上述保密内容的，应及时通知对方，同时以书面形式提示司法或其他国家机构注意保密。

第七条 验收标准和方式

7.1 甲乙双方约定按以下标准及方法对乙方完成的技术服务成果进行验收：
（1）验收标准：_____
_____；
（2）验收方式：_____
_____；
（3）验收时间和地点：_____。
7.2 甲乙双方约定验收所需的一切费用，甲方承担_____%，乙方承担_____%。
7.3 验收合格的，甲方应以书面方式签收，甲方在乙方交付工作成果后_____日内未书面签收也未提出异议的，视为甲方验收合格。
7.4 其他约定：_____。
7.5 验收合格后，本合同服务项目的保证期为_____。在保证期内发现服务质量缺陷的，服务方应当负责返工或者采取补救措施。但因甲方使用、保管不当引起的问题除外。

第八条 报酬支付

8.1 双方约定甲方应向乙方支付技术服务总报酬_____元。
8.2 双方约定技术服务报酬支付方式为下列第_____种方式：
（1）一次总付：_____元，时间：_____；
（2）分期支付：_____元，时间：_____；
_____元，时间：_____；
_____元，时间：_____；
（3）其他方式：_____。
8.3 甲方应按上述约定将价款汇至乙方银行账户，乙方开户银行名称：_____；开户名：_____；账号：_____。

第九条 税费承担

9.1 现行法律对执行本合同的相关税费有明确规定的从其规定；现行法律未规定具体承担方的，税费承担方式为_____。

第十条 合同维护

10.1 双方约定在本合同有效期内，甲方指定_____为甲方的联系人，乙方指定_____为乙方的联系人。一方变更项目联系人的，应当及时以书面形式通知另一方。联系人的职责是对对方履行合同各项义务予以书面签字确认，双方相互沟通协调，其他职责_____
_____。
未及时通知或者未履行职责影响本合同履行或者造成损失的，应承担相应的责任。

第十一条 知识产权事项

11.1 合同履行过程中，任何一方所提供的与本合同有关的设备、材料、技术秘密、软件和其他知识产权，应不存在权利上的瑕疵，不会侵犯第三方的知识产权和其他权利，否则，提供方应负责与第三方交涉，并承担由此产生的全部法律和经济责任。因侵权给合同相对人造成损失的，应给予赔偿。

11.2 双方确定在本合同有效期内，甲方利用乙方提交的技术服务工作成果所完成的新的技术成果，归_____（甲、双）方所有。

11.3 在本合同有效期内，乙方利用甲方提供的技术资料和工作条件所完成的新的技术成果，归_____（乙、双）方所有。

第十二条 违约责任

12.1 甲方未按照合同第五条约定提供必要的数据和工作条件，甲方按下列第_____种方式承担违约责任：

（1）向乙方支付违约金_____元；

（2）赔偿乙方因此而受到的损失，赔偿的范围：_____，损失的计算方法：_____；

（3）其他约定_____。

12.2 甲方逾期向乙方支付报酬，逾期_____日后，每逾期_____日向乙方支付_____违约金，逾期超过_____日，乙方有权解除合同。

12.3 乙方未按照合同第三条约定完成服务工作的,按下列第_____种方式承担违约责任:

(1) 向甲方支付违约金_____元;

(2) 赔偿甲方因此而受到的损失,赔偿的范围:_____,损失的计算方法:_____;

(3) 其他约定:_____。

12.4 乙方在履行合同期间,若发现继续工作对材料、样品或者设备等有损坏危险时,应当中止工作而未中止工作,或者采取适当措施也未及时通知甲方,乙方按下列第_____种方式承担违约责任:

(1) 向甲方支付违约金_____元;

(2) 赔偿甲方因此而受到的损失,赔偿的范围:_____,损失的计算方法:_____;

(3) 其他约定:_____。

12.5 若一方不遵守合同第六条保密义务的约定,按下列第_____种方式承担违约责任:

(1) 向对方支付违约金_____元;

(2) 赔偿对方因此而受到的损失,赔偿的范围和损失的计算方法:_____
_____;

(3) 其他约定:_____。

第十三条 争议解决

13.1 因本合同引起的或与本合同有关的任何争议,应通过友好协商解决,如果双方不能协商解决,同意采取以下第_____种方式解决:

(1) 向有管辖权的_____法院起诉;

(2) 提交_____仲裁委员会仲裁,根据该委员会现行规则仲裁,仲裁结果是终局的,对双方均有约束力。

第十四条 其他约定

14.1 甲乙双方约定的其他事项:_____
_____
_____。

第十五条 合同附件

15.1 与履行本合同有关的下列技术文件，经双方以_____方式确认后，为本合同的组成部分：
（1）技术背景资料：_____；
（2）可行性论证报告：_____；
（3）技术评价报告：_____；
（4）技术标准和规范：_____；
（5）原始设计和工艺文件：_____；
（6）其他：_____。

第十六条 不可抗力

16.1 因不可抗力或其他意外事件，或使得本合同的履行不可能、不必要或无意义的，任何一方均可以解除本合同。

16.2 遭受不可抗力、意外事件的一方全部或部分不能履行本合同、解除或迟延履行本合同的，应在上述情况结束后_____日内，以书面形式通知另一方并向另一方提交相应的证明。

第十七条 合同生效、变更和终止

17.1 本合同经甲乙双方法定代表人或授权代表签字或盖章后生效。如需国家主管部门批准的，自批准之日起生效。

17.2 本合同经甲乙双方协商一致，可以变更。

17.3 有下列情形之一的，本合同的权利义务终止：
（1）合同已经按照约定实际履行；
（2）甲乙双方协商解除合同；
（3）法律规定的其他情形；
（4）甲乙双方约定的其他情形。

17.4 根据双方中任何一方提议，本合同可按双方满意的条件延期，并在本合同期满前_____月进行商谈。

17.5 其他约定：_____。

第十八条　合同份数

18.1　本合同一式_____份，其中甲方正本_____份，副本_____份；乙方正本_____份，副本_____份；用于备案_____份。本合同正副本具有同等法律效力。

第十九条　合同签订地和签订日期

19.1　本合同签订地点：_____。

19.2　本合同签订日期：_____（此日期应与最后一方签字盖章日期一致）。

甲方：（签章）

法定代表人或者授权代表人：

签订日期：

乙方：（签章）

法定代表人或者授权代表人：

签订日期：

附：本合同使用说明

一、本合同是技术服务合同参考文本，适用于一方当事人（受托人）以技术知识为另一方（委托人）解决特定技术问题所订立的合同，供合同双方当事人参照使用。

二、签约一方为多个当事人的，在"委托人"、"受托人"项下分别排列为共同委托人或共同受托人。

三、当事人使用本合同书时，可在画线空格处直接填写约定内容或填写选择序号，如无需填写或选择的条款，应在该条款处注明"无"等字样。争议解决选择仲裁方式的，应详细准确填写仲裁机构的名称。

四、请参见专利权实施许可合同使用说明相关部分。

五、对本合同及附件中有关"在_____日"、"支付_____元"、"支付_____%"等内容的约定，其数据要尽可能同时大、小写。

三、技术委托开发合同

目　　录

第一条　定义
第二条　开发项目
第三条　研发计划
第四条　双方的权利和义务
第五条　保密事项
第六条　风险承担
第七条　成果验收
第八条　成果归属
第九条　价款支付
第十条　税费承担
第十一条　合同维护
第十二条　违约责任
第十三条　争议解决
第十四条　其他约定
第十五条　合同附件
第十六条　不可抗力
第十七条　合同生效、变更和终止
第十八条　合同份数
第十九条　合同签订地和签订日期

合同编号：

技术委托开发合同

委托人（以下简称甲方）：_____
住所地：_____
邮政编码：_____
法定代表人：_____
委托代理人：_____

受托人（以下简称乙方）：_____
住所地：_____
邮政编码：_____
法定代表人：_____
委托代理人：_____

鉴于甲方需要就_____技术项目委托乙方进行研究开发；鉴于乙方愿意接受甲方的委托从事该技术项目的研究开发工作；根据《中华人民共和国合同法》及其他相关法律法规的规定，双方经协商一致，同意就以下条款订立本合同，共同信守履行。

第一条　定义

为避免双方理解上的分歧，双方对本合同及相关附件中所涉及的有关名词和技术术语，特做如下确认：

1.1 "技术开发"，是指就_____（新技术、新产品、新工艺和新材料及其系统）进行研究开发的行为。

1.2 "委托人"，是指因需要而委托他人进行某项技术开发的甲方，甲方可以是自然人、法人或者其他组织。

1.3 "受托人"，是指拥有某项技术开发能力的乙方，乙方可以是自然人、法人或者其他组织。

1.4 "不可抗力"，是指不能预见、不能克服并不能避免且对一方当事人造成重大影响的客观事件，包括自然灾害如洪水、地震、火灾和风暴等以及社会事件如战争、动乱、政府行为等。

1.5 "技术指标",是指研究开发的技术在该技术领域内所要达到或者应完成的某种技术标准。

1.6 其他:_____。

第二条 开发项目

2.1 技术开发项目名称:_____。

2.2 本合同委托开发项目的内容和范围如下:_____

_____

_____

2.3 本委托技术开发项目要求达到的目标及技术指标和参数:_____

_____。

2.4 本合同标的的技术方法:_____。

2.5 本合同的技术成果形式:_____。

第三条 研发计划

3.1 根据甲方的要求,乙方应在本合同生效后_____日内,完成本项目研究开发计划的拟定工作,并在上述期限内将研究开发计划书面提交甲方审阅。

(1) 开发期限:_____;

(2) 开发进度:_____;

(3) 开发地点:_____。

3.2 在本合同生效后_____日内甲方应对乙方的研究开发计划提出补充、修改意见,由双方确认最终的研究开发计划。

3.3 其他约定:_____。

第四条 双方的权利和义务

4.1 甲方应向乙方提供必要的协助,提交必需的技术资料;甲方保证所提供的所有资料完整、真实、合法。

(1) 技术资料清单:_____

_____;

(2) 提供时间和方式:_____

_____;

(3) 其他协作事项（如合同履行完毕上述资料的处理）：
_____。

4.2　甲方应按合同约定支付费用。

4.3　乙方应按时完成本合同约定的技术开发工作。

4.4　乙方应根据甲方的要求进行技术指导和技术服务。

第五条　保密事项

5.1　甲方对本项委托开发工作及其成果负有保密义务。
(1) 保密内容：_____；
(2) 涉密人员范围：_____；
(3) 保密期限：_____；
(4) 泄密责任：_____。

5.2　乙方对本项委托开发工作及其成果负有保密义务。
(1) 保密内容：_____；
(2) 涉密人员范围：_____；
(3) 保密期限：_____；
(4) 泄密责任：_____。

5.3　甲乙双方约定，无论合同是否变更、解除或者终止，合同保密条款继续有效，各方均应继续承担约定的保密义务。

5.4　任何一方基于司法或其他国家机构要求，提供上述保密内容时，应及时通知对方，同时以书面形式提示司法或其他国家机构注意保密。

第六条　风险承担

6.1　在履行本合同的过程中，因出现现有知识水平和技术条件难以克服的困难，导致本研究开发项目部分或者全部失败，双方约定：
(1) 风险责任确认方式：_____
_____；
(2) 风险损失承担方式：_____
_____。

6.2　当事人一方发现因无法克服的困难可能致使研究开发失败或部分失败的情形时，应当于_____日内通知另一方并采取适当措施减少损失。没有及时通知并采取适当措施，致使损失扩大的，应当就扩大的损失承担责任。

第七条　成果验收

7.1　验收期限：乙方应在_____日前交付技术成果；甲方在_____日前完成项目的验收，交付方式：_____；验收地点：_____。

7.2　甲乙双方约定按以下标准及方法对研究开发成果进行验收：

（1）验收标准：_____

_____；

（2）验收方式：_____

_____。

7.3　验收合格，甲方应以书面方式签收，甲方在乙方交付工作成果后_____日内未书面签收也未提出异议的，视为甲方验收合格。

第八条　成果归属

8.1　双方约定，因履行本合同所产生的专利权归_____方所有。

8.2　双方约定非专利技术成果的使用权、转让权归_____方所有。

8.3　具体相关利益的分配办法如下：_____

_____。

8.4　其他约定：_____。

8.5　如果乙方向甲方交付的工作成果涉及第三人权利而引发争议，由乙方承担责任。

第九条　价款支付

9.1　本合同的总金额：_____元。

9.2　双方约定采用以下第_____种方式支付：

（1）一次总付：甲方在合同生效之日起_____日内，一次性支付乙方。

（2）分次支付：在合同生效之日起_____日内，支付合同金额的_____%，即_____元；_____日内，支付合同金额的_____%，即_____元；_____日内，支付合同金额的_____%，即_____元；最后剩余款在_____日内支付。

（3）其他方式：_____。

9.3　甲方应按上述约定将经费和报酬汇至乙方银行账户，乙方开户银行名称：_____；开户名：_____；账号：_____。

9.4　如果经费不足，不足的经费的解决办法如下：_____

_____。

第十条　税费承担

10.1　现行法律对执行本合同的相关税费有明确规定的从其规定；现行法律未规定具体承担方的，税费承担方式为_____。

第十一条　合同维护

11.1　双方约定在本合同有效期内，甲方指定_____为甲方的联系人，乙方指定_____为乙方的联系人。一方变更项目联系人的，应当及时以书面形式通知另一方。联系人的职责是对对方履行合同各项义务予以书面签字确认，双方相互沟通协调，其他职责_____
_____。未及时通知或者未履行职责影响本合同履行或者造成损失的，应承担相应的责任。

第十二条　违约责任

甲乙双方约定，任何一方违反本合同约定义务，致使技术开发工作停滞、延误或者失败，应按以下约定承担违约责任。

12.1　甲方逾期支付本合同第九条约定的研究开发经费和报酬，逾期_____日后，每逾期_____日向乙方支付_____元违约金，但不影响合同继续履行，逾期超过_____日，本合同自动终止。

12.2　甲方逾期提供第四条约定的技术资料和协作事项，逾期_____日后，每逾期_____日，向乙方支付_____元违约金，但不影响合同继续履行，逾期超过_____日的，本合同自动终止。

12.3　甲方逾期_____日不接受研究开发成果的，每逾期_____日，向乙方支付_____元违约金和保管费；但不影响合同继续履行，逾期_____日的，本合同自动终止。

12.4　甲方没有履行合同第五条约定的保密义务，应当承担违约责任，向乙方支付违约金或赔偿损失如下：_____。

12.5　甲方应承担的其他违约责任：_____
_____。

12.6　乙方未能按第二条约定交付研究开发成果，应当采取补救措施继续履行合同，并承担违约责任；逾期_____日不交付研究开发成果，向甲方支付_____元违约金，逾期_____日的，本合同自动终止。

12.7　乙方研究开发工作部分或者全部不符合第六条约定，应当采取补救措施继续履行合同，逾期_____日，研究开发工作仍不符合，应返还_____%的研究开发经费和报酬，支付_____元违约金。

12.8　乙方没有履行合同第五条约定的保密义务，乙方应当承担违约责任，向甲方支付违约金或者赔偿损失如下：_____。

12.9　乙方应承担的其他违约责任：_____。

第十三条　争议解决

13.1　因本合同引起的或者与本合同有关的任何争议，应通过友好协商解决，如果双方不能协商解决，同意采取以下第_____种方式解决：

（1）向有管辖权的_____法院起诉；

（2）提交_____仲裁委员会仲裁，根据该委员会现行规则仲裁，仲裁结果是终局的，对双方均有约束力。

第十四条　其他约定

_____
_____
_____。

第十五条　合同附件

15.1　与履行本合同有关的下列技术文件，经双方以_____
_____方式确认后，为本合同的组成部分：

（1）技术背景资料：_____；
（2）可行性论证报告：_____；
（3）技术评价报告：_____；
（4）技术标准和规范：_____；
（5）原始设计和工艺文件：_____；
（6）其他：_____。

第十六条　不可抗力

16.1　因不可抗力或其他意外事件，或使得本合同的履行不可能、不必要或无意义的，任何一方均可以解除本合同。

16.2　遭受不可抗力、意外事件的一方全部或部分不能履行本合同、解除或迟延履行本合同的，应在上述情况结束后_____日内，以书面形式通知另一方并向另一方提交相应的证明。

第十七条　合同生效、变更和终止

17.1　本合同经甲乙双方法定代表人或授权代表签字或盖章后生效。如需国家主管部门批准的，自批准之日起生效。

17.2　本合同经甲乙双方协商一致，可以变更。

17.3　有下列情形之一的，本合同的权利义务终止：

（1）合同已经按照约定实际履行；
（2）甲乙双方协商解除合同；
（3）法律规定的其他情形；
（4）甲乙双方约定的其他情形。

17.4　根据双方中任何一方提议，本合同可按双方满意的条件延期，并在本合同期满前_____月进行商谈。

17.5　其他约定：_____。

第十八条　合同份数

18.1　本合同一式_____份，其中甲方正本_____份，副本_____份；乙方正本_____份，副本_____份；用于备案_____份。本合同正副本具有同等法律效力。

第十九条　合同签订地和签订日期

19.1　本合同签订地点：_____。

19.2　本合同签订日期：_____（此日期应与最后一方签字盖章日期一致）。

甲方：（签章）
法定代表人或者授权代表人：

签订日期：

乙方：（签章）

法定代表人或者授权代表人：

签订日期：

附：本合同使用说明

一、本合同是技术委托开发合同参考文本，它适用于一方当事人委托另一方当事人进行新技术、新产品、新工艺、新材料或者新品种及其系统的研究开发所订立的技术开发合同。

二、签约一方为多个当事人的，在"委托人"、"受托人"项下分别排列为共同委托人或共同受托人。

三、当事人使用本合同书时，可在画线空格处直接填写约定内容或填写选择序号，如无需填写或选择的条款，应在该条款处注明"无"等字样。争议解决选择仲裁方式的，应详细准确填写仲裁机构的名称。

四、请参见专利权实施许可合同使用说明相关部分。

五、对本合同及附件中有关"在＿＿＿日"、"支付＿＿＿元"、"支付＿＿＿%"等内容的约定，其数据要尽可能同时大、小写。

四、技术合作开发合同

目　录

第一条　定义
第二条　开发项目
第三条　开发分工
第四条　协作事项
第五条　协调配合
第六条　研究开发经费及支付方式
第七条　税费承担
第八条　风险承担
第九条　保密事项
第十条　验收标准
第十一条　成果归属
第十二条　合同维护
第十三条　违约责任
第十四条　争议解决
第十五条　其他约定
第十六条　合同附件
第十七条　不可抗力
第十八条　合同生效、变更和终止
第十九条　合同份数
第二十条　合同签订地和签订日期

合同编号：

技术合作开发合同

甲方：＿＿＿＿＿＿＿＿＿＿＿＿＿＿＿＿＿＿＿＿＿＿
住所地：＿＿＿＿＿＿＿＿＿＿＿＿＿＿＿＿＿＿＿＿＿
邮政编码：＿＿＿＿＿＿＿＿＿＿＿＿＿＿＿＿＿＿＿＿
法定代表人：＿＿＿＿＿＿＿＿＿＿＿＿＿＿＿＿＿＿＿
委托代理人：＿＿＿＿＿＿＿＿＿＿＿＿＿＿＿＿＿＿＿

乙方：＿＿＿＿＿＿＿＿＿＿＿＿＿＿＿＿＿＿＿＿＿＿
住所地：＿＿＿＿＿＿＿＿＿＿＿＿＿＿＿＿＿＿＿＿＿
邮政编码：＿＿＿＿＿＿＿＿＿＿＿＿＿＿＿＿＿＿＿＿
法定代表人：＿＿＿＿＿＿＿＿＿＿＿＿＿＿＿＿＿＿＿
委托代理人：＿＿＿＿＿＿＿＿＿＿＿＿＿＿＿＿＿＿＿

本合同甲乙双方就共同参与研究开发＿＿＿＿＿＿＿＿＿＿＿＿＿＿＿＿＿＿＿＿＿＿＿＿＿＿＿＿＿＿＿＿＿项目事宜，经过平等协商，在真实、充分表达各自意愿的基础上，根据《中华人民共和国合同法》及其他相关法律法规的规定，经协商一致，达成如下协议，双方共同信守履行。

第一条 定义

为避免双方理解上的分歧，双方对本合同及相关附件中所涉及的有关名词和技术术语，特做如下确认：

1.1 "技术开发"，是指属于＿＿＿＿＿＿（请选择填写新技术、新产品、新工艺、新材料及其系统）的研究开发，是订立技术合同时尚未掌握的产品、工艺、材料及其系统技术方案。

1.2 "合作开发"，是指甲乙双方为完成一定的研究开发工作，共同投资，共同参与研究开发，共享成果，并且共担风险。

1.3 "技术开发成果"，是指订立合同时当事人尚未掌握的经过研究开发的创造性劳动所获得的技术方案。

1.4 "可行性研究"，是指订立技术开发合同前，当事人对各种开发方案的实施可能性、技术先进性、经济合理性进行调查研究、分析计算和评价。

1.5 "新技术开发"，是指在一定时间和区域内首次利用新的科学研究成果所进行的产品、工艺、材料及其系统等技术方案的开发，包括对原有技术的改进、创新。

1.6 "新产品开发"，是指在技术原理、结构、物理性能、化学成分、材料、功能和用途等某一方面或者几方面与原有产品比较，有显著不同或者新的改进的产品开发，具有明显的技术进步特征和工业化、商业化特征。

1.7 "新工艺开发"，是指运用科学理论，采用新的方法，开发新型物质和材料，包括增加材料品种，改进材料性能，以提高产品性能和综合经济效益。

1.8 "新技术系统开发"，是指产品、工艺、材料等多种技术之间的新的有机组合或者配套使用的研究开发权利。

1.9 "技术指标和参数"，是指研究开发的技术在该技术领域内所要达到或者应完成的某种技术标准和数据。

第二条　开发项目

2.1 本合同的技术开发项目名称：_____。

2.2 本合同的技术开发项目由甲乙双方共同开发。其技术开发项目的内容和范围如下：_____

_____。

2.3 本技术开发项目要求达到的目标、技术指标和参数：_____

_____。

2.4 技术方法和路线：_____。

2.5 本合同的技术成果形式：_____。

第三条　开发分工

3.1 双方商定，本合同双方在研究开发项目中分工承担如下工作：
（1）甲方承担的工作：
研究开发内容：_____；
工作进度：_____；
研究开发期限：_____；
研究开发地点：_____。
（2）乙方承担的工作：

研究开发内容：_____；
工作进度：_____；
研究开发期限：_____；
研究开发地点：_____。

第四条　协作事项

4.1　双方确定，为本合同项目的研究开发工作甲方应提供的技术资料和条件：_____
_____。

交付时间：_____。

4.2　双方确定，为本合同项目的研究开发工作乙方应提供的技术资料和条件：_____
_____。

交付时间：_____。

4.3　其他约定：_____。

第五条　协调配合

5.1　为确保本合同的全面履行，双方确定采取以下方式对研究开发工作进行协调和配合：_____
_____。

第六条　研究开发经费及支付方式

双方确定，按如下方式提供或者支付本合同项目的研究开发经费及其他投资。

6.1　甲方
（1）提供或者支付方式：_____
_____；
（2）支付或者折算为技术投资的金额：_____；
（3）使用方式：_____。

6.2　乙方
（1）提供或者支付方式：_____
_____；

（2）支付或者折算为技术投资的金额：_____；

（3）使用方式：_____。

6.3 其他约定：_____。

第七条 税费承担

7.1 现行法律对执行本合同的相关税费有明确规定的从其规定；现行法律未规定具体承担方的，税费承担方式：_____。

第八条 风险承担

8.1 在本合同履行中，因出现在现有技术水平和条件下难以克服的技术困难，导致研究开发失败或者部分失败并造成合作一方或者双方损失的，双方约定按以下方式承担风险损失：_____
_____。

甲乙双方约定，本合同项目的技术风险按_____
_____方式认定。

8.2 当事人一方发现因无法克服的困难可能致使研究开发失败或者部分失败的情形时，应当在_____日内，及时通知另一方并采取适当措施减少损失。没有及时通知并采取适当措施，致使损失扩大的，应当就扩大的损失承担责任。

8.3 以提供技术为投资的合作方应保证其所提供技术不侵犯任何第三人的合法权益。如发生第三人指控合作一方或者多方因实施该项目技术而侵权的，提供技术方应当_____。

第九条 保密事项

9.1 甲方对本项合作开发工作及其成果负有保密义务。

（1）保密内容：_____；

（2）涉密人员范围：_____；

（3）保密期限：_____；

（4）泄密责任：_____。

9.2 乙方对本项合作开发工作及其成果负有保密义务。

（1）保密内容：_____；

（2）涉密人员范围：_____；

（3）保密期限：_____；

（4）泄密责任：_____。

9.3　甲乙双方约定，无论合同是否变更、解除或者终止，合同保密条款继续有效，各方均应继续承担约定的保密义务。

9.4　任何一方基于司法或其他国家机构要求，提供上述保密内容时，应及时通知对方，同时以书面形式提示司法或其他国家机构注意保密。

第十条　验收标准

10.1　双方约定按以下标准及方法对双方完成的研究开发成果进行验收：

（1）验收标准：_____

_____；

（2）验收方式：_____

_____；

（3）验收地点：_____；

（4）验收时间：_____。

10.2　甲乙双方约定验收所需的一切费用，甲方承担_____%，乙方承担_____%。

10.3　验收合格后，双方应签署验收合格报告。

10.4　其他约定：_____。

第十一条　成果归属

11.1　甲乙双方约定，因履行本合同所产生的专利申请权：_____

_____。

11.2　甲乙双方约定，因履行本合同所产生的专利权：_____

_____。

11.3　专利权取得后的使用和有关利益分配方式如下：_____

_____。

11.4　甲乙双方约定，因履行本合同所产生的非专利技术成果的使用权、转让权：_____。

11.5　非专利技术相关利益的分配方法：_____

_____。

第十二条　合同维护

12.1　双方约定在本合同有效期内，甲方指定_____为甲方的联系人，乙方指定_____为乙方的联系人。一方变更项目联系人的，应当及时以书面形式通知另一方。联系人的职责是对对方履行合同各项义务予以书面签字确认，双方相互沟通协调，其他职责_____

_____。

未及时通知或者未履行职责影响本合同履行或造成损失的，应承担相应的责任。

第十三条　违约责任

13.1　双方确定，任何一方没有达到本合同第二条、第九条约定的，按下列第_____种方式承担违约责任：

（1）向对方支付违约金_____元；

（2）赔偿对方因此而受到的损失，赔偿的范围：_____，损失的计算方法：_____；

（3）其他约定：_____。

13.2　合作任何一方未按照合同第四条约定完成协作事项或者协作事项有重大缺陷，导致研究开发工作停滞、延误、失败的，按下列第_____种方式承担违约责任：

（1）向对方支付违约金_____元；

（2）赔偿对方因此而受到的损失，赔偿的范围：_____，损失的计算方法：_____；

（3）其他约定：_____。

13.3　双方确定，任何一方违反本合同第九条约定的保密义务，按下列第_____种方式承担违约责任：

（1）向对方支付违约金_____元；

（2）赔偿对方因此而受到的损失，赔偿的范围：_____，损失的计算方法：_____；

（3）其他约定：_____。

13.4　违约金最高不得超过研究开发经费和报酬总额的_____%；赔偿损失以实际造成的损失为限。

第十四条 争议解决

14.1 因本合同引起的或与本合同有关的任何争议，应通过友好协商解决，如果双方不能协商解决，同意采取以下第_____种方式解决：

（1）向有管辖权的_____法院起诉；

（2）提交_____仲裁委员会仲裁，根据该委员会现行规则仲裁，仲裁结果是终局的，对双方均有约束力。

第十五条 其他约定

_____

_____。

第十六条 合同附件

16.1 与履行本合同有关的下列技术文件，经双方以_____

_____方式确认后，为本合同的组成部分：

（1）技术背景资料：_____；

（2）可行性论证报告：_____；

（3）技术评价报告：_____；

（4）技术标准和规范：_____；

（5）原始设计和工艺文件：_____；

（6）其他：_____。

第十七条 不可抗力

17.1 因不可抗力或其他意外事件，使得本合同的履行不可能、不必要或无意义的，任何一方均有权解除本合同。

17.2 遭受不可抗力、意外事件的一方全部或部分不能履行本合同、解除或迟延履行本合同的，应将事件情况在_____日内，以书面形式通知另一方并向另一方提交相应的证明。

第十八条 合同生效、变更和终止

18.1 本合同经甲乙双方法定代表人或者授权代表签字或盖章后生效。如需国家主管部门批准的，自批准之日起生效。

18.2 本合同签订后，经双方当事人协商一致，可以对本合同有关条款进行变更、补充，也可以解除合同，但应当以书面形式确认。

18.3 在本合同履行过程中，因作为研究开发标的的技术已经由他人公开（包括以专利权方式公开），合作一方或者多方应在_____日内通知其他合作方解除合同。逾期未通知并致使其他合作方产生损失的，其他合作方有权要求予以赔偿。

18.4 任意一方欲提前解除本合同的处理办法：_____。

18.5 根据双方中任何一方提议，本合同可按双方满意的条件延期，并在本合同期满前_____月进行商谈。

18.6 其他约定：_____。

第十九条 合同份数

19.1 本合同一式_____份，其中，甲方正本_____份，副本_____份；乙方正本_____份，副本_____份；用于备案_____份。本合同正副本具有同等法律效力。

第二十条 合同签订地和签订日期

20.1 本合同签订地点：_____。

20.2 本合同签订日期：_____（此日期应与最后一方签字盖章日期一致）。

甲方：（签章）

法定代表人或者授权代表人：

签订日期：

乙方：（签章）

法定代表人或者授权代表人：

签订日期：

附：本合同使用说明

一、本合同是技术合作开发合同参考文本，适用于合作双方共同进行新技术、新产品、新工艺、新材料或者新品种及其系统的研究开发所订立的技术开发合同，供合作当事人参照使用。

二、签约一方为多个当事人的，作为合作开发一方分别排列。

三、合同书未尽事项，可由当事人附页另行约定，并可作为本合同的组成部分。双方当事人也可对文本条款进行修改、增补或者删减。

四、请参见专利权实施许可合同使用说明相关部分。

五、对本合同及附件中有关"在＿＿＿日"、"支付＿＿＿元"、"支付＿＿＿%"等内容的约定，其数据要尽可能同时大、小写。

五、技术秘密转让合同

目　　录

第一条　定义
第二条　技术秘密概述
第三条　权属状况
第四条　许可方式、使用范围和期限
第五条　资料交付
第六条　保密事项
第七条　技术服务和指导
第八条　验收时间、标准和方法
第九条　分许可
第十条　许可费支付
第十一条　税费承担
第十二条　后续改进与成果分享
第十三条　侵权处理
第十四条　合同维护
第十五条　违约责任
第十六条　争议解决
第十七条　其他约定
第十八条　合同附件
第十九条　不可抗力
第二十条　合同生效、变更和终止
第二十一条　合同份数
第二十二条　合同签订地和签订日期

合同编号：

技术秘密转让合同

许可人（以下简称甲方）：_____
住所地：_____
邮政编码：_____
法定代表人：_____
委托代理人：_____

被许可人（以下简称乙方）：_____
住所地：_____
邮政编码：_____
法定代表人：_____
委托代理人：_____

鉴于甲方是_____技术秘密的所有人且同意将其所有的技术秘密许可乙方使用；鉴于乙方愿意使用该技术秘密，根据《中华人民共和国合同法》及其他相关法律法规的规定，双方经协商一致，同意就以下条款订立本合同，共同信守履行。

第一条　定义

为避免双方理解上的分歧，双方对本合同及相关附件中所涉及的有关名词和技术术语，特做如下确认：

1.1 "技术秘密"，是指不为公众所知悉、具有商业价值并经甲方采取保密措施的_____技术信息。

1.2 "许可使用"，是指甲方允许乙方在一定区域内、一定期限内以一定方式使用该项技术秘密。

1.3 "许可人"，是指给予许可使用该项技术秘密的甲方。

1.4 "被许可人"，是指接受该项技术秘密许可使用的乙方。

1.5 "独占许可"，是指许可人授予被许可人在许可合同所规定的期限、地区或者领域内对所许可的技术秘密具有独占性实施权，许可人不得再将该项技术秘密许可给第三方，同时许可人本人也不能在上述期限、地区或者领域内实施该项技术秘密。

1.6 "排他许可"，是指许可人授予被许可人在一定的条件下实施其技术秘密，同时保证不再许可第三方在上述许可的范围内实施该项技术秘密，但许可人自己仍保留实施该项技术秘密的权利。

1.7 "普通许可"，是指许可人授予被许可人在许可合同规定的期限、地区或者领域内实施该项技术秘密，同时许可人自己仍可以在上述范围内实施该项技术秘密，并可以继续许可第三方在上述范围内实施该项技术秘密。

1.8 "固定使用费"，是指因许可人许可被许可人实施该项技术秘密，被许可人应向许可人支付的固定费用。

1.9 "提成费"，是指在合同的有效期内，由于被许可人使用技术秘密制造并销售合同产品，被许可人在产品收入中按一定的比例向许可人支付的费用。

1.10 "技术服务和指导"，是指甲方为乙方实施本合同约定的技术秘密而提供的服务，包括传授技术与培训人员等。

1.11 其他：_____

_____。

第二条 技术秘密概述

2.1 本合同技术秘密的名称：_____。

2.2 本合同技术秘密的技术特征：_____

_____。

2.3 本合同技术秘密的内容：_____

_____。

2.4 本合同技术秘密的技术效果：_____

_____。

第三条 权属状况

3.1 甲方承诺所许可的技术秘密归其合法所有，并已采取合理的保密措施，不为他人所知悉且依法享有处分权。

3.2 在本合同订立前，甲方已许可如下单位实施该技术秘密：_____

_____。

（列举甲方许可使用该项技术秘密的单位名称、许可实施范围、实施期限等。）

3.3 甲乙双方订立的本技术秘密许可使用合同，并不影响合同生效前甲方与其他方订立的有关合同的效力。

第四条 许可方式、使用范围和期限

4.1 本合同技术秘密的许可方式为下列第_____种：
（1）独占许可；（2）排他许可；（3）普通许可。

4.2 本合同技术秘密许可使用的地域范围：_____
_____。

4.3 本合同技术秘密许可使用的期限：_____。

第五条 资料交付

5.1 双方约定在本合同生效后_____日内，向乙方交付实施该技术秘密所需的下列所有技术资料并附有详尽的资料清单：_____
_____。

（1）交付地点：_____；
（2）交付方式：_____；
（3）交付份数：_____。

5.2 甲方向乙方提交第5.1条所列技术资料应保证完整、清楚，能够体现本技术秘密的技术指标、参数及技术水平、性能，具体要求_____
_____。

5.3 其他约定：_____。

第六条 保密事项

6.1 甲乙双方不得泄露本合同技术秘密的所有内容。

6.2 甲乙双方不得泄露在本合同洽谈及实施过程中获悉的、涉及对方其他任何技术秘密和商业秘密。

6.3 保密范围：_____；
保密人员：_____；
保密期限：_____。

6.4 合同未正式生效前、合同提前解除或者履行完毕终止后_____年内，本合同所列保密事项仍然有效。

6.5 任何一方基于司法或其他国家机构要求，提供上述保密内容的，应及时通知对方，同时以书面形式提示司法或者其他国家机构注意保密。

第七条　技术服务和指导

7.1　为保证乙方有效实施本合同技术秘密，甲方应向乙方提供以下技术服务和技术指导，帮助乙方通过实施甲方许可的技术秘密达到本合同约定的技术效果。

（1）甲方提供技术服务和技术指导的内容：＿＿＿＿＿＿＿＿＿＿＿＿＿＿；

（2）甲方提供技术服务和技术指导的方式：＿＿＿＿＿＿＿＿＿＿＿＿＿＿。

7.2　甲方在乙方实施本合同技术秘密期间，应负责培训乙方的有关技术人员。培训方案约定如下：＿＿＿＿＿＿＿＿＿＿＿＿＿＿＿＿＿＿＿＿＿。

第八条　验收时间、标准和方法

8.1　甲乙双方约定验收期限＿＿＿＿＿＿＿＿＿＿＿＿＿＿＿＿＿＿＿＿。

8.2　甲乙双方约定按以下标准及方法对乙方完成的研究开发成果进行验收：

（1）验收标准：＿＿＿＿＿＿＿＿＿＿＿＿＿＿＿＿＿＿＿＿＿＿＿＿＿＿＿
＿＿＿＿＿＿＿＿＿＿＿＿＿＿＿＿＿＿＿＿＿＿＿＿＿＿＿＿＿＿＿＿＿＿；

（2）验收方式：＿＿＿＿＿＿＿＿＿＿＿＿＿＿＿＿＿＿＿＿＿＿＿＿＿＿＿
＿＿＿＿＿＿＿＿＿＿＿＿＿＿＿＿＿＿＿＿＿＿＿＿＿＿＿＿＿＿＿＿＿＿。

8.3　甲乙双方约定验收所需的一切费用，甲方承担＿＿＿＿＿＿％，乙方承担＿＿＿＿＿＿％。

8.4　验收合格后，乙方应以书面方式签收，甲方交付工作成果后＿＿＿＿＿日内，乙方未书面签收也未提出异议的，视为乙方验收合格。

8.5　其他约定：＿＿＿＿＿＿＿＿＿＿＿＿＿＿＿＿＿＿＿＿＿＿＿＿。

第九条　分许可

9.1　在本合同有效期内，甲方＿＿＿＿＿＿＿＿（同意或者不同意）乙方向第三方分许可。

9.2　分许可合同的签订不影响乙方在本合同下的任何义务。乙方对分许可合同的被许可人的行为负责。

9.3　乙方保证分许可合同的被许可人严格遵守本合同第六条的保密义务。

第十条　许可费支付

10.1　双方约定乙方按下列第＿＿＿＿＿＿＿种方式计算技术秘密许可使用费。

(1) 固定使用费：双方约定乙方支付给甲方技术秘密许可固定使用费_____元；

(2) 按比例提成支付许可使用费；

(3) 其他：_____。

10.2 如双方选择固定使用费，则乙方按下列第_____种支付方式、期限向甲方支付使用费：

(1) 一次总付：乙方在合同生效之日起_____日内，一次性支付甲方。

(2) 分次支付：在合同生效之日起_____日内，支付合同金额的_____%，即_____元；_____日内，支付合同金额的_____%，即_____元；_____日内，支付合同金额的_____%，即_____元；最后剩余款在_____日内支付。

(3) 其他方式：_____。

10.3 如双方选择按比例提成支付使用费：则乙方自本合同生效之日起_____日内，乙方在_____年内按下列第_____种方式计算的金额向甲方支付许可使用费：

(1) 实施技术秘密获得产值的_____%，支付时间_____；

(2) 实施技术秘密获得销售额的_____%，支付时间_____；

(3) 实施技术秘密获得利润的_____%，支付时间_____；

(4) 其他：_____。

10.4 乙方应按上述约定将款项汇至甲方银行账户，甲方开户银行名称：_____；户名：_____；账号：_____。

10.5 按第10.3条约定的比例提成方式支付使用费，甲方有权检查乙方的财务会计账目和有关产品生产及销售记录，查账的方式：_____；查账费用分摊约定：_____。

第十一条　税费承担

11.1 现行法律对执行本合同的相关税费有明确规定的从其规定；现行法律未规定具体承担方的，税费承担方式为_____。

第十二条　后续改进与成果分享

12.1 在合同的有效期内，任何一方对许可实施的技术秘密所作的改进应及时通知对方。

12.2 后续改进后的技术秘密所有权归_____（甲方、乙方、双方）

所有。没有所有权的一方_____（无偿、有偿）使用该技术秘密。

12.3　双方约定后续改进后的技术秘密_____（申请、不申请）专利保护。

12.4　双方约定申请专利保护的申请人：_____；所有人：_____。

12.5　双方约定未取得专利权的一方_____（无偿、有偿）使用该专利。

第十三条　侵权处理

13.1　在合同有效期内，甲方应当保证自己是本技术秘密的合法拥有者，而且在合同订立时尚未被他人申请专利。因此引起侵害他人合法权益的，甲方应负责处理并承担相应的法律责任。

13.2　在本合同履行过程中，如出现他人就同一技术申请专利或者获得专利权的情况，乙方有权解除合同。由此造成的损失应当由双方当事人按如下比例合理分担：_____。

13.3　其他约定：_____
_____。

第十四条　合同维护

14.1　双方约定在本合同有效期内，甲方指定_____为甲方的联系人，乙方指定_____为乙方的联系人。一方变更项目联系人的，应当及时以书面形式通知另一方。联系人的职责是对对方履行合同各项义务予以书面签字确认，双方相互沟通协调，其他职责_____
_____。
未及时通知或未履行职责影响本合同履行或造成损失的，应承担相应的责任。

第十五条　违约责任

合同双方约定，任何一方违反本合同约定义务，应按以下约定承担违约责任。

15.1　甲方许可乙方使用的技术秘密不符合合同第二条约定的，甲方按下列第_____种方式承担违约责任：

（1）向乙方支付违约金_____元；

（2）赔偿乙方因此而受到的损失，赔偿的范围和损失的计算方法：_____
_____；
（3）其他约定：_____。

15.2　甲方未按合同第七条约定提供技术协作和指导，甲方应按下列第_____种方式承担违约责任：
（1）向乙方支付违约金_____元；
（2）赔偿乙方因此而受到的损失，赔偿的范围和损失的计算方法：_____
_____；
（3）其他约定：_____。

15.3　在独占许可中，甲方自己实施或者许可乙方以外的第三方实施本技术秘密，乙方有权要求甲方停止这种实施与许可行为，也有权终止本合同，并要求甲方按下列第_____种方式承担违约责任：
（1）向乙方支付违约金_____元；
（2）赔偿乙方因此而受到的损失，赔偿的范围和损失的计算方法：_____
_____；
（3）其他约定：_____。

15.4　在排他许可中，如果甲方向乙方以外的第三方许可本技术秘密，乙方有权终止合同，并要求甲方按下列第_____种方式承担违约责任：
（1）向乙方支付违约金_____元；
（2）赔偿乙方因此而受到的损失，赔偿的范围和损失的计算方法：_____
_____；
（3）其他约定：_____。

15.5　乙方逾期向甲方支付许可使用费，逾期_____日后，每逾期_____日向甲方支付_____违约金，逾期超过_____日，甲方有权解除合同。

15.6　乙方违反合同约定，扩大对被许可技术秘密的许可范围。甲方有权要求乙方停止侵权行为，按下列第_____种方式承担违约责任；并有权终止合同。
（1）向甲方支付违约金_____元；
（2）赔偿甲方因此而受到的损失，赔偿的范围和损失的计算方法：_____
_____；
（3）其他约定：_____。

15.7 乙方违反本合同_____条分许可约定，甲方有权要求乙方停止侵权行为，并按下列第_____种方式承担违约责任，并有权终止合同。

（1）支付_____元违约金；

（2）按实际损失支付赔偿金，实际损失的范围和计算方法：_____
_____；

（3）其他约定：_____。

15.8 乙方应当在本合同生效后_____日内开始实施本项技术秘密；逾期未实施的，应当及时通知甲方并予以正当解释，征得甲方认可。乙方逾期_____日未实施本项技术秘密且未予解释，影响甲方技术转让提成收益的，乙方按下列第_____种方式承担违约责任：

（1）向甲方支付违约金_____元；

（2）赔偿甲方因此而受到的损失，赔偿的范围和损失的计算方法：_____
_____；

（3）其他约定：_____。

15.9 若一方不遵守合同第六条保密义务的约定，将有关技术秘密泄露给第三方的，按下列第_____种方式承担违约责任：

（1）向对方支付违约金_____元；

（2）赔偿对方因此而受到的损失，赔偿的范围和损失的计算方法：_____
_____；

（3）其他约定：_____。

第十六条 争议解决

16.1 因本合同引起的或与本合同有关的任何争议，应通过友好协商解决，如果双方不能协商解决，同意采取以下第____种方式解决：

（1）向有管辖权的_____法院起诉；

（2）提交_____仲裁委员会仲裁，根据该委员会现行规则仲裁，仲裁结果是终局的，对双方均有约束力。

第十七条 其他约定

17.1 甲乙双方约定的其他事项如下：
_____。

第十八条　合同附件

18.1　经双方确认，与履行本合同有关的下列技术文件为本合同的组成部分，＿＿＿＿＿＿＿＿＿＿＿＿＿＿＿＿＿＿＿＿＿＿＿＿，与本合同具有同等效力。

第十九条　不可抗力

19.1　因不可抗力或其他意外事件，或使得本合同的履行不可能、不必要或无意义的，任何一方均可以解除本合同。

19.2　遭受不可抗力、意外事件的一方全部或部分不能履行本合同、解除或迟延履行本合同的，应在上述事件结束后＿＿＿＿＿＿日内，以书面形式通知另一方并向另一方提交相应的证明。

第二十条　合同生效、变更和终止

20.1　本合同经甲乙双方法定代表人或者授权代表签字或盖章后生效。如需国家主管部门批准的，自批准之日起生效。

20.2　本合同经甲乙双方协商一致，可以变更。

20.3　有下列情形之一的，本合同的权利义务终止：

（1）合同已经按照约定实际履行；

（2）甲乙双方协商解除合同；

（3）法律规定的其他情形；

（4）甲乙双方约定的其他情形。

20.4　根据双方中任何一方提议，本合同可按双方满意的条件延期，并在本合同期满前＿＿＿＿＿＿月进行商谈。

20.5　其他约定：＿＿＿＿＿＿＿＿＿＿＿＿＿＿＿＿＿＿＿＿＿＿＿＿。

第二十一条　合同份数

21.1　本合同一式＿＿＿＿份，其中甲方正本＿＿＿＿份，副本＿＿＿＿份；乙方正本＿＿＿＿份，副本＿＿＿＿份；用于备案＿＿＿＿份。本合同正副本具有同等法律效力。

第二十二条　合同签订地和签订日期

22.1　本合同签订地点：＿＿＿＿＿＿＿＿＿＿＿＿＿＿＿＿＿＿＿＿＿＿＿＿。

22.2 本合同签订日期：_____（此日期应与最后一方签字盖章日期一致）。

甲方：（签章）
法定代表人或者授权代表人：
签订日期：
乙方：（签章）
法定代表人或者授权代表人：
签订日期：

附：本合同使用说明

一、本合同为技术秘密许可使用合同参考文本，适用于许可人将其技术秘密许可被许可人实施，被许可人支付许可使用费而订立的合同，供合同当事人参照使用。

二、签约一方为多个当事人的，在"许可人"、"被许可人"项下分别排列为共同许可人或共同被许可人。

三、技术秘密转让合同也可以采取类似专利的普通实施许可、排他实施许可、独占实施许可的形式。文本提供了三种供选择的许可方式，但在每一个合同中只能选择一种方式，一旦选定了实施许可的方式，相关条款要进行相应调整。

四、由于技术秘密没有时间的保护限制，所以许可的期限完全由当事人自由约定。

五、请参见专利权实施许可合同使用说明相关部分。

六、对本合同及附件中有关"在_____日"、"支付_____元"、"支付_____%"等内容的约定，其数据要尽可能同时大、小写。

第三类　商标权合同

一、注册商标许可使用合同

目　录

第一条　定义
第二条　许可范围
第三条　许可费用
第四条　费用支付
第五条　税费承担
第六条　商标制作
第七条　商品质量
第八条　保证与承诺
第九条　合同变更
第十条　合同终止
第十一条　违约责任
第十二条　争议解决
第十三条　保密事项
第十四条　许可备案
第十五条　不可抗力
第十六条　合同维护
第十七条　其他约定
第十八条　合同附件
第十九条　合同生效
第二十条　合同份数
第二十一条　合同签订时间、地点

合同编号：

注册商标许可使用合同

许可人（以下简称甲方）：_____
法定代表人：_____
住所地：_____
邮政编码：_____
联系电话：_____

被许可人（以下简称乙方）：_____
法定代表人：_____
住所地：_____
邮政编码：_____
联系电话：_____

鉴于甲方拥有一定价值并经_____国家或地区核准注册的商标，鉴于乙方希望在_____国家或地区使用这一商标，根据《中华人民共和国合同法》、《中华人民共和国商标法》等法律规定，双方经友好协商，达成如下协议，共同信守履行。

第一条　定义

为避免双方理解上的分歧，双方对本合同及相关附件中所涉及的有关名词和技术术语，特做如下确认：

1.1 "注册商标"，是指经_____国家/地区商标行政管理机关核准注册的商标（以下所指"商标"，除特别说明外，均指注册商标）。

1.2 "许可人"，是指在_____国家/地区通过注册、受让等合法方式取得并享有注册商标专用权的商标权利人。

1.3 "被许可人"，是指需要在_____国家/地区合法使用他人商标的自然人、法人或者其他组织。

1.4 "商标使用"，是指根据_____国家或地区法律规定，对商标的标注、使用、宣传、展示等活动。

1.5 其他：_____
_____（其他需要说明的名词和术语）。

第二条　许可范围

2.1 许可使用商标：
（1）许可使用商标名称：_____；
（2）许可使用商标注册号：_____；
（3）许可使用商标注册国家或地区：_____；
（4）许可使用商标图样：
_____；
（5）许可使用商标核准注册日：_____；
（6）许可使用商标续展日期：_____。
2.2 许可使用商标类别：_____；
　　 许可使用商品：_____。
2.3 许可使用方式：
合同双方约定，乙方仅限于以下述第_____种方式使用第2.1款所述商标。
（1）_____国家/地区法律规定的商标使用方式；
（2）用于商品、商品包装或者容器之上；
（3）用于商品（或服务）交易文书之上；
（4）将商标用于广告宣传、展览以及其他商业活动中；
（5）合同约定其他使用方式：_____
_____。

2.4 许可使用类型：
合同双方约定，甲方以下述第_____种类型，许可乙方使用本合同第2.1款之商标；本合同生效后，乙方_____（可以/不可以）将因甲方许可而取得的商标使用权利再许可给第三方使用。
（1）独占使用许可，是指甲方在约定的期间、地域和以约定的方式，将商标仅许可给乙方使用，甲方不得使用也不得另行许可他人使用该商标。
（2）排他使用许可，是指甲方在约定的期间、地域和以约定的方式，将商标仅许可乙方使用，甲方依约定可以使用该商标但不得另行许可他人使用。
（3）普通使用许可，是指甲方在约定的期间、地域和以约定的方式，将商标许可乙方使用，甲方可自行使用也可另行许可他人使用该商标。

2.5　许可期限：

自本许可合同生效之日起，至_____年_____月_____日止。

2.6　许可地域：

许可协议只在_____国家/地区有效，即乙方只得在：_____国家/地区使用本合同 2.1 款之商标。

乙方承诺不在其他国家/地区直接或间接使用或授权使用这一商标，且不在知情的情况下向有意或有可能在其他国家/地区出售协议下商品的第三者销售使用该商标的商品。

2.7　交付资料：

甲方应在本合同生效之日起_____日内，将本合同 2.1 款所述商标的注册证及其他商标资料之复印件交付给乙方。

甲方交付的资料清单：_____。

第三条　许可费用

合同双方约定，商标许可使用费按以下计费方式计算，计价货币单位为_____。

3.1　自本合同签订之日起_____日内，乙方向甲方一次性支付商标许可使用费_____元整。

3.2　合同双方约定不适用 3.1 款者，可依照第_____种计费方式计算许可使用费。

（1）按甲方向乙方提供商标标识的数量计费者，许可使用费计算方式为：
_____
_____；

（2）按乙方使用本合同 2.1 款所述商标的产品销售额计费者，许可使用费计算方式：_____；

（3）合同双方约定其他计费方式为：_____。

第四条　费用支付

4.1　本合同第三条规定的许可使用费，乙方应通过_____（银行转账/现金支付/其他）等方法于_____日前一次性支付给甲方。

合同双方也就许可使用支付方式约定：_____。

4.2 甲方有义务为乙方支付许可使用费提供便利,并应向乙方开具相关票据。

4.3 合同双方约定,乙方以无过错方式使用本合同2.1款之商标而被罚款或向第三方支付赔偿的,该罚款或赔偿金由甲方承担,乙方有权从上述支付的费用中直接扣除。

第五条 税费承担

5.1 现行法律对执行本合同的相关税费有明确规定的从其规定;现行法律未规定具体承担方的,税费承担方式:_____。

第六条 商标制作

6.1 除合同双方约定乙方使用商标由甲方提供标识外,乙方需制作商标的,在本合同有效期内,视同甲方已授权乙方制作。同时甲方有权监督乙方制作的商标,以保证质量。

第七条 商品质量

7.1 乙方在使用本合同第二条之商标的商品上,应标明乙方名称和商品产地。乙方承诺使用本合同第二条之商标的商品符合较高标准,且不会因商品质量影响甲方及商标本身的声誉。

7.2 乙方使用本合同第二条之商标的商品应当满足以下商品质量标准:_____;技术标准:_____。

7.3 在本合同有效期内,甲方或其授权代表有权在合理时间检查使用本合同第二条约定之商标的商品质量,乙方应采取必要措施以满足甲方的质量标准和要求。

如乙方的做法或销售不符合上述要求,应在接到甲方或其授权代表的通知后,立即采取补救措施。

7.4 合同双方可为保证乙方商品质量作如下约定:_____。

第八条 保证与承诺

8.1 甲方保证事项:

(1) 甲方保证是本合同第二条约定之商标在_____国家/地区的

合法注册人,并保证有权授予乙方在_____国家/地区使用;

(2) 甲方保证本合同第二条约定之商标未被质押;

(3) 甲方保证本合同履行过程中发生第三方指控乙方使用本合同第二条之商标构成侵权的,负责与第三方交涉,乙方对此予以配合;

(4) 甲方保证因第三方指控商标侵权所引起的法律和经济上的责任由甲方承担。

8.2 乙方承诺事项:

(1) 乙方承诺在许可地域范围内,向甲方提供必要的协助,以维护甲方对本合同第二条约定之商标拥有的权利;

(2) 乙方承诺不改变本合同第二条约定之商标的文字、图形或其组合,不超越许可使用商品范围和地域使用该商标;

(3) 乙方承诺未经甲方书面同意,因许可行为而授予乙方的权利,乙方不进行转让、质押;

(4) 乙方承诺未经甲方书面同意,不将与本合同第二条约定之商标相同或近似的商标,以自己的名义提出商标注册申请。

第九条 合同变更

9.1 甲方为自然人的,在商标许可使用期限内,因甲方死亡致使该商标专用权发生移转的,该商标的继承者应在合理期限内书面通知乙方,本合同由甲方商标的继承者继续履行。

甲方为法人或其他组织的,因甲方变更、终止致使该商标专用权发生移转或转让的,本合同由甲方商标专用权的继承者继续履行。

甲方没有继承者的,本合同自动终止。

9.2 乙方为自然人的,在商标许可使用期限内,乙方死亡,乙方的继承者应在合理期限内书面通知甲方,本合同由乙方的继承者继续履行。

9.3 合同双方也可另行约定内容如下:_____

_____。

9.4 在合同履行过程中对合同条款的任何变更、修改,都须经双方协商同意并签署书面文件。

第十条 合同终止

10.1 在合同期满前_____天内,或收到解除合同通知的_____天以内，乙方应向甲方出具书面报告以说明手中和正在加工中的商品的数量和种类。

10.2 除_____情况外，乙方可将已生产出和正在加工的商品进行必要的处理或销售。

10.3 甲方有权进行实地盘查以确认存货情况和报告的准确。若乙方拒绝甲方的核查，将失去处理存货的权利。

10.4 合同终止或期满后，甲方得继续使用或许可他人使用该注册商标；除在本合同11.2款的情况下，乙方不得再使用该商标或与之近似的商标。

第十一条 违约责任

合同双方约定，任何一方违反本合同约定义务，应按以下约定承担违约责任：

11.1 甲方违约责任：

（1）甲方违反本合同8.1款之权利保证，以至于损害乙方签订本合同时之预期目的，乙方有权解除合同，并可要求甲方支付合同约定许可使用费的_____%作为赔偿；

（2）甲方违反本合同2.4款关于独占或排他许可使用的约定，乙方有权要求甲方返还_____%的许可使用费；甲方该违约行为损害乙方签订本合同时之预期目的，乙方有权解除合同；

（3）甲方应承担的其他违约责任：_____。

11.2 乙方违约责任：

（1）乙方违反本合同第三条之约定，逾期不支付许可使用费的，每逾期_____日向甲方支付许可使用费的_____%作为违约金。逾期_____日的，甲方有权解除合同；

（2）乙方违反本合同第二条的约定，擅自扩大被许可使用商标的使用范围或使用商品的，甲方有权要求乙方停止侵害行为，并可要求乙方增加支付_____%的许可使用费；乙方在接到甲方书面通知_____日后仍未停止的，甲方有权解除合同；

（3）乙方应承担的其他违约责任：_____。

第十二条　争议解决

12.1　因本合同引起的或者与本合同有关的任何争议，应通过友好协商解决，如果双方不能协商解决，同意采取以下第_____种方式解决：

（1）向有管辖权的_____法院起诉；

（2）提交_____仲裁委员会仲裁，根据该委员会现行规则仲裁，仲裁结果是终局的，对双方均有约束力。

第十三条　保密事项

13.1　双方对合同洽谈及履行过程中获悉到对方的商业秘密和相关秘密信息，有保密的义务。因一方泄密致使对方经济利益受损的，泄密方负赔偿责任。

13.2　合同未正式生效前、合同提前解除或履行完毕终止时，各方仍需对本合同洽谈和履行过程中所产生的保密事项保密，保密时间双方约定为_____。

13.3　司法机关以及其他国家机构依照法律规定，要求合同一方提供上述商业秘密的，提供方应事先通知合同另一方，并书面提示相关机构注意保密。

第十四条　许可备案

14.1　商标许可行为需要办理登记手续的，双方应在法定期限内办理，相关费用承担方式约定为_____。

第十五条　不可抗力

15.1　因不可抗力或者其他意外事件，或者使得本合同的履行不可能、不必要或者无意义的，任何一方均可以解除本合同。

15.2　遭受不可抗力、意外事件的一方全部或部分不能履行本合同、解除或迟延履行本合同的，应将事件情况在_____日内，以书面形式通知另一方并向另一方提交相应的证明。

第十六条　合同维护

16.1　合同双方约定，在本合同有效期内，甲方指定_____为甲方联系人，联系电话_____；乙方指定_____为乙方联系人，联系电话_____。

16.2　联系人的职责是负责双方的沟通和协调，其他职责：_____。

16.3　任何一方变更联系人的，应及时以书面形式通知另一方。未及时通知或联系人未履行职责而影响本合同的履行或造成损失的，责任方应承担相应责任。

第十七条 其他约定

_____。

第十八条 合同附件

18.1 与履行本合同有关的下列文件，经双方确认后，为本合同的组成部分：_____，与本合同具有同等效力。

第十九条 合同生效

19.1 本合同自甲乙双方法定代表人或授权代表签字或盖章之日起生效。如需国家主管部门批准的，自批准之日生效。

第二十条 合同份数

20.1 本合同一式_____份，其中，甲方正本_____份，副本_____份；乙方正本_____份，副本_____份；用于备案_____份。本合同正副本具有同等法律效力。

第二十一条 合同签订时间、地点

21.1 本合同签订日期：_____（此日期应与最后一方签字盖章日期一致）。

21.2 本合同签订地点：_____。

甲方：（签章）
法定代表人或授权代表人：
签订日期：
乙方：（签章）
法定代表人或授权代表人：
签订日期：

下篇 企业知识产权管理制度与合同参考文本

附：本合同使用说明

一、本合同为注册商标许可使用合同参考文本，供合同当事人参照适用。本合同中所指的商品，包括《类似商品和服务区分表》中的商品和服务。

二、本合同中需要选择填写的内容，应予以明确标注并区分，必要时可划去未选择事项。当事人使用本合同书时约定无需填写的条款，应在该条款处注明"无"等字样。

三、注册商标许可使用合同也可以采取类似专利的普通使用许可、排他使用许可、独占使用许可的形式。文本提供了三种供选择的许可方式，但在每一个合同中只能选择一种方式，一旦选定了使用许可的方式，相关条款要进行相应调整。本合同所列定义为通用条款，合同双方可根据实际情况予以具体约定。合同仲裁条款的填写应当具体、明确，否则将导致仲裁条款无效。

四、请参见专利权实施许可合同使用说明相关部分。

五、对本合同及附件中有关"在＿＿＿日"、"支付＿＿＿元"、"支付＿＿＿%"等内容的约定，其数据要尽可能同时大、小写。

二、注册商标转让合同

目　　录

第一条　定义
第二条　转让商标
第三条　权利保证
第四条　费用支付
第五条　税费承担
第六条　转让手续
第七条　商品质量保证
第八条　保密事项
第九条　禁止性条款
第十条　违约责任
第十一条　争议解决
第十二条　不可抗力
第十三条　合同维护
第十四条　合同生效
第十五条　合同份数
第十六条　合同签订时间、地点

合同编号：

注册商标转让合同

让与人（以下简称甲方）：_____
法定代表人：_____
住所地：_____
邮政编码：_____
联系电话：_____

受让人（以下简称乙方）：_____
法定代表人：_____
住所地：_____
邮政编码：_____
联系电话：_____

鉴于甲方拥有经商标局核准注册的_____商标有待出让，鉴于乙方需要受让该注册商标专用权，根据《中华人民共和国合同法》和《中华人民共和国商标法》等法律规定，双方就注册商标转让事宜平等协商，达成如下协议，共同信守履行。

第一条 定义

为避免双方理解上的分歧，双方对本合同及相关附件中所涉及的有关名词和技术术语，特做如下确认：

1.1 "注册商标"，是指经过中华人民共和国工商行政管理总局商标局（以下简称商标局）核准注册的商标（以下所指"商标"，除特别说明外，均指注册商标）。

1.2 "让与人"，是指通过注册、受让等合法方式取得并享有商标专用权的自然人、法人或者其他组织。

1.3 "受让人"，是指因经营需要而通过法定受让方式取得他人商标专用权的自然人、法人或者其他组织。

1.4 其他（其他需要说明的名词和术语）_____

_____
_____。

第二条 转让商标

2.1 转让商标的名称：_____。

2.2 转让商标的申请号/注册号：_____。

2.3 转让商标的图样：

_____。

2.4 转让商标的类别：_____。

转让商标核定使用商品：_____。

2.5 转让商标核准注册时间：_____。

转让商标续展日期：_____。

2.6 转让商标的注册国家/地区：_____。

2.7 _____（有/无）相同或类似商品上的相同或近似商标依法须一并转让。

有，则一并转让商标的注册号/申请号为：_____。

第三条 权利保证

3.1 甲方保证本合同第二条之商标系有效注册且在有效期内的商标，甲方保证有权转让该商标。

3.2 甲方保证本合同第二条之商标未被质押，也无第三人对该商标主张权利。

3.3 甲方保证在本合同签订之前，未就本合同第二条之商标与第三人签订过转让协议，也未就该商标向商标局提出过转让申请。

3.4 甲方保证在本合同签订之前，未就本合同第二条之商标许可第三方使用过。

3.5 如本合同签订之前，甲方已将该商标许可给第三方使用的，双方约定如下：

(1) 甲方须事先将许可方式、期限、地域范围等事宜以书面形式告知乙方，并在合理期限内将商标转让事宜通知被许可方；

(2) 乙方承诺继续履行该商标许可协议，并在取得本合同第二条之商标专用权后，承继甲方因商标许可而创设的权利和义务；

（3）双方其他约定内容：_____。

第四条　费用支付

4.1　商标转让费总金额为_____元。

4.2　自本合同签订之日起_____日内，乙方一次性将转让费用汇入甲方指定银行账户。

如以其他方式支付，可约定如下：_____
_____。

第五条　税费承担

5.1　现行法律对执行本合同的相关税费有明确规定的从其规定；现行法律未规定具体承担方的，税费承担方式：_____。

第六条　转让手续

6.1　本合同生效之日起_____日内，甲方应将本合同第二条之商标的注册证及其他有关资料交付乙方，并有义务根据商标法之规定与乙方共同向商标局提出商标转让申请。

甲方交付资料的清单：_____。

6.2　甲方与乙方在共同向商标局办理转让手续时，应相互协助、配合。

6.3　办理转让手续所需费用的承担约定：_____。

第七条　商品质量保证

7.1　乙方通过本合同受让取得商标后，有义务保证使用该商标商品的质量。

7.2　甲方可向乙方提供相关商品的样品，提供制造该类商品的技术指导或技术诀窍（可另外签订技术转让合同）；还可提供商品说明书、商品包装法、商品维修法，在必要时还可提供经常购买该商品的客户名单。

第八条　保密事项

8.1　双方对合同洽谈及履行过程中获悉到对方的商业秘密和相关秘密信息，有保密的义务。因一方泄密致使对方经济利益受损的，泄密方负赔偿责任。

8.2　合同未正式生效前、合同提前解除或履行完毕终止时，各方仍需对本合同洽谈和履行过程中所产生的保密事项保密，保密时间双方约定为

_____。

8.3 司法机关以及其他国家机构依照法律规定，要求合同一方提供上述商业秘密的，提供方应事先通知合同另一方，并书面提示相关机构注意保密。

第九条 禁止性条款

9.1 合同生效后，甲方不得在本合同第二条之商标的注册地域内使用与该商标相同或近似的商标。

9.2 合同生效后，甲方不得在该商标的注册地域内，在足以导致消费者混淆的关联商品或服务上，将相同或近似于该商标的商标向商标局提出注册申请。

第十条 违约责任

10.1 甲方在合同生效后，违反合同约定，继续使用本合同第二条之商标的，应立即停止使用，并向乙方支付商标转让费的_____%作为违约金；如商标局已核准转让本合同第二条之商标，乙方可以根据《商标法》相关规定要求甲方承担商标侵权责任。

10.2 乙方在合同约定的期限内未交付商标转让费用的，甲方有权拒绝办理商标转让手续，且每逾期_____日，乙方应支付_____元违约金。逾期_____日的，甲方有权解除合同；甲方主张解除合同时，已办理商标转让手续的，可通过行政或司法程序撤回/撤销商标转让申请。

第十一条 争议解决

11.1 因本合同引起的或与本合同有关的任何争议，应通过友好协商解决，如果双方不能协商解决，同意采取以下第_____种方式解决：

（1）向有管辖权的_____法院起诉；

（2）提交_____仲裁委员会仲裁，根据该委员会现行规则仲裁，仲裁结果是终局的，对双方均有约束力。

第十二条 不可抗力

12.1 因不可抗力或者其他意外事件，或者使得本合同的履行不可能、不必要或者无意义的，任何一方均可以解除本合同。

12.2 遭受不可抗力、意外事件的一方全部或部分不能履行本合同、解除或迟延履行本合同的，应将事件情况在_____日内，以书面形式通知另一方并向另一方提交相应的证明。

第十三条 合同维护

13.1 合同双方约定，在本合同有效期内，甲方指定_____为甲方联系人，联系电话_____；乙方指定_____为乙方联系人，联系电话_____。

13.2 联系人的职责是负责双方的沟通和协调，其他职责：_____
_____。

13.3 任何一方变更联系人的，应及时以书面形式通知另一方。未及时通知或联系人未履行职责而影响本合同的履行或造成损失的，责任方应承担相应责任。

第十四条 合同生效

14.1 本合同自甲乙双方法定代表人或授权代表签字或盖章之日起生效。如需国家主管部门批准的，自批准之日生效。

第十五条 合同份数

15.1 本合同一式_____份，其中，甲方正本_____份，副本_____份；乙方正本_____份，副本_____份；用于备案_____份。本合同正副本具有同等法律效力。

第十六条 合同签订时间、地点

16.1 本合同签订日期：_____（此日期应与最后一方签字盖章日期一致）。

16.2 本合同签订地点：_____。

甲方：（签章）
法定代表人或授权代表人：
签订日期：
乙方：（签章）
法定代表人或授权代表人：
签订日期：

附：本合同使用说明

一、本合同为注册商标转让合同参考文本，供合同当事人参照适用。本合同中所指的商品，包括《类似商品和服务区分表》中的商品和服务。

二、本合同中需要选择填写的内容，应予以明确标注并区分，必要时可划去未选择事项。当事人使用本合同书时约定无需填写的条款，应在该条款处注明"无"等字样。

三、本合同所列定义为通用条款，合同双方可根据实际情况予以具体约定。合同仲裁条款的填写应当具体、明确，否则将导致仲裁条款无效。

四、本合同书未尽事宜，当事人可附页另行约定，并作为本合同的组成部分。双方当事人也可对文本条款进行修改、增补或删减，合同签订生效后，未被修改的文本印刷文字视为双方同意内容。

五、对本合同及附件中有关"在_____日"、"支付_____元"、"支付_____%"等内容的约定，其数据要尽可能同时大、小写。

第四类 著作权合同

一、著作权许可使用合同

目 录

第一条　许可权利
第二条　许可地域
第三条　许可期限
第四条　权利类型
第五条　权利保证
第六条　许可报酬
第七条　税费承担
第八条　作品移交
第九条　严重违约
第十条　违约责任
第十一条　义务继承
第十二条　其他约定
第十三条　不可抗力
第十四条　争议解决
第十五条　适用法律
第十六条　合同份数
第十七条　合同签订时间、地点

合同编号：

著作权许可使用合同

甲方（许可人）：_____
法定代表人：_____
法定地址：_____
邮政编码：_____

乙方（被许可人）：_____
法定代表人：_____
法定地址：_____
邮政编码：_____

鉴于甲方自愿将其合法享有的_____作品的某些著作权权利（以下简称"许可权利"）许可乙方行使，乙方有意获得许可，根据《中华人民共和国著作权法》等相关法律法规，甲乙双方经平等协商，订立以下合同条款，共同信守履行。

第一条 许可权利

1.1 甲方许可乙方使用下列著作权权利：

（1）_____；
（2）_____；
（3）_____。

（请填写《著作权法》、《计算机软件保护条例》等著作权法律法规规定的著作权人可以许可他人行使的著作权权利，或另外以合同附件形式列明）

除上述许可权利外，未经甲方书面同意，乙方无权行使上述作品著作权中的其他权利。

第二条 许可地域

2.1 甲方允许乙方在以下第_____种区域范围内行使上述许可权利：
（1）无地域范围限制；

（2）有地域范围限制，仅限于_____。

第三条 许可期限

3.1 甲方允许乙方行使上述许可权利的期限为_____年，自本合同签字生效之日起算。许可期限届满后，甲乙双方可以协商订立补充协议续展许可期限。

第四条 权利类型

4.1 甲方许可乙方行使的上述"许可权利"类型是以下第_____种：

（1）专有使用权，本许可合同签订后，在许可期限届满前，甲方自己不得、也不得许可第三人在本合同第二条规定的地域范围内行使上述许可权利；

（2）非专有使用权，本许可合同签订后，在许可期限届满前，甲方自己有权，而且有权许可第三人在本合同第二条规定的地域范围内行使上述许可权利。

4.2 无论许可权利的类型是专有使用权还是非专有使用权，未经甲方书面同意，乙方均不得以任何方式允许第三人行使上述许可权利。

第五条 权利保证

5.1 甲方保证其对上述作品享有合法著作权，该作品不存在权属争议、侵权争议或合同争议，不存在影响该作品许可使用的在先权利，也不存在甲方已知的影响作品财产价值的事项。

5.2 如果许可权利属专有使用权，除法律另有规定外，本合同签订后，甲方保证自己不再使用，也不以任何方式许可他人使用上述许可权利。

5.3 在上述作品的法定权利保护期内，甲方保证自担费用并采取一切必要和合理措施，维护上述作品的著作权，并保证为乙方行使上述许可权利提供方便，不妨碍乙方行使上述许可权利。

第六条 许可报酬

6.1 作为甲方许可乙方使用上述许可权利的对价，乙方向甲方支付许可报酬共计：_____。

6.2 乙方支付许可报酬的时间和方式如下：

（1）_____；

（2）＿＿＿＿＿＿＿＿＿＿＿＿＿＿＿＿＿＿＿＿＿＿＿＿＿＿＿＿＿＿＿＿。

第七条　税费承担

7.1　现行法律对执行本合同的相关税费有明确规定的从其规定；现行法律未规定具体承担方的，税费承担方式：＿＿＿＿＿＿＿＿＿＿＿＿＿＿＿＿＿＿＿。

第八条　作品移交

8.1　本合同签订后，甲方应当在＿＿＿＿＿＿日内将作品副本＿＿＿＿＿＿份移交给乙方。

8.2　如乙方认为必要，甲方应当将证明其合法持有著作权的作品底稿、证明文件、登记证书、取得权利的合同等文件移交给乙方，或者根据乙方要求，到相关著作权行政管理机构办理登记备案手续。

第九条　严重违约

9.1　下列情形属于甲方严重违约：

（1）甲方提供虚假说明、文件，违反或不履行其在本合同所作的各项承诺和保证；

（2）本合同签订后，甲方未在约定期间或乙方要求的合理期限内配合办理相关登记备案手续，拒绝或拖延交付相关文件；

（3）甲方以任何方式直接或间接妨碍乙方行使许可权利。

9.2　下列情况属于乙方严重违约：

（1）未按约定期限支付许可报酬；

（2）超出本合同规定的权限范围行使许可权利。

第十条　违约责任

10.1　甲乙任何一方出现第九条严重违约情况，守约方有权：

（1）要求对方停止侵害、消除影响；

（2）要求违约方支付违约金＿＿＿＿＿＿元，违约金不足以弥补损失的，同时要求违约方赔偿实际损失，损失计算方式：＿＿＿＿＿＿＿＿＿＿＿＿＿＿＿＿＿＿；

（3）解除合同。

第十一条　义务继承

11.1　甲乙双方保证，本合同项下的条款对各自的受让人具有约束力。

第十二条　其他约定

_____。

第十三条　不可抗力

13.1　因不可抗力或者其他意外事件，或者使得本合同的履行不可能、不必要或者无意义的，任何一方均可以解除本合同。

13.2　遭受不可抗力、意外事件的一方全部或部分不能履行本合同、解除或迟延履行本合同的，应将事件情况在_____日内，以书面形式通知另一方并向另一方提交相应的证明。

第十四条　争议解决

14.1　因本合同引起的或与本合同有关的任何争议，应通过友好协商解决，如果双方不能协商解决，同意采取以下第_____种方式解决：

（1）向有管辖权的_____法院起诉；

（2）提交_____仲裁委员会仲裁，根据该委员会现行规则仲裁，仲裁结果是终局的，对双方均有约束力。

第十五条　适用法律

15.1　本合同适用中华人民共和国法律。

第十六条　合同份数

16.1　本合同一式_____份，其中，甲方正本_____份，副本_____份；乙方正本_____份，副本_____份；用于备案_____份。本合同正副本具有同等法律效力。

第十七条　合同签订时间、地点

17.1　本合同签订日期为_____（此日期应与最后一方签字盖章日期一致）。

17.2 本合同签订地点为_____。

甲方：（签章）
法定代表人或授权代表人：
签订日期：
乙方：（签章）
法定代表人或授权代表人：
签订日期：

附：本合同使用说明

一、本著作权许可使用合同旨在规范著作权使用许可行为，明确许可人和被许可人双方的权利义务，供当事人参照使用。

二、当事人使用本合同书时，可在画线空格处直接填写约定内容或填写选择的序号，如无需填写或选择的条款，应在该条款处注明"无"等字样。争议解决选择仲裁方式的，应详细准确填写仲裁机构的名称。

三、本合同未尽事项，可以用附件形式另外说明。

四、本合同签署生效后，当事人可以自愿或依据合同规定向著作权行政管理部门备案。

五、请参见专利权实施许可合同使用说明相关部分。

六、对本合同及附件中有关"在_____日"、"支付_____元"、"支付_____%"等内容的约定，其数据要尽可能同时大、小写。

二、著作权转让合同

目 录

第一条　转让权利
第二条　转让地域
第三条　权利保证
第四条　转让价格
第五条　税费承担
第六条　作品移交
第七条　严重违约
第八条　违约责任
第九条　义务继承
第十条　其他约定
第十一条　不可抗力
第十二条　争议解决
第十三条　适用法律
第十四条　合同份数
第十五条　合同签订时间、地点

合同编号：

著作权转让合同

让与人（以下简称甲方）：_____
法定代表人：_____
住所地：_____
邮政编码：_____
联系电话：_____

受让人（以下简称乙方）：_____
法定代表人：_____
住所地：_____
邮政编码：_____
联系电话：_____

鉴于甲方自愿将合法享有_____作品的著作权权利（以下简称"转让权利"）转让给乙方，乙方有意受让，甲乙双方经平等协商，订立以下合同条款，共同信守履行。

第一条 转让权利

1.1 本合同转让的著作权权利指甲方合法享有的下列著作权权利：
（1）_____；
（2）_____；
（3）_____。
（请填写《著作权法》、《计算机软件保护条例》等著作权法律法规规定的著作权人可以转让的著作权权利。）

除上述转让权利外，未经甲方书面同意，乙方无权行使上述作品著作权中的其他权利。

第二条 转让地域

2.1 "转让地域"指乙方可以在以下第_____种区域范围内合法行使上

述转让权利：

(1) 无地域范围限制；

(2) 有地域范围限制，仅限于_____。

第三条　权利保证

3.1　甲方保证其对上述作品享有合法著作权，该作品不存在权属争议、侵权争议或合同争议，不存在影响该作品转让的在先权利，也不存在甲方已知的影响作品财产价值的事项。

3.2　除法律另有规定外，本合同签订后，甲方保证自己不再使用，也不以任何方式许可他人使用本合同转让的著作权权利。

3.3　在上述作品的法定权利保护期内，甲方保证自担费用并采取一切必要和合理的措施，维护上述作品的其他著作权利，并保证为乙方行使上述转让权利提供方便，不妨碍或损害乙方受让上述权利后应有的利益。

第四条　转让价格

4.1　作为甲方转让权利的对价，乙方向甲方支付转让金：_____元。

4.2　乙方支付转让金的时间和方式如下：

(1) 一次总付，_____元；

(2) 分期支付，具体支付时间及金额：_____。

第五条　税费承担

5.1　现行法律对执行本合同的相关税费有明确规定的从其规定；现行法律未规定具体承担方的，税费承担方式为_____。

第六条　作品移交

6.1　本合同签订后，甲方应当在 10 日内将作品副本_____份移交给乙方。

6.2　如乙方认为必要，甲方应当将证明其合法持有著作权的作品底稿、证明文件、登记证书、取得权利的合同等文件移交给乙方，或者根据乙方要求，到相关著作权行政管理机构办理登记备案手续。

第七条 严重违约

7.1 下列情形属于甲方严重违约：

（1）甲方提供虚假说明、文件，违反或不履行其在本合同所作的各项承诺和保证；

（2）本合同签订后，甲方未在约定期间或乙方要求的合理期限内配合办理相关登记备案手续，拒绝或拖延交付出相关文件；

（3）甲方以任何方式（无论是积极还是消极）妨碍乙方行使受让的著作权权利。

7.2 下列情况属于乙方严重违约：

（1）未按第四条约定期限支付转让价金；

（2）违反第一条约定，超范围行使甲方的其他著作权利。

第八条 违约责任

8.1 甲乙任何一方出现第八条严重违约情况，守约方有权：

（1）要求对方停止侵害、消除影响；

（2）要求违约方支付违约金_____元，违约金不足以弥补损失的，同时要求违约方赔偿实际损失，损失计算方法为：_____
_____

（3）解除合同。

第九条 义务继承

9.1 甲乙双方在本合同项下的各项义务对各自继承人具有约束力。

第十条 其他约定

_____

第十一条 不可抗力

11.1 因不可抗力或其他意外事件，或者使得本合同的履行不可能、不必要或者无意义的，任何一方均可以解除本合同。

11.2 遭受不可抗力、意外事件的一方全部或部分不能履行本合同、解除或迟延履行本合同的，应将事件情况在_____日内，以书面形式通知另一方并向另一方提交相应的证明。

第十二条　争议解决

12.1　因本合同引起的或与本合同有关的任何争议，应通过友好协商解决，如果双方不能协商解决，同意采取以下第_____种方式解决：
（1）向有管辖权的_____法院起诉；
（2）提交_____仲裁委员会仲裁，根据该委员会现行规则仲裁，仲裁结果是终局的，对双方均有约束力。

第十三条　适用法律

13.1　本合同适用中华人民共和国法律。

第十四条　合同份数

14.1　本合同一式_____份，其中，甲方正本_____份，副本_____份；乙方正本_____份，副本_____份；用于备案_____份。本合同正副本具有同等法律效力。

第十五条　合同签订时间、地点

15.1　本合同签订日期：_____（此日期应与最后一方签字盖章日期一致）。

15.2　本合同签订地点：_____。

甲方：（签章）
法定代表人或授权代表人：
签订日期：
乙方：（签章）
法定代表人或授权代表人：
签订日期：

附：本合同使用说明

一、本著作权转让合同旨在规范著作权转让行为，明确许可人和被许可人双方的权利义务，供当事人参照使用。

二、当事人使用本合同书时，可在画线空格处直接填写约定内容或填写选择的序号，争议解决选择仲裁方式的，应详细准确填写仲裁机构的名称。

三、本合同填写内容或未尽事项，可以用附件形式另外说明。

四、本合同签署生效后，当事人可以自愿或依据合同规定向著作权行政管理部门备案。

五、请参见专利权实施许可合同使用说明相关部分。

六、对本合同及附件中有关"在_____日"、"支付_____元"、"支付_____%"等内容的约定，其数据要尽可能同时大、小写。

第五类　集成电路布图设计合同

一、集成电路布图设计委托开发合同

目　录

第一条　定义
第二条　委托项目
第三条　项目创作要求
第四条　项目特别约定
第五条　协调与配合
第六条　资料交付
第七条　保密事项
第八条　风险分担
第九条　成果交付
第十条　权属约定
第十一条　费用支付
第十二条　税费承担
第十三条　合同变更与解除
第十四条　违约责任
第十五条　争议解决
第十六条　不可抗力
第十七条　合同维护
第十八条　其他约定
第十九条　合同附件
第二十条　合同生效
第二十一条　合同份数
第二十二条　合同签订时间、地点

合同编号：

集成电路布图设计委托开发合同

委托人（以下简称甲方）：_____

法定代表人：_____

住所地：_____

邮政编码：_____

受托人（以下简称乙方）：_____

法定代表人：_____

住所地：_____

邮政编码：_____

鉴于甲方需要_____（填写集成电路布图设计名称）集成电路布图设计，鉴于乙方拥有自主创作集成电路布图设计的能力，根据《中华人民共和国合同法》、《集成电路布图设计保护条例》和《集成电路布图设计保护条例实施细则》等法律规定，双方经友好协商，就创作_____
_____集成电路布图设计达成如下协议，共同信守履行。

第一条 定义

为避免双方理解上的分歧，双方对本合同及相关附件中所涉及的有关名词和技术术语，特做如下确认：

1.1 "集成电路布图设计"（以下简称布图设计），是指集成电路中至少有一个是有源元件的两个以上元件和部分或者全部互连线路的三维配置，或者为制造集成电路而准备的上述三维配置。

1.2 "委托人"，是指因商业目的而委托他人创作布图设计的自然人、法人或者其他组织。

1.3 "受托人"，是指拥有自主创作布图设计能力的自然人、法人或者其他组织。

1.4 "复制"，是指重复制作布图设计或者含有该布图设计的集成电路的行为。

1.5 "商业利用",是指为商业目的进口、销售或者以其他方式提供受保护的布图设计、含有该布图设计的集成电路或者含有该集成电路的物品的行为。

1.6 其他:_____
_____(请填写其他需要说明的名词和术语)。

第二条 委托项目

2.1 甲方就_____
_____布图设计委托乙方创作。

2.2 双方约定就 2.1 款所列的布图设计应符合以下第_____种要求:
(1) 工艺模块:_____
_____;
(2) 工艺路线:_____
_____;
(3) 最优化布图设计要求:_____
_____;
(4) 其他工艺参数控制方法:_____
_____。

第三条 项目创作要求

3.1 委托项目创作期限:_____。

3.2 委托项目工作进度:_____
_____。

3.3 委托项目创作地点:_____。

3.4 双方就项目创作约定事项还包括以下第_____项:
(1) 乙方接受甲方委托继续完成本合同委托事务的后续工作;
(2) 知识产权单元(IP 盒)由_____方提供;
(3) 约定本合同布图设计加工单位:_____;
(4) 其他约定:_____
_____。

第四条 项目特别约定

4.1 乙方应保证独立完成本合同第二条约定的布图设计。

未经甲方同意，乙方不得将本合同项目部分或全部工作转托给第三人承担。

4.2 经甲方同意，乙方可将以下部分工作转托第三人，具体约定为：_____
_____。

第五条 协调与配合

为确保本合同全面履行，双方确定采取以下方式对布图设计创作进行协调、配合：

5.1 技术协调：_____
_____。

5.2 其他协调事宜：_____
_____。

第六条 资料交付

6.1 甲方应对乙方进行布图设计创作提供必要的协助，提交必需的技术资料、原始数据等信息。

甲方交付的资料清单：_____
_____。

6.2 甲方应于本合同生效之日起_____日内，向乙方交付6.1款所述的资料和设计数据。

6.3 本合同履行完毕后，6.1款之资料按以下_____方式处理：

(1) 继续由乙方妥善保管，但乙方应按谨慎和勤勉原则保证资料不对外泄露；

(2) 由乙方返还给甲方；

(3) 其他方式：_____。

第七条 保密事项

7.1 甲方对本合同洽谈、签订、履行过程中所获知的乙方商业秘密负有保密义务。

(1) 保密内容（包括技术信息和经营信息）：_____
_____；

(2) 涉密人员范围：_____
_____；

（3）保密期限：_____；
（4）泄密责任：_____
_____。

7.2 乙方对本合同洽谈、签订、履行过程中所获知的甲方商业秘密负有保密义务。

（1）保密内容（包括技术信息和经营信息）：_____
_____；
（2）涉密人员范围：_____
_____；
（3）保密期限：_____；
（4）泄密责任：_____
_____。

7.3 合同未正式生效前、合同提前解除或履行完毕终止时，各方仍需对本合同洽谈和履行过程中所产生的保密事项保密。

7.4 司法机关以及其他国家机构依照法律规定，要求合同一方提供上述商业秘密的，提供方应事先通知合同另一方，并书面提示相关机构注意保密。

第八条 风险分担

在本合同履行中，因出现现有技术水平和技术条件下难以克服的技术困难，导致委托项目失败或部分失败，双方约定如下风险、责任承担方式：

8.1 双方约定风险认定方式：_____
_____。

8.2 双方约定认定风险的具体条件：_____
_____。

8.3 乙方在项目创作过程中发现存在创作风险并有可能因此导致项目创作失败的，应在_____日内书面通知甲方并采取适当措施。

因乙方逾期未通知或未采取适当措施而导致损失扩大的，乙方就此承担相应责任。

8.4 甲方在委托项目创作期限内，发现存在创作风险并有可能因此导致项目创作失败的，应在_____日内通知乙方，并在合理期间与乙方就是否继续进行项目创作进行评估。

8.5 合同双方约定，出现导致项目创作失败的风险情况时，以以下第_____种方式解决：
(1) 双方协商继续项目创作，具体约定为：_____；
(2) 双方协商终止项目创作，并就此约定如下：_____
_____；
(3) 其他约定：_____。

第九条　成果交付

9.1　合同双方约定以下述方式交付本合同第二条之创作成果：
(1) 创作成果交付时间：_____；
(2) 创作成果交付地点：_____；
(3) 创作成果交付方式：_____。

9.2　合同双方约定创作成果按照以下技术规范验收，并应达到如下约定标准：
(1) 设计规则检查（DRC）：_____；
(2) 电学规则检查（ERC）：_____；
(3) 原理图网表和版图表比较（LVS）：_____；
(4) 其他验收方式：_____。

9.3　创作成果验收：
(1) 甲方根据本合同第二条、第三条以及第九条9.4款之约定，对乙方交付的布图设计创作成果进行验收；
(2) 甲方应对乙方交付的创作成果在合理期限内做出验收结论。
布图设计符合验收标准的，甲方应向乙方签发验收确认书。
布图设计不符合验收标准的，甲方应向乙方签发不达标通知书。
甲方自创作成果交付之日起_____日内，既未向乙方签发验收确认书，也未向乙方签发不达标通知书的，视为甲方验收通过。

9.4　布图设计创作成果不符合验收标准的，双方约定以下述第_____种方式处理：
(1) 乙方继续创作完善布图设计；
(2) 甲方接受乙方交付的布图设计；
(3) 其他约定：_____
_____。

9.5 乙方交付布图设计创作成果时，有义务提供必要的技术资料，提供技术资料一式_____份。

乙方提供资料的清单：_____

_____。

乙方有义务给予甲方技术指导，协助甲方切实掌握使用本合同第二条约定之布图设计创作成果。

第十条 权属约定

10.1 合同双方约定，本合同第二条所述布图设计归_____方所有，并由该方向国家知识产权局办理布图设计登记等手续。

10.2 乙方创作人有表明布图设计创作者身份的权利。

第十一条 费用支付

11.1 合同双方约定布图设计委托创作费_____元。

11.2 甲方支付委托创作费方式：_____

_____。

11.3 其他约定：_____

_____。

第十二条 税费承担

12.1 现行法律对执行本合同的相关税费有明确规定的从其规定；现行法律未规定具体承担方的，税费承担方式：_____。

第十三条 合同变更与解除

13.1 出现下列情形，致使本合同的履行成为不必要或不可能的，双方经协商一致可解除合同：

（1）甲方因故不再需要本合同第二条约定的布图设计；

（2）乙方无力继续开发本合同委托项目；

（3）其他约定解除合同的情形。

13.2 合同解除后，本合同争议解决条款继续有效，请求解除合同一方应赔偿对方因解除合同而遭受的损失。

13.3 在合同履行过程中对合同条款的任何变更、修改，都须经双方协商同意并签署书面文件。

第十四条 违约责任

14.1 甲方逾期支付本合同第十一条约定之委托创作费的,按下列第_____种方式承担违约责任。逾期_____日未支付的,乙方有权解除合同。

(1) 每逾期_____日向乙方支付_____元违约金;

(2) 支付创作费的_____%作为违约金;

(3) 其他约定:_____

_____。

14.2 甲方未按照本合同第六条约定时间交付资料致使乙方难以开展工作的,除委托项目创作期限相应顺延外,甲方每逾期_____日应向乙方支付_____元违约金。

14.3 甲方未按约定期限对乙方交付的项目创作成果进行验收或未依照本合同9.3款进行书面答复的,视为甲方验收通过,甲方应向乙方支付本合同第十一条之费用。

14.4 乙方违反合同约定,逾期交付本合同第二条之委托创作项目成果的,按下列第_____种方式承担违约责任,逾期_____日仍未交付的,甲方有权解除合同。

(1) 每逾期_____日向甲方支付_____元违约金;

(2) 支付创作费的_____%作为违约金;

(3) 其他约定:_____

_____。

14.5 乙方在项目创作过程中发现存在风险并有可能因此导致创作失败时,逾期未通知或未采取适当措施而导致损失扩大的,甲方得要求乙方返还_____%的创作费,并可要求乙方应继续履行合同。

14.6 乙方交付的创作成果未达到合同约定验收标准的,除按本合同9.3款之约定处理外,乙方应向甲方返还_____%的创作费。

14.7 其他约定:_____

_____。

第十五条 争议解决

15.1 因本合同引起的或与本合同有关的任何争议,应通过友好协商解决,如果双方不能协商解决，同意采取以下第_____种方式解决：

（1）向有管辖权的_____法院起诉；

（2）提交_____仲裁委员会仲裁，根据该委员会现行规则仲裁，仲裁结果是终局的，对双方均有约束力。

第十六条　不可抗力

16.1　因不可抗力或者其他意外事件，或者使得本合同的履行不可能、不必要或者无意义的，任何一方均可以解除本合同。

16.2　遭受不可抗力、意外事件的一方全部或部分不能履行本合同、解除或迟延履行本合同的，应将事件情况在_____日内，以书面形式通知另一方并向另一方提交相应的证明。

第十七条　合同维护

17.1　合同双方约定，在本合同有效期内，甲方指定_____为甲方联系人，联系电话_____；乙方指定_____为乙方联系人，联系电话_____。

17.2　联系人的职责是负责双方的沟通和协调，其他职责：_____。

17.3　任何一方变更联系人的，应及时以书面形式通知另一方。未及时通知或联系人未履行职责而影响本合同的履行或造成损失的，责任方应承担相应责任。

第十八条　其他约定

18.1　_____
_____
_____。

第十九条　合同附件

19.1　下列与履行本合同有关的文件，经双方确认后，为本合同的组成部分：_____
_____，与本合同具有同等效力。

第二十条　合同生效

20.1　本合同自甲乙双方法定代表人或授权代表签字或盖章之日起生效。如需国家主管部门批准的，自批准之日生效。

第二十一条 合同份数

21.1 本合同一式_____份，其中，甲方正本_____份，副本_____份；乙方正本_____份，副本_____份；用于备案_____份。本合同正副本具有同等法律效力。

第二十二条 合同签订时间、地点

22.1 本合同签订日期：_____（此日期应与最后一方签字盖章日期一致）。

22.2 本合同签订地点：_____。

甲方：（签章）
法定代表人或授权代表人：
签订日期：
乙方：（签章）
法定代表人或授权代表人：
签订日期：

附：本合同使用说明

一、本合同为集成电路布图设计委托开发合同参考文本，供合同当事人参照使用。

二、本合同中需要选择填写的内容，应予以明确标注并区分，必要时可划去未选择事项。当事人使用本合同书时约定无需填写的条款，应在该条款处注明"无"等字样。

三、本合同所列定义为通用条款，合同双方可根据实际情况予以具体约定。合同仲裁条款的填写应当具体、明确，否则将导致仲裁条款无效。

四、请参见专利权实施许可合同使用说明相关部分。

五、对本合同及附件中有关"在_____日"、"支付_____元"、"支付_____%"等内容的约定，其数据要尽可能同时大、小写。

二、集成电路布图设计许可使用合同

（已登记集成电路布图设计专用）

目 录

第一条　定义
第二条　授权许可
第三条　保证与承诺
第四条　费用支付
第五条　税费承担
第六条　合同变更与终止
第七条　违约责任
第八条　保密事项
第九条　争议解决
第十条　不可抗力
第十一条　合同维护
第十二条　其他约定
第十三条　合同附件
第十四条　合同生效
第十五条　合同份数
第十六条　合同签订时间、地点

合同编号：

集成电路布图设计许可使用合同

（已登记集成电路布图设计专用）

许可人（甲方）：＿＿＿＿＿＿＿＿＿＿＿＿＿＿＿＿＿＿＿＿＿＿＿＿＿
法定代表人：＿＿＿＿＿＿＿＿＿＿＿＿＿＿＿＿＿＿＿＿＿＿＿＿＿＿＿
住所地：＿＿＿＿＿＿＿＿＿＿＿＿＿＿＿＿＿＿＿＿＿＿＿＿＿＿＿＿＿
邮政编码：＿＿＿＿＿＿＿＿＿＿＿＿＿＿＿＿＿＿＿＿＿＿＿＿＿＿＿＿
联系电话：＿＿＿＿＿＿＿＿＿＿＿＿＿＿＿＿＿＿＿＿＿＿＿＿＿＿＿＿

被许可人（乙方）：＿＿＿＿＿＿＿＿＿＿＿＿＿＿＿＿＿＿＿＿＿＿＿＿
法定代表人：＿＿＿＿＿＿＿＿＿＿＿＿＿＿＿＿＿＿＿＿＿＿＿＿＿＿＿
住所地：＿＿＿＿＿＿＿＿＿＿＿＿＿＿＿＿＿＿＿＿＿＿＿＿＿＿＿＿＿
邮政编码：＿＿＿＿＿＿＿＿＿＿＿＿＿＿＿＿＿＿＿＿＿＿＿＿＿＿＿＿
联系电话：＿＿＿＿＿＿＿＿＿＿＿＿＿＿＿＿＿＿＿＿＿＿＿＿＿＿＿＿

鉴于甲方对依法受保护的＿＿＿＿＿＿＿＿＿＿＿＿＿＿＿＿＿（填写集成电路布图设计名称）集成电路布图设计拥有专有权，鉴于乙方需使用该集成电路布图设计，根据《中华人民共和国合同法》、《集成电路布图设计保护条例》和《集成电路布图设计保护条例实施细则》等法律规定，双方经友好协商，就该布图设计专有权许可使用一事达成如下协议，共同信守履行。

第一条 定义

为避免双方理解上的分歧，双方对本合同及相关附件中所涉及的有关名词和技术术语，特做如下确认：

1.1 "集成电路布图设计"，是指集成电路中至少有一个是有源元件的两个以上元件和部分或者全部互连线路的三维配置，或者为制造集成电路而准备的上述三维配置（以下简称布图设计）。

1.2 "许可人"，是指对依法受保护的布图设计享有专有权的自然人、法人或者其他组织。

1.3 "被许可人"，是指为商业目的而需要使用他人受保护布图设计的自然人、法人或者其他组织。

1.4 "复制",是指重复制作布图设计或者含有该布图设计的集成电路的行为。

1.5 "商业利用",是指为商业目的进口、销售或者以其他方式提供受保护的布图设计、含有该布图设计的集成电路或者含有该集成电路的物品的行为。

1.6 其他:_____

_____(其他需要说明的名词和术语)。

第二条 授权许可

2.1 许可使用布图设计的基本情况:
(1) 布图设计名称:_____;
(2) 布图设计登记号:_____;
(3) 布图设计类别:_____;
(4) 布图设计申请日:_____;
(5) 布图设计创作完成日:_____;
(6) 布图设计首次商业利用日:_____;
(7) 布图设计保护期限届满日:_____;
(8) 布图设计创作人名称/国籍:_____。

2.2 许可使用方式:

合同双方约定,甲方采用下述第_____种方式,许可乙方使用2.1款所述布图设计。

(1) 独占使用许可,指甲方在约定的期间、地域和以约定的方式,将该布图设计仅许可乙方使用,甲方不得使用也不得许可第三方使用该布图设计。

(2) 排他使用许可,指甲方在约定的期间、地域和以约定的方式,将该布图设计仅许可乙方使用,甲方可以使用但不得另行许可第三方使用该布图设计。

(3) 普通使用许可,指甲方在约定的期间、地域和以约定的方式,将该布图设计许可乙方使用,并可自行使用或另行许可第三方使用该布图设计。

2.3 许可使用期限:

合同双方约定,布图设计许可使用期限自本许可合同生效之日起至_____日止。

2.4 许可使用地域:

合同双方约定,本许可使用合同只在_____(地域)有效。即乙方只能在_____（地域）使用本合同2.1款所述布图设计。

2.5 合同双方约定，甲方以如下方式向乙方交付并指导其使用本合同2.1款所述布图设计：_____

_____。

2.6 本合同所指甲方持有的布图设计的技术特征是：_____；

布图设计的主要内容：_____；

布图设计实施的技术效果：_____。

第三条　保证与承诺

3.1 甲方保证

（1）甲方保证该布图设计已在国家知识产权局登记且处于法定保护期限内，甲方保证对本合同第二条2.1款所述布图设计拥有合法专有权；

（2）甲方保证该布图设计并非与他人共有；

若属甲方与他人共有的，则甲方保证该布图设计许可使用已得到所有权利人同意，并提交全部布图设计权利人同意许可乙方使用的书面文件；

（3）甲方保证该布图设计未被国家知识产权局给予他人非自愿许可使用，或甲方已就非自愿许可使用向乙方做出说明。

具体说明内容：_____；

（4）甲方保证在本合同有效期内，不声明放弃集成电路布图设计的专有权；

（5）甲方保证其持有的布图设计达到本合同2.6款之描述。

3.2 乙方承诺：

（1）未经甲方书面同意，因本合同所获布图设计使用权利，乙方不得转让、质押或者再行许可；

（2）乙方承诺使用2.1款所述布图设计不降低、损害甲方声誉。

3.3 因第三方侵犯布图设计专有权导致本合同一方提起司法或者行政救济程序的，合同另一方有协助的义务。

第四条　费用支付

4.1 合同双方约定，自合同签订之日起_____日内，乙方以_____

_____方式，向甲方支付许可使用费_____元。

4.2 合同双方就许可费用约定不适用4.1款计费方式者，可做如下约定：

（1）布图设计许可使用费计算方式：_____；

(2) 布图设计许可使用费支付方式：_____。

第五条　税费承担

5.1　现行法律对执行本合同的相关税费有明确规定的从其规定；现行法律未规定具体承担方的，税费承担方式为_____。

第六条　合同变更与终止

6.1　合同变更或终止

(1) 甲方为自然人的，在许可使用期限内，因甲方死亡致使本合同第二条约定之布图设计发生转移的，本合同由该布图设计的继承者继续履行；

(2) 甲方为法人或其他组织的，甲方变更、终止后致使布图设计发生转移的，本合同由承继甲方权利、义务的法人或者其他组织继续履行；

(3) 无人承继甲方权利、义务时，本合同自动终止；

(4) 乙方为自然人的，在许可使用期限内，乙方死亡，本合同由乙方的继承者继续履行；

(5) 乙方为法人或其他组织的，乙方变更、终止后，本合同由承继乙方权利、义务的法人或其他组织继续履行；

(6) 无人承继乙方权利、义务时，本合同自动终止；

(7) 在合同期限内，甲方许可使用之布图设计被国家知识产权局撤销的，本合同自动终止，由此给乙方造成的损失由甲方承担；

(8) 在合同履行期限内，甲方许可使用之布图设计被国家知识产权局给予他人非自愿许可的，双方约定如下：_____
_____。

6.2　合同变更或终止后的责任：

(1) 本合同终止或解除后，合同双方约定采取以下方式处理：_____；

(2) 合同终止或期满后，甲方得继续使用或许可他人使用该布图设计；除在_____的情况下，乙方不得使用该布图设计。

6.3　在合同履行过程中对合同条款的任何变更、修改，都须经双方协商同意并签署书面文件。

第七条 违约责任

7.1 甲方违反本合同第三条之权利保证以及本合同2.6款之约定,致使乙方无法实现本合同预期目的的,乙方有权要求甲方赔偿因此而造成的损失。

7.2 甲方违反合同约定,在本合同生效之日起_____日内未交付布图设计,每逾期_____日向乙方支付_____元违约金;逾期_____日仍未交付的,乙方有权解除合同。

7.3 乙方违反本合同第四条之约定,逾期支付许可使用费的,按下列第_____种方式承担违约责任。逾期_____日的,甲方有权解除合同。

(1) 每逾期_____日向甲方支付_____元违约金;

(2) 支付创作费的_____%作为违约金。

7.4 其他约定:_____。

第八条 保密事项

8.1 双方对合同洽谈及履行过程中获悉到对方的商业秘密和相关秘密信息,有保密的义务。因一方泄密致使对方经济利益受损的,泄密方负赔偿责任。

8.2 合同未正式生效前、合同提前解除或履行完毕终止时,各方仍需对本合同洽谈和履行过程中所产生的保密事项保密,保密时间双方约定为_____。

8.3 司法机关以及其他国家机构依照法律规定,要求合同一方提供上述商业秘密的,提供方应事先通知合同另一方,并书面提示相关机构注意保密。

第九条 争议解决

9.1 因本合同引起的或与本合同有关的任何争议,应通过友好协商解决,如果双方不能协商解决,同意采取以下第_____种方式解决:

(1) 向有管辖权的_____法院起诉;

(2) 提交_____仲裁委员会仲裁,根据该委员会现行规则仲裁,仲裁结果是终局的,对双方均有约束力。

第十条 不可抗力

10.1 因不可抗力或者其他意外事件,或者使得本合同的履行不可能、不必要或者无意义的,任一方均可以解除本合同。

10.2 遭受不可抗力、意外事件的一方全部或部分不能履行本合同、解除或迟延履行本合同的，应将事件情况在_____日内，以书面形式通知另一方并向另一方提交相应的证明。

第十一条 合同维护

11.1 合同双方约定，在本合同有效期内，甲方指定_____为甲方联系人，联系电话_____；乙方指定_____为乙方联系人，联系电话_____。

11.2 联系人的职责是负责双方的沟通和协调，其他职责_____
_____。

11.3 任何一方变更联系人的，应及时以书面形式通知另一方。未及时通知或联系人未履行职责而影响本合同的履行或造成损失的，责任方应承担相应责任。

第十二条 其他约定

_____
_____。

第十三条 合同附件

13.1 与履行本合同有关的下列文件，经双方确认后，为本合同的组成部分：_____，并与本合同具有同等效力。

第十四条 合同生效

14.1 本合同自甲乙双方法定代表人或授权代表签字或盖章之日起生效。如需国家主管部门批准的，自批准之日生效。

第十五条 合同份数

15.1 本合同一式_____份，其中，甲方正本_____份，副本_____份；乙方正本_____份，副本_____份；用于备案_____份。本合同正副本具有同等法律效力。

第十六条 合同签订时间、地点

16.1 本合同签订日期：_____（此日期应与最后一方签字盖章日期一致）。

16.2 本合同签订地点：_____。

甲方：（签章）
法定代表人或授权代表人：
签订日期：
乙方：（签章）
法定代表人或授权代表人：
签订日期：

附：本合同使用说明

一、本合同为已登记集成电路布图设计许可使用合同参考文本，供合同当事人参照使用。如属未登记集成电路布图设计的许可使用，可以参考本条款，但对鉴于条款、定义条款中的有关名词和术语、授权条款、保证与承诺条款等条款的有关内容要作相应调整。

二、本合同所列定义为通用条款，合同双方可根据实际情况予以具体约定。

三、合同仲裁条款的填写应当具体、明确，否则将导致仲裁条款无效。

四、请参见专利权实施许可合同使用说明相关部分。

五、对本合同及附件中有关"在_____日"、"支付_____元"、"支付_____%"等内容的约定，其数据要尽可能同时大、小写。

三、集成电路布图设计转让合同

（已登记集成电路布图设计专用）

目　　录

第一条　定义

第二条　转让布图设计

第三条　权利保证

第四条　费用支付

第五条　税费承担

第六条　转让手续

第七条　保密事项

第八条　违约责任

第九条　争议解决

第十条　不可抗力

第十一条　合同维护

第十二条　其他约定

第十三条　合同附件

第十四条　合同生效

第十五条　合同份数

第十六条　合同签订时间、地点

合同编号：

集成电路布图设计转让合同

（已登记集成电路布图设计专用）

让与人（以下简称甲方）：_____
法定代表人：_____
住所地：_____
邮政编码：_____
联系电话：_____

受让人（以下简称乙方）：_____
法定代表人：_____
住所地：_____
邮政编码：_____
联系电话：_____

鉴于甲方对依法受保护的_____（填写集成电路布图设计名称）集成电路布图设计拥有专有权，鉴于乙方希望受让取得该集成电路布图设计专有权，根据《中华人民共和国合同法》、《集成电路布图设计保护条例》和《集成电路布图设计保护条例实施细则》等法律规定，双方经友好协商，就该集成电路布图设计专有权转让一事达成如下协议，共同信守履行。

第一条 定义

为避免双方理解上的分歧，双方对本合同及相关附件中所涉及的有关名词和技术术语，特做如下确认：

1.1 "集成电路布图设计"，是指集成电路中至少有一个是有源元件的两个以上元件和部分或者全部互连线路的三维配置，或者为制造集成电路而准备的上述三维配置（以下简称"布图设计"）。

1.2 "让与人"，是指依法对受保护的布图设计拥有专有权，并希望出让该布图设计的自然人、法人或者其他组织。

1.3 "受让人"，是指希望受让取得依法受保护的布图设计专有权的自然人、法人或者其他组织。

1.4 "复制",是指重复制作布图设计或者含有该布图设计的集成电路的行为。

1.5 "商业利用",是指为商业目的进口、销售或者以其他方式提供受保护的布图设计、含有该布图设计的集成电路或者含有该集成电路的物品的行为。

1.6 其他:_____
_____(其他需要说明的名词和术语)。

第二条 转让布图设计

2.1 布图设计的名称:_____。
2.2 布图设计类别:_____。
2.3 布图设计创作完成日:_____。
2.4 布图设计申请日:_____。
2.5 布图设计的登记号:_____。
2.6 布图设计首次商业利用日:_____。
2.7 布图设计保护期限届满日:_____。
2.8 本合同所指甲方持有的布图设计的技术特征:_____
_____。

布图设计的主要内容:_____
_____。

布图设计实施的技术效果:_____
_____。

第三条 权利保证

3.1 甲方保证对本合同第二条所述布图设计拥有专有权。

3.2 甲方保证该布图设计已取得布图设计登记证书且属于法定保护期限内的布图设计。

3.3 甲方保证该布图设计并非与他人共有,也未许可第三方使用或出质,如甲方已许可第三方使用或出质的,甲方保证在本合同签订时将该布图设计许可第三方使用或出质的事实书面告知乙方。

3.4 甲方保证该布图设计未被国家知识产权局给予他人非自愿许可使用,或甲方已就该非自愿许可使用的事实书面告知乙方。

3.5 本合同生效后,甲方保证不复制本合同第二条所述布图设计,不为商业目的进口、销售或以其他方式提供该布图设计、含有该布图设计的集成电路或者含有该集成电路的物品。

第四条 费用支付

4.1 布图设计转让费总金额:_____元。

4.2 自本合同签订之日起_____日内,乙方一次性将转让费汇入甲方指定银行账户。

4.3 以其他方式支付可另行约定:_____
_____。

第五条 税费承担

5.1 现行法律对执行本合同的相关税费有明确规定的从其规定;现行法律未规定具体承担方的,税费承担方式:_____
_____。

第六条 转让手续

6.1 本合同生效之日起_____日内,甲方应将转让布图设计登记证书及其他相关资料交付乙方。

甲方交付资料的清单:_____
_____。

6.2 合同双方有义务根据《集成电路布图设计保护条例》及《集成电路布图设计保护条例实施细则》之相关规定,向国家知识产权局办理布图设计转让登记。

6.3 双方约定办理布图设计转让登记所需费用由_____方承担。

6.4 甲方与乙方办理转让手续时,应相互协助、配合。

第七条 保密事项

7.1 双方对合同洽谈及履行过程中获悉到的对方商业秘密和相关秘密信息,有保密的义务。因一方泄密致使对方经济利益受损的,该方负赔偿责任。

7.2 合同未正式生效前、合同提前解除或履行完毕终止时,各方仍需对本合同洽谈和履行过程中所产生的保密事项保密,保密期限双方约定为_____。

7.3 司法机关以及其他国家机构依照法律规定,要求合同一方提供上述商业秘密的，提供方应事先通知合同另一方，并书面提示相关机构注意保密。

第八条　违约责任

8.1　甲方违反本合同第六条之约定，在合同生效后未在_____日内办理布图设计的转让手续的，乙方可书面催告甲方办理；

经乙方书面催告通知发出_____日内，甲方仍未办理转让手续的，乙方有权解除合同，并要求甲方在退还转让费的同时，一并支付转让费的_____%作为违约金。

8.2　乙方未按合同约定支付转让费用的，每逾期_____日向甲方支付_____元作为违约金，逾期_____日未支付的，甲方有权解除合同。

8.3　其他约定：_____
_____
_____。

第九条　争议解决

9.1　因本合同引起的或与本合同有关的任何争议，应通过友好协商解决，如果双方不能协商解决，同意采取以下第_____种方式解决：

（1）向有管辖权的_____法院起诉；

（2）提交_____仲裁委员会仲裁，根据该委员会现行规则仲裁，仲裁结果是终局的，对双方均有约束力。

第十条　不可抗力

10.1　因不可抗力或者其他意外事件，或者使得本合同的履行不可能、不必要或者无意义的，任何一方均可以解除本合同。

10.2　遭受不可抗力、意外事件的一方全部或部分不能履行本合同、解除或迟延履行本合同的，应将事件情况在_____日内，以书面形式通知另一方并向另一方提交相应的证明。

第十一条　合同维护

11.1　合同双方约定，在本合同有效期内，甲方指定_____为甲方联系人，联系电话_____；乙方指定_____为乙方联系人，联系电话_____。

11.2　联系人的职责是负责双方的沟通和协调，其他职责_____

11.3 任何一方变更联系人的，应及时以书面形式通知另一方。未及时通知或联系人未履行职责而影响本合同的履行或造成损失的，责任方应承担相应责任。

第十二条 其他约定

_____
_____
_____。

第十三条 合同附件

13.1 下列与履行本合同有关的文件，经双方确认后，为本合同的组成部分：_____
_____。

第十四条 合同生效

14.1 本合同自甲乙双方法定代表人或授权代表签字或盖章之日起成立，自办理完毕登记手续之日生效。

第十五条 合同份数

15.1 本合同一式_____份，其中，甲方正本_____份，副本_____份；乙方正本_____份，副本_____份；用于备案_____份。本合同正副本具有同等法律效力。

第十六条 合同签订时间、地点

16.1 本合同签订日期：_____（此日期应与最后一方签字盖章日期一致）。

16.2 本合同签订地点：_____。

甲方：（签章）
法定代表人或授权代表人：
签订日期：

乙方：（签章）

法定代表人或授权代表人：

签订日期：

附：本合同使用说明

  一、本合同为已登记集成电路布图设计转让合同参考文本，供合同当事人参照使用。如属未登记集成电路布图设计的转让，可以参考本条款，但对鉴于条款、定义条款中的有关名词和术语、转让布图设计条款、权利保证条款等条款的有关内容要作相应调整。

  二、本合同中需要选择填写的内容，应予以明确标注并区分，必要时可划去未选择事项。当事人使用本合同书时约定无需填写的条款，应在该条款处注明"无"等字样。

  三、本合同所列定义为通用条款，合同双方可根据实际情况予以具体约定。合同仲裁条款的填写应当具体、明确，否则将导致仲裁条款无效。

  四、请参见专利权实施许可合同使用说明相关部分。

  五、对本合同及附件中有关"在＿＿＿日"、"支付＿＿＿元"、"支付＿＿＿%"等内容的约定，其数据要尽可能同时大、小写。

附 录

中华人民共和国专利法

（1984年3月12日第六届全国人民代表大会常务委员会第四次会议通过 根据1992年9月4日第七届全国人民代表大会常务委员会第二十七次会议《关于修改〈中华人民共和国专利法〉的决定》第一次修正 根据2000年8月25日第九届全国人民代表大会常务委员会第十七次会议《关于修改〈中华人民共和国专利法〉的决定》第二次修正）

第一章 总 则

第一条　为了保护发明创造专利权，鼓励发明创造，有利于发明创造的推广应用，促进科学技术进步和创新，适应社会主义现代化建设的需要，特制定本法。

第二条　本法所称的发明创造是指发明、实用新型和外观设计。

第三条　国务院专利行政部门负责管理全国的专利工作；统一受理和审查专利申请，依法授予专利权。

省、自治区、直辖市人民政府管理专利工作的部门负责本行政区域内的专利管理工作。

第四条　申请专利的发明创造涉及国家安全或者重大利益需要保密的，按照国家有关规定办理。

第五条　对违反国家法律、社会公德或者妨害公共利益的发明创造，不授予专利权。

第六条　执行本单位的任务或者主要是利用本单位的物质技术条件所完成的发明创造为职务发明创造。职务发明创造申请专利的权利属于该单位；申请被批准后，该单位为专利权人。

非职务发明创造，申请专利的权利属于发明人或者设计人；申请被批准后，该发明人或者设计人为专利权人。

利用本单位的物质技术条件所完成的发明创造，单位与发明人或者设计人订有合同，对申请专利的权利和专利权的归属作出约定的，从其约定。

第七条 对发明人或者设计人的非职务发明创造专利申请，任何单位或者个人不得压制。

第八条 两个以上单位或者个人合作完成的发明创造、一个单位或者个人接受其他单位或者个人委托所完成的发明创造，除另有协议的以外，申请专利的权利属于完成或者共同完成的单位或者个人；申请被批准后，申请的单位或者个人为专利权人。

第九条 两个以上的申请人分别就同样的发明创造申请专利的，专利权授予最先申请的人。

第十条 专利申请权和专利权可以转让。

中国单位或者个人向外国人转让专利申请权或者专利权的，必须经国务院有关主管部门批准。

转让专利申请权或者专利权的，当事人应当订立书面合同，并向国务院专利行政部门登记，由国务院专利行政部门予以公告。专利申请权或者专利权的转让自登记之日起生效。

第十一条 发明和实用新型专利权被授予后，除本法另有规定的以外，任何单位或者个人未经专利权人许可，都不得实施其专利，即不得为生产经营目的制造、使用、许诺销售、销售、进口其专利产品，或者使用其专利方法以及使用、许诺销售、销售、进口依照该专利方法直接获得的产品。

外观设计专利权被授予后，任何单位或者个人未经专利权人许可，都不得实施其专利，即不得为生产经营目的制造、销售、进口其外观设计专利产品。

第十二条 任何单位或者个人实施他人专利的，应当与专利权人订立书面实施许可合同，向专利权人支付专利使用费。被许可人无权允许合同规定以外的任何单位或者个人实施该专利。

第十三条 发明专利申请公布后，申请人可以要求实施其发明的单位或者个人支付适当的费用。

第十四条 国有企业事业单位的发明专利，对国家利益或者公共利益具有重大意义的，国务院有关主管部门和省、自治区、直辖市人民政府报经国务院批准，可以决定在批准的范围内推广应用，允许指定的单位实施，由实施单位按照国家规定向专利权人支付使用费。

中国集体所有制单位和个人的发明专利，对国家利益或者公共利益具有重大意义，需要推广应用的，参照前款规定办理。

第十五条 专利权人有权在其专利产品或者该产品的包装上标明专利标记和专利号。

第十六条 被授予专利权的单位应当对职务发明创造的发明人或者设计人给予奖励；发明创造专利实施后，根据其推广应用的范围和取得的经济效益，对发明人或者设计人给予合理的报酬。

第十七条 发明人或者设计人有在专利文件中写明自己是发明人或者设计人的权利。

第十八条 在中国没有经常居所或者营业所的外国人、外国企业或者外国其他组织在中国申请专利的，依照其所属国同中国签订的协议或者共同参加的国际条约，或者依照互惠原则，根据本法办理。

第十九条 在中国没有经常居所或者营业所的外国人、外国企业或者外国其他组织在中国申请专利和办理其他专利事务的，应当委托国务院专利行政部门指定的专利代理机构办理。

中国单位或者个人在国内申请专利和办理其他专利事务的，可以委托专利代理机构办理。

专利代理机构应当遵守法律、行政法规，按照被代理人的委托办理专利申请或者其他专利事务；对被代理人发明创造的内容，除专利申请已经公布或者公告的以外，负有保密责任。专利代理机构的具体管理办法由国务院规定。

第二十条 中国单位或者个人将其在国内完成的发明创造向外国申请专利的，应当先向国务院专利行政部门申请专利，委托其指定的专利代理机构办理，并遵守本法第四条的规定。

中国单位或者个人可以根据中华人民共和国参加的有关国际条约提出专利国际申请。申请人提出专利国际申请的，应当遵守前款规定。

国务院专利行政部门依照中华人民共和国参加的有关国际条约、本法和国务院有关规定处理专利国际申请。

第二十一条 国务院专利行政部门及其专利复审委员会应当按照客观、公正、准确、及时的要求，依法处理有关专利的申请和请求。

在专利申请公布或者公告前，国务院专利行政部门的工作人员及有关人员对其内容负有保密责任。

第二章 授予专利权的条件

第二十二条 授予专利权的发明和实用新型,应当具备新颖性、创造性和实用性。

新颖性,是指在申请日以前没有同样的发明或者实用新型在国内外出版物上公开发表过、在国内公开使用过或者以其他方式为公众所知,也没有同样的发明或者实用新型由他人向国务院专利行政部门提出过申请并且记载在申请日以后公布的专利申请文件中。

创造性,是指同申请日以前已有的技术相比,该发明有突出的实质性特点和显著的进步,该实用新型有实质性特点和进步。

实用性,是指该发明或者实用新型能够制造或者使用,并且能够产生积极效果。

第二十三条 授予专利权的外观设计,应当同申请日以前在国内外出版物上公开发表过或者国内公开使用过的外观设计不相同和不相近似,并不得与他人在先取得的合法权利相冲突。

第二十四条 申请专利的发明创造在申请日以前六个月内,有下列情形之一的,不丧失新颖性:

(一)在中国政府主办或者承认的国际展览会上首次展出的;
(二)在规定的学术会议或者技术会议上首次发表的;
(三)他人未经申请人同意而泄露其内容的。

第二十五条 对下列各项,不授予专利权:

(一)科学发现;
(二)智力活动的规则和方法;
(三)疾病的诊断和治疗方法;
(四)动物和植物品种;
(五)用原子核变换方法获得的物质。

对前款第(四)项所列产品的生产方法,可以依照本法规定授予专利权。

第三章 专利的申请

第二十六条 申请发明或者实用新型专利的，应当提交请求书、说明书及其摘要和权利要求书等文件。

请求书应当写明发明或者实用新型的名称，发明人或者设计人的姓名，申请人姓名或者名称、地址，以及其他事项。

说明书应当对发明或者实用新型作出清楚、完整的说明，以所属技术领域的技术人员能够实现为准；必要的时候，应当有附图。摘要应当简要说明发明或者实用新型的技术要点。

权利要求书应当以说明书为依据，说明要求专利保护的范围。

第二十七条 申请外观设计专利的，应当提交请求书以及该外观设计的图片或者照片等文件，并且应当写明使用该外观设计的产品及其所属的类别。

第二十八条 国务院专利行政部门收到专利申请文件之日为申请日。如果申请文件是邮寄的，以寄出的邮戳日为申请日。

第二十九条 申请人自发明或者实用新型在外国第一次提出专利申请之日起十二个月内，或者自外观设计在外国第一次提出专利申请之日起六个月内，又在中国就相同主题提出专利申请的，依照该外国同中国签订的协议或者共同参加的国际条约，或者依照相互承认优先权的原则，可以享有优先权。

申请人自发明或者实用新型在中国第一次提出专利申请之日起十二个月内，又向国务院专利行政部门就相同主题提出专利申请的，可以享有优先权。

第三十条 申请人要求优先权的，应当在申请的时候提出书面声明，并且在三个月内提交第一次提出的专利申请文件的副本；未提出书面声明或者逾期未提交专利申请文件副本的，视为未要求优先权。

第三十一条 一件发明或者实用新型专利申请应当限于一项发明或者实用新型。属于一个总的发明构思的两项以上的发明或者实用新型，可以作为一件申请提出。

一件外观设计专利申请应当限于一种产品所使用的一项外观设计。用于同一类别并且成套出售或者使用的产品的两项以上的外观设计，可以作为一件申请提出。

第三十二条 申请人可以在被授予专利权之前随时撤回其专利申请。

第三十三条 申请人可以对其专利申请文件进行修改，但是，对发明和实用新型专利申请文件的修改不得超出原说明书和权利要求书记载的范围，对外观设计专利申请文件的修改不得超出原图片或者照片表示的范围。

第四章 专利申请的审查和批准

第三十四条 国务院专利行政部门收到发明专利申请后，经初步审查认为符合本法要求的，自申请日起满十八个月，即行公布。国务院专利行政部门可以根据申请人的请求早日公布其申请。

第三十五条 发明专利申请自申请日起三年内，国务院专利行政部门可以根据申请人随时提出的请求，对其申请进行实质审查；申请人无正当理由逾期不请求实质审查的，该申请即被视为撤回。

国务院专利行政部门认为必要的时候，可以自行对发明专利申请进行实质审查。

第三十六条 发明专利的申请人请求实质审查的时候，应当提交在申请日前与其发明有关的参考资料。

发明专利已经在外国提出过申请的，国务院专利行政部门可以要求申请人在指定期限内提交该国为审查其申请进行检索的资料或者审查结果的资料；无正当理由逾期不提交的，该申请即被视为撤回。

第三十七条 国务院专利行政部门对发明专利申请进行实质审查后，认为不符合本法规定的，应当通知申请人，要求其在指定的期限内陈述意见，或者对其申请进行修改；无正当理由逾期不答复的，该申请即被视为撤回。

第三十八条 发明专利申请经申请人陈述意见或者进行修改后，国务院专利行政部门仍然认为不符合本法规定的，应当予以驳回。

第三十九条 发明专利申请经实质审查没有发现驳回理由的，由国务院专利行政部门作出授予发明专利权的决定，发给发明专利证书，同时予以登记和公告。发明专利权自公告之日起生效。

第四十条 实用新型和外观设计专利申请经初步审查没有发现驳回理由的，由国务院专利行政部门作出授予实用新型专利权或者外观设计专利权的决定，发给相应的专利证书，同时予以登记和公告。实用新型专利权和外观设计专利权自公告之日起生效。

第四十一条 国务院专利行政部门设立专利复审委员会。专利申请人对国务院专利行政部门驳回申请的决定不服的，可以自收到通知之日起三个月内，向专利复审委员会请求复审。专利复审委员会复审后，作出决定，并通知专利申请人。

专利申请人对专利复审委员会的复审决定不服的，可以自收到通知之日起三个月内向人民法院起诉。

第五章 专利权的期限、终止和无效

第四十二条 发明专利权的期限为二十年，实用新型专利权和外观设计专利权的期限为十年，均自申请日起计算。

第四十三条 专利权人应当自被授予专利权的当年开始缴纳年费。

第四十四条 有下列情形之一的，专利权在期限届满前终止：

（一）没有按照规定缴纳年费的；

（二）专利权人以书面声明放弃其专利权的。

专利权在期限届满前终止的，由国务院专利行政部门登记和公告。

第四十五条 自国务院专利行政部门公告授予专利权之日起，任何单位或者个人认为该专利权的授予不符合本法有关规定的，可以请求专利复审委员会宣告该专利权无效。

第四十六条 专利复审委员会对宣告专利权无效的请求应当及时审查和作出决定，并通知请求人和专利权人。宣告专利权无效的决定，由国务院专利行政部门登记和公告。

对专利复审委员会宣告专利权无效或者维持专利权的决定不服的，可以自收到通知之日起三个月内向人民法院起诉。人民法院应当通知无效宣告请求程序的对方当事人作为第三人参加诉讼。

第四十七条 宣告无效的专利权视为自始即不存在。

宣告专利权无效的决定，对在宣告专利权无效前人民法院作出并已执行的专利侵权的判决、裁定，已经履行或者强制执行的专利侵权纠纷处理决定，以及已经履行的专利实施许可合同和专利权转让合同，不具有追溯力。但是因专利权人的恶意给他人造成的损失，应当给予赔偿。

如果依照前款规定，专利权人或者专利权转让人不向被许可实施专利人或者专利权受让人返还专利使用费或者专利权转让费，明显违反公平原则，专利权人或者专利权转让人应当向被许可实施专利人或者专利权受让人返还全部或者部分专利使用费或者专利权转让费。

第六章 专利实施的强制许可

第四十八条 具备实施条件的单位以合理的条件请求发明或者实用新型专利权人许可实施其专利，而未能在合理长的时间内获得这种许可时，国务院专利行政部门根据该单位的申请，可以给予实施该发明专利或者实用新型专利的强制许可。

第四十九条 在国家出现紧急状态或者非常情况时，或者为了公共利益的目的，国务院专利行政部门可以给予实施发明专利或者实用新型专利的强制许可。

第五十条 一项取得专利权的发明或者实用新型比前已经取得专利权的发明或者实用新型具有显著经济意义的重大技术进步，其实施又有赖于前一发明或者实用新型的实施的，国务院专利行政部门根据后一专利权人的申请，可以给予实施前一发明或者实用新型的强制许可。

在依照前款规定给予实施强制许可的情形下，国务院专利行政部门根据前一专利权人的申请，也可以给予实施后一发明或者实用新型的强制许可。

第五十一条 依照本法规定申请实施强制许可的单位或者个人，应当提出未能以合理条件与专利权人签订实施许可合同的证明。

第五十二条 国务院专利行政部门作出的给予实施强制许可的决定，应当及时通知专利权人，并予以登记和公告。

给予实施强制许可的决定，应当根据强制许可的理由规定实施的范围和时间。强制许可的理由消除并不再发生时，国务院专利行政部门应当根据专利权人的请求，经审查后作出终止实施强制许可的决定。

第五十三条 取得实施强制许可的单位或者个人不享有独占的实施权，并且无权允许他人实施。

第五十四条 取得实施强制许可的单位或者个人应当付给专利权人合理的使用费，其数额由双方协商；双方不能达成协议的，由国务院专利行政部门裁决。

第五十五条 专利权人对国务院专利行政部门关于实施强制许可的决定不服的，专利权人和取得实施强制许可的单位或者个人对国务院专利行政部门关于实施强制许可的使用费的裁决不服的，可以自收到通知之日起三个月内向人民法院起诉。

第七章　专利权的保护

第五十六条　发明或者实用新型专利权的保护范围以其权利要求的内容为准，说明书及附图可以用于解释权利要求。

外观设计专利权的保护范围以表示在图片或者照片中的该外观设计专利产品为准。

第五十七条　未经专利权人许可，实施其专利，即侵犯其专利权，引起纠纷的，由当事人协商解决；不愿协商或者协商不成的，专利权人或者利害关系人可以向人民法院起诉，也可以请求管理专利工作的部门处理。管理专利工作的部门处理时，认定侵权行为成立的，可以责令侵权人立即停止侵权行为，当事人不服的，可以自收到处理通知之日起十五日内依照《中华人民共和国行政诉讼法》向人民法院起诉；侵权人期满不起诉又不停止侵权行为的，管理专利工作的部门可以申请人民法院强制执行。进行处理的管理专利工作的部门应当事人的请求，可以就侵犯专利权的赔偿数额进行调解；调解不成的，当事人可以依照《中华人民共和国民事诉讼法》向人民法院起诉。

专利侵权纠纷涉及新产品制造方法的发明专利的，制造同样产品的单位或者个人应当提供其产品制造方法不同于专利方法的证明；涉及实用新型专利的，人民法院或者管理专利工作的部门可以要求专利权人出具由国务院专利行政部门作出的检索报告。

第五十八条　假冒他人专利的，除依法承担民事责任外，由管理专利工作的部门责令改正并予公告，没收违法所得，可以并处违法所得三倍以下的罚款，没有违法所得的，可以处五万元以下的罚款；构成犯罪的，依法追究刑事责任。

第五十九条　以非专利产品冒充专利产品、以非专利方法冒充专利方法的，由管理专利工作的部门责令改正并予公告，可以处五万元以下的罚款。

第六十条　侵犯专利权的赔偿数额，按照权利人因被侵权所受到的损失或者侵权人因侵权所获得的利益确定；被侵权人的损失或者侵权人获得的利益难以确定的，参照该专利许可使用费的倍数合理确定。

第六十一条　专利权人或者利害关系人有证据证明他人正在实施或者即将实

施侵犯其专利权的行为，如不及时制止将会使其合法权益受到难以弥补的损害的，可以在起诉前向人民法院申请采取责令停止有关行为和财产保全的措施。

人民法院处理前款申请，适用《中华人民共和国民事诉讼法》第九十三条至第九十六条和第九十九条的规定。

第六十二条 侵犯专利权的诉讼时效为二年，自专利权人或者利害关系人得知或者应当得知侵权行为之日起计算。

发明专利申请公布后至专利权授予前使用该发明未支付适当使用费的，专利权人要求支付使用费的诉讼时效为二年，自专利权人得知或者应当得知他人使用其发明之日起计算，但是，专利权人于专利权授予之日前即已得知或者应当得知的，自专利权授予之日起计算。

第六十三条 有下列情形之一的，不视为侵犯专利权：

（一）专利权人制造、进口或者经专利权人许可而制造、进口的专利产品或者依照专利方法直接获得的产品售出后，使用、许诺销售或者销售该产品的；

（二）在专利申请日前已经制造相同产品、使用相同方法或者已经作好制造、使用的必要准备，并且仅在原有范围内继续制造、使用的；

（三）临时通过中国领陆、领水、领空的外国运输工具，依照其所属国同中国签订的协议或者共同参加的国际条约，或者依照互惠原则，为运输工具自身需要而在其装置和设备中使用有关专利的；

（四）专为科学研究和实验而使用有关专利的。

为生产经营目的使用或者销售不知道是未经专利权人许可而制造并售出的专利产品或者依照专利方法直接获得的产品，能证明其产品合法来源的，不承担赔偿责任。

第六十四条 违反本法第二十条规定向外国申请专利，泄露国家秘密的，由所在单位或者上级主管机关给予行政处分；构成犯罪的，依法追究刑事责任。

第六十五条 侵夺发明人或者设计人的非职务发明创造专利申请权和本法规定的其他权益的，由所在单位或者上级主管机关给予行政处分。

第六十六条 管理专利工作的部门不得参与向社会推荐专利产品等经营活动。

管理专利工作的部门违反前款规定的，由其上级机关或者监察机关责令改正，消除影响，有违法收入的予以没收；情节严重的，对直接负责的主管人员和其他直接责任人员依法给予行政处分。

第六十七条 从事专利管理工作的国家机关工作人员以及其他有关国家机关

工作人员玩忽职守、滥用职权、徇私舞弊，构成犯罪的，依法追究刑事责任；尚不构成犯罪的，依法给予行政处分。

第八章 附　　则

第六十八条　向国务院专利行政部门申请专利和办理其他手续，应当按照规定缴纳费用。

第六十九条　本法自 1985 年 4 月 1 日起施行。

中华人民共和国专利法实施细则

(2001年6月15日中华人民共和国国务院令第306号公布 根据2002年12月28日《国务院关于修改〈中华人民共和国专利法实施细则〉的决定》修订)

第一章 总　　则

第一条 根据《中华人民共和国专利法》(以下简称专利法),制定本细则。

第二条 专利法所称发明,是指对产品、方法或者其改进所提出的新的技术方案。

专利法所称实用新型,是指对产品的形状、构造或者其结合所提出的适于实用的新的技术方案。

专利法所称外观设计,是指对产品的形状、图案或者其结合以及色彩与形状、图案的结合所作出的富有美感并适于工业应用的新设计。

第三条 专利法和本细则规定的各种手续,应当以书面形式或者国务院专利行政部门规定的其他形式办理。

第四条 依照专利法和本细则规定提交的各种文件应当使用中文;国家有统一规定的科技术语的,应当采用规范词;外国人名、地名和科技术语没有统一中文译文的,应当注明原文。

依照专利法和本细则规定提交的各种证件和证明文件是外文的,国务院专利行政部门认为必要时,可以要求当事人在指定期限内附送中文译文;期满未附送的,视为未提交该证件和证明文件。

第五条 向国务院专利行政部门邮寄的各种文件,以寄出的邮戳日为递交日;邮戳日不清晰的,除当事人能够提出证明外,以国务院专利行政部门收到日为递交日。

国务院专利行政部门的各种文件,可以通过邮寄、直接送交或者其他方式送达当事人。当事人委托专利代理机构的,文件送交专利代理机构;未委托专利代理机构的，文件送交请求书中指明的联系人。

国务院专利行政部门邮寄的各种文件，自文件发出之日起满 15 日，推定为当事人收到文件之日。

根据国务院专利行政部门规定应当直接送交的文件，以交付日为送达日。

文件送交地址不清，无法邮寄的，可以通过公告的方式送达当事人。自公告之日起满 1 个月，该文件视为已经送达。

第六条 专利法和本细则规定的各种期限的第一日不计算在期限内。期限以年或者月计算的，以其最后一月的相应日为期限届满日；该月无相应日的，以该月最后一日为期限届满日；期限届满日是法定节假日的，以节假日后的第一个工作日为期限届满日。

第七条 当事人因不可抗拒的事由而延误专利法或者本细则规定的期限或者国务院专利行政部门指定的期限，导致其权利丧失的，自障碍消除之日起 2 个月内，最迟自期限届满之日起 2 年内，可以向国务院专利行政部门说明理由并附具有关证明文件，请求恢复权利。

当事人因正当理由而延误专利法或者本细则规定的期限或者国务院专利行政部门指定的期限，导致其权利丧失的，可以自收到国务院专利行政部门的通知之日起 2 个月内向国务院专利行政部门说明理由，请求恢复权利。

当事人请求延长国务院专利行政部门指定的期限的，应当在期限届满前，向国务院专利行政部门说明理由并办理有关手续。

本条第一款和第二款的规定不适用专利法第二十四条、第二十九条、第四十二条、第六十二条规定的期限。

第八条 发明专利申请涉及国防方面的国家秘密需要保密的，由国防专利机构受理；国务院专利行政部门受理的涉及国防方面的国家秘密需要保密的发明专利申请，应当移交国防专利机构审查，由国务院专利行政部门根据国防专利机构的审查意见作出决定。

除前款规定的外，国务院专利行政部门受理发明专利申请后，应当将需要进行保密审查的申请转送国务院有关主管部门审查；有关主管部门应当自收到该申请之日起 4 个月内，将审查结果通知国务院专利行政部门；需要保密的，由国务院专利行政部门按照保密专利申请处理，并通知申请人。

第九条 专利法第五条所称违反国家法律的发明创造，不包括仅其实施为国家法律所禁止的发明创造。

第十条 除专利法第二十八条和第四十二条规定的情形外，专利法所称申请日，有优先权的，指优先权日。

本细则所称申请日，除另有规定的外，是指专利法第二十八条规定的申请日。

第十一条 专利法第六条所称执行本单位的任务所完成的职务发明创造，是指：

（一）在本职工作中作出的发明创造；

（二）履行本单位交付的本职工作之外的任务所作出的发明创造；

（三）退职、退休或者调动工作后 1 年内作出的，与其在原单位承担的本职工作或者原单位分配的任务有关的发明创造。

专利法第六条所称本单位，包括临时工作单位；专利法第六条所称本单位的物质技术条件，是指本单位的资金、设备、零部件、原材料或者不对外公开的技术资料等。

第十二条 专利法所称发明人或者设计人，是指对发明创造的实质性特点作出创造性贡献的人。在完成发明创造过程中，只负责组织工作的人、为物质技术条件的利用提供方便的人或者从事其他辅助工作的人，不是发明人或者设计人。

第十三条 同样的发明创造只能被授予一项专利。

依照专利法第九条的规定，两个以上的申请人在同一日分别就同样的发明创造申请专利的，应当在收到国务院专利行政部门的通知后自行协商确定申请人。

第十四条 中国单位或者个人向外国人转让专利申请权或者专利权的，由国务院对外经济贸易主管部门会同国务院科学技术行政部门批准。

第十五条 除依照专利法第十条规定转让专利权外，专利权因其他事由发生转移的，当事人应当凭有关证明文件或者法律文书向国务院专利行政部门办理专利权人变更手续。

专利权人与他人订立的专利实施许可合同，应当自合同生效之日起 3 个月内向国务院专利行政部门备案。

第二章 专利的申请

第十六条 以书面形式申请专利的，应当向国务院专利行政部门提交申请文件一式两份。

以国务院专利行政部门规定的其他形式申请专利的，应当符合规定的要求。

申请人委托专利代理机构向国务院专利行政部门申请专利和办理其他专利事务的，应当同时提交委托书，写明委托权限。

申请人有 2 人以上且未委托专利代理机构的，除请求书中另有声明的外，以请求书中指明的第一申请人为代表人。

第十七条 专利法第二十六条第二款所称请求书中的其他事项，是指：

（一）申请人的国籍；

（二）申请人是企业或者其他组织的，其总部所在地的国家；

（三）申请人委托专利代理机构的，应当注明的有关事项；申请人未委托专利代理机构的，其联系人的姓名、地址、邮政编码及联系电话；

（四）要求优先权的，应当注明的有关事项；

（五）申请人或者专利代理机构的签字或者盖章；

（六）申请文件清单；

（七）附加文件清单；

（八）其他需要注明的有关事项。

第十八条 发明或者实用新型专利申请的说明书应当写明发明或者实用新型的名称，该名称应当与请求书中的名称一致。说明书应当包括下列内容：

（一）技术领域：写明要求保护的技术方案所属的技术领域；

（二）背景技术：写明对发明或者实用新型的理解、检索、审查有用的背景技术；有可能的，并引证反映这些背景技术的文件；

（三）发明内容：写明发明或者实用新型所要解决的技术问题以及解决其技术问题采用的技术方案，并对照现有技术写明发明或者实用新型的有益效果；

（四）附图说明：说明书有附图的，对各幅附图作简略说明；

（五）具体实施方式：详细写明申请人认为实现发明或者实用新型的优选方式；必要时，举例说明；有附图的，对照附图。

发明或者实用新型专利申请人应当按照前款规定的方式和顺序撰写说明书，并在说明书每一部分前面写明标题，除非其发明或者实用新型的性质用其他方式或者顺序撰写能节约说明书的篇幅并使他人能够准确理解其发明或者实用新型。

发明或者实用新型说明书应当用词规范、语句清楚，并不得使用"如权利要求……所述的……"一类的引用语，也不得使用商业性宣传用语。

发明专利申请包含一个或者多个核苷酸或者氨基酸序列的，说明书应当包括符合国务院专利行政部门规定的序列表。申请人应当将该序列表作为说明书的一个单独部分提交，并按照国务院专利行政部门的规定提交该序列表的计算机可读形式的副本。

第十九条 发明或者实用新型的几幅附图可以绘在一张图纸上，并按照

"图1，图2，……"顺序编号排列。

附图的大小及清晰度，应当保证在该图缩小到三分之二时仍能清晰地分辨出图中的各个细节。

发明或者实用新型说明书文字部分中未提及的附图标记不得在附图中出现，附图中未出现的附图标记不得在说明书文字部分中提及。申请文件中表示同一组成部分的附图标记应当一致。

附图中除必需的词语外，不应当含有其他注释。

第二十条　权利要求书应当说明发明或者实用新型的技术特征，清楚、简要地表述请求保护的范围。

权利要求书有几项权利要求的，应当用阿拉伯数字顺序编号。

权利要求书中使用的科技术语应当与说明书中使用的科技术语一致，可以有化学式或者数学式，但是不得有插图。除绝对必要的外，不得使用"如说明书……部分所述"或者"如图……所示"的用语。

权利要求中的技术特征可以引用说明书附图中相应的标记，该标记应当放在相应的技术特征后并置于括号内，便于理解权利要求。附图标记不得解释为对权利要求的限制。

第二十一条　权利要求书应当有独立权利要求，也可以有从属权利要求。

独立权利要求应当从整体上反映发明或者实用新型的技术方案，记载解决技术问题的必要技术特征。

从属权利要求应当用附加的技术特征，对引用的权利要求作进一步限定。

第二十二条　发明或者实用新型的独立权利要求应当包括前序部分和特征部分，按照下列规定撰写：

（一）前序部分：写明要求保护的发明或者实用新型技术方案的主题名称和发明或者实用新型主题与最接近的现有技术共有的必要技术特征；

（二）特征部分：使用"其特征是……"或者类似的用语，写明发明或者实用新型区别于最接近的现有技术的技术特征。这些特征和前序部分写明的特征合在一起，限定发明或者实用新型要求保护的范围。

发明或者实用新型的性质不适于用前款方式表达的，独立权利要求可以用其他方式撰写。

一项发明或者实用新型应当只有一个独立权利要求，并写在同一发明或者实用新型的从属权利要求之前。

第二十三条　发明或者实用新型的从属权利要求应当包括引用部分和限定部

分，按照下列规定撰写：

（一）引用部分：写明引用的权利要求的编号及其主题名称；

（二）限定部分：写明发明或者实用新型附加的技术特征。

从属权利要求只能引用在前的权利要求。引用两项以上权利要求的多项从属权利要求，只能以择一方式引用在前的权利要求，并不得作为另一项多项从属权利要求的基础。

第二十四条 说明书摘要应当写明发明或者实用新型专利申请所公开内容的概要，即写明发明或者实用新型的名称和所属技术领域，并清楚地反映所要解决的技术问题、解决该问题的技术方案的要点以及主要用途。

说明书摘要可以包含最能说明发明的化学式；有附图的专利申请，还应当提供一幅最能说明该发明或者实用新型技术特征的附图。附图的大小及清晰度应当保证在该图缩小到4厘米×6厘米时，仍能清晰地分辨出图中的各个细节。摘要文字部分不得超过300个字。摘要中不得使用商业性宣传用语。

第二十五条 申请专利的发明涉及新的生物材料，该生物材料公众不能得到，并且对该生物材料的说明不足以使所属领域的技术人员实施其发明的，除应当符合专利法和本细则的有关规定外，申请人还应当办理下列手续：

（一）在申请日前或者最迟在申请日（有优先权的，指优先权日），将该生物材料的样品提交国务院专利行政部门认可的保藏单位保藏，并在申请时或者最迟自申请日起4个月内提交保藏单位出具的保藏证明和存活证明；期满未提交证明的，该样品视为未提交保藏；

（二）在申请文件中，提供有关该生物材料特征的资料；

（三）涉及生物材料样品保藏的专利申请应当在请求书和说明书中写明该生物材料的分类命名（注明拉丁文名称）、保藏该生物材料样品的单位名称、地址、保藏日期和保藏编号；申请时未写明的，应当自申请日起4个月内补正；期满未补正的，视为未提交保藏。

第二十六条 发明专利申请人依照本细则第二十五条的规定保藏生物材料样品的，在发明专利申请公布后，任何单位或者个人需要将该专利申请所涉及的生物材料作为实验目的使用的，应当向国务院专利行政部门提出请求，并写明下列事项：

（一）请求人的姓名或者名称和地址；

（二）不向其他任何人提供该生物材料的保证；

（三）在授予专利权前，只作为实验目的使用的保证。

第二十七条 依照专利法第二十七条规定提交的外观设计的图片或者照片,不得小于3厘米×8厘米,并不得大于15厘米×22厘米。

同时请求保护色彩的外观设计专利申请,应当提交彩色图片或者照片一式两份。

申请人应当就每件外观设计产品所需要保护的内容提交有关视图或者照片,清楚地显示请求保护的对象。

第二十八条 申请外观设计专利的,必要时应当写明对外观设计的简要说明。

外观设计的简要说明应当写明使用该外观设计的产品的设计要点、请求保护色彩、省略视图等情况。简要说明不得使用商业性宣传用语,也不能用来说明产品的性能。

第二十九条 国务院专利行政部门认为必要时,可以要求外观设计专利申请人提交使用外观设计的产品样品或者模型。样品或者模型的体积不得超过30厘米×30厘米×30厘米,重量不得超过15公斤。易腐、易损或者危险品不得作为样品或者模型提交。

第三十条 专利法第二十二条第三款所称已有的技术,是指申请日(有优先权的,指优先权日)前在国内外出版物上公开发表、在国内公开使用或者以其他方式为公众所知的技术,即现有技术。

第三十一条 专利法第二十四条第(二)项所称学术会议或者技术会议,是指国务院有关主管部门或者全国性学术团体组织召开的学术会议或者技术会议。

申请专利的发明创造有专利法第二十四条第(一)项或者第(二)项所列情形的,申请人应当在提出专利申请时声明,并自申请日起2个月内,提交有关国际展览会或者学术会议、技术会议的组织单位出具的有关发明创造已经展出或者发表,以及展出或者发表日期的证明文件。

申请专利的发明创造有专利法第二十四条第(三)项所列情形的,国务院专利行政部门认为必要时,可以要求申请人在指定期限内提交证明文件。

申请人未依照本条第二款的规定提出声明和提交证明文件的,或者未依照本条第三款的规定在指定期限内提交证明文件的,其申请不适用专利法第二十四条的规定。

第三十二条 申请人依照专利法第三十条的规定办理要求优先权手续的,应当在书面声明中写明第一次提出专利申请(以下称在先申请)的申请日、申请号和受理该申请的国家；书面声明中未写明在先申请的申请日和受理该申请的国家的，视为未提出声明。

要求外国优先权的，申请人提交的在先申请文件副本应当经原受理机关证明；提交的证明材料中，在先申请人的姓名或者名称与在后申请的申请人姓名或者名称不一致的，应当提交优先权转让证明材料；要求本国优先权的，申请人提交的在先申请文件副本应当由国务院专利行政部门制作。

第三十三条　申请人在一件专利申请中，可以要求一项或者多项优先权；要求多项优先权的，该申请的优先权期限从最早的优先权日起计算。

申请人要求本国优先权，在先申请是发明专利申请的，可以就相同主题提出发明或者实用新型专利申请；在先申请是实用新型专利申请的，可以就相同主题提出实用新型或者发明专利申请。但是，提出后一申请时，在先申请的主题有下列情形之一的，不得作为要求本国优先权的基础：

（一）已经要求外国优先权或者本国优先权的；

（二）已经被授予专利权的；

（三）属于按照规定提出的分案申请的。

申请人要求本国优先权的，其在先申请自后一申请提出之日起即视为撤回。

第三十四条　在中国没有经常居所或者营业所的申请人，申请专利或者要求外国优先权的，国务院专利行政部门认为必要时，可以要求其提供下列文件：

（一）国籍证明；

（二）申请人是企业或者其他组织的，其营业所或者总部所在地的证明文件；

（三）申请人的所属国，承认中国单位和个人可以按照该国国民的同等条件，在该国享有专利权、优先权和其他与专利有关的权利的证明文件。

第三十五条　依照专利法第三十一条第一款规定，可以作为一件专利申请提出的属于一个总的发明构思的两项以上的发明或者实用新型，应当在技术上相互关联，包含一个或者多个相同或者相应的特定技术特征，其中特定技术特征是指每一项发明或者实用新型作为整体，对现有技术作出贡献的技术特征。

第三十六条　专利法第三十一条第二款所称同一类别，是指产品属于分类表中同一小类；成套出售或者使用，是指各产品的设计构思相同，并且习惯上是同时出售、同时使用。

依照专利法第三十一条第二款规定将两项以上外观设计作为一件申请提出的，应当将各项外观设计顺序编号标在每件使用外观设计产品的视图名称之前。

第三十七条　申请人撤回专利申请的，应当向国务院专利行政部门提出声明，写明发明创造的名称、申请号和申请日。

撤回专利申请的声明在国务院专利行政部门作好公布专利申请文件的印刷准备工作后提出的，申请文件仍予公布；但是，撤回专利申请的声明应当在以后出版的专利公报上予以公告。

第三章　专利申请的审查和批准

第三十八条　在初步审查、实质审查、复审和无效宣告程序中，实施审查和审理的人员有下列情形之一的，应当自行回避，当事人或者其他利害关系人可以要求其回避：

（一）是当事人或者其代理人的近亲属的；

（二）与专利申请或者专利权有利害关系的；

（三）与当事人或者其代理人有其他关系，可能影响公正审查和审理的；

（四）专利复审委员会成员曾参与原申请的审查的。

第三十九条　国务院专利行政部门收到发明或者实用新型专利申请的请求书、说明书（实用新型必须包括附图）和权利要求书，或者外观设计专利申请的请求书和外观设计的图片或者照片后，应当明确申请日、给予申请号，并通知申请人。

第四十条　专利申请文件有下列情形之一的，国务院专利行政部门不予受理，并通知申请人：

（一）发明或者实用新型专利申请缺少请求书、说明书（实用新型无附图）和权利要求书的，或者外观设计专利申请缺少请求书、图片或者照片的；

（二）未使用中文的；

（三）不符合本细则第一百二十条第一款规定的；

（四）请求书中缺少申请人姓名或者名称及地址的；

（五）明显不符合专利法第十八条或者第十九条第一款的规定的；

（六）专利申请类别（发明、实用新型或者外观设计）不明确或者难以确定的。

第四十一条　说明书中写有对附图的说明但无附图或者缺少部分附图的，申请人应当在国务院专利行政部门指定的期限内补交附图或者声明取消对附图的说明。申请人补交附图的，以向国务院专利行政部门提交或者邮寄附图之日为申请日；取消对附图的说明的，保留原申请日。

第四十二条 一件专利申请包括两项以上发明、实用新型或者外观设计的，申请人可以在本细则第五十四条第一款规定的期限届满前，向国务院专利行政部门提出分案申请；但是，专利申请已经被驳回、撤回或者视为撤回的，不能提出分案申请。

国务院专利行政部门认为一件专利申请不符合专利法第三十一条和本细则第三十五条或者第三十六条的规定的，应当通知申请人在指定期限内对其申请进行修改；申请人期满未答复的，该申请视为撤回。

分案的申请不得改变原申请的类别。

第四十三条 依照本细则第四十二条规定提出的分案申请，可以保留原申请日，享有优先权的，可以保留优先权日，但是不得超出原申请公开的范围。

分案申请应当依照专利法及本细则的规定办理有关手续。

分案申请的请求书中应当写明原申请的申请号和申请日。提交分案申请时，申请人应当提交原申请文件副本；原申请享有优先权的，并应当提交原申请的优先权文件副本。

第四十四条 专利法第三十四条和第四十条所称初步审查，是指审查专利申请是否具备专利法第二十六条或者第二十七条规定的文件和其他必要的文件，这些文件是否符合规定的格式，并审查下列各项：

（一）发明专利申请是否明显属于专利法第五条、第二十五条的规定，或者不符合专利法第十八条、第十九条第一款的规定，或者明显不符合专利法第三十一条第一款、第三十三条、本细则第二条第一款、第十八条、第二十条的规定；

（二）实用新型专利申请是否明显属于专利法第五条、第二十五条的规定，或者不符合专利法第十八条、第十九条第一款的规定，或者明显不符合专利法第二十六条第三款、第四款、第三十一条第一款、第三十三条、本细则第二条第二款、第十三条第一款、第十八条至第二十三条、第四十三条第一款的规定，或者依照专利法第九条规定不能取得专利权；

（三）外观设计专利申请是否明显属于专利法第五条的规定，或者不符合专利法第十八条、第十九条第一款的规定，或者明显不符合专利法第三十一条第二款、第三十三条、本细则第二条第三款、第十三条第一款、第四十三条第一款的规定，或者依照专利法第九条规定不能取得专利权。

国务院专利行政部门应当将审查意见通知申请人，要求其在指定期限内陈述意见或者补正；申请人期满未答复的，其申请视为撤回。申请人陈述意见或者补正后，国务院专利行政部门仍然认为不符合前款所列各项规定的，应当予以驳回。

第四十五条 除专利申请文件外，申请人向国务院专利行政部门提交的与专利申请有关的其他文件，有下列情形之一的，视为未提交：

（一）未使用规定的格式或者填写不符合规定的；

（二）未按照规定提交证明材料的。

国务院专利行政部门应当将视为未提交的审查意见通知申请人。

第四十六条 申请人请求早日公布其发明专利申请的，应当向国务院专利行政部门声明。国务院专利行政部门对该申请进行初步审查后，除予以驳回的外，应当立即将申请予以公布。

第四十七条 申请人依照专利法第二十七条的规定写明使用外观设计的产品及其所属类别时，应当使用国务院专利行政部门公布的外观设计产品分类表。未写明使用外观设计的产品所属类别或者所写的类别不确切的，国务院专利行政部门可以予以补充或者修改。

第四十八条 自发明专利申请公布之日起至公告授予专利权之日前，任何人均可以对不符合专利法规定的专利申请向国务院专利行政部门提出意见，并说明理由。

第四十九条 发明专利申请人因有正当理由无法提交专利法第三十六条规定的检索资料或者审查结果资料的，应当向国务院专利行政部门声明，并在得到有关资料后补交。

第五十条 国务院专利行政部门依照专利法第三十五条第二款的规定对专利申请自行进行审查时，应当通知申请人。

第五十一条 发明专利申请人在提出实质审查请求时以及在收到国务院专利行政部门发出的发明专利申请进入实质审查阶段通知书之日起的 3 个月内，可以对发明专利申请主动提出修改。

实用新型或者外观设计专利申请人自申请日起 2 个月内，可以对实用新型或者外观设计专利申请主动提出修改。

申请人在收到国务院专利行政部门发出的审查意见通知书后对专利申请文件进行修改的，应当按照通知书的要求进行修改。

国务院专利行政部门可以自行修改专利申请文件中文字和符号的明显错误。国务院专利行政部门自行修改的，应当通知申请人。

第五十二条 发明或者实用新型专利申请的说明书或者权利要求书的修改部

分，除个别文字修改或者增删外，应当按照规定格式提交替换页。外观设计专利申请的图片或者照片的修改，应当按照规定提交替换页。

第五十三条 依照专利法第三十八条的规定，发明专利申请经实质审查应当予以驳回的情形是指：

（一）申请不符合本细则第二条第一款规定的；

（二）申请属于专利法第五条、第二十五条的规定，或者不符合专利法第二十二条、本细则第十三条第一款、第二十条第一款、第二十一条第二款的规定，或者依照专利法第九条规定不能取得专利权的；

（三）申请不符合专利法第二十六条第三款、第四款或者第三十一条第一款的规定的；

（四）申请的修改不符合专利法第三十三条规定，或者分案的申请不符合本细则第四十三条第一款规定的。

第五十四条 国务院专利行政部门发出授予专利权的通知后，申请人应当自收到通知之日起 2 个月内办理登记手续。申请人按期办理登记手续的，国务院专利行政部门应当授予专利权，颁发专利证书，并予以公告。

期满未办理登记手续的，视为放弃取得专利权的权利。

第五十五条 授予实用新型专利权的决定公告后，实用新型专利权人可以请求国务院专利行政部门作出实用新型专利检索报告。

请求作出实用新型专利检索报告的，应当提交请求书，并指明实用新型专利的专利号。每项请求应当限于一项实用新型专利。

国务院专利行政部门收到作出实用新型专利检索报告的请求后，应当进行审查。请求不符合规定要求的，应当通知请求人在指定期限内补正。

第五十六条 经审查，实用新型专利检索报告请求书符合规定的，国务院专利行政部门应当及时作出实用新型专利检索报告。

经检索，国务院专利行政部门认为所涉及的实用新型专利不符合专利法第二十二条关于新颖性或者创造性的规定的，应当引证对比文件，说明理由，并附具所引证对比文件的复印件。

第五十七条 国务院专利行政部门对专利公告、专利文件中出现的错误，一经发现，应当及时更正，并对所作更正予以公告。

第四章 专利申请的复审与专利权的无效宣告

第五十八条 专利复审委员会由国务院专利行政部门指定的技术专家和法律专家组成，主任委员由国务院专利行政部门负责人兼任。

第五十九条 依照专利法第四十一条的规定向专利复审委员会请求复审的，应当提交复审请求书，说明理由，必要时还应当附具有关证据。

复审请求书不符合规定格式的，复审请求人应当在专利复审委员会指定的期限内补正；期满未补正的，该复审请求视为未提出。

第六十条 请求人在提出复审请求或者在对专利复审委员会的复审通知书作出答复时，可以修改专利申请文件；但是，修改应当仅限于消除驳回决定或者复审通知书指出的缺陷。

修改的专利申请文件应当提交一式两份。

第六十一条 专利复审委员会应当将受理的复审请求书转交国务院专利行政部门原审查部门进行审查。原审查部门根据复审请求人的请求，同意撤销原决定的，专利复审委员会应当据此作出复审决定，并通知复审请求人。

第六十二条 专利复审委员会进行复审后，认为复审请求不符合专利法和本细则有关规定的，应当通知复审请求人，要求其在指定期限内陈述意见。期满未答复的，该复审请求视为撤回；经陈述意见或者进行修改后，专利复审委员会认为仍不符合专利法和本细则有关规定的，应当作出维持原驳回决定的复审决定。

专利复审委员会进行复审后，认为原驳回决定不符合专利法和本细则有关规定的，或者认为经过修改的专利申请文件消除了原驳回决定指出的缺陷的，应当撤销原驳回决定，由原审查部门继续进行审查程序。

第六十三条 复审请求人在专利复审委员会作出决定前，可以撤回其复审请求。

复审请求人在专利复审委员会作出决定前撤回其复审请求的，复审程序终止。

第六十四条 依照专利法第四十五条的规定，请求宣告专利权无效或者部分无效的，应当向专利复审委员会提交专利权无效宣告请求书和必要的证据一式两份。无效宣告请求书应当结合提交的所有证据，具体说明无效宣告请求的理由，并指明每项理由所依据的证据。

前款所称无效宣告请求的理由，是指被授予专利的发明创造不符合专利法第二十二条、第二十三条、第二十六条第三款、第四款、第三十三条或者本细则第二条、第十三条第一款、第二十条第一款、第二十一条第二款的规定，或者属于专利法第五条、第二十五条的规定，或者依照专利法第九条规定不能取得专利权。

第六十五条　专利权无效宣告请求书不符合本细则第六十四条规定的，专利复审委员会不予受理。

在专利复审委员会就无效宣告请求作出决定之后，又以同样的理由和证据请求无效宣告的，专利复审委员会不予受理。

以授予专利权的外观设计与他人在先取得的合法权利相冲突为理由请求宣告外观设计专利权无效，但是未提交生效的能够证明权利冲突的处理决定或者判决的，专利复审委员会不予受理。

专利权无效宣告请求书不符合规定格式的，无效宣告请求人应当在专利复审委员会指定的期限内补正；期满未补正的，该无效宣告请求视为未提出。

第六十六条　在专利复审委员会受理无效宣告请求后，请求人可以在提出无效宣告请求之日起1个月内增加理由或者补充证据。逾期增加理由或者补充证据的，专利复审委员会可以不予考虑。

第六十七条　专利复审委员会应当将专利权无效宣告请求书和有关文件的副本送交专利权人，要求其在指定的期限内陈述意见。

专利权人和无效宣告请求人应当在指定期限内答复专利复审委员会发出的转送文件通知书或者无效宣告请求审查通知书；期满未答复的，不影响专利复审委员会审理。

第六十八条　在无效宣告请求的审查过程中，发明或者实用新型专利的专利权人可以修改其权利要求书，但是不得扩大原专利的保护范围。

发明或者实用新型专利的专利权人不得修改专利说明书和附图，外观设计专利的专利权人不得修改图片、照片和简要说明。

第六十九条　专利复审委员会根据当事人的请求或者案情需要，可以决定对无效宣告请求进行口头审理。

专利复审委员会决定对无效宣告请求进行口头审理的，应当向当事人发出口头审理通知书，告知举行口头审理的日期和地点。当事人应当在通知书指定的期限内作出答复。

无效宣告请求人对专利复审委员会发出的口头审理通知书在指定的期限内未作答复，并且不参加口头审理的，其无效宣告请求视为撤回；专利权人不参加口头审理的，可以缺席审理。

第七十条　在无效宣告请求审查程序中，专利复审委员会指定的期限不得延长。

第七十一条　专利复审委员会对无效宣告的请求作出决定前，无效宣告请求人可以撤回其请求。

无效宣告请求人在专利复审委员会作出决定之前撤回其请求的，无效宣告请求审查程序终止。

第五章　专利实施的强制许可

第七十二条　自专利权被授予之日起满3年后，任何单位均可以依照专利法第四十八条的规定，请求国务院专利行政部门给予强制许可。

请求强制许可的，应当向国务院专利行政部门提交强制许可请求书，说明理由并附具有关证明文件各一式两份。

国务院专利行政部门应当将强制许可请求书的副本送交专利权人，专利权人应当在国务院专利行政部门指定的期限内陈述意见；期满未答复的，不影响国务院专利行政部门作出关于强制许可的决定。

国务院专利行政部门作出的给予实施强制许可的决定，应当限定强制许可实施主要是为供应国内市场的需要；强制许可涉及的发明创造是半导体技术的，强制许可实施仅限于公共的非商业性使用，或者经司法程序或者行政程序确定为反竞争行为而给予救济的使用。

第七十三条　依照专利法第五十四条的规定，请求国务院专利行政部门裁决使用费数额的，当事人应当提出裁决请求书，并附具双方不能达成协议的证明文件。国务院专利行政部门应当自收到请求书之日起3个月内作出裁决，并通知当事人。

第六章　对职务发明创造的发明人或者设计人的奖励和报酬

第七十四条　被授予专利权的国有企业事业单位应当自专利权公告之日起3

个月内发给发明人或者设计人奖金。一项发明专利的奖金最低不少于 2000 元；一项实用新型专利或者外观设计专利的奖金最低不少于 500 元。

由于发明人或者设计人的建议被其所属单位采纳而完成的发明创造，被授予专利权的国有企业事业单位应当从优发给奖金。

发给发明人或者设计人的奖金，企业可以计入成本，事业单位可以从事业费中列支。

第七十五条 被授予专利权的国有企业事业单位在专利权有效期限内，实施发明创造专利后，每年应当从实施该项发明或者实用新型专利所得利润纳税后提取不低于 2% 或者从实施该项外观设计专利所得利润纳税后提取不低于 0.2%，作为报酬支付发明人或者设计人；或者参照上述比例，发给发明人或者设计人一次性报酬。

第七十六条 被授予专利权的国有企业事业单位许可其他单位或者个人实施其专利的，应当从许可实施该项专利收取的使用费纳税后提取不低于 10% 作为报酬支付发明人或者设计人。

第七十七条 本章关于奖金和报酬的规定，中国其他单位可以参照执行。

第七章 专利权的保护

第七十八条 专利法和本细则所称管理专利工作的部门，是指由省、自治区、直辖市人民政府以及专利管理工作量大又有实际处理能力的设区的市人民政府设立的管理专利工作的部门。

第七十九条 除专利法第五十七条规定的外，管理专利工作的部门应当事人请求，还可以对下列专利纠纷进行调解：

（一）专利申请权和专利权归属纠纷；
（二）发明人、设计人资格纠纷；
（三）职务发明的发明人、设计人的奖励和报酬纠纷；
（四）在发明专利申请公布后专利权授予前使用发明而未支付适当费用的纠纷。

对于前款第（四）项所列的纠纷，专利权人请求管理专利工作的部门调解，应当在专利权被授予之后提出。

第八十条 国务院专利行政部门应当对管理专利工作的部门处理和调解专利

纠纷进行业务指导。

第八十一条 当事人请求处理或者调解专利纠纷的，由被请求人所在地或者侵权行为地的管理专利工作的部门管辖。

两个以上管理专利工作的部门都有管辖权的专利纠纷，当事人可以向其中一个管理专利工作的部门提出请求；当事人向两个以上有管辖权的管理专利工作的部门提出请求的，由最先受理的管理专利工作的部门管辖。

管理专利工作的部门对管辖权发生争议的，由其共同的上级人民政府管理专利工作的部门指定管辖；无共同上级人民政府管理专利工作的部门的，由国务院专利行政部门指定管辖。

第八十二条 在处理专利侵权纠纷过程中，被请求人提出无效宣告请求并被专利复审委员会受理的，可以请求管理专利工作的部门中止处理。

管理专利工作的部门认为被请求人提出的中止理由明显不能成立的，可以不中止处理。

第八十三条 专利权人依照专利法第十五条的规定，在其专利产品或者该产品的包装上标明专利标记的，应当按照国务院专利行政部门规定的方式予以标明。

第八十四条 下列行为属于假冒他人专利的行为：

（一）未经许可，在其制造或者销售的产品、产品的包装上标注他人的专利号；

（二）未经许可，在广告或者其他宣传材料中使用他人的专利号，使人将所涉及的技术误认为是他人的专利技术；

（三）未经许可，在合同中使用他人的专利号，使人将合同涉及的技术误认为是他人的专利技术；

（四）伪造或者变造他人的专利证书、专利文件或者专利申请文件。

第八十五条 下列行为属于以非专利产品冒充专利产品、以非专利方法冒充专利方法的行为：

（一）制造或者销售标有专利标记的非专利产品；

（二）专利权被宣告无效后，继续在制造或者销售的产品上标注专利标记；

（三）在广告或者其他宣传材料中将非专利技术称为专利技术；

（四）在合同中将非专利技术称为专利技术；

（五）伪造或者变造专利证书、专利文件或者专利申请文件。

第八十六条 当事人因专利申请权或者专利权的归属发生纠纷，已请求管理专利工作的部门处理或者向人民法院起诉的，可以请求国务院专利行政部门中止有关程序。

依照前款规定请求中止有关程序的，应当向国务院专利行政部门提交请求书，并附具管理专利工作的部门或者人民法院的有关受理文件副本。

在管理专利工作的部门作出的处理决定或者人民法院作出的判决生效后，当事人应当向国务院专利行政部门办理恢复有关程序的手续。自请求中止之日起1年内，有关专利申请权或者专利权归属的纠纷未能结案，需要继续中止有关程序的，请求人应当在该期限内请求延长中止。期满未请求延长的，国务院专利行政部门自行恢复有关程序。

第八十七条 人民法院在审理民事案件中裁定对专利权采取保全措施的，国务院专利行政部门在协助执行时中止被保全的专利权的有关程序。保全期限届满，人民法院没有裁定继续采取保全措施的，国务院专利行政部门自行恢复有关程序。

第八章 专利登记和专利公报

第八十八条 国务院专利行政部门设置专利登记簿，登记下列与专利申请和专利权有关的事项：

（一）专利权的授予；

（二）专利申请权、专利权的转移；

（三）专利权的质押、保全及其解除；

（四）专利实施许可合同的备案；

（五）专利权的无效宣告；

（六）专利权的终止；

（七）专利权的恢复；

（八）专利实施的强制许可；

（九）专利权人的姓名或者名称、国籍和地址的变更。

第八十九条 国务院专利行政部门定期出版专利公报，公布或者公告下列内容：

（一）专利申请中记载的著录事项；

（二）发明或者实用新型说明书的摘要，外观设计的图片或者照片及其简要说明；

（三）发明专利申请的实质审查请求和国务院专利行政部门对发明专利申请自行进行实质审查的决定；

（四）保密专利的解密；

（五）发明专利申请公布后的驳回、撤回和视为撤回；

（六）专利权的授予；

（七）专利权的无效宣告；

（八）专利权的终止；

（九）专利申请权、专利权的转移；

（十）专利实施许可合同的备案；

（十一）专利权的质押、保全及其解除；

（十二）专利实施的强制许可的给予；

（十三）专利申请或者专利权的恢复；

（十四）专利权人的姓名或者名称、地址的变更；

（十五）对地址不明的当事人的通知；

（十六）国务院专利行政部门作出的更正；

（十七）其他有关事项。

发明或者实用新型的说明书及其附图、权利要求书由国务院专利行政部门另行全文出版。

第九章　费　　用

第九十条　向国务院专利行政部门申请专利和办理其他手续时，应当缴纳下列费用：

（一）申请费、申请附加费、公布印刷费；

（二）发明专利申请实质审查费、复审费；

（三）专利登记费、公告印刷费、申请维持费、年费；

（四）著录事项变更费、优先权要求费、恢复权利请求费、延长期限请求费、实用新型专利检索报告费；

（五）无效宣告请求费、中止程序请求费、强制许可请求费、强制许可使用费的裁决请求费。

前款所列各种费用的缴纳标准，由国务院价格管理部门会同国务院专利行政部门规定。

第九十一条 专利法和本细则规定的各种费用，可以直接向国务院专利行政部门缴纳，也可以通过邮局或者银行汇付，或者以国务院专利行政部门规定的其他方式缴纳。

通过邮局或者银行汇付的，应当在送交国务院专利行政部门的汇单上写明正确的申请号或者专利号以及缴纳的费用名称。不符合本款规定的，视为未办理缴费手续。

直接向国务院专利行政部门缴纳费用的，以缴纳当日为缴费日。以邮局汇付方式缴纳费用的，以邮局汇出的邮戳日为缴费日。以银行汇付方式缴纳费用的，以银行实际汇出日为缴费日；但是，自汇出日至国务院专利行政部门收到日超过15日的，除邮局或者银行出具证明外，以国务院专利行政部门收到日为缴费日。

多缴、重缴、错缴专利费用的，当事人可以自缴费日起1年内，向国务院专利行政部门提出退款请求。

第九十二条 申请人应当在收到受理通知书后，最迟自申请之日起2个月内缴纳申请费、公布印刷费和必要的附加费；期满未缴纳或者未缴足的，其申请视为撤回。

申请人要求优先权的，应当在缴纳申请费的同时缴纳优先权要求费；期满未缴纳或者未缴足的，视为未要求优先权。

第九十三条 当事人请求实质审查、恢复权利或者复审的，应当在专利法及本细则规定的相关期限内缴纳费用；期满未缴纳或者未缴足的，视为未提出请求。

第九十四条 发明专利申请人自申请日起满2年尚未被授予专利权的，自第三年度起应当缴纳申请维持费。

第九十五条 申请人办理登记手续时，应当缴纳专利登记费、公告印刷费和授予专利权当年的年费。发明专利申请人应当一并缴纳各个年度的申请维持费，授予专利权的当年不包括在内。期满未缴纳费用的，视为未办理登记手续。以后的年费应当在前一年度期满前1个月内预缴。

第九十六条 专利权人未按时缴纳授予专利权当年以后的年费或者缴纳的数额不足，国务院专利行政部门应当通知专利权人自应当缴纳年费期满之日起6个月内补缴，同时缴纳滞纳金；滞纳金的金额按照每超过规定的缴费时间1个月，加收当年全额年费的5%计算；期满未缴纳的，专利权自应当缴纳年费期满之日起终止。

下篇 企业知识产权管理制度与合同参考文本

第九十七条 著录事项变更费、实用新型专利检索报告费、中止程序请求费、强制许可请求费、强制许可使用费的裁决请求费、无效宣告请求费应当自提出请求之日起 1 个月内，按照规定缴纳；延长期限请求费应当在相应期限届满之日前缴纳；期满未缴纳或者未缴足的，视为未提出请求。

第九十八条 申请人或者专利权人缴纳本细则规定的各种费用有困难的，可以按照规定向国务院专利行政部门提出减缴或者缓缴的请求。减缴或者缓缴的办法由国务院专利行政部门商国务院财政部门、国务院价格管理部门规定。

第十章　关于国际申请的特别规定

第九十九条 国务院专利行政部门根据专利法第二十条规定，受理按照专利合作条约提出的专利国际申请。

按照专利合作条约提出并指定中国的专利国际申请（以下简称国际申请）进入中国国家阶段的条件和程序适用本章的规定；本章没有规定的，适用专利法及本细则其他各章的有关规定。

第一百条 按照专利合作条约已确定国际申请日并指定中国的国际申请，视为向国务院专利行政部门提出的专利申请，该国际申请日视为专利法第二十八条所称的申请日。

在国际阶段，国际申请或者国际申请中对中国的指定撤回或者视为撤回的，该国际申请在中国的效力终止。

第一百零一条 国际申请的申请人应当在专利合作条约第二条所称的优先权日（本章简称"优先权日"）起 30 个月内，向国务院专利行政部门办理国际申请进入中国国家阶段的下列手续：

（一）提交其国际申请进入中国国家阶段的书面声明。声明中应当写明国际申请号，并以中文写明要求获得的专利权类型、发明创造的名称、申请人姓名或者名称、申请人的地址和发明人的姓名，上述内容应当与国际局的记录一致；

（二）缴纳本细则第九十条第一款规定的申请费、申请附加费和公布印刷费；

（三）国际申请以中文以外的文字提出的，应当提交原始国际申请的说明书、权利要求书、附图中的文字和摘要的中文译文；国际申请以中文提出的，应当提交国际公布文件中的摘要副本；

（四）国际申请有附图的，应当提交附图副本。国际申请以中文提出的，应当提交国际公布文件中的摘要附图副本。

申请人在前款规定的期限内未办理进入中国国家阶段手续的,在缴纳宽限费后,可以在自优先权日起 32 个月的相应期限届满前办理。

第一百零二条 申请人在本细则第一百零一条第二款规定的期限内未办理进入中国国家阶段手续,或者在该期限届满时有下列情形之一的,其国际申请在中国的效力终止:

(一) 进入中国国家阶段声明中未写明国际申请号的;

(二) 未缴纳本细则第九十条第一款规定的申请费、公布印刷费和本细则第一百零一条第二款规定的宽限费的;

(三) 国际申请以中文以外的文字提出而未提交原始国际申请的说明书和权利要求书的中文译文的。

国际申请在中国的效力已经终止的,不适用本细则第七条第二款的规定。

第一百零三条 申请人办理进入中国国家阶段手续时有下列情形之一的,国务院专利行政部门应当通知申请人在指定期限内补正:

(一) 未提交摘要的中文译文或者摘要副本的;

(二) 未提交附图副本或者摘要附图副本的;

(三) 未在进入中国国家阶段声明中以中文写明发明创造的名称、申请人姓名或者名称、申请人的地址和发明人的姓名的;

(四) 进入中国国家阶段声明的内容或者格式不符合规定的。

期限届满申请人未补正的,其申请视为撤回。

第一百零四条 国际申请在国际阶段作过修改,申请人要求以经修改的申请文件为基础进行审查的,申请人应当在国务院专利行政部门做好国家公布的准备工作前提交修改的中文译文。在该期间内未提交中文译文的,对申请人在国际阶段提出的修改,国务院专利行政部门不予考虑。

第一百零五条 申请人办理进入中国国家阶段手续时,还应当满足下列要求:

(一) 国际申请中未指明发明人的,在进入中国国家阶段声明中指明发明人姓名;

(二) 国际阶段向国际局已办理申请人变更手续的,应当提供变更后的申请人享有申请权的证明材料;

(三) 申请人与作为优先权基础的在先申请的申请人不是同一人,或者提出在先申请后更改姓名的,必要时,应当提供申请人享有优先权的证明材料;

(四) 国际申请涉及的发明创造有专利法第二十四条第(一)项或者第

(二)项所列情形之一，在提出国际申请时作过声明的，应当在进入中国国家阶段声明中予以说明，并自办理进入中国国家阶段手续之日起2个月内提交本细则第三十一条第二款规定的有关证明文件。

申请人未满足前款第(一)项、第(二)项和第(三)项要求的，国务院专利行政部门应当通知申请人在指定期限内补正。期满未补正第(一)项或者第(二)项内容的，该申请视为撤回；期满未补正第(三)项内容的，该优先权要求视为未提出。

申请人未满足本条第一款第(四)项要求的，其申请不适用专利法第二十四条的规定。

第一百零六条 申请人按照专利合作条约的规定，对生物材料样品的保藏已作出说明的，视为已经满足了本细则第二十五条第(三)项的要求。申请人应当在进入中国国家阶段声明中指明记载生物材料样品保藏事项的文件以及在该文件中的具体记载位置。

申请人在原始提交的国际申请的说明书中已记载生物材料样品保藏事项，但是没有在进入中国国家阶段声明中指明的，应当在办理进入中国国家阶段手续之日起4个月内补正。期满未补正的，该生物材料视为未提交保藏。

申请人在办理进入中国国家阶段手续之日起4个月内向国务院专利行政部门提交生物材料样品保藏证明和存活证明的，视为在本细则第二十五条第(一)项规定的期限内提交。

第一百零七条 申请人在国际阶段已要求一项或者多项优先权，在进入中国国家阶段时该优先权要求继续有效的，视为已经依照专利法第三十条的规定提出了书面声明。

申请人在国际阶段提出的优先权书面声明有书写错误或者未写明在先申请的申请号的，可以在办理进入中国国家阶段手续时提出改正请求或者写明在先申请的申请号。申请人提出改正请求的，应当缴纳改正优先权要求请求费。

申请人在国际阶段已依照专利合作条约的规定，提交过在先申请文件副本的，办理进入中国国家阶段手续时不需要向国务院专利行政部门提交在先申请文件副本。申请人在国际阶段未提交在先申请文件副本的，国务院专利行政部门认为必要时，可以通知申请人在指定期限内补交。申请人期满未补交的，其优先权要求视为未提出。

优先权要求在国际阶段视为未提出并经国际局公布该信息，申请人有正当理由的，可以在办理进入中国国家阶段手续时请求国务院专利行政部门恢复其优先权要求。

第一百零八条 在优先权日起 30 个月期满前要求国务院专利行政部门提前处理和审查国际申请的，申请人除应当办理进入中国国家阶段手续外，还应当依照专利合作条约第二十三条第二款规定提出请求。国际局尚未向国务院专利行政部门传送国际申请的，申请人应当提交经确认的国际申请副本。

第一百零九条 要求获得实用新型专利权的国际申请，申请人可以在办理进入中国国家阶段手续之日起 1 个月内，向国务院专利行政部门提出修改说明书、附图和权利要求书。

要求获得发明专利权的国际申请，适用本细则第五十一条第一款的规定。

第一百一十条 申请人发现提交的说明书、权利要求书或者附图中的文字的中文译文存在错误的，可以在下列规定期限内依照原始国际申请文本提出改正：

（一）在国务院专利行政部门作好国家公布的准备工作之前；

（二）在收到国务院专利行政部门发出的发明专利申请进入实质审查阶段通知书之日起 3 个月内。

申请人改正译文错误的，应当提出书面请求，提交译文的改正页，并缴纳规定的译文改正费。

申请人按照国务院专利行政部门的通知书的要求改正译文的，应当在指定期限内办理本条第二款规定的手续；期满未办理规定手续的，该申请视为撤回。

第一百一十一条 对要求获得发明专利权的国际申请，国务院专利行政部门经初步审查认为符合专利法和本细则有关规定的，应当在专利公报上予以公布；国际申请以中文以外的文字提出的，应当公布申请文件的中文译文。

要求获得发明专利权的国际申请，由国际局以中文进行国际公布的，自国际公布日起适用专利法第十三条的规定；由国际局以中文以外的文字进行国际公布的，自国务院专利行政部门公布之日起适用专利法第十三条的规定。

对国际申请，专利法第二十一条和第二十二条中所称的公布是指本条第一款所规定的公布。

第一百一十二条 国际申请包含两项以上发明或者实用新型的，申请人在办理进入中国国家阶段手续后，依照本细则第四十二条第一款的规定，可以提出分案申请。

在国际阶段，国际检索单位或者国际初步审查单位认为国际申请不符合专利合作条约规定的单一性要求时，申请人未按照规定缴纳附加费，导致国际申请某些部分未经国际检索或者未经国际初步审查，在进入中国国家阶段时，申请人要求将所述部分作为审查基础，国务院专利行政部门认为国际检索单位或者国际初步审查单位对发明单一性的判断正确的，应当通知申请人在指定期限内缴纳单一性恢复费。期满未缴纳或者未足额缴纳的，国际申请中未经检索或者未经国际初步审查的部分视为撤回。

第一百一十三条　申请人依照本细则第一百零一条的规定提交文件和缴纳费用的，以国务院专利行政部门收到文件之日为提交日、收到费用之日为缴纳日。

提交的文件邮递延误的，申请人自发现延误之日起 1 个月内证明该文件已经在本细则第一百零一条规定的期限届满之日前 5 日交付邮寄的，该文件视为在期限届满之日收到。但是，申请人提供证明的时间不得迟于本细则第一百零一条规定的期限届满后 6 个月。

申请人依照本细则第一百零一条的规定向国务院专利行政部门提交文件，可以使用传真方式。申请人使用传真方式的，以国务院专利行政部门收到传真件之日为提交日。申请人应当自发送传真之日起 14 日内向国务院专利行政部门提交传真件的原件。期满未提交原件的，视为未提交该文件。

第一百一十四条　国际申请要求优先权的，申请人应当在办理进入中国国家阶段手续时缴纳优先权要求费；未缴纳或者未足额缴纳的，国务院专利行政部门应当通知申请人在指定的期限内缴纳；期满仍未缴纳或者未足额缴纳的，视为未要求该优先权。

第一百一十五条　国际申请在国际阶段被有关国际单位拒绝给予国际申请日或者宣布视为撤回的，申请人在收到通知之日起 2 个月内，可以请求国际局将国际申请档案中任何文件的副本转交国务院专利行政部门，并在该期限内向国务院专利行政部门办理本细则第一百零一条规定的手续，国务院专利行政部门应当在接到国际局传送的文件后，对国际单位作出的决定是否正确进行复查。

第一百一十六条　基于国际申请授予的专利权，由于译文错误，致使依照专利法第五十六条规定确定的保护范围超出国际申请的原文所表达的范围的，以依据原文限制后的保护范围为准；致使保护范围小于国际申请的原文所表达的范围的，以授权时的保护范围为准。

第十一章　附　　则

第一百一十七条　经国务院专利行政部门同意，任何人均可以查阅或者复制已经公布或者公告的专利申请的案卷和专利登记簿,并可以请求国务院专利行政部门出具专利登记簿副本。

已视为撤回、驳回和主动撤回的专利申请的案卷,自该专利申请失效之日起满 2 年后不予保存。

已放弃、宣告全部无效和终止的专利权的案卷,自该专利权失效之日起满 3 年后不予保存。

第一百一十八条 向国务院专利行政部门提交申请文件或者办理各种手续,应当使用国务院专利行政部门制定的统一格式,由申请人、专利权人、其他利害关系人或者其代表人签字或者盖章;委托专利代理机构的,由专利代理机构盖章。

请求变更发明人姓名、专利申请人和专利权人的姓名或者名称、国籍和地址、专利代理机构的名称、地址和代理人姓名的,应当向国务院专利行政部门办理著录事项变更手续,并附具变更理由的证明材料。

第一百一十九条 向国务院专利行政部门邮寄有关申请或者专利权的文件,应当使用挂号信函,不得使用包裹。

除首次提交申请文件外,向国务院专利行政部门提交各种文件、办理各种手续时,应当标明申请号或者专利号、发明创造名称和申请人或者专利权人姓名或者名称。

一件信函中应当只包含同一申请的文件。

第一百二十条 各类申请文件应当打字或者印刷,字迹呈黑色,整齐清晰,并不得涂改。附图应当用制图工具和黑色墨水绘制,线条应当均匀清晰,并不得涂改。

请求书、说明书、权利要求书、附图和摘要应当分别用阿拉伯数字顺序编号。

申请文件的文字部分应当横向书写。纸张限于单面使用。

第一百二十一条 国务院专利行政部门根据专利法和本细则制定专利审查指南。

第一百二十二条 本细则自 2001 年 7 月 1 日起施行。1992 年 12 月 12 日国务院批准修订、1992 年 12 月 21 日中国专利局发布的《中华人民共和国专利法实施细则》同时废止。

中华人民共和国商标法

（1982年8月23日第五届全国人民代表大会常务委员会第二十四次会议通过 根据1993年2月22日第七届全国人民代表大会常务委员会第三十次会议《关于修改〈中华人民共和国商标法〉的决定》第一次修正 根据2001年10月27日第九届全国人民代表大会常务委员会第二十四次会议《关于修改〈中华人民共和国商标法〉的决定》第二次修正）

目　录

第一章　总则
第二章　商标注册的申请
第三章　商标注册的审查和核准
第四章　注册商标的续展、转让和使用许可
第五章　注册商标争议的裁定
第六章　商标使用的管理
第七章　注册商标专用权的保护
第八章　附则

第一章　总　　则

第一条　为了加强商标管理，保护商标专用权，促使生产、经营者保证商品和服务质量，维护商标信誉，以保障消费者和生产、经营者的利益，促进社会主义市场经济的发展，特制定本法。

第二条　国务院工商行政管理部门商标局主管全国商标注册和管理的工作。

国务院工商行政管理部门设立商标评审委员会，负责处理商标争议事宜。

第三条　经商标局核准注册的商标为注册商标，包括商品商标、服务商标和集体商标、证明商标；商标注册人享有商标专用权，受法律保护。

本法所称集体商标，是指以团体、协会或者其他组织名义注册，供该组织成员在商事活动中使用，以表明使用者在该组织中的成员资格的标志。

本法所称证明商标，是指由对某种商品或者服务具有监督能力的组织所控制，而由该组织以外的单位或者个人使用于其商品或者服务，用以证明该商品或者服务的原产地、原料、制造方法、质量或者其他特定品质的标志。

集体商标、证明商标注册和管理的特殊事项，由国务院工商行政管理部门规定。

第四条　自然人、法人或者其他组织对其生产、制造、加工、拣选或者经销的商品，需要取得商标专用权的，应当向商标局申请商品商标注册。

自然人、法人或者其他组织对其提供的服务项目，需要取得商标专用权的，应当向商标局申请服务商标注册。

本法有关商品商标的规定，适用于服务商标。

第五条　两个以上的自然人、法人或者其他组织可以共同向商标局申请注册同一商标，共同享有和行使该商标专用权。

第六条　国家规定必须使用注册商标的商品，必须申请商标注册，未经核准注册的，不得在市场销售。

第七条　商标使用人应当对其使用商标的商品质量负责。各级工商行政管理部门应当通过商标管理，制止欺骗消费者的行为。

第八条　任何能够将自然人、法人或者其他组织的商品与他人的商品区别开的可视性标志，包括文字、图形、字母、数字、三维标志和颜色组合，以及上述要素的组合，均可以作为商标申请注册。

第九条　申请注册的商标，应当有显著特征，便于识别，并不得与他人在先取得的合法权利相冲突。

商标注册人有权标明"注册商标"或者注册标记。

第十条　下列标志不得作为商标使用：

（一）同中华人民共和国的国家名称、国旗、国徽、军旗、勋章相同或者近似的，以及同中央国家机关所在地特定地点的名称或者标志性建筑物的名称、图形相同的；

（二）同外国的国家名称、国旗、国徽、军旗相同或者近似的，但该国政府同意的除外；

（三）同政府间国际组织的名称、旗帜、徽记相同或者近似的，但经该组织同意或者不易误导公众的除外；

（四）与表明实施控制、予以保证的官方标志、检验印记相同或者近似的，但经授权的除外；

（五）同"红十字"、"红新月"的名称、标志相同或者近似的；

（六）带有民族歧视性的；

（七）夸大宣传并带有欺骗性的；

（八）有害于社会主义道德风尚或者有其他不良影响的。

县级以上行政区划的地名或者公众知晓的外国地名，不得作为商标。但是，地名具有其他含义或者作为集体商标、证明商标组成部分的除外；已经注册的使用地名的商标继续有效。

第十一条 下列标志不得作为商标注册：

（一）仅有本商品的通用名称、图形、型号的；

（二）仅仅直接表示商品的质量、主要原料、功能、用途、重量、数量及其他特点的；

（三）缺乏显著特征的。

前款所列标志经过使用取得显著特征，并便于识别的，可以作为商标注册。

第十二条 以三维标志申请注册商标的，仅由商品自身的性质产生的形状、为获得技术效果而需有的商品形状或者使商品具有实质性价值的形状，不得注册。

第十三条 就相同或者类似商品申请注册的商标是复制、摹仿或者翻译他人未在中国注册的驰名商标，容易导致混淆的，不予注册并禁止使用。

就不相同或者不相类似商品申请注册的商标是复制、摹仿或者翻译他人已经在中国注册的驰名商标，误导公众，致使该驰名商标注册人的利益可能受到损害的，不予注册并禁止使用。

第十四条 认定驰名商标应当考虑下列因素：

（一）相关公众对该商标的知晓程度；

（二）该商标使用的持续时间；

（三）该商标的任何宣传工作的持续时间、程度和地理范围；

（四）该商标作为驰名商标受保护的记录；

（五）该商标驰名的其他因素。

第十五条 未经授权，代理人或者代表人以自己的名义将被代理人或者被代表人的商标进行注册，被代理人或者被代表人提出异议的，不予注册并禁止使用。

第十六条 商标中有商品的地理标志，而该商品并非来源于该标志所标示的地区，误导公众的，不予注册并禁止使用；但是，已经善意取得注册的继续有效。

前款所称地理标志，是指标示某商品来源于某地区，该商品的特定质量、信誉或者其他特征，主要由该地区的自然因素或者人文因素所决定的标志。

第十七条　外国人或者外国企业在中国申请商标注册的，应当按其所属国和中华人民共和国签订的协议或者共同参加的国际条约办理，或者按对等原则办理。

第十八条　外国人或者外国企业在中国申请商标注册和办理其他商标事宜的，应当委托国家认可的具有商标代理资格的组织代理。

第二章　商标注册的申请

第十九条　申请商标注册的，应当按规定的商品分类表填报使用商标的商品类别和商品名称。

第二十条　商标注册申请人在不同类别的商品上申请注册同一商标的，应当按商品分类表提出注册申请。

第二十一条　注册商标需要在同一类的其他商品上使用的，应当另行提出注册申请。

第二十二条　注册商标需要改变其标志的，应当重新提出注册申请。

第二十三条　注册商标需要变更注册人的名义、地址或者其他注册事项的，应当提出变更申请。

第二十四条　商标注册申请人自其商标在外国第一次提出商标注册申请之日起六个月内，又在中国就相同商品以同一商标提出商标注册申请的，依照该外国同中国签订的协议或者共同参加的国际条约，或者按照相互承认优先权的原则，可以享有优先权。

依照前款要求优先权的，应当在提出商标注册申请的时候提出书面声明，并且在三个月内提交第一次提出的商标注册申请文件的副本；未提出书面声明或者逾期未提交商标注册申请文件副本的，视为未要求优先权。

第二十五条　商标在中国政府主办的或者承认的国际展览会展出的商品上首次使用的，自该商品展出之日起六个月内，该商标的注册申请人可以享有优先权。

依照前款要求优先权的，应当在提出商标注册申请的时候提出书面声明，并且在三个月内提交展出其商品的展览会名称、在展出商品上使用该商标的证据、展出日期等证明文件；未提出书面声明或者逾期未提交证明文件的，视为未要求优先权。

第二十六条　为申请商标注册所申报的事项和所提供的材料应当真实、准确、完整。

第三章　商标注册的审查和核准

第二十七条　申请注册的商标，凡符合本法有关规定的，由商标局初步审定，予以公告。

第二十八条　申请注册的商标，凡不符合本法有关规定或者同他人在同一种商品或者类似商品上已经注册的或者初步审定的商标相同或者近似的，由商标局驳回申请，不予公告。

第二十九条　两个或者两个以上的商标注册申请人，在同一种商品或者类似商品上，以相同或者近似的商标申请注册的，初步审定并公告申请在先的商标；同一天申请的，初步审定并公告使用在先的商标，驳回其他人的申请，不予公告。

第三十条　对初步审定的商标，自公告之日起三个月内，任何人均可以提出异议。公告期满无异议的，予以核准注册，发给商标注册证，并予公告。

第三十一条　申请商标注册不得损害他人现有的在先权利，也不得以不正当手段抢先注册他人已经使用并有一定影响的商标。

第三十二条　对驳回申请、不予公告的商标，商标局应当书面通知商标注册申请人。商标注册申请人不服的，可以自收到通知之日起十五日内向商标评审委员会申请复审，由商标评审委员会做出决定，并书面通知申请人。

当事人对商标评审委员会的决定不服的，可以自收到通知之日起三十日内向人民法院起诉。

第三十三条　对初步审定、予以公告的商标提出异议的，商标局应当听取异议人和被异议人陈述事实和理由，经调查核实后，做出裁定。当事人不服的，可以自收到通知之日起十五日内向商标评审委员会申请复审，由商标评审委员会做出裁定，并书面通知异议人和被异议人。

当事人对商标评审委员会的裁定不服的，可以自收到通知之日起三十日内向人民法院起诉。人民法院应当通知商标复审程序的对方当事人作为第三人参加诉讼。

第三十四条 当事人在法定期限内对商标局做出的裁定不申请复审或者对商标评审委员会做出的裁定不向人民法院起诉的，裁定生效。

经裁定异议不能成立的，予以核准注册，发给商标注册证，并予公告；经裁定异议成立的，不予核准注册。

经裁定异议不能成立而核准注册的，商标注册申请人取得商标专用权的时间自初审公告三个月期满之日起计算。

第三十五条 对商标注册申请和商标复审申请应当及时进行审查。

第三十六条 商标注册申请人或者注册人发现商标申请文件或者注册文件有明显错误的，可以申请更正。商标局依法在其职权范围内作出更正，并通知当事人。

前款所称更正错误不涉及商标申请文件或者注册文件的实质性内容。

第四章 注册商标的续展、转让和使用许可

第三十七条 注册商标的有效期为十年，自核准注册之日起计算。

第三十八条 注册商标有效期满，需要继续使用的，应当在期满前六个月内申请续展注册；在此期间未能提出申请的，可以给予六个月的宽展期。宽展期满仍未提出申请的，注销其注册商标。

每次续展注册的有效期为十年。

续展注册经核准后，予以公告。

第三十九条 转让注册商标的，转让人和受让人应当签订转让协议，并共同向商标局提出申请。受让人应当保证使用该注册商标的商品质量。

转让注册商标经核准后，予以公告。受让人自公告之日起享有商标专用权。

第四十条 商标注册人可以通过签订商标使用许可合同，许可他人使用其注册商标。许可人应当监督被许可人使用其注册商标的商品质量。被许可人应当保证使用该注册商标的商品质量。

经许可使用他人注册商标的，必须在使用该注册商标的商品上标明被许可人的名称和商品产地。

商标使用许可合同应当报商标局备案。

第五章　注册商标争议的裁定

　　第四十一条　已经注册的商标，违反本法第十条、第十一条、第十二条规定的，或者是以欺骗手段或者其他不正当手段取得注册的，由商标局撤销该注册商标；其他单位或者个人可以请求商标评审委员会裁定撤销该注册商标。

　　已经注册的商标，违反本法第十三条、第十五条、第十六条、第三十一条规定的，自商标注册之日起五年内，商标所有人或者利害关系人可以请求商标评审委员会裁定撤销该注册商标。对恶意注册的，驰名商标所有人不受五年的时间限制。

　　除前两款规定的情形外，对已经注册的商标有争议的，可以自该商标经核准注册之日起五年内，向商标评审委员会申请裁定。

　　商标评审委员会收到裁定申请后，应当通知有关当事人，并限期提出答辩。

　　第四十二条　对核准注册前已经提出异议并经裁定的商标，不得再以相同的事实和理由申请裁定。

　　第四十三条　商标评审委员会做出维持或者撤销注册商标的裁定后，应当书面通知有关当事人。

　　当事人对商标评审委员会的裁定不服的，可以自收到通知之日起三十日内向人民法院起诉。人民法院应当通知商标裁定程序的对方当事人作为第三人参加诉讼。

第六章　商标使用的管理

　　第四十四条　使用注册商标，有下列行为之一的，由商标局责令限期改正或者撤销其注册商标：

　　（一）自行改变注册商标的；

　　（二）自行改变注册商标的注册人名义、地址或者其他注册事项的；

　　（三）自行转让注册商标的；

　　（四）连续三年停止使用的。

第四十五条　使用注册商标，其商品粗制滥造，以次充好，欺骗消费者的，由各级工商行政管理部门分别不同情况，责令限期改正，并可以予以通报或者处以罚款，或者由商标局撤销其注册商标。

第四十六条　注册商标被撤销的或者期满不再续展的，自撤销或者注销之日起一年内，商标局对与该商标相同或者近似的商标注册申请，不予核准。

第四十七条　违反本法第六条规定的，由地方工商行政管理部门责令限期申请注册，可以并处罚款。

第四十八条　使用未注册商标，有下列行为之一的，由地方工商行政管理部门予以制止，限期改正，并可以予以通报或者处以罚款：

（一）冒充注册商标的；
（二）违反本法第十条规定的；
（三）粗制滥造，以次充好，欺骗消费者的。

第四十九条　对商标局撤销注册商标的决定，当事人不服的，可以自收到通知之日起十五日内向商标评审委员会申请复审，由商标评审委员会做出决定，并书面通知申请人。

当事人对商标评审委员会的决定不服的，可以自收到通知之日起三十日内向人民法院起诉。

第五十条　对工商行政管理部门根据本法第四十五条、第四十七条、第四十八条的规定做出的罚款决定，当事人不服的，可以自收到通知之日起十五日内，向人民法院起诉；期满不起诉又不履行的，由有关工商行政管理部门申请人民法院强制执行。

第七章　注册商标专用权的保护

第五十一条　注册商标的专用权，以核准注册的商标和核定使用的商品为限。

第五十二条　有下列行为之一的，均属侵犯注册商标专用权：

（一）未经商标注册人的许可，在同一种商品或者类似商品上使用与其注册商标相同或者近似的商标的；
（二）销售侵犯注册商标专用权的商品的；
（三）伪造、擅自制造他人注册商标标识或者销售伪造、擅自制造的注册商标标识的；

（四）未经商标注册人同意，更换其注册商标并将该更换商标的商品又投入市场的；

（五）给他人的注册商标专用权造成其他损害的。

第五十三条 有本法第五十二条所列侵犯注册商标专用权行为之一，引起纠纷的，由当事人协商解决；不愿协商或者协商不成的，商标注册人或者利害关系人可以向人民法院起诉，也可以请求工商行政管理部门处理。工商行政管理部门处理时，认定侵权行为成立的，责令立即停止侵权行为，没收、销毁侵权商品和专门用于制造侵权商品、伪造注册商标标识的工具，并可处以罚款。当事人对处理决定不服的，可以自收到处理通知之日起十五日内依照《中华人民共和国行政诉讼法》向人民法院起诉；侵权人期满不起诉又不履行的，工商行政管理部门可以申请人民法院强制执行。进行处理的工商行政管理部门根据当事人的请求，可以就侵犯商标专用权的赔偿数额进行调解；调解不成的，当事人可以依照《中华人民共和国民事诉讼法》向人民法院起诉。

第五十四条 对侵犯注册商标专用权的行为，工商行政管理部门有权依法查处；涉嫌犯罪的，应当及时移送司法机关依法处理。

第五十五条 县级以上工商行政管理部门根据已经取得的违法嫌疑证据或者举报，对涉嫌侵犯他人注册商标专用权的行为进行查处时，可以行使下列职权：

（一）询问有关当事人，调查与侵犯他人注册商标专用权有关的情况；

（二）查阅、复制当事人与侵权活动有关的合同、发票、账簿以及其他有关资料；

（三）对当事人涉嫌从事侵犯他人注册商标专用权活动的场所实施现场检查；

（四）检查与侵权活动有关的物品；对有证据证明是侵犯他人注册商标专用权的物品，可以查封或者扣押。

工商行政管理部门依法行使前款规定的职权时，当事人应当予以协助、配合，不得拒绝、阻挠。

第五十六条 侵犯商标专用权的赔偿数额，为侵权人在侵权期间因侵权所获得的利益，或者被侵权人在被侵权期间因被侵权所受到的损失，包括被侵权人为制止侵权行为所支付的合理开支。

前款所称侵权人因侵权所得利益，或者被侵权人因被侵权所受损失难以确定的，由人民法院根据侵权行为的情节判决给予五十万元以下的赔偿。

销售不知道是侵犯注册商标专用权的商品，能证明该商品是自己合法取得的并说明提供者的，不承担赔偿责任。

第五十七条 商标注册人或者利害关系人有证据证明他人正在实施或者即将实施侵犯其注册商标专用权的行为，如不及时制止，将会使其合法权益受到难以弥补的损害的，可以在起诉前向人民法院申请采取责令停止有关行为和财产保全的措施。

人民法院处理前款申请，适用《中华人民共和国民事诉讼法》第九十三条至第九十六条和第九十九条的规定。

第五十八条 为制止侵权行为，在证据可能灭失或者以后难以取得的情况下，商标注册人或者利害关系人可以在起诉前向人民法院申请保全证据。

人民法院接受申请后，必须在四十八小时内做出裁定；裁定采取保全措施的，应当立即开始执行。

人民法院可以责令申请人提供担保，申请人不提供担保的，驳回申请。

申请人在人民法院采取保全措施后十五日内不起诉的，人民法院应当解除保全措施。

第五十九条 未经商标注册人许可，在同一种商品上使用与其注册商标相同的商标，构成犯罪的，除赔偿被侵权人的损失外，依法追究刑事责任。

伪造、擅自制造他人注册商标标识或者销售伪造、擅自制造的注册商标标识，构成犯罪的，除赔偿被侵权人的损失外，依法追究刑事责任。

销售明知是假冒注册商标的商品，构成犯罪的，除赔偿被侵权人的损失外，依法追究刑事责任。

第六十条 从事商标注册、管理和复审工作的国家机关工作人员必须秉公执法，廉洁自律，忠于职守，文明服务。

商标局、商标评审委员会以及从事商标注册、管理和复审工作的国家机关工作人员不得从事商标代理业务和商品生产经营活动。

第六十一条 工商行政管理部门应当建立健全内部监督制度，对负责商标注册、管理和复审工作的国家机关工作人员执行法律、行政法规和遵守纪律的情况，进行监督检查。

第六十二条 从事商标注册、管理和复审工作的国家机关工作人员玩忽职守、滥用职权、徇私舞弊，违法办理商标注册、管理和复审事项，收受当事人财物，牟取不正当利益，构成犯罪的，依法追究刑事责任；尚不构成犯罪的，依法给予行政处分。

第八章 附 则

第六十三条 申请商标注册和办理其他商标事宜的,应当缴纳费用,具体收费标准另定。

第六十四条 本法自 1983 年 3 月 1 日起施行。1963 年 4 月 10 日国务院公布的《商标管理条例》同时废止;其他有关商标管理的规定,凡与本法抵触的,同时失效。

本法施行前已经注册的商标继续有效。

中华人民共和国商标法实施条例

（2002年8月3日中华人民共和国国务院令第358号公布自2002年9月15日起施行）

第一章 总 则

第一条 根据《中华人民共和国商标法》（以下简称商标法），制定本条例。

第二条 本条例有关商品商标的规定，适用于服务商标。

第三条 商标法和本条例所称商标的使用，包括将商标用于商品、商品包装或者容器以及商品交易文书上，或者将商标用于广告宣传、展览以及其他商业活动中。

第四条 商标法第六条所称国家规定必须使用注册商标的商品，是指法律、行政法规规定的必须使用注册商标的商品。

第五条 依照商标法和本条例的规定，在商标注册、商标评审过程中产生争议时，有关当事人认为其商标构成驰名商标的，可以相应向商标局或者商标评审委员会请求认定驰名商标，驳回违反商标法第十三条规定的商标注册申请或者撤销违反商标法第十三条规定的商标注册。有关当事人提出申请时，应当提交其商标构成驰名商标的证据材料。

商标局、商标评审委员会根据当事人的请求，在查明事实的基础上，依照商标法第十四条的规定，认定其商标是否构成驰名商标。

第六条 商标法第十六条规定的地理标志，可以依照商标法和本条例的规定，作为证明商标或者集体商标申请注册。

以地理标志作为证明商标注册的，其商品符合使用该地理标志条件的自然人、法人或者其他组织可以要求使用该证明商标，控制该证明商标的组织应当允许。以地理标志作为集体商标注册的，其商品符合使用该地理标志条件的自然人、法人或者其他组织，可以要求参加以该地理标志作为集体商标注册的团体、协会或者其他组织，该团体、协会或者其他组织应当依据其章程接纳为会员；不要求参加以该地理标志作为集体商标注册的团体、协会或者其他组织的，也可以正当使用该地理标志，该团体、协会或者其他组织无权禁止。

第七条 当事人委托商标代理组织申请商标注册或者办理其他商标事宜，应当提交代理委托书。代理委托书应当载明代理内容及权限；外国人或者外国企业的代理委托书还应当载明委托人的国籍。

外国人或者外国企业的代理委托书及与其有关的证明文件的公证、认证手续，按照对等原则办理。

商标法第十八条所称外国人或者外国企业，是指在中国没有经常居所或者营业所的外国人或者外国企业。

第八条 申请商标注册或者办理其他商标事宜，应当使用中文。

依照商标法和本条例规定提交的各种证件、证明文件和证据材料是外文的，应当附送中文译文；未附送的，视为未提交该证件、证明文件或者证据材料。

第九条 商标局、商标评审委员会工作人员有下列情形之一的，应当回避，当事人或者利害关系人可以要求其回避：

（一）是当事人或者当事人、代理人的近亲属的；

（二）与当事人、代理人有其他关系，可能影响公正的；

（三）与申请商标注册或者办理其他商标事宜有利害关系的。

第十条 除本条例另有规定的外，当事人向商标局或者商标评审委员会提交文件或者材料的日期，直接递交的，以递交日为准；邮寄的，以寄出的邮戳日为准；邮戳日不清晰或者没有邮戳的，以商标局或者商标评审委员会实际收到日为准，但是当事人能够提出实际邮戳日证据的除外。

第十一条 商标局或者商标评审委员会的各种文件，可以通过邮寄、直接递交或者其他方式送达当事人。当事人委托商标代理组织的，文件送达商标代理组织视为送达当事人。

商标局或者商标评审委员会向当事人送达各种文件的日期，邮寄的，以当事人收到的邮戳日为准；邮戳日不清晰或者没有邮戳的，自文件发出之日起满15日，视为送达当事人；直接递交的，以递交日为准。文件无法邮寄或者无法直接递交的，可以通过公告方式送达当事人，自公告发布之日起满30日，该文件视为已经送达。

第十二条 商标国际注册依照我国加入的有关国际条约办理。具体办法由国务院工商行政管理部门规定。

第二章 商标注册的申请

第十三条 申请商标注册，应当按照公布的商品和服务分类表按类申请。每一件商标注册申请应当向商标局提交《商标注册申请书》1份、商标图样5份；指定颜色的，并应当提交着色图样5份、黑白稿1份。

商标图样必须清晰、便于粘贴，用光洁耐用的纸张印制或者用照片代替，长或者宽应当不大于10厘米，不小于5厘米。

以三维标志申请注册商标的，应当在申请书中予以声明，并提交能够确定三维形状的图样。

以颜色组合申请注册商标的，应当在申请书中予以声明，并提交文字说明。

申请注册集体商标、证明商标的，应当在申请书中予以声明，并提交主体资格证明文件和使用管理规则。

商标为外文或者包含外文的，应当说明含义。

第十四条 申请商标注册的，申请人应当提交能够证明其身份的有效证件的复印件。商标注册申请人的名义应当与所提交的证件相一致。

第十五条 商品名称或者服务项目应当按照商品和服务分类表填写；商品名称或者服务项目未列入商品和服务分类表的，应当附送对该商品或者服务的说明。

商标注册申请等有关文件，应当打字或者印刷。

第十六条 共同申请注册同一商标的，应当在申请书中指定一个代表人；没有指定代表人的，以申请书中顺序排列的第一人为代表人。

第十七条 申请人变更其名义、地址、代理人，或者删减指定的商品的，可以向商标局办理变更手续。

申请人转让其商标注册申请的，应当向商标局办理转让手续。

第十八条 商标注册的申请日期，以商标局收到申请文件的日期为准。申请手续齐备并按照规定填写申请文件的，商标局予以受理并书面通知申请人；申请手续不齐备或者未按照规定填写申请文件的，商标局不予受理，书面通知申请人并说明理由。

申请手续基本齐备或者申请文件基本符合规定，但是需要补正的，商标局通知申请人予以补正，限其自收到通知之日起30日内，按照指定内容补正并交回商标局。在规定期限内补正并交回商标局的，保留申请日期；期满未补正的，视为放弃申请，商标局应当书面通知申请人。

第十九条　两个或者两个以上的申请人，在同一种商品或者类似商品上，分别以相同或者近似的商标在同一天申请注册的，各申请人应当自收到商标局通知之日起 30 日内提交其申请注册前在先使用该商标的证据。同日使用或者均未使用的，各申请人可以自收到商标局通知之日起 30 日内自行协商，并将书面协议报送商标局；不愿协商或者协商不成的，商标局通知各申请人以抽签的方式确定一个申请人，驳回其他人的注册申请。商标局已经通知但申请人未参加抽签的，视为放弃申请，商标局应当书面通知未参加抽签的申请人。

第二十条　依照商标法第二十四条规定要求优先权的，申请人提交的第一次提出商标注册申请文件的副本应当经受理该申请的商标主管机关证明，并注明申请日期和申请号。

依照商标法第二十五条规定要求优先权的，申请人提交的证明文件应当经国务院工商行政管理部门规定的机构认证；展出其商品的国际展览会是在中国境内举办的除外。

第三章　商标注册申请的审查

第二十一条　商标局对受理的商标注册申请，依照商标法及本条例的有关规定进行审查，对符合规定的或者在部分指定商品上使用商标的注册申请符合规定的，予以初步审定，并予以公告；对不符合规定或者在部分指定商品上使用商标的注册申请不符合规定的，予以驳回或者驳回在部分指定商品上使用商标的注册申请，书面通知申请人并说明理由。

商标局对在部分指定商品上使用商标的注册申请予以初步审定的，申请人可以在异议期满之日前，申请放弃在部分指定商品上使用商标的注册申请；申请人放弃在部分指定商品上使用商标的注册申请的，商标局应当撤回原初步审定，终止审查程序，并重新公告。

第二十二条　对商标局初步审定予以公告的商标提出异议的，异议人应当向商标局提交商标异议书一式两份。商标异议书应当写明被异议商标刊登《商标公告》的期号及初步审定号。商标异议书应当有明确的请求和事实依据，并附送有关证据材料。

商标局应当将商标异议书副本及时送交被异议人，限其自收到商标异议书副本之日起 30 日内答辩。被异议人不答辩的，不影响商标局的异议裁定。

当事人需要在提出异议申请或者答辩后补充有关证据材料的，应当在申请书或者答辩书中声明，并自提交申请书或者答辩书之日起 3 个月内提交；期满未提交的，视为当事人放弃补充有关证据材料。

第二十三条 商标法第三十四条第二款所称异议成立，包括在部分指定商品上成立。异议在部分指定商品上成立的，在该部分指定商品上的商标注册申请不予核准。

被异议商标在异议裁定生效前已经刊发注册公告的，撤销原注册公告，经异议裁定核准注册的商标重新公告。

经异议裁定核准注册的商标，自该商标异议期满之日起至异议裁定生效前，对他人在同一种或者类似商品上使用与该商标相同或者近似的标志的行为不具有追溯力；但是，因该使用人的恶意给商标注册人造成的损失，应当给予赔偿。

经异议裁定核准注册的商标，对其提出评审申请的期限自该商标异议裁定公告之日起计算。

第四章　注册商标的变更、转让、续展

第二十四条 变更商标注册人名义、地址或者其他注册事项的，应当向商标局提交变更申请书。商标局核准后，发给商标注册人相应证明，并予以公告；不予核准的，应当书面通知申请人并说明理由。

变更商标注册人名义的，还应当提交有关登记机关出具的变更证明文件。未提交变更证明文件的，可以自提出申请之日起 30 日内补交；期满不提交的，视为放弃变更申请，商标局应当书面通知申请人。

变更商标注册人名义或者地址的，商标注册人应当将其全部注册商标一并变更；未一并变更的，视为放弃变更申请，商标局应当书面通知申请人。

第二十五条 转让注册商标的，转让人和受让人应当向商标局提交转让注册商标申请书。转让注册商标申请手续由受让人办理。商标局核准转让注册商标申请后，发给受让人相应证明，并予以公告。

转让注册商标的，商标注册人对其在同一种或者类似商品上注册的相同或者近似的商标，应当一并转让；未一并转让的，由商标局通知其限期改正；期满不

改正的，视为放弃转让该注册商标的申请，商标局应当书面通知申请人。

对可能产生误认、混淆或者其他不良影响的转让注册商标申请，商标局不予核准，书面通知申请人并说明理由。

第二十六条 注册商标专用权因转让以外的其他事由发生移转的，接受该注册商标专用权移转的当事人应当凭有关证明文件或者法律文书到商标局办理注册商标专用权移转手续。

注册商标专用权移转的，注册商标专用权人在同一种或者类似商品上注册的相同或者近似的商标，应当一并移转；未一并移转的，由商标局通知其限期改正；期满不改正的，视为放弃该移转注册商标的申请，商标局应当书面通知申请人。

第二十七条 注册商标需要续展注册的，应当向商标局提交商标续展注册申请书。商标局核准商标注册续展申请后，发给相应证明，并予以公告。

续展注册商标有效期自该商标上一届有效期满次日起计算。

第五章　商标评审

第二十八条 商标评审委员会受理依据商标法第三十二条、第三十三条、第四十一条、第四十九条的规定提出的商标评审申请。商标评审委员会根据事实，依法进行评审。

第二十九条 商标法第四十一条第三款所称对已经注册的商标有争议，是指在先申请注册的商标注册人认为他人在后申请注册的商标与其在同一种或者类似商品上的注册商标相同或者近似。

第三十条 申请商标评审，应当向商标评审委员会提交申请书，并按照对方当事人的数量提交相应份数的副本；基于商标局的决定书或者裁定书申请复审的，还应当同时附送商标局的决定书或者裁定书副本。

商标评审委员会收到申请书后，经审查，符合受理条件的，予以受理；不符合受理条件的，不予受理，书面通知申请人并说明理由；需要补正的，通知申请人自收到通知之日起30日内补正。经补正仍不符合规定的，商标评审委员会不予受理，书面通知申请人并说明理由；期满未补正的，视为撤回申请，商标评审委员会应当书面通知申请人。

商标评审委员会受理商标评审申请后，发现不符合受理条件的，予以驳回，书面通知申请人并说明理由。

第三十一条　商标评审委员会受理商标评审申请后,应当及时将申请书副本送交对方当事人,限其自收到申请书副本之日起 30 日内答辩;期满未答辩的,不影响商标评审委员会的评审。

第三十二条　当事人需要在提出评审申请或者答辩后补充有关证据材料的,应当在申请书或者答辩书中声明,并自提交申请书或者答辩书之日起 3 个月内提交;期满未提交的,视为放弃补充有关证据材料。

第三十三条　商标评审委员会根据当事人的请求或者实际需要,可以决定对评审申请进行公开评审。

商标评审委员会决定对评审申请进行公开评审的,应当在公开评审前 15 日书面通知当事人,告知公开评审的日期、地点和评审人员。当事人应当在通知书指定的期限内作出答复。

申请人不答复也不参加公开评审的,其评审申请视为撤回,商标评审委员会应当书面通知申请人;被申请人不答复也不参加公开评审的,商标评审委员会可以缺席评审。

第三十四条　申请人在商标评审委员会作出决定、裁定前,要求撤回申请的,经书面向商标评审委员会说明理由,可以撤回;撤回申请的,评审程序终止。

第三十五条　申请人撤回商标评审申请的,不得以相同的事实和理由再次提出评审申请;商标评审委员会对商标评审申请已经作出裁定或者决定的,任何人不得以相同的事实和理由再次提出评审申请。

第三十六条　依照商标法第四十一条的规定撤销的注册商标,其商标专用权视为自始即不存在。有关撤销注册商标的决定或者裁定,对在撤销前人民法院作出并已执行的商标侵权案件的判决、裁定,工商行政管理部门作出并已执行的商标侵权案件的处理决定,以及已经履行的商标转让或者使用许可合同,不具有追溯力;但是,因商标注册人恶意给他人造成的损失,应当给予赔偿。

第六章　商标使用的管理

第三十七条　使用注册商标,可以在商品、商品包装、说明书或者其他附着物上标明"注册商标"或者注册标记。

注册标记包括○注和®。使用注册标记，应当标注在商标的右上角或者右下角。

第三十八条 《商标注册证》遗失或者破损的，应当向商标局申请补发。《商标注册证》遗失的，应当在《商标公告》上刊登遗失声明。破损的《商标注册证》，应当在提交补发申请时交回商标局。

伪造或者变造《商标注册证》的，依照刑法关于伪造、变造国家机关证件罪或者其他罪的规定，依法追究刑事责任。

第三十九条 有商标法第四十四条第（一）项、第（二）项、第（三）项行为之一的，由工商行政管理部门责令商标注册人限期改正；拒不改正的，报请商标局撤销其注册商标。

有商标法第四十四条第（四）项行为的，任何人可以向商标局申请撤销该注册商标，并说明有关情况。商标局应当通知商标注册人，限其自收到通知之日起2个月内提交该商标在撤销申请提出前使用的证据材料或者说明不使用的正当理由；期满不提供使用的证据材料或者证据材料无效并没有正当理由的，由商标局撤销其注册商标。

前款所称使用的证据材料，包括商标注册人使用注册商标的证据材料和商标注册人许可他人使用注册商标的证据材料。

第四十条 依照商标法第四十四条、第四十五条的规定被撤销的注册商标，由商标局予以公告；该注册商标专用权自商标局的撤销决定作出之日起终止。

第四十一条 商标局、商标评审委员会撤销注册商标，撤销理由仅及于部分指定商品的，撤销在该部分指定商品上使用的商标注册。

第四十二条 依照商标法第四十五条、第四十八条的规定处以罚款的数额为非法经营额20%以下或者非法获利2倍以下。

依照商标法第四十七条的规定处以罚款的数额为非法经营额10%以下。

第四十三条 许可他人使用其注册商标的，许可人应当自商标使用许可合同签订之日起3个月内将合同副本报送商标局备案。

第四十四条 违反商标法第四十条第二款规定的，由工商行政管理部门责令限期改正；逾期不改正的，收缴其商标标识；商标标识与商品难以分离的，一并收缴、销毁。

第四十五条 使用商标违反商标法第十三条规定的，有关当事人可以请求工商行政管理部门禁止使用。当事人提出申请时，应当提交其商标构成驰名商标的证据材料。经商标局依照商标法第十四条的规定认定为驰名商标的，由工商行政管理部门责令侵权人停止违反商标法第十三条规定使用该驰名商标的行为，收缴、销毁其商标标识；商标标识与商品难以分离的，一并收缴、销毁。

第四十六条　商标注册人申请注销其注册商标或者注销其商标在部分指定商品上的注册的，应当向商标局提交商标注销申请书，并交回原《商标注册证》。

商标注册人申请注销其注册商标或者注销其商标在部分指定商品上的注册的，该注册商标专用权或者该注册商标专用权在该部分指定商品上的效力自商标局收到其注销申请之日起终止。

第四十七条　商标注册人死亡或者终止，自死亡或者终止之日起1年期满，该注册商标没有办理移转手续的，任何人可以向商标局申请注销该注册商标。提出注销申请的，应当提交有关该商标注册人死亡或者终止的证据。

注册商标因商标注册人死亡或者终止而被注销的，该注册商标专用权自商标注册人死亡或者终止之日起终止。

第四十八条　注册商标被撤销或者依照本条例第四十六条、第四十七条的规定被注销的，原《商标注册证》作废；撤销该商标在部分指定商品上的注册的，或者商标注册人申请注销其商标在部分指定商品上的注册的，由商标局在原《商标注册证》上加注发还，或者重新核发《商标注册证》，并予公告。

第七章　注册商标专用权的保护

第四十九条　注册商标中含有的本商品的通用名称、图形、型号，或者直接表示商品的质量、主要原料、功能、用途、重量、数量及其他特点，或者含有地名，注册商标专用权人无权禁止他人正当使用。

第五十条　有下列行为之一的，属于商标法第五十二条第（五）项所称侵犯注册商标专用权的行为：

（一）在同一种或者类似商品上，将与他人注册商标相同或者近似的标志作为商品名称或者商品装潢使用，误导公众的；

（二）故意为侵犯他人注册商标专用权行为提供仓储、运输、邮寄、隐匿等便利条件的。

第五十一条　对侵犯注册商标专用权的行为，任何人可以向工商行政管理部门投诉或者举报。

第五十二条　对侵犯注册商标专用权的行为，罚款数额为非法经营额3倍以下；非法经营额无法计算的，罚款数额为10万元以下。

第五十三条 商标所有人认为他人将其驰名商标作为企业名称登记，可能欺骗公众或者对公众造成误解的，可以向企业名称登记主管机关申请撤销该企业名称登记。企业名称登记主管机关应当依照《企业名称登记管理规定》处理。

第八章 附 则

第五十四条 连续使用至1993年7月1日的服务商标，与他人在相同或者类似的服务上已注册的服务商标相同或者近似的，可以继续使用；但是，1993年7月1日后中断使用3年以上的，不得继续使用。

第五十五条 商标代理的具体管理办法由国务院另行规定。

第五十六条 商标注册用商品和服务分类表，由国务院工商行政管理部门制定并公布。

申请商标注册或者办理其他商标事宜的文件格式，由国务院工商行政管理部门制定并公布。

商标评审委员会的评审规则由国务院工商行政管理部门制定并公布。

第五十七条 商标局设置《商标注册簿》，记载注册商标及有关注册事项。

商标局编印发行《商标公告》，刊登商标注册及其他有关事项。

第五十八条 申请商标注册或者办理其他商标事宜，应当缴纳费用。缴纳费用的项目和标准，由国务院工商行政管理部门会同国务院价格主管部门规定并公布。

第五十九条 本条例自2002年9月15日起施行。1983年3月10日国务院发布、1988年1月3日国务院批准第一次修订、1993年7月15日国务院批准第二次修订的《中华人民共和国商标法实施细则》和1995年4月23日《国务院关于办理商标注册附送证件问题的批复》同时废止。

中华人民共和国著作权法

(1990年9月7日第七届全国人民代表大会常务委员会第十五次会议通过根据2001年10月27日第九届全国人民代表大会常务委员会第二十四次会议《关于修改〈中华人民共和国著作权法〉的决定》修正)

目 录

第一章　总则
第二章　著作权
第一节　著作权人及其权利
第二节　著作权归属
第三节　权利的保护期
第四节　权利的限制
第三章　著作权许可使用和转让合同
第四章　出版、表演、录音录像、播放
第一节　图书、报刊的出版
第二节　表演
第三节　录音录像
第四节　广播电台、电视台播放
第五章　法律责任和执法措施
第六章　附则

第一章　总　　则

第一条　为保护文学、艺术和科学作品作者的著作权，以及与著作权有关的权益，鼓励有益于社会主义精神文明、物质文明建设的作品的创作和传播，促进社会主义文化和科学事业的发展与繁荣，根据宪法制定本法。

第二条　中国公民、法人或者其他组织的作品，不论是否发表，依照本法享有著作权。

外国人、无国籍人的作品根据其作者所属国或者经常居住地国同中国签订的协议或者共同参加的国际条约享有的著作权，受本法保护。

外国人、无国籍人的作品首先在中国境内出版的，依照本法享有著作权。

未与中国签订协议或者共同参加国际条约的国家的作者以及无国籍人的作品首次在中国参加的国际条约的成员国出版的，或者在成员国和非成员国同时出版的，受本法保护。

第三条 本法所称的作品，包括以下列形式创作的文学、艺术和自然科学、社会科学、工程技术等作品：

（一）文字作品；

（二）口述作品；

（三）音乐、戏剧、曲艺、舞蹈、杂技艺术作品；

（四）美术、建筑作品；

（五）摄影作品；

（六）电影作品和以类似摄制电影的方法创作的作品；

（七）工程设计图、产品设计图、地图、示意图等图形作品和模型作品；

（八）计算机软件；

（九）法律、行政法规规定的其他作品。

第四条 依法禁止出版、传播的作品，不受本法保护。

著作权人行使著作权，不得违反宪法和法律，不得损害公共利益。

第五条 本法不适用于：

（一）法律、法规，国家机关的决议、决定、命令和其他具有立法、行政、司法性质的文件，及其官方正式译文；

（二）时事新闻；

（三）历法、通用数表、通用表格和公式。

第六条 民间文学艺术作品的著作权保护办法由国务院另行规定。

第七条 国务院著作权行政管理部门主管全国的著作权管理工作；各省、自治区、直辖市人民政府的著作权行政管理部门主管本行政区域的著作权管理工作。

第八条 著作权人和与著作权有关的权利人可以授权著作权集体管理组织行使著作权或者与著作权有关的权利。著作权集体管理组织被授权后，可以以自己的名义为著作权人和与著作权有关的权利人主张权利，并可以作为当事人进行涉及著作权或者与著作权有关的权利的诉讼、仲裁活动。

著作权集体管理组织是非营利性组织,其设立方式、权利义务、著作权许可使用费的收取和分配,以及对其监督和管理等由国务院另行规定。

第二章 著 作 权

第一节 著作权人及其权利

第九条 著作权人包括:

(一) 作者;

(二) 其他依照本法享有著作权的公民、法人或者其他组织。

第十条 著作权包括下列人身权和财产权:

(一) 发表权,即决定作品是否公之于众的权利;

(二) 署名权,即表明作者身份,在作品上署名的权利;

(三) 修改权,即修改或者授权他人修改作品的权利;

(四) 保护作品完整权,即保护作品不受歪曲、篡改的权利;

(五) 复制权,即以印刷、复印、拓印、录音、录像、翻录、翻拍等方式将作品制作一份或者多份的权利;

(六) 发行权,即以出售或者赠与方式向公众提供作品的原件或者复制件的权利;

(七) 出租权,即有偿许可他人临时使用电影作品和以类似摄制电影的方法创作的作品、计算机软件的权利,计算机软件不是出租的主要标的的除外;

(八) 展览权,即公开陈列美术作品、摄影作品的原件或者复制件的权利;

(九) 表演权,即公开表演作品,以及用各种手段公开播送作品的表演的权利;

(十) 放映权,即通过放映机、幻灯机等技术设备公开再现美术、摄影、电影和以类似摄制电影的方法创作的作品等的权利;

(十一) 广播权,即以无线方式公开广播或者传播作品,以有线传播或者转播的方式向公众传播广播的作品,以及通过扩音器或者其他传送符号、声音、图像的类似工具向公众传播广播的作品的权利;

(十二) 信息网络传播权,即以有线或者无线方式向公众提供作品,使公众

可以在其个人选定的时间和地点获得作品的权利;

（十三）摄制权,即以摄制电影或者以类似摄制电影的方法将作品固定在载体上的权利;

（十四）改编权,即改变作品,创作出具有独创性的新作品的权利;

（十五）翻译权,即将作品从一种语言文字转换成另一种语言文字的权利;

（十六）汇编权,即将作品或者作品的片段通过选择或者编排,汇集成新作品的权利;

（十七）应当由著作权人享有的其他权利。

著作权人可以许可他人行使前款第（五）项至第（十七）项规定的权利,并依照约定或者本法有关规定获得报酬。

著作权人可以全部或者部分转让本条第一款第（五）项至第（十七）项规定的权利,并依照约定或者本法有关规定获得报酬。

第二节 著作权归属

第十一条 著作权属于作者,本法另有规定的除外。

创作作品的公民是作者。

由法人或者其他组织主持,代表法人或者其他组织意志创作,并由法人或者其他组织承担责任的作品,法人或者其他组织视为作者。

如无相反证明,在作品上署名的公民、法人或者其他组织为作者。

第十二条 改编、翻译、注释、整理已有作品而产生的作品,其著作权由改编、翻译、注释、整理人享有,但行使著作权时不得侵犯原作品的著作权。

第十三条 两人以上合作创作的作品,著作权由合作作者共同享有。没有参加创作的人,不能成为合作作者。

合作作品可以分割使用的,作者对各自创作的部分可以单独享有著作权,但行使著作权时不得侵犯合作作品整体的著作权。

第十四条 汇编若干作品、作品的片段或者不构成作品的数据或者其他材料,对其内容的选择或者编排体现独创性的作品,为汇编作品,其著作权由汇编人享有,但行使著作权时,不得侵犯原作品的著作权。

第十五条 电影和作品以类似摄制电影的方法创作的作品的著作权由制片者享有,但编剧、导演、摄影、作词、作曲等作者享有署名权,并有权按照与制片者签订的合同获得报酬。

电影作品和以类似摄制电影的方法创作的作品中的剧本、音乐等可以单独使用的作品的作者有权单独行使其著作权。

第十六条 公民为完成法人或者其他组织工作任务所创作的作品是职务作品，除本条第二款的规定以外，著作权由作者享有，但法人或者其他组织有权在其业务范围内优先使用。作品完成两年内，未经单位同意，作者不得许可第三人以与单位使用的相同方式使用该作品。

有下列情形之一的职务作品，作者享有署名权，著作权的其他权利由法人或者其他组织享有，法人或者其他组织可以给予作者奖励：

（一）主要是利用法人或者其他组织的物质技术条件创作，并由法人或者其他组织承担责任的工程设计图、产品设计图、地图、计算机软件等职务作品；

（二）法律、行政法规规定或者合同约定著作权由法人或者其他组织享有的职务作品。

第十七条 受委托创作的作品，著作权的归属由委托人和受托人通过合同约定。合同未作明确约定或者没有订立合同的，著作权属于受托人。

第十八条 美术等作品原件所有权的转移，不视为作品著作权的转移，但美术作品原件的展览权由原件所有人享有。

第十九条 著作权属于公民的，公民死亡后，其本法第十条第一款第（五）项至第（十七）项规定的权利在本法规定的保护期内，依照继承法的规定转移。

著作权属于法人或者其他组织的，法人或者其他组织变更、终止后，其本法第十条第一款第（五）项至第（十七）项规定的权利在本法规定的保护期内，由承受其权利义务的法人或者其他组织享有；没有承受其权利义务的法人或者其他组织的，由国家享有。

第三节　权利的保护期

第二十条 作者的署名权、修改权、保护作品完整权的保护期不受限制。

第二十一条 公民的作品，其发表权、本法第十条第一款第（五）项至第（十七）项规定的权利的保护期为作者终生及其死亡后五十年，截止于作者死亡后第五十年的12月31日；如果是合作作品，截止于最后死亡的作者死亡后第五十年的12月31日。

法人或者其他组织的作品、著作权（署名权除外）由法人或者其他组织享有的职务作品，其发表权、本法第十条第一款第（五）项至第（十七）项规定的权利的保护期为五十年，截止于作品首次发表后第五十年的12月31日，但作品自创作完成后五十年内未发表的，本法不再保护。

电影作品和以类似摄制电影的方法创作的作品、摄影作品，其发表权、本法第十条第一款第（五）项至第（十七）项规定的权利的保护期为五十年，截止于作品首次发表后第五十年的 12 月 31 日，但作品自创作完成后五十年内未发表的，本法不再保护。

第四节 权利的限制

第二十二条 在下列情况下使用作品，可以不经著作权人许可，不向其支付报酬，但应当指明作者姓名、作品名称，并且不得侵犯著作权人依照本法享有的其他权利：

（一）为个人学习、研究或者欣赏，使用他人已经发表的作品；

（二）为介绍、评论某一作品或者说明某一问题，在作品中适当引用他人已经发表的作品；

（三）为报道时事新闻，在报纸、期刊、广播电台、电视台等媒体中不可避免地再现或者引用已经发表的作品；

（四）报纸、期刊、广播电台、电视台等媒体刊登或者播放其他报纸、期刊、广播电台、电视台等媒体已经发表的关于政治、经济、宗教问题的时事性文章，但作者声明不许刊登、播放的除外；

（五）报纸、期刊、广播电台、电视台等媒体刊登或者播放在公众集会上发表的讲话，但作者声明不许刊登、播放的除外；

（六）为学校课堂教学或者科学研究，翻译或者少量复制已经发表的作品，供教学或者科研人员使用，但不得出版发行；

（七）国家机关为执行公务在合理范围内使用已经发表的作品；

（八）图书馆、档案馆、纪念馆、博物馆、美术馆等为陈列或者保存版本的需要，复制本馆收藏的作品；

（九）免费表演已经发表的作品，该表演未向公众收取费用，也未向表演者支付报酬；

（十）对设置或者陈列在室外公共场所的艺术作品进行临摹、绘画、摄影、录像；

（十一）将中国公民、法人或者其他组织已经发表的以汉语言文字创作的作品翻译成少数民族语言文字作品在国内出版发行；

（十二）将已经发表的作品改成盲文出版。

前款规定适用于对出版者、表演者、录音录像制作者、广播电台、电视台的权利的限制。

第二十三条 为实施九年制义务教育和国家教育规划而编写出版教科书，除作者事先声明不许使用的外，可以不经著作权人许可，在教科书中汇编已经发表的作品片段或者短小的文字作品、音乐作品或者单幅的美术作品、摄影作品，但应当按照规定支付报酬，指明作者姓名、作品名称，并且不得侵犯著作权人依照本法享有的其他权利。

前款规定适用于对出版者、表演者、录音录像制作者、广播电台、电视台的权利的限制。

第三章 著作权许可使用和转让合同

第二十四条 使用他人作品应当同著作权人订立许可使用合同，本法规定可以不经许可的除外。

许可使用合同包括下列主要内容：
（一）许可使用的权利种类；
（二）许可使用的权利是专有使用权或者非专有使用权；
（三）许可使用的地域范围、期间；
（四）付酬标准和办法；
（五）违约责任；
（六）双方认为需要约定的其他内容。

第二十五条 转让本法第十条第一款第（五）项至第（十七）项规定的权利，应当订立书面合同。

权利转让合同包括下列主要内容：
（一）作品的名称；
（二）转让的权利种类、地域范围；
（三）转让价金；
（四）交付转让价金的日期和方式；
（五）违约责任；
（六）双方认为需要约定的其他内容。

第二十六条 许可使用合同和转让合同中著作权人未明确许可、转让的权利，未经著作权人同意，另一方当事人不得行使。

下篇 企业知识产权管理制度与合同参考文本

第二十七条　使用作品的付酬标准可以由当事人约定，也可以按照国务院著作权行政管理部门会同有关部门制定的付酬标准支付报酬。当事人约定不明确的，按照国务院著作权行政管理部门会同有关部门制定的付酬标准支付报酬。

第二十八条　出版者、表演者、录音录像制作者、广播电台、电视台等依照本法有关规定使用他人作品的，不得侵犯作者的署名权、修改权、保护作品完整权和获得报酬的权利。

第四章　出版、表演、录音录像、播放

第一节　图书、报刊的出版

第二十九条　图书出版者出版图书应当和著作权人订立出版合同，并支付报酬。

第三十条　图书出版者对著作权人交付出版的作品，按照合同约定享有的专有出版权受法律保护，他人不得出版该作品。

第三十一条　著作权人应当按照合同约定期限交付作品。图书出版者应当按照合同约定的出版质量、期限出版图书。

图书出版者不按照合同约定期限出版，应当依照本法第五十三条的规定承担民事责任。

图书出版者重印、再版作品的，应当通知著作权人，并支付报酬。图书脱销后，图书出版者拒绝重印、再版的，著作权人有权终止合同。

第三十二条　著作权人向报社、期刊社投稿的，自稿件发出之日起15日内未收到报社通知决定刊登的，或者自稿件发出之日起30日内未收到期刊社通知决定刊登的，可以将同一作品向其他报社、期刊社投稿。双方另有约定的除外。

作品刊登后，除著作权人声明不得转载、摘编的外，其他报刊可以转载或者作为文摘、资料刊登，但应当按照规定向著作权人支付报酬。

第三十三条　图书出版者经作者许可，可以对作品修改、删节。

报社、期刊社可以对作品作文字性修改、删节。对内容的修改，应当经作者许可。

第三十四条　出版改编、翻译、注释、整理、汇编已有作品而产生的作品，应当取得改编、翻译、注释、整理、汇编作品的著作权人和原作品的著作权人许

可，并支付报酬。

第三十五条 出版者有权许可或者禁止他人使用其出版的图书、期刊的版式设计。

前款规定的权利的保护期为10年，截止于使用该版式设计的图书、期刊首次出版后第十年的12月31日。

第二节 表　演

第三十六条 使用他人作品演出，表演者（演员、演出单位）应当取得著作权人许可，并支付报酬。演出组织者组织演出，由该组织者取得著作权人许可，并支付报酬。

使用改编、翻译、注释、整理已有作品而产生的作品进行演出，应当取得改编、翻译、注释、整理作品的著作权人和原作品的著作权人许可，并支付报酬。

第三十七条 表演者对其表演享有下列权利：

（一）表明表演者身份；

（二）保护表演形象不受歪曲；

（三）许可他人从现场直播和公开传送其现场表演，并获得报酬；

（四）许可他人录音录像，并获得报酬；

（五）许可他人复制、发行录有其表演的录音录像制品，并获得报酬；

（六）许可他人通过信息网络向公众传播其表演，并获得报酬。

被许可人以前款第（三）项至第（六）项规定的方式使用作品，还应当取得著作权人许可，并支付报酬。

第三十八条 本法第三十七条第一款第（一）项、第（二）项规定的权利的保护期不受限制。

本法第三十七条第一款第（三）项至第（六）项规定的权利的保护期为五十年，截止于该表演发生后第五十年的12月31日。

第三节 录音录像

第三十九条 录音录像制作者使用他人作品制作录音录像制品，应当取得著作权人许可，并支付报酬。

录音录像制作者使用改编、翻译、注释、整理已有作品而产生的作品，应当取得改编、翻译、注释、整理作品的著作权人和原作品著作权人许可，并支付报酬。

录音制作者使用他人已经合法录制为录音制品的音乐作品制作录音制品，可以不经著作权人许可，但应当按照规定支付报酬；著作权人声明不许使用的不得使用。

第四十条 录音录像制作者制作录音录像制品，应当同表演者订立合同，并支付报酬。

第四十一条 录音录像制作者对其制作的录音录像制品，享有许可他人复制、发行、出租、通过信息网络向公众传播并获得报酬的权利；权利的保护期为五十年，截止于该制品首次制作完成后第五十年的12月31日。

被许可人复制、发行、通过信息网络向公众传播录音录像制品，还应当取得著作权人、表演者许可，并支付报酬。

第四节 广播电台、电视台播放

第四十二条 广播电台、电视台播放他人未发表的作品，应当取得著作权人许可，并支付报酬。

广播电台、电视台播放他人已发表的作品，可以不经著作权人许可，但应当支付报酬。

第四十三条 广播电台、电视台播放已经出版的录音制品，可以不经著作权人许可，但应当支付报酬。当事人另有约定的除外。具体办法由国务院规定。

第四十四条 广播电台、电视台有权禁止未经其许可的下列行为：

（一）将其播放的广播、电视转播；

（二）将其播放的广播、电视录制在音像载体上以及复制音像载体。

前款规定的权利的保护期为五十年，截止于该广播、电视首次播放后第五十年的12月31日。

第四十五条 电视台播放他人的电影作品和以类似摄制电影的方法创作的作品、录像制品，应当取得制片者或者录像制作者许可，并支付报酬；播放他人的录像制品，还应当取得著作权人许可，并支付报酬。

第五章 法律责任和执法措施

第四十六条 有下列侵权行为的，应当根据情况，承担停止侵害、消除影响、赔礼道歉、赔偿损失等民事责任：

（一）未经著作权人许可，发表其作品的；

（二）未经合作作者许可，将与他人合作创作的作品当作自己单独创作的作品发表的；

（三）没有参加创作，为谋取个人名利，在他人作品上署名的；

（四）歪曲、篡改他人作品的；

（五）剽窃他人作品的；

（六）未经著作权人许可，以展览、摄制电影和以类似摄制电影的方法使用作品，或者以改编、翻译、注释等方式使用作品的，本法另有规定的除外；

（七）使用他人作品，应当支付报酬而未支付的；

（八）未经电影作品和以类似摄制电影的方法创作的作品、计算机软件、录音录像制品的著作权人或者与著作权有关的权利人许可，出租其作品或者录音录像制品的，本法另有规定的除外；

（九）未经出版者许可，使用其出版的图书、期刊的版式设计的；

（十）未经表演者许可，从现场直播或者公开传送其现场表演，或者录制其表演的；

（十一）其他侵犯著作权以及与著作权有关的权益的行为。

第四十七条 有下列侵权行为的，应当根据情况，承担停止侵害、消除影响、赔礼道歉、赔偿损失等民事责任；同时损害公共利益的，可以由著作权行政管理部门责令停止侵权行为，没收违法所得，没收、销毁侵权复制品，并可处以罚款；情节严重的，著作权行政管理部门还可以没收主要用于制作侵权复制品的材料、工具、设备等；构成犯罪的，依法追究刑事责任：

（一）未经著作权人许可，复制、发行、表演、放映、广播、汇编、通过信息网络向公众传播其作品的，本法另有规定的除外；

（二）出版他人享有专有出版权的图书的；

（三）未经表演者许可，复制、发行录有其表演的录音录像制品，或者通过信息网络向公众传播其表演的，本法另有规定的除外；

（四）未经录音录像制作者许可，复制、发行、通过信息网络向公众传播其制作的录音录像制品的，本法另有规定的除外；

（五）未经许可，播放或者复制广播、电视的，本法另有规定的除外；

（六）未经著作权人或者与著作权有关的权利人许可，故意避开或者破坏权利人为其作品、录音录像制品等采取的保护著作权或者与著作权有关的权利的技术措施的，法律、行政法规另有规定的除外；

（七）未经著作权人或者与著作权有关的权利人许可，故意删除或者改变作品、录音录像制品等的权利管理电子信息的，法律、行政法规另有规定的除外；

（八）制作、出售假冒他人署名的作品的。

第四十八条 侵犯著作权或者与著作权有关的权利的，侵权人应当按照权利人的实际损失给予赔偿；实际损失难以计算的，可以按照侵权人的违法所得给予赔偿。赔偿数额还应当包括权利人为制止侵权行为所支付的合理开支。

权利人的实际损失或者侵权人的违法所得不能确定的，由人民法院根据侵权行为的情节，判决给予 50 万元以下的赔偿。

第四十九条 著作权人或者与著作权有关的权利人有证据证明他人正在实施或者即将实施侵犯其权利的行为，如不及时制止将会使其合法权益受到难以弥补的损害的，可以在起诉前向人民法院申请采取责令停止有关行为和财产保全的措施。

人民法院处理前款申请，适用《中华人民共和国民事诉讼法》第九十三条至第九十六条和第九十九条的规定。

第五十条 为制止侵权行为，在证据可能灭失或者以后难以取得的情况下，著作权人或者与著作权有关的权利人可以在起诉前向人民法院申请保全证据。

人民法院接受申请后，必须在 48 小时内作出裁定；裁定采取保全措施的，应当立即开始执行。

人民法院可以责令申请人提供担保，申请人不提供担保的，驳回申请。

申请人在人民法院采取保全措施后 15 日内不起诉的，人民法院应当解除保全措施。

第五十一条 人民法院审理案件，对于侵犯著作权或者与著作权有关的权利的，可以没收违法所得、侵权复制品以及进行违法活动的财物。

第五十二条 复制品的出版者、制作者不能证明其出版、制作有合法授权的，复制品的发行者或者电影作品或者以类似摄制电影的方法创作的作品、计算机软件、录音录像制品的复制品的出租者不能证明其发行、出租的复制品有合法来源的，应当承担法律责任。

第五十三条 当事人不履行合同义务或者履行合同义务不符合约定条件的，应当依照《中华人民共和国民法通则》、《中华人民共和国合同法》等有关法律规定承担民事责任。

第五十四条 著作权纠纷可以调解，也可以根据当事人达成的书面仲裁协议或者著作权合同中的仲裁条款，向仲裁机构申请仲裁。

当事人没有书面仲裁协议，也没有在著作权合同中订立仲裁条款的，可以直接向人民法院起诉。

第五十五条 当事人对行政处罚不服的，可以自收到行政处罚决定书之日起3个月内向人民法院起诉，期满不起诉又不履行的，著作权行政管理部门可以申请人民法院执行。

第六章 附 则

第五十六条 本法所称的著作权即版权。

第五十七条 本法第二条所称的出版，指作品的复制、发行。

第五十八条 计算机软件、信息网络传播权的保护办法由国务院另行规定。

第五十九条 本法规定的著作权人和出版者、表演者、录音录像制作者、广播电台、电视台的权利，在本法施行之日尚未超过本法规定的保护期的，依照本法予以保护。

本法施行前发生的侵权或者违约行为，依照侵权或者违约行为发生时的有关规定和政策处理。

第六十条 本法自1991年6月1日起施行。

中华人民共和国著作权法实施条例

（2002年8月2日中华人民共和国国务院令第359号公布自2002年9月15日起施行）

第一条 根据《中华人民共和国著作权法》（以下简称著作权法），制定本条例。

第二条 著作权法所称作品，是指文学、艺术和科学领域内具有独创性并能以某种有形形式复制的智力成果。

第三条 著作权法所称创作，是指直接产生文学、艺术和科学作品的智力活动。

为他人创作进行组织工作，提供咨询意见、物质条件，或者进行其他辅助工作，均不视为创作。

第四条 著作权法和本条例中下列作品的含义：

（一）文字作品，是指小说、诗词、散文、论文等以文字形式表现的作品；

（二）口述作品，是指即兴的演说、授课、法庭辩论等以口头语言形式表现的作品；

（三）音乐作品，是指歌曲、交响乐等能够演唱或者演奏的带词或者不带词的作品；

（四）戏剧作品，是指话剧、歌剧、地方戏等供舞台演出的作品；

（五）曲艺作品，是指相声、快书、大鼓、评书等以说唱为主要形式表演的作品；

（六）舞蹈作品，是指通过连续的动作、姿势、表情等表现思想情感的作品；

（七）杂技艺术作品，是指杂技、魔术、马戏等通过形体动作和技巧表现的作品；

（八）美术作品，是指绘画、书法、雕塑等以线条、色彩或者其他方式构成的有审美意义的平面或者立体的造型艺术作品；

（九）建筑作品，是指以建筑物或者构筑物形式表现的有审美意义的作品；

（十）摄影作品，是指借助器械在感光材料或者其他介质上记录客观物体形象的艺术作品；

（十一）电影作品和以类似摄制电影的方法创作的作品，是指摄制在一定介质上，由一系列有伴音或者无伴音的画面组成，并且借助适当装置放映或者以其他方式传播的作品；

（十二）图形作品，是指为施工、生产绘制的工程设计图、产品设计图，以及反映地理现象、说明事物原理或者结构的地图、示意图等作品；

（十三）模型作品，是指为展示、试验或者观测等用途，根据物体的形状和结构，按照一定比例制成的立体作品。

第五条 著作权法和本条例中下列用语的含义：

（一）时事新闻，是指通过报纸、期刊、广播电台、电视台等媒体报道的单纯事实消息；

（二）录音制品，是指任何对表演的声音和其他声音的录制品；

（三）录像制品，是指电影作品和以类似摄制电影的方法创作的作品以外的任何有伴音或者无伴音的连续相关形象、图像的录制品；

（四）录音制作者，是指录音制品的首次制作人；

（五）录像制作者，是指录像制品的首次制作人；

（六）表演者，是指演员、演出单位或者其他表演文学、艺术作品的人。

第六条 著作权自作品创作完成之日起产生。

第七条 著作权法第二条第三款规定的首先在中国境内出版的外国人、无国籍人的作品，其著作权自首次出版之日起受保护。

第八条 外国人、无国籍人的作品在中国境外首先出版后，30日内在中国境内出版的，视为该作品同时在中国境内出版。

第九条 合作作品不可以分割使用的，其著作权由各合作作者共同享有，通过协商一致行使；不能协商一致，又无正当理由的，任何一方不得阻止他方行使除转让以外的其他权利，但是所得收益应当合理分配给所有合作作者。

第十条 著作权人许可他人将其作品摄制成电影作品和以类似摄制电影的方法创作的作品的，视为已同意对其作品进行必要的改动，但是这种改动不得歪曲篡改原作品。

第十一条 著作权法第十六条第一款关于职务作品的规定中的"工作任务"，是指公民在该法人或者该组织中应当履行的职责。

著作权法第十六条第二款关于职务作品的规定中的"物质技术条件"，是指该法人或者该组织为公民完成创作专门提供的资金、设备或者资料。

第十二条 职务作品完成两年内，经单位同意，作者许可第三人以与单位使用的相同方式使用作品所获报酬，由作者与单位按约定的比例分配。

作品完成两年的期限，自作者向单位交付作品之日起计算。

第十三条 作者身份不明的作品，由作品原件的所有人行使除署名权以外的著作权。作者身份确定后，由作者或者其继承人行使著作权。

第十四条 合作作者之一死亡后，其对合作作品享有的著作权法第十条第一款第（五）项至第（十七）项规定的权利无人继承又无人受遗赠的，由其他合作作者享有。

第十五条 作者死亡后，其著作权中的署名权、修改权和保护作品完整权由作者的继承人或者受遗赠人保护。

著作权无人继承又无人受遗赠的，其署名权、修改权和保护作品完整权由著作权行政管理部门保护。

第十六条 国家享有著作权的作品的使用，由国务院著作权行政管理部门管理。

第十七条 作者生前未发表的作品，如果作者未明确表示不发表，作者死亡后50年内，其发表权可由继承人或者受遗赠人行使；没有继承人又无人受遗赠的，由作品原件的所有人行使。

第十八条 作者身份不明的作品，其著作权法第十条第一款第（五）项至第（十七）项规定的权利的保护期截止于作品首次发表后第50年的12月31日。作者身份确定后，适用著作权法第二十一条的规定。

第十九条 使用他人作品的，应当指明作者姓名、作品名称；但是，当事人另有约定或者由于作品使用方式的特性无法指明的除外。

第二十条 著作权法所称已经发表的作品，是指著作权人自行或者许可他人公之于众的作品。

第二十一条 依照著作权法有关规定，使用可以不经著作权人许可的已经发表的作品的，不得影响该作品的正常使用，也不得不合理地损害著作权人的合法利益。

第二十二条 依照著作权法第二十三条、第三十二条第二款、第三十九条第三款的规定使用作品的付酬标准，由国务院著作权行政管理部门会同国务院价格主管部门制定、公布。

第二十三条 使用他人作品应当同著作权人订立许可使用合同，许可使用的权利是专有使用权的，应当采取书面形式，但是报社、期刊社刊登作品除外。

第二十四条 著作权法第二十四条规定的专有使用权的内容由合同约定，合同没有约定或者约定不明的，视为被许可人有权排除包括著作权人在内的任何人以同样的方式使用作品；除合同另有约定外，被许可人许可第三人行使同一权利，必须取得著作权人的许可。

第二十五条 与著作权人订立专有许可使用合同、转让合同的，可以向著作权行政管理部门备案。

第二十六条 著作权法和本条例所称与著作权有关的权益，是指出版者对其出版的图书和期刊的版式设计享有的权利，表演者对其表演享有的权利，录音录像制作者对其制作的录音录像制品享有的权利，广播电台、电视台对其播放的广播、电视节目享有的权利。

第二十七条 出版者、表演者、录音录像制作者、广播电台、电视台行使权利，不得损害被使用作品和原作品著作权人的权利。

第二十八条 图书出版合同中约定图书出版者享有专有出版权但没有明确其具体内容的，视为图书出版者享有在合同有效期限内和在合同约定的地域范围内以同种文字的原版、修订版出版图书的专有权利。

第二十九条 著作权人寄给图书出版者的两份订单在6个月内未能得到履行，视为著作权法第三十一条所称图书脱销。

第三十条 著作权人依照著作权法第三十二条第二款声明不得转载、摘编其作品的，应当在报纸、期刊刊登该作品时附带声明。

第三十一条 著作权人依照著作权法第三十九条第三款声明不得对其作品制作录音制品的，应当在该作品合法录制为录音制品时声明。

第三十二条 依照著作权法第二十三条、第三十二条第二款、第三十九条第三款的规定，使用他人作品的，应当自使用该作品之日起2个月内向著作权人支付报酬。

第三十三条 外国人、无国籍人在中国境内的表演，受著作权法保护。

外国人、无国籍人根据中国参加的国际条约对其表演享有的权利，受著作权法保护。

第三十四条 外国人、无国籍人在中国境内制作、发行的录音制品，受著作权法保护。

外国人、无国籍人根据中国参加的国际条约对其制作、发行的录音制品享有的权利，受著作权法保护。

下篇　企业知识产权管理制度与合同参考文本

第三十五条 外国的广播电台、电视台根据中国参加的国际条约对其播放的广播、电视节目享有的权利，受著作权法保护。

第三十六条 有著作权法第四十七条所列侵权行为，同时损害社会公共利益的，著作权行政管理部门可以处非法经营额3倍以下的罚款；非法经营额难以计算的，可以处10万元以下的罚款。

第三十七条 有著作权法第四十七条所列侵权行为，同时损害社会公共利益的，由地方人民政府著作权行政管理部门负责查处。

国务院著作权行政管理部门可以查处在全国有重大影响的侵权行为。

第三十八条 本条例自2002年9月15日起施行。1991年5月24日国务院批准、1991年5月30日国家版权局发布的《中华人民共和国著作权法实施条例》同时废止。

后　　记

　　21世纪是知识经济时代，知识产权已成为人类社会重要的生产要素，同时也是企业最重要的经营资源和战略资源。希望本书的出版，能够为我国广大企业研究制定知识产权战略，切实加强企业知识产权创造、应用、管理与保护提供理论支持和实务借鉴。

　　在本书编写过程中，得到了有关中央企业、民营企业和清华大学、北京交通大学、北京航空航天大学等高等院校的大力支持。参加本书编写工作的除编委会有关成员外，还有（以姓氏笔画为序）王蓉、叶小忠、朱晓磊、吕国平、刘爱群、吴玉玺、范红雁、金进寅、张春雨、杨兴国、胡世明、高文辉、郭立冬、黄培生等。本书初稿形成后，由主编、副主编统稿审定。在此，对参加编写工作的有关单位和同志表示衷心的感谢。

　　鉴于我国企业知识产权战略与工作实务正处于不断探索与完善的发展阶段，加之编者的理论水平与实践经验所限，本书难免有不妥之处，敬请广大读者以及在企业从事知识产权战略制定和实务工作的人士批评指正。

编委会

二〇〇七年四月

责任编辑：吕　萍　张庆杰　于海汛
责任校对：徐领弟
版式设计：代小卫
技术编辑：邱　天

企业知识产权战略与工作实务

企业知识产权战略与工作实务编委会　编著
经济科学出版社出版、发行　新华书店经销
社址：北京市海淀区阜成路甲 28 号　邮编：100036
总编室电话：88191217　发行部电话：88191540
网址：www.esp.com.cn
电子邮件：esp@esp.com.cn
北京中科印刷有限公司印装

787×1092　16 开　31.5 印张　560000 字
2007 年 5 月第一版　2007 年 11 月第二次印刷
印数：5501—8500 册
ISBN 978-7-5058-6297-5/F·5558　定价：38.00 元
（图书出现印装问题，本社负责调换）
（版权所有　翻印必究）